现代管理系列教材

东西方管理思想史

（第二版）

张文昌　于维英　编著

清华大学出版社
北京

内 容 简 介

本书是比较系统、完整地介绍东西方管理思想发展过程的教科书。本书以历史年代为主线，对影响比较大的东西方管理思想，代表人物的观点、主张进行系统介绍，以使学习、研究管理及管理思想的人们能够从整体上把握世界主流管理思想体系，达到精通管理之目的。本书前六章介绍中国的管理思想发展史，第七、八章对日本的管理思想进行了简短介绍，第九至十八章介绍西方管理思想的发展历史。

本书可以作为经济、管理类研究生和本科生学习管理思想史的教科书，也可作为企业高层管理工作者研究管理的案头参考书。

本书封面贴有清华大学出版社防伪标签，无标签者不得销售。
版权所有，侵权必究。举报：010-62782989，beiqinquan@tup.tsinghua.edu.cn。

图书在版编目(CIP)数据

东西方管理思想史/张文昌，于维英编著. —2 版. —北京：清华大学出版社，2013(2022.12 重印)
(现代管理系列教材)
ISBN 978-7-302-31859-0

Ⅰ.①东… Ⅱ.①张… ②于… Ⅲ.①管理学—思想史—世界—高等学校—教材 Ⅳ.①C93-091

中国版本图书馆 CIP 数据核字(2013)第 070954 号

责任编辑：周　菁
封面设计：李伯骥
责任校对：宋玉莲
责任印制：朱雨萌

出版发行：清华大学出版社
网　　址：http://www.tup.com.cn, http://www.wqbook.com
地　　址：北京清华大学学研大厦 A 座　　　邮　编：100084
社 总 机：010-83470000　　　　　　　　　　邮　购：010-62786544
投稿与读者服务：010-62776969, c-service@tup.tsinghua.edu.cn
质量反馈：010-62772015, zhiliang@tup.tsinghua.edu.cn

印 装 者：三河市龙大印装有限公司
经　　销：全国新华书店
开　　本：185mm×230mm　　　印　张：24.25　　　字　数：512 千字
版　　次：2007 年 10 月第 1 版　2013 年 5 月第 2 版　　印　次：2022 年 12 月第 10 次印刷
定　　价：58.00 元

产品编号：052012-03

修订版说明

《东西方管理思想史》这本教科书出版五年来,受到了许多管理思想史学者们与同学们的关注与厚爱,我们十分感谢!这本书至今已经重印五次,发行一万余册。通过几年的使用,听取读者的建议,我们现在进行修订再版。这次修订除了对个别不妥当的地方进行修改之外,还补充了一些内容。考虑到教材的稳定性与连续性,我们没有做较大变动。此外在选用本书作为教科书时,我们建议在讲授中国管理思想史部分时,可以让学生观看电影《月亮湾的笑声》,让学生了解中国古代、计划经济年代、改革开放现代的管理思想,同时加以比较。在讲授日本管理思想史时,可以观看2010年中央电视台影视资料《公司的力量》第七集。在讲授西方管理思想史古代部分时,可以观看《公司的力量》第一、二集。这样可以更加深刻地让学生理解世界管理思想的发展演变过程。借此修订再版机会,再次感谢各位管理思想史同人们的支持与关爱!同时也诚心希望大家能够经常交流,多提改进意见,以使这本教科书不断完善起来。

张文昌　于维英
2013 年 5 月

前　言

《东西方管理思想史》一书,是系统、完整介绍东西方管理思想发展历史的教科书。虽然管理理论现在已经十分成熟和完善了,但了解管理思想,特别是了解人类管理思想发展演变的历史,对于从事管理工作、学习管理理论者,也是必不可少的。正在学习管理理论的人们,系统地了解一下东西方管理思想的发展过程,更是至关重要。俗话说:博古通今、以史为鉴,读史可以使人明智,都是说明学习历史的重要性。

管理思想,早期主要表现为经济管理思想和社会管理思想。从早期的重农主义经济思想,到中世纪"文艺复兴"后的重商主义经济思想,再发展到大工业时代的理性主义、科学化管理思想,都是一脉相承的。

目前我国管理思想史教材与教学工作存在三个方面的问题,本书意在处理好这些问题:一是澄清管理思想与管理理论的概念。笔者认为,管理思想是人们看待和处理管理问题的认识、观点、主张,是人们对待和处理问题的思路;而管理理论则是管理思想的深入研究、理论化和系统化,是建立一个理论体系。目前流行的西方管理思想史,以较大篇幅介绍了现代西方管理理论,有些教材对管理理论与管理思想不加区分,因此与管理学重复较多。本书将偏重于介绍东西方管理思想及其发展历史,简单介绍管理理论,并介绍近些年最新的管理思潮。二是处理好古与今的内容。目前的管理思想史教科书,大多是厚今薄古的,对西方古代管理思想介绍得过于简单,对于东方古代的管理思想只是一笔带过。本书将古今并重,偏重介绍一下工业革命之前的管理思想,以使读者对古代管理思想有一个比较深入、全面的认识与理解。三是处理好东西方管理思想的内容。目前的管理思想史教科书,比较多的是介绍西方管理思想史,很少介绍东方与中国的。即便讲到东方,也只是讲一两章,很简单。我们认为,在中国的学校里只讲西方管理学与西方管理思想史,而不讲或很少讲东方和中国的管理思想,似乎有些欠缺。因此本书以二分之一的篇幅介绍西方管理思想史,以二分之一的篇幅介绍东方的管理思想史。由于对东方,特别是对中国管理思想史的研究还不够系统和成熟,本书只能大概介绍东方管理思想史的发展过程,更为详细系统地介绍有待于东方管理思想史的深入研究。本书编写的指导思想是尽量精干,尽量介绍前人的思想观点而少加评判,让读者去思考前人的思想与睿智。

本书可以供企业管理类本科学生和研究生作为教材、参考书,也可以作为深入研究管理理论、探究管理本源人士的案头阅读资料。

任何一部好的史学著作,都不可能是一个人或一个时代的成果。本书作者查阅、参考了大量文献与著作,例如孙耀君先生主编的《东西方管理学名著提要》,苏东水先生的《东方管理》,胡寄窗先生的《中国经济思想史简编》,郭咸纲先生的《西方管理思想史》,鲁友章、李宗正先生主编的《经济学说史》,刘淑琪先生的《当代日本市场经济模式研究》,等等,其他主要参考文献一并附于书后,在此向他们表示深深的谢意与敬意!由于条件限制和观点差异,书中不当之处在所难免,敬请读者、同行批评指正。

作者于泉城济南
2007 年 2 月

目　录

前　言 ·· I

上篇　东方管理思想史

第一章　中国古代的管理思想 ··· 3
　第一节　管仲的社会管理思想 ··· 3
　第二节　荀况关于社会生产的经济思想 ···························· 5
　第三节　《周易》所体现出的管理思想 ···························· 8
　本章小结 ·· 14
　思考讨论题 ·· 14

第二章　春秋战国时代诸子百家的管理思想 ··················· 15
　第一节　墨家的社会经济管理思想 ································· 15
　第二节　道家的社会经济管理思想 ································· 19
　第三节　兵家的军事管理思想 ·· 23
　本章小结 ·· 26
　思考讨论题 ·· 26

第三章　儒家的管理思想 ·· 27
　第一节　儒家的民本管理思想 ·· 27
　第二节　儒家以和为贵的管理思想 ································· 30
　第三节　儒家中庸的管理思想 ·· 32
　第四节　儒家思想的核心管理原则 ································· 40
　第五节　儒家管理思想的特点 ·· 41

本章小结 …… 44
思考讨论题 …… 45

第四章 秦汉时期的社会经济管理思想 …… 46
第一节 商鞅的经济管理思想 …… 46
第二节 司马迁的社会经济管理思想 …… 49
第三节 桑弘羊的社会经济管理思想 …… 55
第四节 前汉"贤良文人"们的社会经济管理思想 …… 62
第五节 两晋傅玄和贾思勰的经济管理思想 …… 64
本章小结 …… 69
思考讨论题 …… 69

第五章 中世纪前后唐宋明时期的管理思想 …… 71
第一节 唐代的社会经济管理思想 …… 71
第二节 宋代王安石的管理思想 …… 74
第三节 明朝的经济管理思想 …… 80
第四节 王夫之的经济管理思想 …… 85
本章小结 …… 90
思考讨论题 …… 91

第六章 中国近代时期的管理思想 …… 92
第一节 魏源的社会经济变革思想 …… 92
第二节 20世纪最初20年的中国经济思想 …… 97
第三节 清末民初的企业管理思想 …… 101
第四节 民国时期的管理思想 …… 108
本章小结 …… 112
思考讨论题 …… 113

第七章 日本传统管理思想的发展 …… 114
第一节 早期的日本管理思想 …… 114
第二节 工业化初期的日本经营思想 …… 124
本章小结 …… 136
思考讨论题 …… 137

第八章　现代日本企业的管理思想 ………………………………… 138
第一节　松下幸之助的企业经营理念 ……………………………… 138
第二节　土光敏夫的企业管理思想 ………………………………… 149
本章小结 ……………………………………………………………… 161
思考讨论题 …………………………………………………………… 163

下篇　西方管理思想史

第九章　古代西方的管理思想 ………………………………………… 167
第一节　古希腊、古罗马的经济管理思想 ………………………… 167
第二节　古代西方的社会管理思想 ………………………………… 178
第三节　古代西方的宗教管理思想 ………………………………… 182
本章小结 ……………………………………………………………… 183
思考讨论题 …………………………………………………………… 184

第十章　中世纪前后西方的管理思想 ………………………………… 185
第一节　中世纪前后西方的经济管理思想 ………………………… 185
第二节　中世纪前后西方的社会管理思想 ………………………… 188
第三节　欧洲文艺复兴与新教伦理、市场伦理的兴起 …………… 193
本章小结 ……………………………………………………………… 197
思考讨论题 …………………………………………………………… 198

第十一章　工业革命前后西方的管理思想 …………………………… 199
第一节　手工业时期的管理思想 …………………………………… 199
第二节　古典经济管理思想的兴起 ………………………………… 205
第三节　工业革命引发企业管理的思潮 …………………………… 213
本章小结 ……………………………………………………………… 220
思考讨论题 …………………………………………………………… 221

第十二章　20世纪初期大工业时代的管理思想 …………………… 222
第一节　大工业时代的历史背景 …………………………………… 222
第二节　泰勒的科学管理思想 ……………………………………… 226
第三节　法约尔的行政管理思想 …………………………………… 236
第四节　韦伯的社会组织管理思想 ………………………………… 243

本章小结 ·· 246
　　思考讨论题 ·· 247

第十三章　20世纪三四十年代西方的管理思想 ························· 248
　　第一节　梅奥和霍桑实验的管理思想 ································ 248
　　第二节　马斯洛的人类动机与需求理论 ······························ 256
　　第三节　巴纳德的领导理论及其管理思想 ··························· 261
　　本章小结 ·· 272
　　思考讨论题 ·· 273

第十四章　20世纪50年代西方的管理思想 ······························· 274
　　第一节　杜拉克的目标管理思想 ······································ 274
　　第二节　人性研究的管理思想 ··· 281
　　第三节　数学家们的管理思想 ··· 288
　　本章小结 ·· 291
　　思考讨论题 ·· 292

第十五章　20世纪60年代西方的管理思想 ······························· 293
　　第一节　西蒙和决策理论学派的管理思想 ··························· 293
　　第二节　心理学者们的管理思想 ······································ 297
　　第三节　戴尔的组织管理思想 ··· 300
　　第四节　彼得的人事管理思想 ··· 304
　　本章小结 ·· 309
　　思考讨论题 ·· 310

第十六章　20世纪70年代西方的管理思想 ······························· 311
　　第一节　战略学派的管理思想 ··· 311
　　第二节　杜拉克的企业管理思想 ······································ 316
　　第三节　洛希的组织管理思想 ··· 326
　　本章小结 ·· 330
　　思考讨论题 ·· 331

第十七章　20世纪80年代西方的管理思想 ······························· 332
　　第一节　非理性管理思想与企业文化 ································ 332

第二节　经理角色学派的管理思想 ··· 338
　　本章小结 ··· 346
　　思考讨论题 ··· 346

第十八章　20世纪90年代西方的管理新思潮 ································· 348
　　第一节　20世纪90年代企业面临的挑战 ··· 348
　　第二节　6σ管理的管理思想 ··· 349
　　第三节　企业核心能力的管理思想 ··· 353
　　第四节　企业再造的管理思想 ··· 358
　　第五节　学习型组织与虚拟组织的管理思想 ································· 364
　　本章小结 ··· 369
　　思考讨论题 ··· 370

后记 ··· 371
参考文献 ··· 372

上篇　东方管理思想史

引言

　　东方管理思想史部分，系统介绍了中国、日本管理思想发展的过程。直到今天，东方管理思想史的教科书对中国管理思想的介绍还比较少见。西方管理思想，是以理性、科学精神、哲学精神著称的。而东方管理，比较强调人性化、感情化、柔性化管理思想。儒家自古强调以德治国。世界进入 21 世纪后，西方的科学管理受到严峻挑战，东方的柔性管理受到重视。现在我们来系统、完整地介绍、学习东方管理思想，这对于弥补西方管理的缺陷，发扬东方管理的优势，提高我国的企业管理和社会管理水平，无疑是大有益处的。东方管理思想，特别是我们中国的管理思想，可以说是源远流长、博大精深。中国古代的学者、政治家对当时的社会管理、经济管理问题都表现出闪光的管理思想和睿智。例如《周易》提出上观天文、下察地理、中通人和的思想理论体系。孔子及儒家则提出民本主张、中庸之道这些现代管理的核心理念。司马迁则认为好利求富是人的天性，提出放任诱导的管理思想。

　　管理思想，是人们对管理实践活动的认识，这种认识经过实践的检验将升华为管理理论，而管理理论将接受实践的检验并指导管理活动。

第一章　中国古代的管理思想

中华民族拥有六千年的古代文明,是世界最为古老的文明国家之一。早在商、周时代,仅中原地带的人口已逾千万人,建立了中央政府与各地诸侯封地,社会的农牧业已经十分发达,手工业也已兴起,货币、市场、税负等经济形式都已出现。当时的社会治理、财政管理、经济管理都已达到一定水平。但由于时代久远,资料整理起来有较大难度,但从散乱的史料中我们依然可以看到早在殷商时代,社会就已经有健全的法律制度与组织管理体系,有严格的等级门第制度。特别是当时的战争,已经能够组织几万甚至几十万人、几万匹战马战车的争斗,足见当时的生产力水平与社会管理水平已经达到相当高的程度。

本章将主要介绍一下管仲的社会、经济管理思想,荀况的社会经济管理思想,《周易》所体现出的管理思想。这些先贤们当时对于社会管理、生产力发展、经济调节等问题已经有了相当清晰的思想认识。

第一节　管仲的社会管理思想

早在春秋战国时代(公元前772—前221年),中国就已经进入古代文明的光辉时代,其发达程度可以与古希腊相媲美。春秋时代的社会治理、生产力发展已达到相当高的水平,并出现一些杰出的社会活动家。管仲是当时齐国有名的政治家、军事家,并且创立了一些商业模式与经济思想。

管仲(约公元前730—前645年),字夷吾,齐国颍上人。他出身于一个没落的贵族领主家庭,少年时代曾经营过商业,故对商品生产、货币、贸易等问题有较丰富的直接知识。他曾辅佐齐桓公并使之成为春秋时代的第一位霸主,他是古代中国最著名而又最具影响力的政治家之一。《管子》一书被人们认为系管仲所作,可是近代学者一般均认定它非一人一时之作,约为不同时代追随或敬仰他的人的著作汇集,可能成书于战国中后期。因此,关于《管子》中的经济思想,本书仅就一些认为是管仲本人的思想部分予以介绍分析。

管仲主张将被统治的广大群众按照他们各人的职业分为四大社会集团——士、农、工、商。春秋时代的所谓的"士"的含义系指一些文武兼备尤善拳勇的人,到战国时代才有不善拳勇的专门文士出现。而管仲所谓的"士"是较倾向于考虑他们作为武士的功能。所以他认为的"士",一般是在平时住在自己的家中,而在紧急时期须立即拿起武器充当兵士的人。至于农、工、商这三个社会集团的含义如同今日。

他主张四大社会集团的成员不能混合"杂处",必须各按其职业"群萃而州处"。例如,所有的"士"及其家庭成员都必须共同聚居在一个指定的区域,另外是"处农就田野",以便从事农业生产。"处工就官府",以供应官府所需要的各种器械。"处商就市井"以便进行贸易交换。而且各集团的成员的职业都须世代相传,如"士之子恒为士","农之子恒为农","工之子恒为工","商之子恒为商"。这就可以使人们世世代代相传下去以实现封建生产关系的再生产,尤其是替统治阶级保证了封建劳动力的长期再生产。

这种"四民分业定居论"体现了下面这样一些管理观点:

首先,将被统治群众分为四大社会集团这一划分,自管仲提出后曾在我国历史上未间断地被普遍接受为典型的职业划分,一直到20世纪初为止,故其影响是相当大的。但必须指出这样的社会分工在管仲的时代不是任意划分的。因为西周以来,旧的封建采邑制及其伴随的土地国有制度的逐渐崩溃,使大批的独立农民及小自由工商业者纷纷涌现。而长期不停的诸侯兼并战争也使武士日益成为各封建国家不可缺少的阶层。这一切都是上述社会职业划分出现的客观基础。春秋末年以来,"士"阶层的社会功能起了变化,它不再担负战斗任务,逐渐形成一个纯粹的知识分子阶层,但仍一直是社会四大职业划分的一个组成部分。正如恩格斯指出的,封建社会在"本质上是结合主义者"。它要求把社会中每一个人都安置在一定的社会地位终身不变。所以,管仲主张将社会四大集团进行划分并要求它们各居住在一定的区域,世代相传,从他所处的历史时代来看,具有积极的社会管理功能和集中化意义。

其次,他把工商业者与士兵并列,正好是反映了一个新兴的自由工商业群体的客观存在,他们中除一小部分官、私奴隶外,绝大多数会是自由民;否则其社会身份绝不能与士阶层并列。而且管仲自己在辅佐齐桓公以前曾是一个普通商人,这也说明了当时有自由商人这一阶层的存在。更有趣的是他将"士"放在四大社会集团的首位并从农民阶层中选拔"有拳勇股肱之力秀出于众者"来补充士阶层。管仲把士与农结合起来这一观点是相当有见地的。马克思就曾说过:"古代人一致认为农业……是训练士兵的学校。"又引培根的意见来说明"自由的小康的自耕农与优秀的步兵间的联系"。在古希腊哲学家柏拉图的理想国中,武士也是社会三个阶级中的一个组成部分。但在柏拉图的武士和管仲的士之间存在着三大区别:

其一,柏拉图把武士作为统治阶级的成员,而管仲则将他们的社会地位和其他的三个被统治的集团并列起来。

其二,柏拉图要求其理想国中的武士要脱离生产经常过军队生活,而管仲的士则和一般居民一样和家属同居住,只有战时才应召服役。

其三,这种分业定居论最有兴趣的一点是同一社会职业的成员必须集中聚居在一起。之所以必须这样做的理由是"作内政而寄军令"。换言之,即通过一般的民政设施将整个社会无形中置于军事基础之上。按照管仲的意见,分业聚居的优点很多。以士阶层为例:所有的士及其家庭聚居在一起,能使他们"祭祀同福,死丧同恤,祸灾共之……世同居,少同游,故夜战声相闻,足以不乖;昼战目相见,足以相识。欢欣足以相死。居同乐,行同和,死同哀,是故守则同固,战则同强"。再者,这样还可使同阶层的人们"少而习焉,其心安焉,不见异物而迁焉。是故其父兄之教不肃而成,其子弟之学不劳而能"。这种情况,对农、工和商等社会集团也能起同样的作用。这样做的目的是要使当时存在的各封建阶级的现状能够长期持续下去。

最后,从严格的经济意义考察,除士阶层而外,农、工、商,事实上均系从事国民经济三大领域经济活动的人们。因此,分业聚居对他们更具有特殊的经济意义。其一,同业成员聚居在一起使他们易于彼此交流职业经验,提高技术水平,即《国语》所谓"相语以事,相示以巧,相陈以功"。其二,同业者聚居会使业务消息灵通,即所谓"相语以利,相示以利"("利"字,《国语》作"赖",见《管子》),"相陈以知贾",对商品生产与流通有很大促进作用。其三,同业者聚居易于养成专业气氛,使人人能安居本业,从而为本行业提供较稳定的劳动力。其四,同行业聚居,专业气氛养成以后,可以无形中营造一种良好的社会技术教育环境,即所谓"少而习焉……其子弟之学不劳而能"。这是实现同类技术劳动力的再生产的良好条件。然而,管仲受封建生产关系的局限,把劳动力固定在一定职业上终身不变,看作无可怀疑的真理,从而只能片面地看到同类劳动力聚居一处的优点,还不理解专业所能引起的弊端。

除农业而外,管仲所涉及的经济问题也较为广泛。工商业活动及山林川泽之利也是他所注意的范围。他对国内经济采取较全面的管制制度,对全国采取"参其国而伍其鄙"的政策。所谓"参其国"是将城郊分为士、工、商三部分,共为二十一个乡,其中"士"为十五个乡,工与商各为三乡。所谓"伍其鄙"是把农村分为五属。又指定"工立三族,市立三乡,泽立三虞,山立三衡",以管理工商山林川泽之利。但他对国外贸易采取较自由的方式,其具体办法是"通齐国之鱼盐于东莱,使关市几而不征,以为诸侯利",即齐国的鱼盐可以自由出口,一般进出口品也免税,这样的经济政策对齐国经济的发展起到了很大的促进作用。

另外,管仲在财政方面提出一种"相地而衰征",即按照土地的肥沃程度以征课赋税。这是西周封建领主经济逐渐崩溃,从而相应的劳役地租被实物地租所代替的情况在财政征课方式上的改进,也是级差地租制度的开始。在管仲相齐的时期,他还大力开展国际贸易,重视工商业发展,设立一些官方贸易机构,这些都具有开创性意义。

第二节 荀况关于社会生产的经济思想

荀况(约公元前313—前238年),战国时代著名的思想家。他批判地吸收了先秦各家的唯物主义思想,从而成为先秦儒家的一位唯物主义代表人物。他认为自然变化有其规律性与客观性，提出"天行有常"的观点。认为人们应"制天命而用之"。他注重研究人类经济生活的客观作用。他对人性、人的欲望、商业、财政、生产等方面都有比较深入的考察。我们在此主要介绍一下荀况对社会生产方面的管理思想。

荀况有关生产的概念主要是以下几个方面：分工思想、奖励与保护生产、义利关系等。

一、分工思想

从他的社会观出发，认为人类群居并处，他们有同样的要求，而达到要求的方式各异；有共同的欲望，而达到欲望的智力各异；故须大家分工合作。一个人的生活所需的商品系由许多技能工人所生产，任何一个"能者"也不能兼长各种技能。各人离群索居，必然陷于困穷。所以，分工是必要的，必须农分田而耕，贾分货而贩，百工分事而勤。各积累自己的经验，丰富专业知识。

不仅如此，在同一社会分业之内，还得各人进一步专于一种业务，才能把技艺水平提高到精妙的程度。他说："好稼者众矣，而后稷独传者，壹也。好乐者众矣，而夔独传者，壹也……未尝有两而能精者也。"如果荀况的分工概念还有什么特点的话，那就是在指出社会分工的必要性之外，更明确地指出了分工能提高技术水平，从而提高商品质量的认识。

我们曾看到管仲将士、农、工、商等社会分工看作是必须世代相承的职业。荀况生活于管仲之后四个世纪，他虽然也要"农农、士士、工工、商商"，各人有一个较固定的职业，但只认为这是积习所使然，而不要求世代相承。如他所谓"工匠之子，莫不继事"。他又把这种较固定的社会分业同君臣、父子、兄弟、夫妇的封建体系配合起来，构成他所谓"与万世同久"之"大本"，实际把农、士、工、商的分业看成是封建等级制度的一个重要支柱，并认为这是万世不变的"真理"。

关于体力劳动与脑力劳动的问题，他的观点和孟轲微有不同，虽然二者同属于相继观点。他说："君子以德，小人以力。力者德之役也。百姓之力待之而后功……百姓之财待之而后聚。"这和孟轲的观点有两个区别。一是孟轲认为"君子"与"小人"的差别是先天的，而荀况则认为这是后天的教养的结果，二者是可以相互转换的。二是孟轲并未说明为什么"君子"必须治"小人"和"小人"何以必须养"君子"。而荀况则将"君子"的所谓"德"（在这里指脑力劳动）的属性看作是组织体力劳动者以从事财富生产的职能。所以，力要役于德，不仅是谈仁义而坐待"小人"的供养，他将当时的劳心劳力的这一分工观点加以深化，使其更富于逻辑性。

二、奖励与保护生产

荀况对劳动力（他称之谓力）在财富生产中的适当使用非常重视。在这一点上他和墨翟与管子颇为相似。和早期儒家把自然力看作是生产的唯一决定因素者有所不同。

因此,他说"得百姓之力者富"。因而坚决反对不适当地使用百姓的劳动力。改进生产方法以提高劳动生产能力,也是荀况所特别强调的。这一点从他强调要充分利用地力以增加生产量的论述中可以看出来。他说:"今夫土之生五谷也,人善治之,则亩数盆(一盆等于二釜,古1.28石),一岁而再获之。然后瓜桃枣李一本数以盆鼓。然后荤菜百疏以泽量。然后六畜禽兽一而剸车,鼋鼍鱼鳖鳅鳣以时别一而成群。然后飞鸟凫雁若烟海,然后昆虫万物生其间,可以相食养者不可胜数也。"

这样的财富生产的乐观主义态度,在先秦思想家中是少见的,它同墨家在此问题上的悲观主义成为鲜明的对照。积累对生产的影响,荀况也有所认识。他认为财富积累愈多,对生产愈有利。反之,则愈不利。他说:"裕民则民富,民富则田肥以易……不知节用裕民则民贫,民贫则田瘠以秽……",而且"田肥以易,则出实百倍……田瘠以秽,则出实不半"。单纯从生产观点去考虑,这可能是正确的。但如从贫富悬殊着眼,过于集中的社会积累就不一定对劳动人民有好处了。

荀况把对生产的保护看作是封建统治者的一个重要任务。人君处理方法如果适当:"则万物皆得其宜,六畜皆得其长,群生皆得其命。"相反,如人君未尽到责任,就会对生产有害。关于这种问题他曾多次提到,他的基本方针是:长养时则六畜育,杀生时则草木殖。着重点在于掌握适当的时机以进行生产。这虽是西周以来久已流行的观点,而荀况则能着重加以强调,并较他的前辈和当时的一些思想家论述得更加详细。

三、义利关系

伦理规范在全世界范围内对人们经济行为的制约已有千年以上的历史。究竟现代经济科学是否能完全摆脱伦理的局限,仍是一个未能得到一致公认的问题。在中国,有些先秦思想家如墨翟和管子等主张伦理规范从属于经济考虑,但过去许多思想家多持相反的看法。所以,义利关系实为过去两千多年来经常争论的问题,在中国管理思想史的研究中是一个不能忽视的问题。

对于这个问题,荀况采取了中立的立场,他主张:"义与利者,人之所两有也。虽尧舜不能去民之欲利,然而能使其欲利不克其好义也。虽桀、纣亦不能去民之好义,然而能使其好义不胜其欲利也。"

他又指出:"义胜利者为治世,利克义者为乱世。"可见他还未摆脱伦理对财富生产的制约。可是,他已将"义"与"利"并列起来看待,不使"利"服从于"义",并倡言"义"同"利"一样,是任何人均可能同时具备的,决不是某些人才好"义"而某些人又只好"利"。他对待"利"的这种态度,已较孔、孟进了一大步。所以,他能提出"王者富民","王者之等赋、政事、财万物,所以养万民也"的"富民"观点。可惜自秦以后,荀学消沉,于是重义轻利的儒家义利观一直占有支配地位。

第三节 《周易》所体现出的管理思想

《周易》是中国古代文化的一部大百科全书,其成书时间大约跨越上千年,是中华文明的集体结晶。该书不仅对天文、地理、社会进行了深刻的论述,而且在人伦、经济、管理方面都有独到之处。

一、《周易》概说

人类社会的发展,科学的进步,需要具有丰富自由的环境,这种环境也包含长期丰富思想的积累。中国具有六千年的悠久文明史,在这悠久的历史长河中,我们的祖先为我们留下了无比辉煌的历史文化遗产,其中有一颗耀眼的明珠——《周易》。

宇宙是个万物一体的大系统,由于整体间各个局部的相互关联,大自然表现了极强的规律性。这种规律性为先贤所注意,经过长期的摸索,总结出了宏观和微观、不同时刻不同情况下的表现状态,并从颜色、位置、动作、方向、对象、物类、气味及转换过程诸方面归纳成书。《易经》是《周易》的重要组成部分,是我国西周末年的一部古代自然科学的典籍,是以筮占的形式成书,通过卦象、卦爻辞来占卜人事吉凶的著述。其卜筮记录是当时社会实践、生产实践和对自然现象观察的经验积累。

《易经》成书于奴隶制社会的鼎盛阶段,由于社会相对稳定,故天文、历法、农业发展较快。如在天文、历法方面,商代甲骨文已有干支计日、漏刻计时、日食闰月等记载。生产力水平的提高,社会的稳定,为《易经》科学思维的萌芽提供了客观条件。

《易经》是我国传统文化中的一部经典力作,又称"本经"。这部将自然现象与客观规律有效地归纳为一体的著作,包含着对整个客观世界发展变化规律的综合认识。它是殷商到周朝的一部集天文、地理、乐律、兵法、韵学、算术、宗教等于一体,以数、理、象、占窥测宇宙之谜的全貌和太阳占筮形式的著作。曾被汉代儒学学者列为六经之首,二千多年以来一直备受重视。

《易传》是继《易经》之后的最为闪光的著作,是对《易经》进行注释和发挥得最充分的系列书籍文献。其书由《彖》、《象》、《系辞》、《说卦》、《杂卦》、《序卦》组成。《易传》借《易经》把当时的科学、哲理思维加以充分地发挥;《易传》这一重要的发展,又是对《易经》的升华。《易经》与《易传》交相辉映,成为我国哲学及自然科学的胚基。数千年来,《周易》对中国文化科技的发展起到了巨大的影响和推动作用。中国文化思想的三大流派——儒家、道家、墨家以至诸子百家皆无不以《周易》为其基本理论的依据。历代探索《周易》之著作竟有成千上万,形成了中国的易学研究系统。《周易》以其博大精深和对中国文化、科技的影响,成为经书之首、诸籍之冠。

二、《周易》术语的基本解释

《周易》的思想博大精深,常人需要了解其术语方可领会其含义。明代吴桂森介绍了学习《周易》的方法:"读《易》之法,先看阴阳,阴阳大公明;然后看八卦,八卦性情得;然后看六十四卦名识;然后看彖辞,彖群明;然后者三百八十四爻义,爻义得;然后看小象;从源祭流,始知条理脉络分明。"

《易经》中的符号,是先人经过对天地万物包括人类社会的长期观察之后的思维结果,这是一种对天地万物的抽象。《易经》的初始符号由"—"(阳爻)和"— —"(阴爻)组成。包牺氏(伏羲)以"—"、"— —"两个基本符号为起点,创立出八卦。这种由三个爻画构成的符号组,称为卦,共有八个符号组,故称八卦。分为阳卦与阴卦,阳卦有乾、震、坎、艮;阴卦有坤、巽、离、兑。随着生产力水平的提高,八卦越来越不能满足人们思维的实际需要。于是,比八卦更为复杂的符号系统也就应运而生。周文王循着阴阳相拘、刚柔相济的原则,从三个爻构成一个卦体的八卦系统,推进到由六个爻构成一个卦体的六十四卦符号系统。它是对八卦的继承和发展。

六十四卦中每一卦自下而上推,第一爻称为"初",第二爻称为"二",依次为"三"、"四"、"五",最上爻称为"上"。阳爻"—"称为"九",阴爻"— —"称为"六"。《周易》中的"正"是指从一至六,奇数属阳,偶数属阴,即"初"、"三"、"五"位应为阳爻;"二"、"四"、"上"位应为阴爻,称为"得正"或"当位"、"得位"。相反,如果阳爻在偶数,阴爻在奇数,就是"不正"或"不当位"。《周易》中的"中",又称"得中",指卦体中的第二爻与第五爻。因为这两个爻分别处于内卦与外卦的中间,象征中庸、中正等。《周易》中的"应"指内卦和外卦各自的第一爻、第二爻、第三爻,即"初"与"四"、"二"与"五"、"三"与"上"的对应关系。但必须是阳爻和阴爻相对应,异性相吸,才能相应;否则同性排斥,即"不相应"。《周易》中的"比"是指两个相邻的爻,如"初"与"二"、"二"与"三"、"三"与"四"等,也以阴爻和阳爻相比为好。《周易》中的承和乘,在一个卦体中,如果阳爻在上,阴爻在下,则在下的阴爻对于在上的阳爻称之为"承"。如果阴爻在上,阳爻在下,则上位的阴爻对于下位的阳爻称之为"乘"。吉、无咎、悔、吝、凶指各卦爻的未来发展判断词。"吉"是吉祥;"无咎"是没有灾难和过错;"悔"是陷入困境而后悔;"吝"是羞辱;"凶"是凶恶、凶险。

三、《周易》的刚柔相济思想

《周易》将乾卦和坤卦这一刚一柔、一进一退的两卦放在六十四卦之首,是有其深刻用意的。以《周易》为代表的中国古代哲学认为,人类生活在其中的宇宙万物是由原始的混沌演变而来。这些原始的混沌由于其自身所具有的先天属性,而逐渐产生和分化出阴与阳两种基本的宇宙要素,即《周易》所说的两仪。阴和阳的相互对立与作用,又产生出"四象"(风、雷、雨、电或老阳、老阴、少阳、少阴),"四象"进而产生出八卦。八卦实际代表了八种宇宙万物的基本属性。八卦的相互作用便产生出万物。虽然这种以二、四、八、六十四等基数的相互演进来代表宇宙的发展进程不太准确,但它却和现代科学中的宇宙起源论有着惊人的相似。创立了二进制数学体系的德国数学家莱布尼茨认为:"只有两个符号:0和1。用这两个符号可以写出一切数字。"这与《周易》的阴和阳不谋而合。二进制算术,使人类跨进了计算机时代,使人类文明产生了一次飞跃。《周易》的思想体现在系统地看待宇宙万物,充分地注意到了事物与事物之间的相互作用与相互联系,把表面分散的、各异的宇宙万物视为一个整体,一个庞大的系统,力图从根本上解释事物的起源发展,从中找出规律,用来指导社会和人生决策。乾卦和坤卦是六十四卦的基础,它们分别代表推动宇宙万物前进和运动的阳和阴这两个基数,以及与此紧密联系的刚、健、进取和柔、顺、退让等事物发展的要素和属性。

所以,结合到具体的人生决策,我们可以确切地认为:乾卦和坤卦正为我们阐释了社会和人生旅途中每个人都最应认真把握和恰当运用的两个基本法则:刚和柔。刚的原则代表了人生旅途中的进取、刚强、积极行动,这正是人生一切事业产生和发达的基础。不图进取,没有毅力,没有目标,便会碌碌终生,一事无成。《周易》对乾卦所代表的进取、阳刚作了极高的评价。象曰:"大哉乾元,万物资始,乃统天。云行雨施,品物流形;大明终始,六位时成,时乘六龙以御天。乾道变化,各正性命,保合太和,乃利贞。首出庶物,万国咸宁。"《乾·象·传》天的功能,是生成万物而不自觉,永远生生不息,向前发展。宇宙万物正是因为资取了天的这种功能,才得以发生和发展。而作为万物之灵的人类,正应当效法天,即宇宙自然的这种精神,不断发奋进取,永不停息。所以,象曰:"天行健,君子以自强不息。"《乾·大象·传》然而,一味地进取、刚强,并不能保证你事业的成功,刚和柔需相辅相成。柔的原则代表柔顺、退让。象曰:"至哉坤元,万物滋生,乃顺承天。坤厚载物,德合无疆。含弘光大,品物咸亨。"《坤·象·传》象曰:"地势坤,君子以厚德载物。"《坤·大象·传》意思是:大地的气势厚实和顺,君子因此增厚美德,容载万物。人在刚强进取的同时,还要具备"坤"的阴柔、退让性格。一味刚强,必遭折断;刚柔相济,才能成功。以宽厚、柔顺的品格处世,是对在事业上刚强、进取的一种辅助和补充。古人主张的外圆内方、智欲圆而行欲方的处世原则,便是对坤卦原则的运用。《周易》刚和柔相结合的主张,正是体现了管理工作中科学、适宜、宽严相济的管理思想。

四、《周易》的人本管理思想

1. 阴阳平衡的人本管理思想

阳、阴在《周易》中是具有普遍意义的范畴。天为阳、地为阴,日为阳、月为阴,山为阳、水为阴。在动物中雄为阳、雌为阴。天道有阴阳,地道有刚柔,人道有仁义。在人类社会中,君为阳、臣为阴;君子为阳,小人为阴。总之,宇宙的一切,都是由相互对立的阴、阳所组成。爻有阴阳、卦有阴阳,这些都是对客观世界中阴阳的描写和反映。

由于阴阳的交感或相互作用,促进事物的变化。一般而言,各种事物具有一个共同规律,那就是同性相斥、异性相吸。因为阴阳是作为两种性质的事物,具有相吸作用。阳长阴消,阳消阴长。当阴、阳的交感处于平衡时,事物处在"变"的阶段;当阴、阳消长失去平衡时,达到物极必反的时候,事物处于"化"的阶段,事物将发生质变。

周易的阴阳交感之说作为一种哲学的理念,是符合事物发展客观规律的。当事物发展到极点时,就会产生整体的质变。无论是自然界还是人类社会都具有这种变化特征。

在《周易》学说的理念上充分体现出"平衡"、"和谐"的原理。"平衡"、"和谐"是发展的基础,而要达到"和谐",调整"平衡",归结点还在于"人"。

《周易》强调天道、地道、人道的"和谐"。天道是阴阳对立体,地道是刚柔对立体,人道是仁义对立体。对立体之间可以互补,互补就是对立中的统一。人道"和谐"是人类社会生存和发展的重要条件。因此,《周易》告诫人们,要法天则进而实现人道的"和谐"。

整个宇宙是阴阳对立统一体。人类社会也是光明与黑暗对立体。有仁善,也有邪恶;有君子,也有小人。为了"人道"的"和谐",《周易》的人本管理理念,就是"君子进德修业。忠信,所以进德也;修辞立其诚,所以居业也"。此外,《周易》强调"中",指卦体中的第二爻与第五爻。因为这两个爻分别处于内卦与外卦的中间,象征中庸、中正等。如坤卦的六五爻为"黄裳,元吉"。中国古代的五行学说认为,木、火、土、金、水相当于方位上的东、南、中、北、西以及颜色上的青、赤、黄、白、黑。故黄为土、为中。又古人重黄金,以黄色为贵色。"六五"为上卦中位,中正而又吉祥,有文采而又谦逊。筮遇此爻,为吉祥之兆,故曰"黄裳元吉"。此爻喻阴柔即中正而博大。

而现代企业既是一个经济组织,同时也是一个由人组成的协作系统。企业不仅在其内部成员之间存在着各种各样的人际关系,而且企业与外部组织及个人也存在着错综复杂的人际关系,从而构成企业的人际关系网络。企业的对内、对外人际关系对于实现组织目标具有重要意义。《周易》的阴阳平衡、中庸思想,对于企业的人际关系管理具有重要的借鉴意义。

2. 人本管理思想的经典——比卦

比卦是一种对自然现象理解后,按卦象要求排列的一种古老的形式。从比卦中我们可以看出古老东方人本管理思想。

比:吉,原筮,元永贞,无咎,不宁方来,后夫凶。

初六:有孚比之,无咎。有孚盈缶,终来有它,吉。(此爻比喻诚信为相亲相辅之始。)

六二:比之自内,贞吉。(此爻阴位,又得中,并与上卦"九五"爻相应,因而柔顺中正而有上下呼应。此爻比喻相亲相辅要发自内心,从自己做起。)

六三:比之匪人,不亦伤乎。(此爻为凶象,比喻亲辅的对象应当有所选择。)

六四:外比之,贞吉。(指要向外与贤人亲近,是要追随比自己高明的人。)

九五:显比,王用三驱,失前禽,邑人不诫,吉。(比喻领袖人物赢得人的亲辅,不可强求,重要的是以中正的态度感召别人主动亲辅自己。中正的态度便是高尚无私的品德。)

上六:比之无首,凶。(此爻凶险,因无法将团结亲辅的精神贯彻到底。故比喻亲辅要善始善终。)

"比"即为比辅相亲。"原筮"是后人追称旧筮之辞。占问长期的休咎谓之"永贞"。"不宁方来","后夫凶",盖含有远古时期的传说在其中。比卦的卦象是坤下坎上,坤为地,坎为水,水行地上。既符合自然规律,又亲密无间。《比·象·传》解释说:"比,辅也",比是亲附相帮的意思。卦中九五爻独阳率上、下五阴,象征着群阴的众亲顺九五主爻。紧紧围绕一个核心,表明团结稳定。所以《比·象·传》辞讲"下顺从也",比卦的覆卦含义是亲密合作。亲密"比"附经"原筮,元永贞,无咎"。"原筮"的意思被解释为"原穷其情,筮决其意"。只有慎重地推究,考察事情的真相,决定亲比的对象,才能"元永贞",开始新的合作,并永久长存,建立坚固的联盟。

比卦首先强调人与人的相亲相辅应从诚信开始,是发自每个人的真心,而不能流于形式。三国时期,刘备因能与将领谋士赤诚相待,才能从一无所有的织席卖履之人成为割据一方的诸侯,才能使关羽、赵云、张飞等盖世虎将为之鞠躬尽瘁,死而后已。同时,《周易》强调"人本"的基础,但并不是无原则的"和谐"与"平衡"。其中比卦的六三爻:"比之匪人。"此象是说:"比之匪人,不亦伤乎?"意思是和行为不端正的相亲比辅,不是更受伤害吗?从卦象上来看,六三爻处于失位无应的位置上,"六三"失位,与上六不应。

所比邻的六二、六四为阴爻,不能交感。朱熹在其所著《周易本义》中说:"阴柔不中正,承乘皆阴,所比者非其人之象。"六三的爻辞从反面告诫,亲近的关系不是无原则的,不应当亲近的就不能亲近。一个企业用错人或亲比故人,以致企业破产、倒闭的例子屡见不鲜。"六三"的爻辞与"六四"爻辞可作对比悟解。

六四:外比之,贞吉。此象是说:"'外比'于贤,以从上也。"《周易集解》一书认为:"在外体,故称外,得位比贤",所以"贞吉"。六四爻处于比卦的外卦,六四处阴位而得正。我们应当重视"外""贤"二字。六四"爻"所谈的正是我们企业管理中对人才的重视与重用而不是"比之匪人",即用小人与坏人。《周易》告诉我们要广开才路,"人才"的进出、招觅,应当有胸怀,有比较。美国、日本的大企业在"人才"的招揽中,往往提供很优惠的待遇来吸引德才兼备的人才。有些人有才无德,是"比之匪人"。美国著名管理学家卡耐基认为自己不是什么管理天才,但他知道,用人的唯一秘诀是用比自己更有才华和德才兼备的人才。

九五:显比,王用三驱,失前禽,邑人不诫,吉。"显比"是显耀之意,有光明正大的内涵。告诫人们亲辅众人,并且要光明正大地树立榜样与典型,同时要惩恶扬善。和众人,顺乎人心。"显比"具有两方面的重要意义:一是亲和认同崇高的目标,是无私的团结,人心稳定;二是对大公无私的人要大力宣扬,将他们树立为榜样。这种思想在企业管理中是具有实际价值的。

通过对比卦的认识,可以了解到《周易》在用人态度、用人原则上的一系列观点。因此,从这个意义上说,《周易》中的比卦可以作为人本管理的经典。

3.《周易》人本观点与西方现代人本思想的融通性

《周易》强调平衡、和睦、互补。平衡即阴阳平衡,无论阴阳哪一方过盛,都会带来动荡。和睦实质上是指在社会组织中,人心与人情应当建立在共同意愿的基础上,互相补充,互相促进,既表现出人的主观积极作用,又不违背自然法则,即重视人的价值观念。以人为本的社会组织观念,早在三千多年之前就在我国开始形成。而20世纪初泰勒的科学管理理论中把人看作"经济人",到了30年代梅奥才提出"社会人"的观念。《周易》关于社会组织的构成所提到的"元永贞"是指为了永久和睦合作过程中的"社会人"的概念。

所谓人本管理,它是一种把"人"作为管理活动的核心和企业最重要的资源,把组织全体员工作为管理的主体,围绕着怎样充分利用和开发组织的人力资源,服务于组织内外的利益相关者,从而实现组织目标和组织成员个人目标的管理理论和管理实践活动的总称。人本思想从古到今,是一脉相传,不断发扬光大的。

(1)管理的主体是组织内的全体员工。人本管理与以"物"为中心的管理的最大区别在于,全体员工是管理的主体而非管理的客体。管理既是对人的管理,也是为人的管理。组织的目标应包括为组织内全体员工的全面、自由发展而服务。而且,人成为企业最核心的资源和竞争力的源泉,而企业的其他资源都围绕着怎样充分利用"人"这一核心资源,围绕怎样服务于人而展开。

(2)管理的服务对象是所有利益相关者。仅就企业来说,它不仅包含企业的物质资本所有者,至少还应包括企业的人力资本所有者(即企业的全体员工),甚至还应当包含企业外部的相关利益主体(如顾客、社区居民等)。随着新技术革命的兴起,企业产品的劳动复杂程度和知识含量不断提高,企业的员工已经不单纯是早期的那些简单劳动力,而成为拥有一定人力资本的知识型员工了。现代制度经济学把企业定义为物质资本所有者和人力资本所有者的一种契约,赋予企业的全体员工以人力资本所有者这样一个地位,从而使他们和企业物质资本所有者一样享有控制企业和分享剩余权力。人本管理正是以这一思想作为开展企业管理活动的基础,既然企业的全体员工都是企业的所有者之一,自然应该是管理活动的服务对象。随着社会的发展进步,企业的组织目标更加趋于多元化,它已经不再是一个单纯的经济组织,还承担了相当多的社会责任。企业除了要实现它的经济目标对股东负责,并实现员工的个人发展目标之外,还必须关心顾客的利益,遵守国家的法规政策,关心公益事业,保护资源环境。把企业自身的经济目标和社区的发展规划以及国家的方针政策有机结合起来。只有这样,企业才能树立良好的形象,得到公众的普遍支持,增强员工的自豪感,从而取得更大的发展。

(3)管理高效的标准在于组织目标与员工个人目标都能得到实现。随着现代企业中人力资本所有者地位的提高,人本管理的理念使得全体员工成为管理活动主体的服务对象,管理活动高效的标准不仅要看原有的企业目标是否实现,还要看员工的个人目标是否实现。只有将企业目标和员工个人目标有效地结合,才能增强企业的凝聚力,才能充分发挥全体员工的主动性、积极性和创造性,才能使企业获得长久的发展。

本章小结

　　管仲主张将被统治的广大群众按照他们各人的职业分为四大社会集团——士、农、工、商。他主张四大社会集团的成员不能混合"杂处",必须各按其职业"群萃而州处"。将被统治群众分为四大社会集团这一划分,自管仲提出后曾在我国历史上被普遍接受为典型的职业划分。他对国内经济采取较全面的管制制度,对全国采取"参其国而伍其鄙"的政策。但他对国外贸易则采取较自由的方式,其具体办法是"通齐国之鱼盐于东莱,使关市几而不征,以为诸侯利",即齐国的鱼盐可以自由出口,一般进出口品也免税。

　　荀况的有关生产的概念主要是以下几个方面:分工、生产奖励与保护、义利观问题。从他的社会观出发,认为人类群居并处,他们有同样的要求,而达到要求的方式各异;有共同的欲望,而达到欲望的智力各异;故须大家分工合作。他在指出社会分工的必要性之后,更明确地指出了分工能提高技术水平从而提高商品质量的认识。荀况把对生产的保护看作是封建统治者的一个重要任务。他主张:"义与利者,人之所两有也。虽尧舜不能去民之欲利,然而能使其欲利不克其好义也。虽桀、纣亦不能去民之好义,然而能使其好义不胜其欲利也。"他又指出:"义胜利者为治世,利克义者为乱世。"

　　《易经》是我国传统文化中的一部经典力作,又称"本经"。这部将自然现象与客观规律有效地归纳为一体的著作,包含着对整个客观世界发展变化规律的综合认识。它是殷商到周朝的一部集天文、地理、乐律、兵法、韵学、算术、宗教等于一体,以数、理、象、占窥测宇宙之谜的全貌和太阳占筮形式的著作。《周易》将乾卦和坤卦这一刚一柔、一进一退的两卦放在六十四卦之首。结合具体的人生决策,可以确切地认为:乾卦和坤卦正为我们阐释了社会和人生旅途中每个人都最应认真把握和恰当运用的两个基本法则:刚和柔,阴阳平衡的人本管理思想。由于阴阳的交感或相互作用,促进事物的变化。《周易》告诫人们,要法天则进而实现人道的"和谐"。"显比"具有两方面的重要意义:一是亲和认同崇高的目标,是无私的团结,人心稳定;二是对大公无私的人要大力宣扬,将他们树立为榜样。

思考讨论题

1. 评价管仲"分业定居"的管理思想。
2. 认识管仲自由贸易的经济思想。
3. 评价荀况有关义利观问题的思想。
4. 认识《周易》反映出来的经济管理思想。
5. 讨论中国古代管理思想与西方古代管理思想的区别与联系。

第二章 春秋战国时代诸子百家的管理思想

春秋战国时代,既是中国古代社会由奴隶制向封建制转型的重要时期,也是中国文明史上学术空前活跃并达到高潮的时期。在春秋后期到战国时代,经济上由于贸易和兼并,一些富商大贾产生了,一些富国诸侯产生了;在社会上,很多的小诸侯日渐发展,重组为势力较大的地方诸侯,并与周朝分庭抗礼;在文化上,"学在官府"的传统垄断教育体制被打破,私人自由讲学与办教育兴起。在这样的历史大背景下,出现了一个继续几个世纪的光辉灿烂的中国古代文明时期,即"百家争鸣"时代。在此阶段,中国涌现了一大批杰出的政治家、军事家、思想家,有代表性、有较大影响的就有百家之多。此时的各个学派,不仅在哲学上、政治上提出了自己的观点,而且在经济管理,在对待农、工、商的管理政策上提出自己的管理思想。我们在此主要介绍一下墨子、老子和兵家等的经济管理思想,以对诸子百家的管理思想有所了解。

第一节 墨家的社会经济管理思想

墨子,是我国春秋战国时期著名的哲学家、思想家,其学说是当时诸子百家中著名的学派之一。墨子提出自己的社会思想与经济思想,并与儒家相对立,在当时的社会上有很大影响。后来由于独尊儒术,其思想的传播与延续大受影响。

墨翟(约公元前478—前392年),鲁国人,也有人称他是宋国人,其生平事迹,史无记载。他创立了一个与儒家完全对立的学派,在战国时代与儒家并称为显学。他亲自劳作,"以裘褐为衣,以跂蹻为服,日夜不休,以自苦为极";其弟子三百人均能传其刻苦朴素的作风,并以"赴火蹈刀,死不旋踵"的精神力图实现其思想。

墨家学说的中心思想是"兼相爱与交相利",这与后来西方资产阶级革命提出的"博爱"和"交换"思想十分近似。墨家重视科学技术,关心人民疾苦,主张节约。关于其经济思想将主要讨论:①交利论;②价值与价格。其中有关价值与价格的一些论述可能是战国后期墨家的观点,表现了墨翟本人的基本思想观点。

一、交利论

在先秦各学派中,最早提出以"利"为其哲学指导原则的是墨翟。儒、墨两家在"利"这一问题上形成鲜明的对照。儒家至少在口头上不大谈"利",要谈"利"时也常和伦理规范联系起来谈。相反,墨家几乎是离开"利"不讲话。他们也时常提到"义",但所谓"义"的内涵也是以利为依归。"利"被看作是社会伦理的基础,分辨义与不义的标准是以其行为有利人与否以为断。利于人为义,不利于人为不义。他说:所谓贵良宝者,可以利民也。而义可以利人。故曰:义,利也。

这是儒、墨两家在义、利概念上的根本区别。儒家以伦理去规定利,而墨家则以利去规定伦理。几乎墨翟所宣扬的主张莫不从利字出发,如兼爱、尚贤、非攻、尚同以及其他等等,均为了要合于国家百姓之利。甚而至于反对音乐(也包括美术在内)的理由也为了以求兴天下之利,除天下之害也。墨子强调以经济效果去衡量音乐、美术之价值,其理由的充分与否姑且不论,而把利的作用扩大到了何等程度,我们就可以想象了。

墨子之所谓"利"是广义的,包括非物质利益在内,即只要能使人喜爱的事物便是利。如:"利,所得而喜也。"但他所谓利民的具体内容,却不能不归结到物质的财富上去。他说:"故衣食者,人之生利也。"其他如舟、车、房屋等生活必需品也是天下群百工,各从事其所能才创造出来"以奉给民用"的东西。

前面所述关于墨翟宣扬"利"的思想,还不是他所讲的利的主要方面。最重要的是他从"兼爱"原则进一步引申出来的"交利"思想。在他看来,"兼相爱"与"交相利"几乎可以说是同义语,或者说"交相利"是"兼相爱"这一伦理观念的基础。他指出:"利人者,人必从而利之;恶人者,人必从而恶之;害人者,人必从而害之。"

做有利于他人之事,并不意味这种行为就专有利于他人,其有利是相互的,亦即既有利于行为者本人,也有利于接受此行为的对方。故决不能做一种牺牲他人以利于自己的事。墨子把交相利的原则不仅应用于君臣关系、父子关系和兄弟关系上,也应用到盗贼行为,大夫篡夺权位和诸侯相兼并的活动上,他认为这些全是损人以利己的行为,君子不可以为也。

所以,墨子把个人自利与整体利益糅合在一起,认为利人就是利己,损人即是损己。只有人们各不相害,彼此相利,然后天下之祸、篡、怨、恨可使毋起,然后方能兴天下之利,除天下之害。在这里,墨子的思想与西方的个人主义观点有些不谋而合。

墨家交利思想的社会基础是自由的小生产者阶层。独立小生产者间的生产关系是相互服务,彼此依赖的。墨翟从人己两方面的利害出发,建立他的交利观点,正好是这种生产关系的反映。按照墨翟看来,如果每一个利人的人均能使得人亦从而利之的话,那么,每一个利人家的家或每一个利人国的国,也都可以达到利本家或利本国的目的。根据这一推理,墨翟也就自然而然地把私人利益与国家利益很好地结合起来。所以如人人接受并实行交相利原则,必然会使天下太平。在这里,"利"并不仅仅是指利己,而且包括利人、利国。

正如亚当·斯密通过所谓自利以达到互利之说,成为了西方市场经济的基本价值观念,墨翟的交相利思想,也具有人人自利达到互利的朴素交换思想。就是说,墨翟提倡交利以实现自利。因此,交相利的原则在世界管理思想史上确实是一种值得称道的思想先驱,已经体现出朴实的市场交换思想。

二、价值与价格

墨家的价值与价格概念是战国后期墨者的产物,它们一般是在逻辑问题的讨论中作为例子提出来的。由于这些文字常是非常简略,有时竟用几个字来表达一种较为复杂的概念,因此这些可贵的经济管理概念曾长期未被重视。

墨家对商品的价值初具概念,见于《经上》、《经下》、《经说》诸篇。在分析墨家价值概念之前,有一种思想偏见必须澄清:有些研究墨家经济管理思想的人不敢讨论墨家的价值概念,似乎认为古代思想家不大可能有这样高明的价值概念。这主要是由于把系统的价值学说和一些初步的价值概念混同起来了。价值学说发展的历史表明,系统而科学的价值学说,只有等到资本主义商品生产高度发展时,才能建立起来。但是初步的、片断的价值概念,却从古代世界开始就不时地出现了。科学的价值学说决不会突然从天而降,它也是由以往无数模糊的价值概念逐渐发展完善的最后成果。马克思曾经承认古希腊有可贵的价值概念,而中国古代也会存在着不下于古希腊的可贵的价值概念。这还是让古人典籍来证明吧。

首先,后期墨家已意识到物品具有使用价值和交换价值,意识到物品使用和交换这两种用途的区别,虽然他们也和古希腊的亚里士多德一样,只看到这两种用途而不曾提到使用价值和交换价值这两个经济术语。他们在《经说下》中指出:"为屦以买,不为屦。"其意义是说如做成屦以购买(即交换),对做屦者本人说来,屦就不再作为屦来使用了。巧得很,大致在同一时期的希腊哲学家亚里士多德也有极类似的例子。他说:"每种货物都有两种用途:一种是物本身所固有的;另一种则不然,例如鞋,既用来穿,也可用来交换。"马克思对亚里士多德能发现商品的二重性予以极高的评价。尽管亚里士多德只不过是觉察到商品的这两重性质,还不能进一步认识使用价值与价值的矛盾与统一。如果亚里士多德的价值概念被认为是一种天才的闪耀,则墨家的价值概念也应该是睿智的发现。

墨者似乎也认识到两种商品之间的等价关系,他们说:"买鬻,易也。""买无贵,说在仮(反)其贾。"

既然买与卖不外是相互交换其商品,这就会出现某种等价关系。墨者所谓"买无贵",是说某种商品购买价格也许会上升,但购买者自己的商品的价格不久也会上升,故等价关系很快就会恢复的。在古代思想家的意识中,价格与价值的概念常常是混淆不清的。因此下面讨论墨家的价格意见时,在某种意义上也是对其价值概念的补充。

后期墨家认为任何商品的价格本身都存在一种适宜的(即宜)状态,价格为达到此状态,即无所谓贵贱,即所谓"贾(价)宜,贵贱也"。由于适宜的价格必然是买卖双方均同意的价格,这也就意味着买方所愿支付出去的价钱,必是均等于卖方所愿收进的价钱,因此适宜的价格即无所谓贵贱。

　　这种适宜状态的价格又如何决定呢？后期墨家给我们提出过两种论证。一方面，他们指出："贾宜则仇（售也），说在尽。"即适宜价格须能使货物全部售出。用近代经济学术语来说，亦即在完全自由竞争条件下足以"出清市场"（正好将货物售完）的那种价格。他们又进一步地解释说："贾尽也者，尽去其以不仇也。以其所不仇去，则雠，正贾也。"正是说明这种情况。另一方面，他们也指出："宜不宜，正欲不欲。"即商品的价格是否适宜，还须决定于在这种价格下，人们是否愿意购买此商品。这自然是很朴实的价值概念。上面这两种论断又可以综合为一点：如果同种类商品均在某种价格下全部售尽，这个价格按照交易当事人的欲望来说就是适宜的。在商品交换中，货币所起的作用，后期墨家对此问题的阐述又把我们带到一个更高的分析水平，他们说："买，刀籴相为贾。刀轻则籴不贵，刀重则籴不易。王刀无变，籴有变。岁变籴，则岁变刀。"

　　在这里，我们又一次碰到"轻重"理论。虽然这个理论在这里仅用来作为逻辑论证的一个事例，其文字也甚简略，而它既已能充分作逻辑论证之用，则这一理论必是已流传相当广泛的知识，否则不可能被用来作为逻辑事例。现在仍回到正讨论的主题上来。在"籴"（代表一般货物）与"刀"（货币）交换的过程中，如货币变"轻"，即货币贬值或说货币购买力降低，则货物的货币价格必然趋贵。如从二者交换的货币总值及商品总值来看，二者仍是相等的，无所谓贵。相反的，当货币趋"重"时，即货币增值或货币购买力上升，则货物的货币价格必然趋贱，但从二者交换总值来看，仍没有什么改变。单纯从"王刀"（货币）来看，它的价值一般是由王家法律规定的，一时不会变动。但货物的价格却是时常变动的，每岁物价的变动，看起来好像是"刀"的价值或购买力也在随时改变一样。以上的文字是对《经上》所谓"买无贵，说在仮其贾"的理解。

　　历史地考察后期墨家的这些货币概念，无疑在当时条件下是卓越而又独特的，尽管它们还存在着一些显著缺陷。例如，关于货币的价值问题，墨家只看到货币与商品交换时的数量和形式上的相等，而忽视了货币价值变动的一些影响。

　　总之，墨家的价值和价格概念存在着一定矛盾和缺陷是不足为奇的。因为系统而正确的价值理论及相应的价格理论只有在社会经济发展到货币经济占统治地位的历史阶段才可能出现。墨家的价值价格概念之所以模糊不明，不仅是由于关于它们的文字表现过分简略，也在于后期墨家有意将这些文句颠倒放置，使读者难于理解。正由于如此，也就阻碍了过去二千多年来的思想家在墨家价值概念的基础上将其进一步予以发展。但是，即使这样，后期墨家在古代经济思想中的贡献，特别是在历史上长期缺乏一些系统而深刻的价值理论的中国经济思想史中，仍给我们留下了极值得称赞的、卓越的价值概念和商品经济思想。

第二节　道家的社会经济管理思想

老子,是春秋战国时期著名的哲学家与思想家,其创立的道家学派在当时及其后影响巨大。道家"无为而治,放任自流"的处世思想与管理思想,与西方自由市场经济思想十分相近。老子倡导的"小国寡民,清心寡欲"主张,在当时战乱纷飞、民不聊生的社会现实中也有一定的积极意义。

先秦道家曾给后世留下了许多光辉的哲学思想,但他们由于一般都不愿表达,甚至憎恶人类社会的经济活动,这就使得他们对中国管理思想的发展影响并不是很大。然而,由于道家是中国一个有影响的哲学学派,因此很有必要论述一下他们的管理思想。现在看来,道家主张对中国人的行为方式和处世哲学的影响是十分重要和广泛的。鲁迅先生曾经说过:"中国文化的根柢全在道教。"也有人认为:如果不深入研究道教,就不可能全面地了解中国的社会历史和文化传统。然而,近一百年来,却是道教发源在中国,研究在西方。及至1968年9月在意大利召开的佩鲁贾国际道教研究会议和1972年9月在日本长野县召开的国际道教学术会议,均无中国人的身影。到了1980年改革开放之后,我国关于道教研究工作才开始恢复。

一、杨朱的贵己论

杨朱(约公元前400—前335年)是先秦道家学派的早期代表人物之一。他的学派在战国前期和儒家同为显学,并曾被儒家孟轲作为攻击的对象,指责其学派是宣扬"为我"思想。杨朱的哲学著作久已失传,下面所引证的文字主要来自《列子·杨朱篇》。关于"贵己"论或称"为我"论的要点如下:"古之人,损一毫利天下,不与也。悉天下奉一身,不取也。人人不损一毫,人人不利天下,天下治矣。"

从直观主义的认识论出发,他认为过去的事是没法弄清楚的,五帝三王时代之事"亿不识一",对于个人一生之事"万不识一",甚至眼前的事也是"千不识一"。他进一步否定了人们死后的精神世界,指出圣人如舜、禹、周、孔,暴君如桀、纣死后同样变成腐骨。他又指出,一个人自身的贵贱、荣辱、夭寿自己均不能"知其故"。所以,只有自我才是真实的、可贵的,故"智之所贵,存我为贵"。但是,所谓"我"或"己",不外乎是人们的身体与生命。由于身体是生命之主,要全其生必得先全其身,故必须贵己。贵己论的另一方面是不要求"悉天下奉一身",因为这样就是损天下之人以利己。如人人贵己而不愿损天下以利己,天下焉得不太平。这就是杨朱"贵己"论的逻辑推理。在这里,已经表现出杨朱强烈的民主意识和反对封建专制的市场经济思想。

既主张"贵己",似乎应拥护私有财产,而杨朱却是反对私有财产制度的。这道理又何在呢?他把"身"与"物"均看作是大自然之赐予,而非个人所有。既生了此身就不得不保全下来，就不得不赖物以养此身。但是，各人只能全身、用物，绝不能有其身有其物。如将身与物作为个人私有，那无异是把天下之公物据为己有。故应该"公天下之身，公天下之物"，这才是理想的美好世界。

关于人们的欲望问题，杨朱的观点和其他道家坚持寡欲、绝欲者有所不同。他很重视人们物质欲望的满足，主张"从心而动，不违自然之所好"，他被人称是主张纵欲的。他甚至认为人们的物质生活是社会的统治和被统治阶级存在的基础。其理由是如果人们可以不吃饭不穿衣，就不存在什么君臣关系了。他说："人不衣食，君臣道息。"总之，杨朱对社会经济活动的看法，也和其他道家一样，倾向于否定。

二、《老子》体现的经济管理思想

《老子》一书是道家学派的经典著作，并且是后世知识分子所经常引证的文献。但其作者是谁以及何时成书，至今尚无定论。现代学者一般相信此书非一人之作，而是从春秋末年到战国中期这段时间内逐渐积累而成。《老子》书中的，亦即后代所谓道教的中心思想是"无为"。用近代语言来说，"无为"就是不赞同政府或人们对社会事物的干预，主张听任事物之自然发展。对于经济事物，他们宣扬把人们的欲望减少到"无欲"。其结论是这个学派对人们的经济活动不予关心，甚至可以说是表示憎恶。因此，其经济思想已经表现出自由经济制度和反对政府干涉的朴素认识。

1. 知足

对于老子学派来说，知足被看作是人类社会生活中最重要的事情。知足或不知足将决定人们的荣辱祸福。《老子》写道，"知足不辱，知止不殆，可以长久"。"罪莫大于可欲，祸莫大于不知足，咎莫大于欲得，故知足之足常足矣。"

类此辞句，《老子》书中多得不胜枚举。《老子》书中甚至认为知足是主观上辨别贫富的标准。其道理是：如果一个人对自己已拥有的财富感到满足，他会认为是富足，尽管他的财富并不为多。相反，在不知足的情况下，人总觉得是贫穷，尽管他的财富实际上已经不少。因此，"知足者富"，"富莫大于知足"。这已经表现出老子的幸福观。

《老子》一书强调知足是对古代贵族统治阶级的无厌贪欲的激烈反对。但对一般百姓来说，这样的观点可能会滋长人们消极退缩的趋向，因为这无异是要人们满足于他们现实的贫穷卑微的生活，而不争取进步。自古至今，中国的知识分子无不以安贫乐道自居，这也许是受到老子学说的

老子画像（约公元前580—前500年）

影响。

2. 去奢崇俭

寡欲和知足必然在物质生活上要求"去奢"而崇尚俭朴。《老子》书中将"俭"当作三宝之一(其他二宝为"慈"和"不敢天下先")。要俭才有可能扩大生活的范围,否则就会是趋于灭亡之道。因此,老子认为,"五色令人目盲,五音令人耳聋,五味令人口爽,驰骋畋猎令人心发狂,难得之货令人行妨"。总而言之,过多的物质享受会使人心志迷乱,人们最好是"实其腹"、"强其骨"就行了。

老子主张的去奢崇俭的观点与其他先秦学派的同类观点相对照并无什么特点,只是它不仅是建立在保障个人未来生活的基础上,也体现了对贵族阶级穷奢极欲生活方式所持的反对态度。当然,这也反映了老子的消费思想和生活方式。

3. 反对工艺技巧

《老子》特别反对工艺技巧,认为它们是人为的制作,是"持万物之自然而不敢为",故被指责为一切社会纷乱的根源。如《老子》中写道:"民多利器,国家滋昏;人多技巧,奇物滋起。"甚至告诉我们说,贼盗的出现也是由于工艺技巧引起的,从而建议"绝巧弃利,盗贼无有"、"不贵难得之货,使民不盗"。故《老子》要求取消工艺技巧。

对工艺技巧之深恶痛绝是《老子》管理思想的特点,使他与其他先秦诸多学派均有所不同。墨家推重工艺自不必说。早期儒家并不反对工艺,其经典之一的《中庸》还推崇工事。战国后期的儒、法各学派,虽主张限制工艺,但仍肯定工艺的社会功用。只有道家的代表老子才把工艺断定为社会祸乱的根源,完全予以否定。道家反对工艺技巧的原因非止一端。从哲学方面看,道家重视万物自然之本源,即其所谓"朴"。而工艺活动的第一件事就是改自然物的形体与作用。在道家看来,这就是破坏自然物的本性。从当时的社会经济方面来看,战国手工技艺的巨大发展,在制造军事器械和贵族阶级的豪华建筑及精巧用品上表现得最为突出。这和道家反对兼并战争、憎恶当权贵族的思想是绝不相容的。由于这些原因,不论是幻想的或现实的,正确的或错误的,手工及其工艺技巧当然为道家所坚决反对。

4. 对私有财产制的态度

《老子》作者不赞成财产私有制也是其哲学基本观点的必然结果。《老子》主张"生而不有,为而不恃"。把这句话应用到社会经济活动方面,就意味人们只需从事生产,但不要求占有其产品。又说:"是以圣人后其身而身先,外其身而身存,非以其无私耶?"遇事不先考虑自己,也从不考虑自己,就是所谓无私。但《老子》并不绝对否认私人利益,而是想以不私有为达到私有的手段,"后其身"或"外其身"的结果反足以使"身先"和"身存"。故无私正所以成其私,这是《老子》在私有问题上的特殊观点。虽然未直接探讨到财产所有制问题,既然对一切事物均要求做到无私,则否定私有财产制自然是不言而喻的。《老子》的这一观点与其哲学理论所谓"无为而无不为"是完全一致的。

5. 均富观念

《老子》既然否定私有财产,主张均富是势所必然的。这一观点也是从其哲学主张——天道反对持盈——引申出来的。按照《老子》的逻辑,富贵的情况是无法长久保持的,"金玉满堂,莫之能守。富贵而骄,自遗其咎"。既然富贵或富而求愈富是招祸之源,当然是均富的好。所以,圣人不从事积蓄,"既以为人,己愈有;既以与人,己愈多",而且也不追收别人欠他的债务。《老子》所以产生这种分配观念,是由于认为自然规律——天道总是"损有余而补不足"、贫富平均、大家有利的原因。可是,人们"损有余"的结果会更增加被损者的利益,即所谓"物或损之而益"。《老子》宣扬这种分配教义,是由于发现在现实生活中的事实总是"损不足而奉有余"。故企图以"天之道"来警诫当时贵族和富裕阶级,使他们能本着自身的利益以遵行天道,造成一片"民莫之令而自均"的景象。这种设想是相当高尚,然而又是不会顺利实现的。

6. 理想社会——小国寡民

春秋战国时代兵连祸结,人民饥寒交迫,致使阶级斗争日益尖锐的现象,使老子认为人民的饥饿系因贵族领主的压榨之所致,即所谓"其上食税之多"。同时,他们也认为战乱的根源归根到底主要是由于兼并战争以及各大国的"广土众民"政策所造成,是"奇技淫巧"的工艺发展所造成,是因为"民之难治,以其智多"。由于对这一切感到厌恶,因而提出了小国寡民的理想。《老子》书中写道:"小国寡民,使有什伯之器而不用,使民重死而不远徙。虽有舟舆,无所乘之。虽有甲兵,无所陈之。使民复结绳而用之。甘其食,美其服,安其居,乐其俗。邻国相望,鸡犬之声相闻,民至老死不相往来。"

然而,一个这样小而又与外部世界隔绝的国家怎么能长期存在下去呢?再说,这样少的居民如何能够生产得出他们所需要的生活资料呢?更不用提武器、战车之类了。所以,这是完全不现实、没有多大积极意义的理想。但是,从它的字里行间可以看出,《老子》一书反对兼并战争,反对广土众民政策和反对经济发展的情绪。作为一种对当时社会罪恶的抗议来看,这种理想也是有一定原因的。

与儒家的大同理想比较,"大同"是披着古代的法衣而追求未来的幻想;而道家的"小国寡民"主张则是带着时代创伤,逃向原始的"乐园"。两者一个是向前看,而另一个是倒退的,不论哪一种,都是一种幻想。

三、道家经济思想的影响

道家者流,从他们的基本哲学观点出发,一般均反对私有制度,主张均富济贫。但他们都未找到形成贫富不均现象的根源。这个学派的另一个特点是他们对社会生产活动的消极憎恶或反对的态度。只对农业才是例外,但他们虽不反对农业生产却也不积极鼓励。更应指出的是这个学派鄙视工商业,特别憎恨工艺技巧。这样的对待社会经济活动的否定态度,在先秦诸派中是很少见的。但是,这些思想对后代的影响绝不下于其光辉的哲学思想。自公元前2世纪以来,儒家学说虽盛,而道家学说也有相当大的影响。

这些影响可分为积极的和消极的两个方面。其均富思想常被后来的地主阶级进步思想家用来作为反对封建统治集团残酷剥削的理论武器。更重要的是道家后来变成了一种宗教——道教。像欧洲中世纪的基督教异端一样,在以前曾经爆发过的数以百次计的农民起义,许多系披着道教的外衣以为号召,而且是以道家的均富思想作为他们战斗的光辉旗帜,矛头直指政府,而不是像基督教异端那样多以改革宗教为目的。这些起义都不幸以失败而告终,但是他们的这面光辉旗帜总是被另一批起义农民继承下来并高举前进。此外,道家的"无为而治"思想本身尽管是消极的,却经常被后代思想家用来作为反对封建政权的经济干涉政策的理论依据。这些都是道家经济思想对后代的积极影响。

然而它的消极影响也是很严重的。从公元前2世纪到公元5世纪这一段历史时期内,可以说是儒、道两家在各思想意识领域分居统治地位,其差别只是儒家具有官方的统治地位,而道家则是非官式的。儒家一贯坚持其"罕言利"的老教条,使社会经济行为从属于道德规范。仅此一端已足够延缓中国社会经济的发展进程。再加上道家反对生产活动的经济观点,其对经济发展的阻碍作用之大更不难想见。唐代以后,道家思想有所衰微,代之而起的则为佛家思想,其对待物质经济生活的消极态度比道家有过之而无不及,因此对社会经济所起的阻碍作用更大。所有这些学派的消极经济思想也可能是中国封建经济发展缓慢的重要原因之一吧。

第三节　兵家的军事管理思想

兵书战策在中国古文化史上占有重要位置。据统计,从先秦到清末的几千年间,中国兵书有3 380部,计23 503卷。可见军事学在中国之浩大,研究之深广。军事学在古代是"治国平天下"的大智慧,是国家兴亡的重要理论武器。但在当今世界,企业如林,商战如潮,贸易战不时发生,我们从古代军事思想中汲取企业战略管理思想,也是有所助益的。当然,应该指出的是,军事战争,是穷其一切而为之的生死存亡之战,一边是胜利,一边是失败与死亡。但商战不同于战争,它有商业规则与经济法律,有国际惯例与世界贸易组织。商业有胜败之争,但更多的是双赢、共赢和多赢。战争讲究策略、计谋、欺诈,而商战必须讲信用、守规则而不能乱来。在此我们仅介绍一下兵书战策的一些基本管理思想与观点,读者应有鉴别地学习接受。

在"和平与发展"成为时代主题的当今世界,在高度重视智力因素的知识经济逐步成为主导经济的当今时代,国与国之间实力的较量已从当年侧重军事力量的较量让位于经济力量的较量,特别是再到今天知识与人才的较量。在激烈的国际、国内市场竞争中,经营者的决策稍有不慎,就有可能使企业陷入破产的境地,使经济面临衰败的危机。在西方,波特和赖斯首先提出"行销就是战争"的口号;在东方,精明的日本人也看到商场如战场,商战如兵战,提出把《孙子兵法》作为商战的教科书。

研究发现,兵法与企业管理之间存在许多共同的内在机理和原则,表现为某些理论、方法具有相通性和一定的适用性。美国著名管理思想史教授克劳德·小乔治,在论及早期军事家对管理的贡献时说:"如果我们把工业组织的管理同军事机构的管理相比较,就会发现在管理上取得成功的主要条件是相同的。管理中的一些重要因素——授权、直线人员与参谋人员的区分、激励等,有许多是从军事上移植过来的。"

一、兵家管理理论产生的历史背景

在浩如烟海的兵家典籍中,尤以先秦时期的兵法对后代影响最为深远,其中以春秋时期的《孙子兵法》、战国时期的《吴子兵法》《孙膑兵法》《尉缭子》《六韬》等最为著名。这与当时的政治、社会状态有直接联系。当时,天下纷争,诸侯争霸,战乱频发。据史料记载,春秋时期发生战争四百余次。春秋前后共有一百四十多个国家,经过不断兼并,到战国初年,见于文献的仅有十几个国家。战国时期,"七雄争霸"更使战乱不止。战争成为当时国家主要的政治生活,促使有识之士竭其心智于兵书战策,于是"兵林名家云集,将星璀璨"。其中"武经七书"具有一定的代表性。"武经七书"中又以《孙子兵法》最为杰出,可谓兵法之冠,对后代影响也最为深远。

二、兵家学说及人本思想的内涵

自古以来,所有的兵法都强调人在战争中的重要作用。由于战争中敌对双方的较量是势不两立、你死我活的,为了使自己立于不败之地,同时又能消灭敌方,军事指挥家充分利用各种资源,尤其是人力资源,以达到克敌制胜的目的。企业之间的竞争是通过市场竞争的方式来进行的,也可以说是一场不流血的战争。但是要赢得市场、扩大商业利益,同样要斗智斗勇、周密筹划,因为这关系着企业的存亡。兵战与商战的共同特征都是以人为主体,同时通过对信息的搜集分析,组织的调整、决策、计划、实施、反馈、控制等阶段来实现组织的目标。正是由于人对利益的无限追求,产生了推动社会经济发展的动力,也正是这种对利益的共同兴趣,使兵家和企业家获得了共同语言。

1. 圣人所贵,人事而已

得人者昌,失人者亡。任何事业的成功都受天时、地利、人和的影响,但其中人的因素是首要的、决定性的。无论是兵战、商战,起关键作用的都是人。人是竞争的核心资源。古往今来,历朝历代,取得竞争优势的国家或集团都是相对集中了一批优秀的人才。战国时期这种情形尤为明显。"春秋五霸"、"战国七雄"无不是因为获得了社会的优秀人才,才形成相互对抗、多足鼎立的局面。随着人才分布的变化或人才的消失,鼎立局面也随之消失。所以,决定军事竞争胜败的是人才,决定经济或科技竞争成败的同样是人才。

企业在其运营过程中,需要人、财、物等资源的投入,而人、财、物等资源的取得和利用,同样需要人来实施和管理。人们发现人力资本与实物资本最显著的区别,就在于人力资本不能作为一种财产被占有。因此,知识经济时代员工与企业的力量对比成正比关系,这使得劳动力与资本的相对地位发生了根本性变化。起决定作用的生产要素不再是资本、技术,而是员工及其掌握的知识;决定企业成败的关键不再是企业的大小和成本,而是员工的创造性和灵活性。

随着知识经济的迅猛发展,人越来越成为企业中最宝贵的资源。尤其是在企业内部、外部环境日益复杂,市场竞争日趋激烈的情况下,企业必须从战略的角度来研究、重视对人才的开发、培养和使用,以便使企业适应复杂的市场竞争环境,并在激烈的竞争中立于不败之地。

2. 间于天地之间,莫贵于人

早在战国时期,著名的兵家代表人物孙膑就鲜明地提出了"人为贵"的思想观点,主要表现在他对战略各个部分的构成要素的分析中,单独地把人作为一项与天地对应的制胜要素提出。与孙武相比,孙膑在注重将帅选拔的同时,认为士卒的能动性也是克敌制胜的重要因素,提出了"兵不能胜大患,不能合民心者也"。乃至兵强"在于休民"以及"得众胜"等观点,为丰富和完善中国古代兵家学说做出了突出贡献。

随着社会生产力的发展,对人性回归的呼唤,要求个性的表现,促使人的需求从层次单一走向丰富多彩,传统的经济手段、行政手段已难以形成良好的激励效果。20世纪30年代以后,对于开发人的内在潜能的需要更为迫切,管理界掀起了一股"人性化"的热潮,人们发现在纷繁多变的客观世界面前,人类的理性原则已经不能概括一切,特别是对人的行为活动的控制更是如此。对人的逻辑行为可以通过制度控制进行理性管理,但对人们基于情感、意志等心理因素产生的非逻辑行为,仅靠制度和权力就难以控制,而人际关系的状态更对人力资源的效能具有决定性影响。于是研究人的心理,针对人的需要引发动机和强化目标行为,从而使人保持高涨情绪、创造更高效率的人性化管理模式应运而生。

3. 善战者,求之于势而不责于人,故能择人而任势

善于作战的人能利用形势去寻求胜利,而不苛求部下,所以能根据才能选择贤才而且善于利用形势。贤才好比是一匹千里马,需要伯乐的发掘,更需要好的培养、任用机制及施展才华的环境。兵家不仅特别强调人才和人力资源的开发,注意采用激励的方法来充分发挥人的潜能,注重士卒的教育训练及人员的合理配置,从而达到增强战斗力的目的;而且,在强调选用人才的过程中,还应十分重视组织整体的上下同心,认为好的人才只有融合到组织的整体中去,才能充分发挥其聪明才智,帮助组织在危机四伏的竞争环境中立于不败之地。明代的戚继光抗倭,充分发挥集体的力量,注重对不同素质、不同个性士兵的合理搭配,产生了很好的效果。而战国的赵王错用赵括,以致长平之败,万卒被坑。孔明误遣马谡,才有街亭之失,损兵折将,西城弄险。用人如用器,舍短用长,则物物

可用；舍长用短,则物物可弃。所以,用人应慎重,必须择其长而用之。用人之道,贵在知人善任,扬长避短。

在现代企业发展过程中,人力资源的重要性更加突显,企业的发展因素,已由对资金、物资的占有转变为对人才的占有。企业的管理方法、生产经营活动的组织方式与结构,已由单纯地考虑物质工艺流程的合理性,转变为同时兼顾发挥人的主动性和创造精神,合理协调企业内的人际关系,重视企业文化的培育和发展。日本企业在用人制度方面有很多值得我们借鉴的地方,如：长期聘用制、集体决策方式、企业与职工建立命运共同体等。

本章小结

墨家学说的中心思想是"兼爱"。其经济思想主要是：①交利论；②价值与价格。最早提出以"利"为其哲学指导原则的是墨翟。他从"兼爱"原则进一步引申出来"交利"思想。在他看来,"兼相爱"与"交相利"几乎可以说是同义语,或者说"交相利"是"兼相爱"这一伦理观念的基础。他指出："利人者,人必从而利之；恶人者,人必从而恶之；害人者,人必从而害之。"后期墨家已意识到物品具有使用价值和交换价值,意识到这两者的区别。墨者也认识到两种商品之间的等价关系。他们说："买,刀籴相为贾。刀轻则籴不贵,刀重则籴不易。王刀无变,籴有变。岁变籴,则岁变刀。"

道家有"无为而治,放任自流"的处世思想,老子倡导"小国寡民,清心寡欲"主张。杨朱关于"贵己"论："古之人,损一毫利天下,不与也。悉天下奉一身,不取也。人人不损一毫,人人不利天下,天下治矣。"老子道教的中心思想是"无为"。"无为"就是不赞同政府或人们对社会事物的干预,主张听任事物之自然发展。对于经济事物,他们宣扬把人们的欲望减少到"无欲"。老子认为"知足不辱,知止不殆,可以长久"。"罪莫大于可欲,祸莫大于不知足,咎莫大于欲得,故知足之足常足矣。"寡欲和知足必然在物质生活上要求"去奢"而崇尚俭朴。《老子》既然否定私有财产,主张均富是势所必然的。老子主张："小国寡民,使有什伯之器而不用,使民重死而不远徙。虽有舟舆,无所乘之。虽有甲兵,无所陈之。使民复结绳而用之。甘其食,美其服,安其居,乐其俗。邻国相望,鸡犬之声相闻,民至老死不相往来。"

兵家都强调人在战争中的重要作用。圣人所贵,人事而已。用人应慎重,必须择其长而用之。用人之道,贵在知人善任,扬长避短。

思考讨论题

1. 墨家学说的中心思想是什么？你如何评价利、义？
2. 评价道家"无为而治,放任自流"的管理思想。
3. 认识军事战争与商战的区别与联系。

第三章 儒家的管理思想

在中国文明与发展史上,儒学二千年来处于主导与核心地位。如果抹去儒学,几千年的中国文化将成为一片空白。并且以孔子、孟子为代表的儒家思想,对亚洲其他国家也有深远的影响,正所谓研究东方管理,不可以忽视儒家也。

儒家产生于春秋战国时期,后经数代人发扬光大,可谓博大精深,源远流长。儒家以民为本的管理思想和"修身、齐家、治国、平天下"的主张,对于社会治理与企业管理都十分重要。儒家思想的核心是倡导仁、义、礼、智、信。儒家提倡仁爱,崇尚礼仪,推崇道德,主张以德治国,以民为本。在人际交往上,儒家主张以和为贵,以信取人,和谐相处。在义利关系上,主张见利思义,不能唯利是图。儒家提倡人们修身养性,提高素质,进则兼济天下,退则独善其身。儒家推崇先天下之忧而忧,后天下之乐而乐的君子之道,反对自私自利,唯利是图的小人之举。

儒家的许多社会治理思想,对于当今的企业管理仍有积极意义。如儒家重人本、重道德,对当今社会与商人尤为难能可贵。我们在此介绍儒家的一些基本管理思想。

第一节 儒家的民本管理思想

儒家的民本思想,与现代的人本管理有许多相似之处。大到一个社会,小到一个企业、一个家庭,他们管理的目的、行为准则应是为人服务,为求得人的福利与发展。社会是人的社会,没有人类将不称其为社会。企业是员工之企业,无员工则无企业。企业是一个经济组织,从事经济活动,为社会、市场与顾客服务。这些基本观点,都可以从儒家学说中找到出处。西方管理思想有创造需求与顾客甚于技术生产的思想,也是强调要为民众服务。儒家的民本君轻思想,在今天我们处理领导与群众的关系上也有一定的现实意义。

儒家文化的创始人孔子(公元前551—前479年)提出"仁者,爱人"(《论语·颜渊》)、"仁者,人也"(《礼记·中庸》)。其中"仁"是指能够身体力行的人,一个完美无缺的人。要想达到这个境界,首先要做到爱人。孟子提出"仁者爱人","民为贵,社稷次之,君为轻"(《孟子·尽心下》)的主张,强调民在国家和社会生活中的地位和重要作用。他还提出"天时不如地利,地利不如人和",对人际关系予以高度的重视。荀子则提出"君者,舟也;庶民者,水也。水则载舟,水则覆舟"至理名言。说明民为国家的基础,没有民也就没有国家。西汉的贾谊更是提出"民为政本"的思想。

一、姜尚的民本思想

西周太师姜尚最早提出民本思想。他说:"天下非一人之天下,乃天下人之天下也。同天下之利者则得天下。擅天下之利者则失天下。天有时,地有财,能与人共之者,仁也。仁之所在,天下归之。与人同忧同乐,同好同恶,义也。义之所在,天下赴之。凡人恶死而乐生,好德而归利,能生利者,道也。道之所在,天下归之。"《六韬·文韬·文师篇》"治国安家,得人也。亡国破家,失人也。"《六韬·文韬·文师篇》"驭民如父母之爱子,如兄之爱弟。见其饥寒则为之忧,见其劳苦则为之悲。赏罚如加诸身,赋敛如取于己,此爱民之道也。"《六韬·文韬·文师篇》就是说,统治者应像父母爱护孩子一样爱护人民,把人民的痛苦、饥寒看作是自己的事。人民所遭受的赏罚和赋敛,就好像是统治者自己亲身经历。只有这样,才是真正的爱民之道。"军国之要,察众心,施百务。"《六韬·文韬·宋国篇》在姜尚看来,"得人"、"得心"是直接关系到国家生死存亡的关键因素。

"主之本在于宗庙,宗庙之本在于民"《吕氏春秋·务本》;"人主有能以民为务者,则天下归之矣"《吕氏春秋·爱类》;"古之君民者,仁义以治之,爱利以安之,忠信以导之"《吕氏春秋·适威》。凡是人民拥护的君主,他的社稷就非常稳定,而要得到人民的支持与拥戴,就必须以仁爱之心对待他们,以丰厚的利益来安抚人心,并以忠诚、信义等道德规范来引导他们的行为。

二、孔子的仁爱论

儒家文化的创始人孔子,字仲尼,鲁国昌平乡陬邑(今山东曲阜)人,是儒家文化的开创者。他提倡"爱民"、"养民"、"惠民"、"裕民"。人是最根本的,在人的管理上,必须施以"仁"、"爱"。当年马厩失火,孔子问:伤人乎?不问马。是孔子重人轻物的具体体现。

孔子画像(公元前551—前479年)

孔子一生从事教育事业,有弟子三千,贤者七十二人,为当时的社会培养了大批人才。孔子教导人们以"仁"为出发点,提倡人类重视孝悌忠信、礼义廉耻,做有道德、有教养的公民。在人事管理方面,儒家主张以礼待人、讲求信用和尊重别人,促进人际关系的协调,主张上级对下属应宽厚谦和,而下属对上级则应忠于职守。

在孔子之前就有关于"仁"的记载。最早在《尚书》和《诗经》就有了"仁"字,《左传》和《国语》中"仁"字出现的频率则更高了。在春秋时期,奴隶制走向崩溃,封建制开始建立,阶级矛盾和阶级斗争十分尖锐,奴隶起义此起彼伏,诸侯之争愈演愈烈,生灵涂炭。孔子就是在这样的背景下提出

"仁"的观念。

"仁"是孔子思想的核心。"仁"字是"人"字旁加个二字,两个人相处之道即为"仁"。"仁"是人们相处、相知、相爱之道。东汉古文字学家许慎在《说文解字》中解释说:"仁,亲也。从人二。"清代文字学家段玉裁又进一步注解道:"亲者,密至也。从人二,相人偶也。人偶犹言尔我亲密之词。独者无偶,偶者相亲,故其字从人二。"孔子在《论语》中反复论述"仁","仁"在《论语》中共出现过109次。"仁"的概念非常宽泛,如当樊迟问孔子什么是仁时,孔子回答"爱人"。孔子又说:"克己复礼为仁。"要求人们"非礼勿视,非礼勿听,非礼勿言,非礼勿动"(《论语·颜渊》)。孔子以孝悌为仁之根本。孔子说:"君子笃于亲,则民兴于仁。"仁的基本精神是"爱人"、"忠恕","己欲立而立人,己欲达而达人";强调"己所不欲,勿施于人"。孔子仁者爱人的主张在一定程度上肯定了人的尊严和人的价值,顺应了当时奴隶解放的潮流。孔子用"爱人"来解释"仁",用"忠恕"来实现"仁"。孔子的"仁"还包括忠恕之道。所谓"忠"是指"己欲立而立人,己欲达而达人"。强调君主只有"上孝于亲","下慈于民",才谈得上臣民对君上的忠诚。居上位的君王应"守礼"、"正身"、"修己",以身作则,这样才能使臣下心悦诚服,真正做到以忠事君。所谓"恕",就是要"己所不欲,勿施于人"(《论语·卫灵公》),孔子提倡"以直报怨,以德报德"的品德。孔子的忠恕之道,是一种推己之心以爱人的精神。"忠"者,有诚恳为人之心,"恕"者,无丝毫害人之意。在孔子的仁道中,"孝悌"占有重要的地位。

对不同弟子对"仁"的提问,甚至是同一个人(如樊迟)的三次提问,孔子给出的回答也是不同的。仁学是儒家的精华所在。"仁爱"是道德之本,是人格的基础。孔子说:"仁者,爱人。"又说:"仁者,人也。"其中,"仁"是指"能行五者于天下,为仁矣"。这五者为"恭、宽、信、敏、惠。恭则不侮,宽则得众,信则人任焉,敏则有功,惠则足以使人"(《论语·阳货》)。恭、宽、信、敏、惠即庄矜、宽厚、信义、勤敏、慈惠,这五条加起来即是"仁"。孔子认为只有庄重的人才不会受人侮辱;宽厚的人才能受人爱戴拥护;讲信义的人才能得到别人任用;勤奋机敏的人办事才会有成效;能给别人以恩惠的人才能指挥别人。那些能体察百姓、取信于民的君王能得到百姓的支持和拥护;而那些不能体察百姓的君王则无法得到百姓的支持和拥护。孔子非常重视统治者的这种德行。尽管"仁"的这一层概念是从统治者的角度出发的,但是它要求统治者把人民放在第一位,这在春秋时期是非常难能可贵的。

一个有"恭、宽、信、敏、惠"的人,就能够身体力行,达到完美无缺的境界。而要想达到这个境界,首先要做到爱人。"仁者"就要"爱人"。"爱人"是达到"仁者"境界的前提条件,而"仁者"是"爱人"的结果。为达到"修身、齐家、治国、平天下"的目的,要以个人的爱为出发点,最终形成人类的爱。"仁"是最高境界,是人在社会上立身处世的标准。"仁人"是品德高尚的人。孔子的仁学奠定了儒家以民为本的人本思想和仁政学说的理论基础。

三、孟子的性善论

孟子认为人具有先天或先验的善性。他说:"恻隐之心,仁之端也;羞恶之心,义之端也;辞让之心,礼之端也;是非之心,智之端也。"《孟子·公孙丑上》在孟子看来,"四心"即为"四端",为仁、义、礼、智。而仁、义、礼、智乃是道德上的善。所以说,人的本性是善的。恻隐之心,羞恶之心,恭敬之心,是非之心,人皆有之。恻隐之心属于仁,羞恶之心属于义,恭敬之心属于礼,是非之心属于智。仁、义、礼、智这些道德并非是外部赋予的,而是与生俱来的,关键在于能否充分发挥个人的善之本性。

孟子主张"性善论"。"乃若其情,则可以为善矣,乃所谓善也。若夫为不善,非才之罪也。"《孟子·告子上》从人的天生素质来看,可以使他善良,这就是所谓的人性善。至于有些人不善良,不能归罪于他的素质。

孟子的"性善论"包含三层意思:①人的素质,可以为善。这里的人的素质,指的是区别于动物的道德属性。"人之所以异于禽兽者几希。庶民去之,君子存之。舜明于庶物,察于人伦,由仁义行,非行仁义也。"《孟子·离娄下》人和禽兽的区别只有一点点。平常人丢弃它,君子保存它。这里的仁义,就是人区别于禽兽的属性。在孟子看来,仁义属性是人人具有的。无论是庶民丢弃它,还是君子保存它,人毕竟是人,而不是禽兽,他那一点点的道德本性,只需通过适当引导,就可以表现出来。因此,人的天生素质是可以为善的。②仁义礼智,人所固有。"仁"来源于人的恻隐之心,"义"来自于人的羞恶之心,"礼"来自于人的恭敬之心,"智"来自于人的是非之心。③求则得之,舍则失之。既然人性本善,那么为什么有人为善,而有人作恶呢?这完全取决于人们对于其善之本性的取舍。孟子相信人的本性是善良的,一经探求,便会得到;一经放松,便会失去。每一个人既可以做善事,也可以做恶事,关键在个人的追求与价值取向。

孟子的"性善论"认为性善是属于先天的,而恶是起于后天的;善是内在因素,恶是外部因素,因此孟子主张重视人们的道德修炼。

第二节 儒家以和为贵的管理思想

人们之间,要和睦相处。人与人,人与社会,人与自然,要达到和谐的境界。民间自古有和气生财、和气发家之说。市场经济本质上是一种合作经济。企业之间、企业内部,只有和气合作,才能共求发展。梅奥的人际关系理论,也是强调人与人和谐相处的管理思想。

一、"以和为贵"是儒家处世和处理人际关系的基本准则

以儒家为代表的中国传统文化一向讲究"和"。在儒家看来,"和"是管理活动的最佳

境界。孔子认为:"君子和而不同,小人同而不和。"就是说有道德修养的人应讲究协调,但承认差别,并不随波逐流。这里的"和"是指矛盾双方经统一而达成的和谐,"同"是指否定矛盾的存在。孔子的学生有子认为:"礼之用,和为贵。先王之道,斯为美,小大由之。有所不行,知礼而和,不以礼节之,亦不可行也。"(《论语·学而》)"和为贵"就成为著名的儒家名言。孟子指出:"天时不如地利,地利不如人和。"(《孟子·公孙丑下》)"人和"是指人与人之间团结和睦,人际关系和谐。组织内部上下齐心,组织外部搞好公共关系。荀子指出:"下不失地利,中得人和,而百事不废。"(《荀子·王霸》)汉代董仲舒说:"夫德莫大于和,而道莫大于中。"可见人和的重要性。

  儒家之"和"在国家管理活动中的作用,一是用来协调管理者与一般老百姓的关系,达到二者的团结;二是用来协调最高管理者与各级管理人员的关系,取得二者之间的和谐。孔子主张,在国家管理者与一般老百姓之间,关键是要取得和谐。"盖均无贫,和无寡,安无倾。"(《论语·季氏》)若是财富平均,便无所谓贫穷;境内和睦团结,便不会觉得人少;境内平安,便不会倾危。把儒家以和为贵的思想用于企业管理,其作用也是非常巨大的。在一个组织内部,相互协调,人们的积极性得到充分发挥,而组织内部的团结得到了保证,同心协力,坚如磐石,就能够迎战外来的竞争。

  孟子也十分重视"和谐"在管理中的作用。他举例说,譬如有一座小城每边长只有三里,它的外部也只有七里,可谓小之又小。但敌人围攻它,却不能取胜。在长期围攻过程中,一定会有合乎天时的战机,却还是不能取胜,这就证明"天时不如地利"。又譬如另一座城,其城墙不是不高,拥有的兵器也很锐利,备战的粮食也很多,但当敌人围攻之时,守城的人却弃城逃跑,这就证明"地利不如人和"。那么如何得到"人和"呢?"得道者多助,失道者寡助。寡助之至,亲戚畔之;多助之至,天下顺之。"(《孟子·公孙丑下》)荀子分析道:"和则一,一则多力,多力则强,强则胜物。"(《荀子·王制》)也就是说,只要人们和睦相处,就能团结一致;而只要人们团结一致,就能坚强有力。由此可见,儒家文化是非常重视人际关系的协调与和谐,重视人的价值的实现,强调群体和谐,注重个人对集体的奉献。因此,东方人本思想带有十分浓厚的群体主义色彩。

二、"以和为贵"的思想内涵

  儒家管理文化十分重视"和"。那么,什么是"和"呢?史伯说:"以他平他谓之和。"(《国语·郑语》)贾谊说:"刚柔得道谓之和。"春秋时的晏婴认为"和"就是"济其不及,以泄其过"(《左传·昭公二十年》)。这里的"济"是"增加"的意思;"泄"是减少的意思。不足之处要增加,过多之处要减少。而孔子则进一步阐述道:"君子和而不同,小人同而不和。"(《论语·子路》)"和而不同"又成为人们处理一切事物都应该遵循的原则。在此基础上,后来的儒家提出"中和"的概念:"中也者,天下之大本也;和也者,天下之达道也。致中和,天地位焉,万物育焉。"(《礼记·中庸》)

"和"与"同"有原则的区别。"和"是不同事物之间的和谐,是不同事物、不同方面相互补充、相互协调,最终达到主体上的和谐。史伯说:"夫和实生物,同则不继。"(《国语·郑语》)事物要达到和谐,它的各个方面就要确定一种关系,而这种关系又确定了各个方面之间应有的度。这个度的分寸要掌握得当,否则不是过分,就是不足。儒家把这个度的最佳分寸定为中庸。中就是和的要求,只有事物的各个方面都能适度,即达到中的程度,事物的总体才能达到协调、和谐的状态。中庸的目的是要达到事物总体和谐,因此要求事物的各个方面要从事物的总体要求出发,正确处理好各个方面的关系。当某些方面出现不同意见,甚至是矛盾时,每个方面都应该从事物的总体要求出发,以和为贵,把各方面的矛盾降到最低程度。

三、内和外争

有人认为,儒家只一味地讲究以和为贵而不主张竞争,其实这是一种误解。事实上,儒家是既主张和为贵又主张竞争的。首先,儒家的"和"是有原则的"和"。孔子曰:君子和而不同,君子和而不流。即真正有德行的人是善于与人和睦相处,善于协调各种关系的,但并不是意味着盲目苟同,并不是意味无原则地附和、随波逐流。这里的"和"是指协调、和谐,而"同"是指无差别地同一。其次,儒家在"和"与争的关系上,主张以和为主,以竞争为辅的原则。和是目的,竞争是手段,争是为了在更高层次上取得和,竞争并不排斥人和。儒家坚持以和为贵为手段和方法来解决现实生活中的一切矛盾与冲突。因此,儒家的基本原则是能和则和,内部和谐的最终目的是为了进一步增强对外竞争的实力,即"内和"、"外争"。在激烈的市场竞争中,即在和外部企业竞争的过程中,如果没有内部的人和是绝对没有竞争优势的。对外竞争优势的基础是内部的人和。正如诸葛亮在《将苑·和人》中所言:"夫用兵之道,在于人和,人和则不劝而自战矣。若将吏相猜,士卒不服,忠谋不用,群下谤议,谗慝互生,虽有汤、武之智,而不能取胜匹夫,况众人乎。"

第三节 儒家中庸的管理思想

儒家的中庸之道,是由孔子提出来的。但中庸作为一种哲学思想与处理问题的准则,其思想渊源十分久远。尧有"允执其中"的主张,周公有"中德"、"中正"的提法。《周易》上更有"中行"的记载。中庸思想,主张不偏不倚,过犹不及,恰到好处。这正是体现了现代管理思想的精髓。因此,我们管理学应该很好地汲取古代儒家的中庸思想,作为管理的一个基本原则。

中庸思想贯穿于儒家经典,并成为中国历史上重要的治国原则。追本溯源,最早系统性阐述这一命题的是中国群经之首的《周易》。

一、《周易》的中道思想与儒家的中庸之道

迄今为止的研究,人们较为一致的观点认为:八卦及重卦的创制当在西周以前的远古时代,甚至可以上溯到八千年前的远祖伏羲。而《易经》部分(爻,爻辞)约成书于殷周之际。《易传》部分则大抵形成于春秋战国期间,为先儒孔子门人的集体之作。先秦时期,学者云集,百花齐放、百家争鸣的氛围,孕育形成了中华文化社会规则与行为方式的基础性框架,这正处于中华文明五千年历史的承前启后时期。在总结二千五百多年远古先贤智慧结晶的基础上,孕育、产生了其后贯穿中国文化二千多年历史的儒、道思想。《周易》正是这样一种思想解放时代的产物。是历代先贤哲人思想的集大成者。《周易》所蕴涵的丰富的宇宙人生哲学思想,使其成为中国古代哲学文化最重要的源头活水。

《易经》本身蕴涵的世界对立统一运动、阴阳变化的辩证思想是古代哲学思想的精华和鼻祖。朱熹在《周易本义·序》中说:"六十四卦,三百八十四爻,皆所以……尽变化之道也。"这"变化之道"就是《周易》"经"部分的哲学基础,也是整部《周易》的哲学基础。"经""传"的完美结合,奠定了《周易》在中国文化史上的历史地位。没有"经"的哲学基础,就没有"传"的思想体系。有了"传"的推广发展,"经"的哲学就更加显明昭著。"经""传"的这一结合,正是中国历代哲学家主要治学方法——"我注六经"、"六经注我"的结合。

《周易》对后世哲学一直有着巨大的影响。从两汉儒学、魏晋玄学,到宋明理学和明清启蒙学,无不与《周易》存有渊源关系。

董仲舒的"天人感应"说,是促成汉武帝"独尊儒术"的理论基础。其隐现着《周易》的"夫大人者,与天撤合其德。与日月合其明。与四时合其序","天行健,君子以自强不息"的天人合一思想。魏晋玄学奉《周易》为"三玄"之一。宋明理学的创始人是周敦颐和二程,各以《程氏易传》和《周易本义》传世,其道统理学成为11世纪后主导中国并为东亚各国竞相吸纳的儒学主流。宗师周敦颐的主要著作《太极图说》即建构于《周易》之上。以"六经责我开生面"自诩的王夫之视《周易》为"精义安身之至道","未尝旦夕敢忘于心焉"。

中道思想贯穿于《周易》六十四卦始终,而且试图对自然和社会的普遍规律进行理论概括,后世儒家的中庸多偏重于伦理道德范围。所以说,当后世儒子们高举中庸之道的大旗,倡导修身、齐家、治国、平天下时,殊不知这一思想精髓即发端和集大成于《周易》。《周易》的中道思想和儒家的中庸之道源流相关,一脉相承。

二、中庸之道与《周易》的辩证法

《周易》将自然界和人类社会中一切对立事物抽象成一对阴阳,喻示天地、君臣、男女、夫妻、炎凉、上下,等等。《周易》的卦形由"—"和"— —"两个基本符号组合推衍而成。

"—"表示阳,"— —"表示阴。"天地之间无往而非阴阳;一动一静,一语一默皆是阴阳之理。"而卦象的推衍变化就象征着这些矛盾的运动及其转化。"穷则变,变则通,通则久。"(《周易·爻辞传》)生生不息的阴阳转化就是变易,就是易理,一阴一阳这就是宇宙大道。正是基于这种对世界辩证矛盾运动的深刻认识,易经中从爻义演进,爻辞训示,直到卦序排列等各方面,无不在谆谆告诫人们要厚积薄发,积蓄力量,静待时机。不可操之过急,轻举妄动。终日兢兢业业以自强,即使是夜间也不敢稍有松懈。日夕慎独,如履薄冰。事趋完美时则要虑盛极终衰,"亢龙有悔"。世界是对立统一和矛盾运动的,运动的结果是矛盾的互相转化。因此,要想"无咎"则必须"惧以始终"。否则,即使完美于"既济",也会"初吉终乱"(《周易·既济卦》)。将这种辩证思想推而至极,便自然而然地产生了贯穿其中的中道思想。因为事物的发展和状态一旦突破中间态,最后必然要向两极发展,并走向自身的反面。所以为了保持事物的稳定,就必须居中位,谨守中庸之道。"一阴一阳之谓道"的神来之笔,宣示了世界对立统一矛盾运动的本质。而建立在此哲学基础上的方法论——中道,遂成为中华文化的精髓。可见中庸之道的理念深深根植于对立统一辩证哲学基础上。

从六个卦爻分别喻示事物发展的不同阶段看,二、五两爻因居中得道,位尊处优,故每每大吉。上、下卦六爻中,二爻居下卦中位,五爻居上卦中位。乾卦"九二曰:'见龙在田,利见大人'何谓也。子曰:'龙德而正中者也。'"九二之利是因为有中正不偏德。九五爻"飞龙在天,乃位乎天德"。故《易传》说:"二多誉,四多惧,三多凶,五多功。"清代李光地总结道:"程子曰:'正未必中,中则无不正也。'六爻当位者未必皆吉,而二、五之中,则吉者独多,以此故尔。"

二、五爻中位得道,跟六爻"爻位"喻示世界运动发展变化规律的各个阶段密切相关。初爻象征事物初生萌芽时,应潜藏勿用;二爻喻示头角初露。朝气蓬勃之际,当可适时而进,"利见大人",英气勃发时无往而不利;三爻象征虽已小有成就,然而仍需日夕慎行,谨防凶变;四爻象征更获新进时,宜惧以审时度势,以避免下抵上压之虞;五爻象征事物发展的最完美阶段。功成名就,刚健中正,内圣外王,谐和至极为万物赡;六爻象征变化的极处物极必反。高飞穷极之处,即消亡悔恨之时。此时"君子黄中通理,正位居体,美在其中,而畅于四支,发于事业,美之至也"。(《周易·坤》)中之至美,泽及比邻,正是道之所在。

从动物形体结构的双侧对称到雪花的六次对称结构;从病毒超稳定的正二十面体极端对称结构到恒星球体的完美对称结构;从音乐节律的和谐到生态系统乃至人类政治、经济生活中的平衡,造物的和谐对称法则无处不在。大自然和谐、平衡的对称性设计就是科学家眼中的美。科学史上的很多例子表明,一个和谐、平衡的美的理论公式,哪怕发现当时还难以确证,但随着时间的推移,最后往往都被证明是"真"的——即符合自然规律。

人类的所有哲学思想都来源于我们对这个世界的考察思辨。和谐、对称、平衡的自然法则映射于人生的世界观和方法论,成就了不偏不倚的大中之道。在这个均衡、对称的宇宙时空中,一个和谐完美的社会、人生所应遵循的理念,一种参天化育的天人学说赖以建构的基石,只能是,也必定是这不偏不倚的大中之道,夫道莫大于中焉。人类科技的最前沿思想和我们传统文化的精髓不谋而合,殊途同归。

三、佛家的中道义

儒家的中庸之道与佛家的中道义的一致,是由释智圆提出的。佛家的中道义体现在佛家经典《中论》中。《中论》是由龙树菩萨创造的。龙树,或译做龙胜、龙猛,除《中论》外,还著有《大智度论》和《十二门论》等重要经典,是印度大乘佛教的杰出代表人物,在印度和中国佛史上享有很高的声誉。《中论》序文说:"天竺诸国敢学者之流,无不玩味斯论,以为喉衿。"足见《中论》在佛教经典中据有的地位。

从龙树到鸠摩罗什所讲包括《中论》在内的诸论,主要在阐明"般若真空观"。汤用彤对这一学说曾作过扼要而精辟的论述,他指出:"三论之学,扫一切相,断言谓道。而扫相离言者,非言刀有物之为顽窄绝虚(原注:绝对寡虚)。言真体不可以象得也(原注:故般若无所得)","诸法不灭不生,而人乃计常计断,诸法非有无,而有无之论纷起","由上所言,物无彼此,无定相"。上述这些见解,对了解"般若真空观"以及《中论》,都是极为重要的。

《中论》在《观破因缘品第一》里,开门见山地提出了"中"亦即"中道"来:"不生亦不灭,不常亦不断,不一亦不异,不来亦不出,能说是因缘,善灭诸戏论,诸说中第一"。从佛教大乘论的观点来看,包括上述《中论》中提出的生灭、常断诸相在内,所有人类世界中的万事万物,亦即所有的具体的东西,"人于法性,一切皆空"。大乘论虽然讲空,但绝不是说,"万有物为顽空绝虚",亦即"绝对空虚"。如果充满了"万有物"的现实世界真的"绝对空虚","无人亦无处"。那么,佛家又向谁来宣传它的教义?"佛亦无说处","但为引导众生,故以假名说离有无二边,故名为中道"。是中道打破这一僵局,解决了这一矛盾。

龙树在《中论》中,巧妙地建立了自己的中道义,这就是"故以假定说离有无二边,故名为中道"。亦即中道义或中论。译《中论》的鸠摩罗什在《维摩经注》卷二中指出:"有无非中。"他的弟子昙影称:"不累于有,不滞于无,即中道也。"天台宗创始人智者大师所讲的"三体圆融",也是这个意思:"不著于空,不执于假,即曰中道。"释智圆继承了前此大师们的传统,反对世俗的极端化、绝对化,坚持中道义:"夫诸法云云,一心无变,心无状也,法岂有哉?亡之弥存,性本具也;存之弥亡,体非有也。非亡非存,中义著也。"对"荡空"和"胶有"这两个极端化,"荡空,迷因果,泥善恶;弃戒律,背礼义";"胶有"则"拘缚于近教,杀丧于远礼";并用孔夫子"过犹不及"的话,指明"荡空"为"过","胶有"为"不及",唯中道为良。在《盂兰盆经摭草钞序》中,智圆同样借用孔夫子的话来说明中庸之道:"夫记钞之失,其有二焉:或失于烦,或失于略。烦则渎于义,略则雍于文。既渎且雍,则后学之曾无若措手足矣。去斯二者,得乎中庸为难能也。"

四、儒家的中庸之道

孔子中庸观的要义是"执其两端,用其中于民","过犹不及"。也就是主张执中以致和,无过无不及,使矛盾双方达到和谐统一。孔子说:"知和而和,不以礼节之,亦不可行也。"《论语·学而》"君子和而不同,小人同而不和。"《论语·子路》"和"绝不是把矛盾双方毫无原则地混同起来,要做到"和而不同"。如果不符合"礼"的原则,是不能去"和"的,即所谓"非礼勿视,非礼勿听,非礼勿言,非礼勿动"。孔子对搞折中主义的人十分憎恶,他把那种见人说人话,见鬼说鬼话,到哪里都受欢迎的人叫做"乡愿"(即含糊苟且、不分善恶是非之人)。

孔子说:"中庸之为德,其至矣乎!民鲜久矣。"在这里,孔子把中庸作为人们不易达到却又不可或缺的至善至美的道德规范。但从孔子的一系列言行来看,中庸不仅仅是一种伦理学说,它更是孔子的世界观和方法论,在孔子思想中处于基础的地位。《论语·子路》云:"子曰:'不得中行而与之,必也狂狷乎!狂者进取,狷者有所不为也'。"《论语·先进》云:"子贡问:'师与商也孰贤?'子曰:'师也过,商也不及。'曰:'然则师愈与?'子曰:'过犹不及。'"孔子这里说的"中行"就是中庸,它的两端是"狂"(即过)和"狷"(即不及)。"过"和"不及"一样,都是不好的。而中庸既非"过",也非"不及",是最好的。可见,中庸本身包含着矛盾的对立统一。如果进一步分析,就会发现"中庸"、"过"、"不及"这三个概念是属于辩证法的质量互变范畴的,中庸反映着美好事物质和量的统一。

儒家哲学以致用为主旨,服务于安身立命和治国平天下之目的,具有强烈的社会现实性。这一特点便决定了它研究问题不是为了构造知识的逻辑体系,追求客观世界的真实性。而是注重一系列原则的简洁实用,以箴言的形式将日常人伦的训导与形而上学的玄想结合起来。结果一方面,儒家学说经世致用的特点,使它能对社会和自然采取较为客观的态度,包含着朴素唯物主义和辩证法的宝贵思想;另一方面,世俗价值与理性思辨的过分靠拢,使得一些哲理化思想带有直接体验的色彩,哲学思维空间十分狭窄,无法达到其本来应达到的高层次。

孔子的"允执其中"、"过犹不及"等观点,虽然包含着深刻的辩证法思想,可孔子把它们当作伦理思想。孔子所说:"敬而不中礼,谓之野;恭而不中礼,谓之给;勇而不中礼,谓之道。"可见,中庸的主要内容在于君臣父子,一言一行都以礼相约,中庸的关键在于对礼的遵从上"无过无不及",容易把内涵丰富的中庸思想拘泥于待人接物的处世原则方面。

释智圆将儒家中庸之道与佛家的中道义做了比较,并通过这两者沟通儒佛两家思想,认为是"言异而理贯"。释智圆站在佛教立场,沟通儒佛两家思想,"求其友声",认为儒家为"饬身之教",佛家为"修心之教",二者可以合作,"共为表里",对现实社会产生所谓的"教化"作用。

五、中和结合与中庸之道

中与和不仅概念不同而且文化来源有异,它们结合在一起而形成中庸之道。其历史与逻辑的统一经过了较长的发展过程,推算有如下三步:

首先,中和的相互渗透从而结合在一起,是商周两大民族融合的结果,同周人克商这一历史事件有着因果关系。马克思所说:"野蛮的征服者,总是被那些他们所征服的民族的较高文明所征服。"周人克商,以小邦周战胜强大的殷商,不仅创造了一个军事上的奇迹,而且由于西周经济文化的落后也使征服者感到困难。为了摆脱这一困境,向先进的殷商学习是必然的。周武王请教箕子而形成的《周书·洪范》王道论述,进而产生了周因于殷礼的制度,就是这个原因。尤其值得重视的,是周公向毕公学习其商政之"执中"优点。《尚书·毕命》概括地记述了这一过程:"呜呼,父师!邦之安危,惟兹殷士,不刚不柔,厥德允修。惟周公克慎厥始,惟君陈克和厥中,惟公克成厥终。三后协心,同底于道。道洽政治,泽润生民。四夷左衽,罔不咸赖。"这段是周康王对其父师毕公功德的嘉许。说明周公、君陈(周公之子)直到毕公,在执政期间都学习殷士的执刚柔之中的工作作风,反映了周人以和为贵的精神与殷商中道原则的第一步结合。

其次,孔子既从周又有故殷的文化倾向,使中和的结合得到理论上的论证,标志对两大体系的综合继承。孔子采取"从周"的态度,决定了他在三代礼制的继承上遵从周礼,于是就将其以和为贵的基本精神接受过来了;而且,作为宋人、殷商后裔,孔子天然地是殷商文化的继承者,其执中的王道精神,就是综合商周两大体系的文化而后方才形成其儒学的,所以司马迁指出其学说具有"据鲁、亲周、故殷"的特点。

最后,儒、道二家理论上的互补,完成了中和的哲学统一而形成中庸之道的任务。

孔子学说的理论特点,长于伦理政治却短于哲学思维。中庸这一范畴,没有把它同宇宙自然现象联系在一起进行概括,从而形成具有世界观意义的哲学本体论。

根据《汉书·艺文志》的阐述,道家来源于上古三代的史官,是从各氏族部落中的"巫"转化而来。他们长期从事天文历法工作,积累了大量的天体知识,使他们长于对自然现象的认识及其规律的概述,在知识结构上比出于司徒之官的儒家具有某些优势。司马谈将道家的理论特点概括为三:一是综合了各家之长;二是法自然之道;三是具有很高的综合概括能力。他在《论六家要旨》中指出:"道家……因阴阳之大化,采儒墨之善,撮名法之兽,与时推移,应物变化,立俗施事,无所不宜,指约而易操,事少而功多。"他们善于总结自然与社会的运行规律,从而加以上升为道。尤其是他们"指约而易操,事少而功多"所产生的概括能力,在进行哲学思维时具有理论优点,这是儒家孔子所不具备的。

中和是商民族的智慧结晶,从而具有很大的普遍性。道家也有他们的中和观,老子指出:"道生一,一生二,二生三,三生万物。万物负阴而抱阳,冲(中)气以为和。"《道德经》他把中看成为阴阳二气的协调,并从而归结为道即一所派生(一生二),这就使中和具有万物之母的本原意义。值得注意的是这个所谓的"一"被引进后,使中和不仅具备无所不在的普遍意义,而且为专制君主的绝对权力作了理论论证。所以,老子思想也就因之被称为帝王术。

一在道家著作中也称之为太一,文化渊源是楚人所崇拜的东皇太一。所谓东皇,是指从东方升起的太阳,即日神。根据《白虎通·五行》称,"炎帝者,日神也",也就是炎帝。楚人为祝融之后,根据《山海经·海内经》的记述:"炎帝之妻,赤水之子听䜣生炎居,炎居生节并,节并生戏器,戏器生祝融,祝融降处于江水……"

一是矢的象征,就以之标志坚定勇敢的战士,冠之以太,则象征至高无上的部落联盟的军事首长之神灵。对此,反映楚文化特点的道家著作《鹖冠子》就认为:常道在道家理论中也被称为执一之道。基于一的派生万物之本原意义,老子主张"天得一以清,地得一以宁,神得一以灵,谷得一以盈,万物得一以生,侯王得一以为天下贞(歧)"《道德经》,从而提倡"圣人抱一"。把"一"引进中庸,就使它上升为常道,具有很重要的理论意义。

太一是楚人所奉居中央之位的部落联盟神,具有诸神敬仰而受之制约的权威。由于部落联盟军事首长向专制君主转化,就形成"天子执一"的集权统一思想。"一"到这时,就成为君主地位至高无上的象征和权力不受制约的哲学标志。而执一之道被引进中庸,就使之从单纯的哲学范畴转变为专制主义服务的政治哲学。

秦汉以后,进一步进行了外儒内法的改造,哲学上就加速了援道入儒的理论变异。当儒术实现独尊居于统治思想地位时,把中庸视为不变之道的理论倾向就更加突出了。代表这种倾向的儒学大师董仲舒,在强调"德莫大于和而道莫正于中"的同时,公然要求法天,认为中庸之道原出于天,"天不变,道亦不变"。可见这个不变中庸的形成,是执一之道被引进的结果。到了战国中后期,经过百家争鸣,儒家后学就开始吸收道家的理论长处,将道家尤其是老子的自然主义天道观和常道论引进儒学,使儒家中庸不仅关乎人伦而且概括物理,成为具有普遍意义的哲学思维,从而形成援道入儒的变化。这个任务,是儒家后学通过对道家学说的批判吸收从而加以改造方才完成的。

通过以上考察,我们探知了从中和发展为中庸并从而上升为不变之道的历史过程。首先,中是夷殷文化的产物,和是姬周的传统观念,它们的结合就标志着东方的夷族与西方的夏族之间的融合。这种经过民族文化融合而形成民族思维,反映了中华民族尤其是汉民族形成的多元一体化。其次,中和结合上升为中庸之道,是儒道两家的理论提升的结果,儒家以宗法伦理为内容对"执中以致和"的中庸作了理论论证,并以"过犹不及"原则表述了它的哲学方法论特点。道家理论使中庸体现人伦而且概括物理,成为具有普遍意义的思维方式。尤其是成为具有哲学本体论特点的理论,是中庸成为不变之常道的关键所在。最后,中庸思想成型化以后,不仅使具有辩证思维意义的商周中和丧失本来特点而走向形而上学,而且使它的固有的原始民主精神丧失,从而异化为专制君主不受制约的行政权力辩护的集权理论。

六、中庸之道的现代思维

"中庸之道"是东方古代管理文化的重要理念,必须进行现代性转化,才可以在管理活动中普遍适用。作为伦理化的世界观,"中庸思想"在管理上的应用具体表现在:

(1)控制观念。作为一种一般的行为需要进行控制,但在管理控制中就有适度的问题。控制太松,松松垮垮、拖拖拉拉,必然造成工作效率的低下和组织的混乱。反之,控制过严又会激起人们的抵触情绪或反抗行动。三国时,蜀国大将张飞被杀,就是因为控制过严,过度的压力超出了部下的心理承受力,引起了过激行动。所以在管理活动中要实现有效的控制,就必须掌握"中庸之道",做到宽严适度。

(2)用人观念。人才是管理中最宝贵的资源。人才资源的开发和利用,是企业兴旺发达之根本,但在人才的使用中也有适度的问题。埋没人才、压抑人才、大材小用,必然造成人才资源的浪费。反之,如果小材大用,知识能力水平与职责要求不相称,也会导致人才资源的浪费。美国管理专家彼得的"彼得原理"所说的对人才提拔过了头,就属于这种情况。所以管理者在用人中要运用"中庸之道",把适当的人才安排到最能发挥才能的合适岗位,实现人事的最佳结合,做到人尽其才、才尽其用。

(3)激励观念。管理工作关键是通过激励调动人的积极性,但在激励的过程中也有适度的问题。从激励的数量上看,激励的数量太多,使绝大多数人不需经过加倍的努力都能得到,势必积极性不高;惩罚数量太多,使绝大多数的人动辄得咎,既可能会产生惧怕心理,也可能会使不良行为和犯罪越来越多。反之,激励太少,同样会使多数人无上进之心,激励的驱动作用也就消失了。所以管理者要想真正调动人的积极性,在激励过程中就应该把握"中庸之道",做到激励适度、恰到好处。

(4)管理观念。在管理工作中,管理者要想取得管理成功,就必须掌握适度管理的方法。可以借鉴中庸思想,实行适度管理。有人将现代管理总结为一个公式:

$$现代管理=制度管理+人本管理$$

这充分体现了制度管理与人本管理的关系。制度管理是硬管理,人本管理是软管理。制度管理是让你这么做,而不是那么做;人本管理则是让你做得更好。科学管理是外在制约,人本管理是内在激励。制度管理对企业来说,好比是螺丝钉,可以用它把大家组合在一起,成为一部部机器;而人本管理则是润滑剂,可以使这部机器更高速度地运转。东方管理应是"情、理、法"的有效结合,其实"理"居中,应是所重在理,即合理化和适度性;法为基础,即制度化,制度化是管理的基础;组织典章制度是组织成员共同遵守的"法";情为本,即人性化,管理者尊重人、关心人、鼓励人,用"己所不欲,勿施于人"的原则来建立、修订和推行所有的规章制度,用合理化的制度和合理化的人情达成适度管理,才能真正做到管理的成功。

要做好中庸之道的适度管理,具体来讲体现在以下方面:

首先要树立"度"的观念，注意管理的数量方面，要有基本的数量分析。管理者必须对管理客体的各方面情况了如指掌、心中有数，这是做好管理工作的前提。例如，在解放战争期间，我方自始至终非常注意敌我双方力量的数字统计，分析战争的发展趋势，把握其量变到质变的关键点。当敌我力量对比发生明显的变化时，不失时机地使我军由战略防御转为战略进攻，夺取了解放战争的胜利。管理工作和指挥战争一样，也只有做到情况清楚、胸中有"数"，才能掌握火候，处理得恰到好处。

其次是选取最佳度。管理者要想实现最优化的管理，就必须在多与少、大与小、长与短、快与慢、动与静、松与紧、宽与严、张与弛、刚与柔、进与退等之中做出最佳度的选择。由于各种事物都有其特殊性，最佳度也是各不相同的。即使同一事物，在不同的时期、不同的发展阶段，最佳度也是不一样的。因此选择事物的最佳度单凭实践经验是不够的，还必须掌握丰富的科学理论知识，这样才能提高科学分析能力，寻找出事物的最佳度。

最后是把握最佳度。要把握管理的最佳度，做到适度管理，最重要的就是按适度原则办事。其一，当事物在其质的范围还有发展余地，客观上要求保持事物的度时，要恪守事物的度，不要随意去破坏它，不要过头，也不要不及。现代化的机器、装备和零件，从设计、制造到使用都不允许超过一定的误差，否则就会造成浪费、损失甚至事故。其二，当事物的发展客观上需要并可能超过事物的度时，就要进行创新，从动态上把握事物的最佳度。

第四节 儒家思想的核心管理原则

儒家思想是中国乃至东方世界的文化基础、伦理规范和管理原则，其中核心管理原则如下。

一、儒家的修己安人原则

孔子在其《论语》中提出"修己"与"安人"的要求，后来形成儒家的"修己安人"思想。对于领导者、管理者来说，这一思想应成为一个重要的行为准则。儒家重道德，认为一个人处世立身要注意个人的道德修养，要以德为本，以德为先。孔子说过："德者，本也；才者，末也。"这既是孔子的处世哲学，也体现了孔子的教育哲学，把有道德置于做人的首位。

《资治通鉴》上说："才者德之资也，德者才之帅也。"宋代司马光认为："取士之道，当以德为先。"儒家的思想体系核心是"仁德"。"仁"是核心，"德"是基础与内核，一个人只有修德养性，才能树立高尚人格。在儒家文化中，十分推崇"圣人"、"君子"，他们都是道德高尚、品行端正者。儒家把无道德、无修养的人称为"小人"，嗤之以鼻。孔子修己安人思想又体现在"三纲领"、"八条目"上。三纲领为："大学之道，在明明德，在亲民，在止于至善。""明明德"即强调个人道德修养。"亲民"与"至善"是仁德的体现。八条目是格物、致知、诚意、正心、修身、齐家、治国、平天下。就是要求由小到大,由个人到国家,都要从修德养性出发。

儒家提倡"修己安人"、"修己以敬"、"修己以安百姓",都是以"修己"出发,推广到"安人"、"安百姓"。"修己"是"内圣"之道,指人的主体的心性修养,学习与锻炼。"安人"为"外王"之道,齐家、治国、平天下,是由"内圣"向"外王"的推移与发展。

孟子发扬了孔子的"修身养性"思想,提出"家、国、天下"之本在"身"。他说"天下之本在国,国之本在家,家之本在身"。"君子之守,修其身而天下平。"

儒家"修己安人"思想在管理学上的体现还在于如何处理好个体与群体的关系,强调个人的道德修养与素质提高。孔子特别强调个人、个体,即从我做起、自我完善。国家、社会、企业,是由一个个人组成的,只要个人修养好了,有道德,则社会企业也就大治了。这与泰勒的从提高个人工作效率出发进行科学管理、增加社会福利的管理思想是一致的。

二、儒家的"纲常"原则

在维持封建社会安定、处理人际关系上,儒家的"三纲五常"思想有着十分重要的地位。纲,纲领也。"三纲"即君为臣纲、父为子纲、夫为妻纲。其讲的是等级关系,领导与被领导的关系,也是封建社会的基本社会规则。常,常在,不变准则也。"五常"即仁、义、礼、智、信。它要求人们要行仁爱,讲义气,有礼节、智慧和诚信。这讲的是封建社会做人的基本操守与行为准则。

在早期的封建社会,在政权的统治权威有限,法制不能有效实施的松散社会状态下,儒家以纲、常、伦理建立了一套人们的行为规范与理论模式。这对于维持社会稳定、规范个人行为,都起到了极大的作用。当然,封建伦理、纲常思想有其负面作用,尤其在运用不当时,会转化为"吃人"的礼教。特别是封建伦理道德的控制作用,使中国社会长期处于超稳定状态,失去了创新力与进步性,成为中国社会落后的根源之一。

儒家的"三纲五常"管理思想,作为人们的一种行为准则,也是对个人、社会进行精神控制的有效方法。后人把"三纲五常"喻之为精神枷锁,注重的是它的负面影响。从正面作用来看,"三纲五常"给封建社会人们的行为提供了一个标准和规则。社会以"三纲五常"来评判个人的是非对错,个人也用"三纲五常"来约束自己的行为,以至于使"三纲五常"思想成为封建社会人们共同认可的文化和伦理道德。

第五节 儒家管理思想的特点

东方管理思想主要来源于中国的传统文化,辅之以印度文化与东南亚文化。中国的传统文化是几千年来中华民族智慧的结晶,也是汲取了北方游牧民族文化和印度佛教文化的精华,是以儒家文化为主,道教文化、兵家文化、法家文化等为辅的综合大一统文化。儒家文化是一部大百科全书,又以"四书五经"为典型代表,是博大精深、源远流长的。关于论述儒家文化的书籍与经典著作车载斗量,十分宏大。苏东水教授编著的《东方管理》可以说是近年来比较全面、系统介绍东方文化与东方管理思想的代表性著作,有兴趣的人士可以研读该书。为简便起见,我们可以把儒家的管理思想归纳为以下三个方面的特征:以人为管理的中心;以家为生活的中心和以计谋为人际交往的中心。

一、以人为管理的中心

中国的传统文化把人当做宇宙的中心。人是万物的主宰,是天地间最为灵秀的生物,是万物之灵。但是要强调人的重要性,首先是通过宣扬天的重要,然后用天的权威来证明人的重要,这即是天人合一。因此,中国哲学表现出以追求人的自由、人的尊严、人的价值为命题的一面。

对于人的研究,以及对于人如何适应统治者需要的规范,中国封建文化是有独到之处的。首先是人要听命于天。天的代表者是天子,那就听命于天子。为了达到这一目的,儒家提出了大量的规则和道德规范。如"克己复礼",通过自身的修养来满足统治者的要求。这样一来,中国的文化就转化为封建奴性文化,用鲁迅的话来说是一种"伺候主子"的文化。但同时它也有两面性:一方面要求个人克制自己来适应统治者的要求;另一方面却要个人对国家具有雄才大略,有治国安邦的才能和志向。这两方面是有矛盾的。在这样一个无法解决的矛盾中,如何使之得到完美的统一,这就是这种封建文化的艺术之所在。为了实现自己治国安邦的宏伟志向,古代中国人的最好办法就是中庸。

中国人讲究中庸之道。其最基本的含义是:"过犹不及","礼之用,和为贵"。这是有东方特色的思维方式,又是传统文化所追求的一种理想人格和合理的道德规范。孔子认为,这是一种最为高尚的美德。在某种意义上,中庸和中和的意义是相近的。中是循礼,和是行仁,以中和为用的中庸思想是礼与仁思想的集中表现。也就是说,儒家的礼和仁都是通过中庸来实现的,通过中庸从普通人修养成为圣人。这样一来,就有两个方面的作用:一是对自身,知进退,可以明哲保身;二是对国家,能做到"为政以德",治国安民;对宇宙,可以自立于天地之间。这种思维方式的重要特点是:第一不走极端;第二就是要持久。这样就得发挥人性的平衡作用,以追求人与自然、社会的协调和统一。因此,一个人的行为,应既不偏向于此一面,也不偏向于彼一面,而是在两个极端中寻求一个高度的平衡。这种思维方式是以和谐为基础的,是一种理想化的人格。这是中国文化的特点,人与人之间可以和谐,家庭可以和谐,人与社会可以和谐。所以,中国人用平衡、协调、适应、统一来代替人与人之间,人与社会之间,家庭内部之间的冲突和矛盾。这种团体维系的思维方式有利于团体的发展。

二、以家为生活的中心

要想了解中国人、中国的文化,必须明白"家"在中国人和中国文化中的地位。在管理上,你如果不了解家在管理者和被管理者心中的地位,那你就一定不能进行良好的管理。"家"在中国人的心目中是神圣的。

家庭生活是中国人第一重要的社会生活,亲戚朋友邻居是第二重要的社会生活。这两种生活集中了中国人的要求,包括了中国人的活动,规定了其社会道德条件和政治上的法律制度。有人说中国人只知有家庭不知有社会,实则中国人除了家庭没有社会。中国人从生到死,都脱离不了家庭,尤其脱离不了家庭的相互依赖关系。你可以没有工作,但你不可以没有家庭,家庭是你的起点也是你的归属。家庭把你养大;你病了,家庭是医院;死了,家庭为你送终。并且家庭依赖你的成功,你必须尽力去维持你的家庭。你要为它增加财富,要为提高它的社会地位而奋斗。家庭这样要求你,社会众人也是这样规范你。家庭就是这样包围着你,你万万不能脱离它,同时也摆脱不了它。家是那样的强有力,所以往往破坏了其他的社会关系。

家庭问题在东西方观点不同,这个问题和宗教有关。西方的宗教强调个人的作用和社会团体的作用,而中国则不然。中国的社会没有严格的宗教组织,或者说中国没有严格定义上的宗教。"中国缺乏宗教,以家庭伦理生活来填补它。"所以中国人对家的重视和西方对宗教的重视是一样的。这样看来,"宗教问题实为东、西方文化的分水岭"。

西方的社会观念是强调个人的作用,而中国是强调家庭的功能。从下图我们可以看出:

西方人的社会生活:团体 ——→ 家庭 ——→ 个人

中国人的社会生活:团体 ——→ 家庭 ——→ 个人

框内表示重要的社会活动主体,在中国是通过家庭把社会团体和个人联系起来的,如果没有家庭,个人和社会团体的作用就不能相连和发挥。而在西方,团体和个人是社会活动的主体,从而弱化了家庭的作用。因此,基于东方文化的管理思想必须在实施管理的过程中考虑到家庭的作用。

中国的家庭关系是一个非常复杂的关系。人一生下来就有这些关系,而且一辈子都在这些关系中生活。人生实质上是存在于各种关系之中的。父母在先,再则兄妹,然后有了夫妇,其后是子女,最后是朋友。朋友也成为一种家庭的延伸。随着一个人年龄和生活的展开,渐渐地四面八方的若近若远的、数不清的关系接踵而来。有种种关系,就有了种种的伦理,有了伦理就有了各种规则、道德的规范。伦理始于家庭,而不止于家庭。正是这各种各样的关系,构成了中国特殊的社会生活画面。在中国,关系也是生产力,管理活动就是以这样一个画面为背景展开的。

三、以计谋为人际交往的中心

前面介绍了中国文化中人性的两面性,论述了家庭对中国文化的重要性。中国文化常处于一个非常为难的境地。作为一个独立的个体来说,一个人要求有治国平天下的志向,同时又要遵守传统的规范,要为这个家庭光宗耀祖,要争取荣誉。试想如果他失败了会怎么样？一不能实现其志向,被世人认为无能；二不能满足家庭要求。这样他只能成功,或者是假装成功,否则他是没有办法进行正常社会活动的。因此,人们变得虚伪和圆滑,为了维护面子而大动脑筋,这样无论是在正常的交往中还是在国家的外交上,或是在军事的纷争上,计谋就成了中国文化的特长。

筹划和谋略是中国人智慧的集中体现,在中国几千年的历史长河中,积累了大量的计谋。我们可以分为四个层次来看：

第一是国家间的外交谋略。中国几千年的历史大体上有这么两种情形：一是由实力相当的几个国家或政治集团所构成的分裂局面,如春秋战国时期、三国、南北朝、五代十国等。二是统一的中央集权制下的派系集团间的斗争。处于分裂局面的各国,充分应用了谋略,在各个政治集团中通过联合或分化手段,展现了一幅幅丰富多彩的时代画面,形成了人类发展史上独特的景观。

第二是军事谋略和计策。无论在古代还是在现代,一切的较量无一不是实力的较量。军事的抗衡,凝结着实力、智慧和谋略的光辉。在中国漫长的历史中,主要是通过冷兵器进行军事抗衡的。除了军事实力是战争中的重要因素以外,军事谋略往往就成为战争中决定性的因素。中国古代有许许多多以少胜多的著名战例,都凝聚着智慧的光芒。如官渡之战、赤壁之战,等等。

第三是集团内部各派势力之间的抗衡。这主要是以通过谋略获取皇帝的宠信为主要目的,例如历朝历代的清官集团和贪官集团争斗。这里的谋略是一个非常具有中国特色的东西,它不仅把政治、外交、军事的谋略都应用上了,还有许多特殊的手段。如充分利用中国的家庭人际关系等。

第四是商业经营,也是讲究计谋,以利益为重。但是中国也有"无商不奸"的说法,主要是指古代商人多讲计谋,少讲诚信,这是不可取的。

总之,中国的东方智谋是世界文明史上一颗灿烂的明珠,在当今世界各种各样的竞争中仍然闪耀着光芒。

本章小结

儒家的民本思想,与现代的人本管理有许多相似之处。大到一个社会,小到一个企业、一个家庭,他们管理的目的、行为准则应是为人服务,为求得人的福利与发展。西周太师姜尚最早提出民本思想。他说天下非一人之天下,乃天下人之天下也。同天下之利者则得天下。擅天下之利者则失天下。孔子提出"仁者,爱人"、"仁者,人也"思想。"仁"是孔子思想的核心。仁包括"恭、宽、信、敏、惠"。孟子认为人具有先天的善性。他说:"恻隐之心,仁之端也;羞恶之心,义之端也;辞让之心,礼之端也;是非之心,智之端也。"

儒家文化一向讲究"和"。在儒家看来,"和"是管理活动的最佳境界。孔子认为:"君子和而不同,小人同而不和。"汉代董仲舒说:"夫德莫大于和,而道莫大于中。"儒家把这个度的最佳分寸定义为中庸。中就是和的要求,只有事物的各个方面都能适度,即达到中的程度,事物的总体才能达到协调、和谐的状态。中庸的目的是要达到事物总体和谐。

尧有"允执其中"的主张,周公有"中德"、"中正"的提法。《周易》上更有"中行"的记载。中庸思想,主张不偏不倚,过犹不及,恰到好处,正是体现了现代管理思想的精髓。事物的发展和状态一旦突破中间态,最后必然要向两极发展,并走向自身的反面。所以为了保持事物的稳定,就必须居中位当,谨守中庸之道。

孔子中庸观的要义是"执其两端,用其中于民","过犹不及"。也就是主张执中以致和,无过无不及,使矛盾双方达到和谐统一。孔子说:"知和而和,不以礼节之,亦不可行也。"孔子把中庸作为人们不易达到却又不可缺的至善至美的道德规范。中和的相互渗透从而结合在一起,是商周两大民族融合的结果。孔子既从周又有故殷的文化倾向,使中和的结合得到理论上的论证。中和是商民族的智慧结晶,从而具有很大的普遍性。

儒家的核心管理原则:儒家的修己安人原则。"三纲领"为:"大学之道,在明明德,在亲民,在止于至善。""八条目"是"格物、致知、诚意、正心、修身、齐家、治国、平天下"。儒家的"纲常"原则:"三纲"即"君为臣纲、父为子纲、夫为妻纲"。常,常在,不变准则也。"五常"即"仁、义、礼、智、信"。

儒家管理思想的特点是以人为管理的中心,中国的传统文化把人当做宇宙的中心。以家为生活的中心。以计谋为人际交往的中心。

思考讨论题
1. 认识儒家的民本思想和不足之处。
2. 讨论孔子的仁爱思想及其局限性。
3. 认识和谐思想的现代意义。
4. 讨论中庸之道在管理上的体现。
5. 认识儒家的基本管理原则。
6. 儒家管理思想的特点是什么?

第四章 秦汉时期的社会经济管理思想

秦朝,是中国第一个封建中央集权国家,据史料考证,秦统一中国时辖下人口约计二千多万。秦朝结束了战国长期的诸侯割据、战乱纷争局面,形成了统一的中央大帝国。秦朝推行统一文字、货币和度、量、衡的政策,在社会管理、行政管理、经济管理上都达到了一个新的水平,在当时的世界也是走在前列的。我们在此介绍商鞅的经济管理思想。

汉朝,是继秦朝短期的统治之后在中国出现的统一的、长期的封建王朝。在汉朝,中国的法治、文化、经济管理都开创了一个新时代,历史上有"文景之治"为证。在此我们介绍司马迁的经济管理思想,桑弘羊的经济管理与社会治理思想,桓宽《盐铁论》中记载的民间贤良文人的经济主张。

晋朝,是一个相对比较短期的朝代,在社会治理与经济思想上并无重大创建。我们在此介绍傅玄的经济思想和《齐民要术》表达的农耕、庄园经济管理思想。

第一节 商鞅的经济管理思想

商鞅,是秦朝的一任宰相,历史上伟大的政治家、改革家和社会活动家,也是后称法家的代表人物。他在秦朝的行政改革、社会治理与经济政策制定中是一位举足轻重的人物。商鞅的许多经济思想都转化为秦朝的经济政策与管理措施,但他又是一位悲剧性的历史人物,其是非功过历史已有定论,在此我们仅介绍其经济管理思想。

商鞅(约公元前390—前338年)系卫国国君之后,原名公孙鞅或称卫鞅。他相秦后受封于商,号称商君,故后多称其为商鞅。他是先秦法家主要代表人物之一,曾推行一系列的政治与经济改革,使秦国"兵革大强,诸侯畏惧","乡邑大治",被后世誉为"商鞅变法"。他推行变法的实质是使新兴封建地主阶级在秦国取得政权,从而给一个世纪以后统一的封建帝国的建立准备了必要的物质基础。商鞅后半生为建立新兴地主阶级政权的事业而奋斗,最后被他的政治反对派处以最残酷的车裂之刑。

他的改革的主要内容有以下几项:其中最重要的是运用政治权力决裂阡陌封疆,彻底摧毁了旧领主贵族的世袭土地所有特权,使土地得以自由买卖,为新兴地主经济的建立和发展开辟了广阔的道路。其他如以官爵奖励军功,取消世卿世禄制度,创立郡县制以代替分封制,建立统一的征赋制度以及厉行什伍连保连坐的社会编组法和统一度量衡制等。他的这一套变革推行之彻底,时间持续之久,收效之显著,以及在社会政治经济变革上意义之深刻是中国历史上罕见的。

商鞅所推行的变法给中国带来了极深远的影响，他的经济管理思想也给后世留下许多值得思考的地方。我们在此介绍一些他的经济管理概念。

1. 关于财富的观念

在财富生产方面，他和他同时的许多思想家一样，肯定农业是财富生产的源泉。他说："农则易勤，勤则富。"《商君书·壹言》又说："壹务（指专壹于农）则国富。"《商君书·农战》他所谓财富主要指粟，而帛是次要的，所以他强调"粟爵粟任则国富"《商君书·去强》，即使人民通过生产粟的数量以获取官爵就会使国家富裕。因此他对土地的利用特别关心，指出"地大而不垦者与无地同"。另一方面，他似乎对山林川泽之利的兴趣不大，虽然秦国的此种资源颇为丰富，而与他同时的许多其他思想家均已认识到这种资源的价值。

2. 关于自利的观念

自利是先秦思想家较为普遍的观点，商鞅自不例外。在他看来，"民之性，饥而求食，劳而求佚，苦则索乐，辱则求荣，此民之情也……羞辱劳苦者民之所恶也，显荣佚乐者民之所务也"。并进一步认为"民之生，度而取长，称而取重，权而索利"《商君书·算地》。这是说人们的每一行为都要求获取最大限度的经济效益。这就是英国古典经济学家所设想的所谓"经济人"。但不像古典经济学家把自利作为人们一切经济活动的动机，商鞅则是将自利——趋利避害的动机作为其推行变法的依据。

3. 关于贫富的观念

商鞅对贫富问题的基本概念是主张国富而不要求富民。这一思想观念对后人的影响十分深远。在他看来，富国、强国和治国是同义语，因为，"强者必富，富者必强"。换言之，富国必然会是国治而兵强。但对于人民来说，却是另一回事。为了强兵就必须使民弱，民贫，因"民，辱则贵爵，弱则尊官，贫则重赏"《商君书·弱民》。只有民弱、民贫才能通过重刑或重赏以使其转变成勇敢的兵士。既要求人民专一于农以富国，也要求人民都是"家不积粟"的穷者。因为只有穷者才能重赏，才能被驱使去做他们自己认为所恶或所难的事。如果人们富裕了，则统治阶级的工具——刑与赏，就无从发挥作用。因此，他认为"治国之举，贵令贫者富，富者贫，国强"。这里所谓"富"或"贫"，其差别仅是有无足够维持生活的粟帛而已。故"贫者富"不外是使人努力从事农业以获取一定收入，或因军功赐以官爵和维持生计之费用。反之使"富者贫"也不外是取消其官爵或维持生计的费用。这一做法与管子所谓"富而能夺，贫而能予"之说颇为相似。但二者仍有很大的区别。管子主要通过经济措施如价格或放贷等来达到目的，而商鞅则完全靠封建国家的"刑"与"赏"来实现其意图。故他说："贫者益之以刑则富，富者损之以赏则贫。"《商君书·说民》。这是说，对贫者威之以刑，迫使他们专一于农业，就会富足起来，或减少对人们的赏赐即可使人贫穷。由此可知，在商鞅的政治体系中，任何人致富（即获得足够的生活资料）的唯一可能，除务农外，就是通过出色的军功获赏。商鞅的这一经济思想和治国之道，此后延绵几千年,影响至今。

    4. 关于抑商的思想

    商鞅是坚决主张限制商业活动的。他的理由是"民之内事,莫苦于农……农之用力最苦而赢利少,不如商贾技巧之人"(《商君书·外内》)。要想使人民安心农业,就必须对商业进行限制。他限制商贾的办法是多方面的。如禁止商人经营粮食买卖;加重关市之赋使农民不愿改业为商,同时也使商人感到生意难做;加重加多商贾的封建劳役以形成农逸而商劳的现象,等等。但也应该指出,他主张限制商业,主要是为了借此以鼓励农业,并非根本否定商业的社会功能。如他曾指出"农、官、商三者,国之常食官也。农辟地,商致物,官法民"。

    5. 关于移民思想

    自春秋后期以来,各学派思想家大都追求本国人口的增加。唯从战国中期开始,有些思想家逐渐认识到人口与土地间的适当比例问题,管子和商鞅即为其中较突出者。商鞅的意见是:"凡世主之患,用兵者不量力,治草莱者不度地。故有地狭而民众者,民胜其地。地广而民少者,地胜其民。民胜其地者,务开。地胜其民者,事徕。"

    当时秦国的情况正好是地胜其民。要解决这一矛盾,奖励人口的自然增殖才是最根本的办法。商鞅对这点似乎是有所认识的,例如他很注意人口的出生与死亡登记及全国的人口总数,并要调查壮男壮女之数,老弱之数。他是中国历史上举行过人口登记和调查的第一位思想家。然而他并未采用人口自然增殖作为其增多人口的基本政策。显然,人口的自然增殖需要很长一段时间才能达到所希望的目标。在诸侯兼并战争频繁的条件下,采取见效快的"徕民"政策,即吸引国外人民迁入以增加人口的办法,实为最易达到目的而又易于被接受的办法。

    当时秦国的国际条件正好具备产生徕民思想的客观基础。三晋中的韩、魏是秦国当时对外用兵的直接对象,而那里恰好是"土狭而民众",故商鞅的徕民政策可以鼓励三晋之民特别是农民迁到秦国,就会使人口很快增多。这样既可使秦国的农民大量征召入伍,又可使敌国的农业人口减少,从而降低其粮食生产和减少其兵力,可谓一举而数得。他为了实施这一政策,给予迁入的外国农民较优的待遇,赐予田地和房屋,并免去三世的劳役。即"利其田宅,而复之三世"。商鞅推行其经济政策时,一般是运用封建政治权力以促其实现。唯在徕民问题上,政治权力却无能为力,只能借助于适当的经济措施。这个政策对于秦国政权的巩固与人口发展曾起了一定的积极作用。秦国从偏隅一方的弹丸小国成为强秦,商鞅的徕民政策功不可没。

    6. 关于财政思想

    商鞅给我们留下了两个财政思想,一是坚持封建财政的统一;另一个是主张重税。商鞅决裂阡陌封疆,废除旧贵族领地的小割据形势而代之以郡县制,就必须建立统一集中的封建国家财政。如果财政不加统一,无异为各地保留一个独立割据的根子。所以他在决裂阡陌,建立郡县的同时,也将财政尤其是军赋收归封建国家统一征课。由此可知,他对财权统一的意义已有很清楚的认识。对此他坚决地贯彻实行并取得了成功。

古代思想家,不论是哪一个学派,一般都主张薄赋轻徭,有的甚至还主张取消某些已在征收的捐税。只有商鞅一个人例外,他坚决主张重税。他的基本租税概念是:"不农之征必多,市利之租必重",即对农业以外捐税要既多且重。在这一原则指导下,他重征关税、市税、酒税,并对各家游荡而未从事农业的人口重课。由于重税,国家的财政收入增加,为政府主导经济提供了经济基础。

第二节 司马迁的社会经济管理思想

司马迁是汉朝伟大的史学家,他以一部"究天人之际,通古今之变"的历史巨著《史记》名垂青史。他在《史记·货殖列传》中,记载了先秦一些富商大贾的经济活动与成就,也反映出了他自己的经济思想与观点。司马迁不是一位经济学家,但他赞赏"自由放任"的经济模式,推崇"放任诱导"的经济政策,加之他记述的一些商人的商经与经营之道为之佐证,足见他的经济思想已远远高于当时以及其后的许多经济学者,其经济观点已经包含了现代市场经济的内涵。因此,《史记·货殖列传》是中国管理史上放任主义学派的代表作,而司马迁则成为放任主义经济学派的鼻祖。

司马迁(公元前145—前87年),字子长,生于龙门(今陕西韩城),后来全家迁居茂陵,即今陕西兴平。在他的不朽著作《史记》中列有《平准书》和《河渠书》,并特辟了《货殖列传》,给后代史学家开创了一个治史必须考虑到社会经济活动的典范。因此,我们可以想象到在中国经济史和管理思想史的研究中,如果没有司马迁在其《史记》中记载经济活动的先例,不知要遭遇多少困难。特别是对古代经济思想之研究几乎是不可能的。

《史记·货殖列传》是一个管理知识的宝库。司马迁提出的一些管理理论和管理技巧,至今仍然有指导意义。其中颇有创见和具有特色的有以下五个方面的观点。

(1)司马迁提出,人的本性是好利求富。即"富者,人之情性,所不学而俱欲者也"。并用这个观点来解释春秋、战国直到西汉前期一系列著名工商业者和从事各行各业活动的老百姓的行为动机。

(2)自春秋战国时代的管仲、商鞅,到秦汉时代的秦始皇、汉武帝、桑弘羊,都是力主国家政权直接干预经济。唯独司马迁提出最佳的经济政策是听其自然,因势利导。即所谓"善者因之,其次利道之"。这无疑是中国管理思想史上主张放任主义经济思想的第一人。

(3)商鞅、汉武帝、桑弘羊等人重视商业是有限度的,他们注重官商,对私商则采取排斥打击政策。而司马迁则不同,他的重商思想是把商业看作是社会分工的重要部分。把商业的地位和农业、工矿业相并列,认为都是富国富家所不可缺少的部门。这就否定了重农抑商政策的合理性,提出了经商是发财致富最佳手段的主张,即"用贫求富,农不如工,工不如商"。

(4)司马迁认为贫与富的存在是不可改变的。总是机智灵巧的人有积余,而愚昧拙笨的人则所得不足。富足是有能力的表现,而个人的能力是有差别的。所以善于做买卖的人,都要善于择人和掌握时机以"奇"和"巧"来取胜。可见,司马迁在宏观管理方面,虽然主张放任主义,而在微观管理方面却又重视人的主动性和创造性。

(5)先秦道家赞美闭塞、隔绝,鼓吹"老死不相往来",向往小国寡民生活,而司马迁极力赞扬所谓"二通",即商品流通和运输交通。他列举全国各地物产和都会,赞扬富商大贾"周流"天下,肯定都市交通在商品交易中的作用,把流通和交通看作是都市兴旺的启动器。

下面我们介绍司马迁的主要经济思想观点。

一、社会发展和道德规范

在哲学观点上,司马迁继承了先秦唯物主义的传统并受到当时流行的阴阳五行递变学说的影响,这就使他的思想体系具有强烈的发展观点和朴素的辩证方法。再加上他丰富的生活实践,使他能从人们的社会活动中去寻求历史发展的线索。他指出:"夫神农以前,吾不知已。至若《诗》、《书》所述,虞、夏以来,耳目欲极声色之好,口欲穷刍豢之味,身安逸乐,而心夸矜势(作艺)能之荣,使俗之渐民久矣。虽户说以眇(作妙解)论,终不能化。"(《史记·货殖列传》)

这是说,人类在他们的生活中适应客观经济条件的趋向由来已久,即使以美妙的词句加以劝说也是不易改变的。因此,他坚决反对将人们的经济生活拉回到当时有些人所幻想的往古"黄金时代"里去。在他看来,这种"黄金时代"即使存在过,也早已一去不复返了。如果一定要人们回到这条老路上去,除非"涂民耳目",要把人们的耳目堵塞起来才行,但这更是行不通的。

他最杰出的观点还在于他否定帝王与英雄创造历史的流行观点,试图从人们的社会经济生活中去寻找历史发展的线索。这对古代学者特别是古代历史学家来说是非常难得的,也是司马迁的《史记》所以成为不朽巨著的根本原因。

同时,他认为作为重要的社会道德规范的所谓礼,是以人类的性与情为基础,故其基本内容仍然要以具体的物质生活资料来体现。由于人之性情有声色、乘驾、五味、珍善之好,才产生了相应的礼仪之节。他又说:"'仓廪实而知礼节;衣食足而知荣辱。'礼生于有而废于无。"这是现代激励需求理论的早期认识。

他在这方面的观点和《管子》是一致的,但司马迁对伦理规范的性质和职能的理解还不止于此。他进一步把这些规范进行了分类研究。在他的心目中,人们有两种道德:一种是为封建阶级服务的道德,即在当时已取得支配地位的所谓仁义道德。这种道德以攫取权势的高低和掠夺财富的多寡为标准。攫取的权势愈大和掠夺的财富愈多,则道德就愈高。他说:"何知仁义?已飨其利者为有德……窃钩者诛,窃国者侯。侯之门,仁义存。""人富而仁义附焉。"另一种是被压迫阶级的道德,它是以能否"平等报施"和"患难恤救"为标准。他称赞"布衣之徒"是"其言必信,其行必果,已诺必诚,不爱其躯。赴士之厄困,既已存亡死生矣。而不矜其能,羞伐其德,盖亦有足多者焉"(《史记·游侠列传》)。

二、关于财富概念

司马迁所谓的财富,包括一切劳动生产品与货币,不管它们是资本或消费资料。尽管与他同时代的董仲舒曾尽力给人们的经济活动加上一定的伦理限制,而司马迁却继承了先秦以来另一种完全不同的对待财富的态度,即抛去伦理规范对财富的制约。他公开指出社会各阶层人们的活动目的都是为了追求物质财富。而且他还将对人们追求财富的分析扩大到非生产领域。让我们看看伟大的史学家是如何看待这个问题的吧。他指出:

在朝的"贤人"深谋于廊庙,"守信死节"和在野的隐士"设为名高者",都为的是归于富厚。"廉吏"做久了也变成富翁。"廉贾"的目的为了赚更多的钱;战士们"前蒙矢石,不避汤火之难"是为了重赏。

赵女郑姬"目挑心招,出不远千里,不择老少者,奔富厚也"。游闲公子,饰冠剑,连车骑,不外炫耀其富贵。渔人"犯晨夜,冒霜雪",猎人"不避猛兽之害",为的是获得能满足他人口腹之欲的商品。赌徒"作色相矜,必争胜者",是为怕失负而冀胜赢。医士及靠技术谋生的人"焦神极能",为的是挣钱吃饭;贪吏"舞文弄法"不避刀锯之诛,为的是贪图贿赂。一切农、工、商贾和牧者都为的是"求富益货"。

他得出结论是"富者,人之性情,所不学而俱欲者也"。又说"天下熙熙,皆为利来;天下壤壤,皆为利往"。这与《管子》所谓"不推而往,不引而来"同为对经济社会中牟利活动的极深刻写照。所不同的只是《管子》专事描写人们的物质生产活动,而司马迁则泛指一切社会行为。在这里,司马迁的"经济人"观点跃然纸上。

然而他毕竟是把社会经济活动看作是不以人们意志为转移的客观经济过程。"若水之趋下,日夜无休时,不召而自来,不求而民出之",是合乎"自然之验"的客观规律。可是,他的财富观仍不免带上一点时代的烙印。他将富分为"本"、"末"、"奸"三类,认为"本富为上,末富次之,奸富为下"。所谓"本富",指农、林、畜牧所生产的财富,"末富"是指从事工商业而获得的财富,而"奸富"则指通过"危身取给"才能获得的财富,如"劫人"、"掘冢","舞文弄法",伪造文书之类。在这里"奸富"概念没有经济学意义不足取。但对司马迁来说,这一分类是必需的,因为他曾把犯罪活动也包括在追求财富的活动范围之内。从"本富"与"末富"的划分看来,他尚未完全摆脱时代的局限,至少在名词术语的使用上还带有某些重本轻末思想的痕迹。但必须指出,司马迁绝无从经济上限制、否定乃至打击"末"富之意,只是意味在重本的前提下,"末"业之重要性相对地低于农业而已。可以说,在17世纪中叶以前的中国,像司马迁这样肯定和重视工商业致富活动的思想家也是很少见的。

三、提倡经济放任政策

由于司马迁认定人们的社会经济活动是一种客观过程,自会倾向于经济的放任政策。他对汉初"开关梁,弛山泽之禁"的措施极表赞同,以为这样做,能使"富商大贾,周流天下,交易之物莫不通,得其所欲"。在他看来,封建国家对于社会经济活动的最好策略是听其自由发展,不加干涉,即他所谓"善者因之"。其次是根据客观需要加以利导,即"其次利道之"。再次对某些不利于社会经济的行为加以教导,"其次教诲之"。最后才是将某些自发的不协调的经济活动加以人为调整,"其次整齐之"。而最坏的办法是官府自营经济事业与民争利,即他所谓"最下者与之争"(《史记·货殖列传》)。自战国以来漫长的一段历史时期内,虽有少数几个经济改革家推行经济的干涉政策,而放任主义经济思想却经常占着支配地位。因为在意识形态领域里占重要地位的儒家经济思想就主张放任自由。司马迁的特点是注重对农业、工商业的全面放任自由。然而,自古以来学者的声音都比较软弱,政府主导甚至管制经济的模式自汉中以来一直流传至今。

在司马迁看来,社会生产各方面、各地区均会自发地分工合作以彼此满足需要。人们所喜好的被服、饮食、奉生送死之具等,分别在全国各地区生产出来,足供大家消费。他曾列举了一大批各地生产的动物、植物和矿物产品的名单。他指出,这些商品的生产与流通,均须"待农而食之,虞(指渔与猎)而出之,工而成之,商而通之"。但农、工、商、虞四者出而从事生产和流通活动,绝不需政府出而加以强制的"发征"和事先的"期会"。因为,人们为了"以得所欲"就不能不各"任其能",各"竭其力",以从事自己的事业。社会经济活动就在这样的状态下,顺着自然的趋势,如"水之趋下"一样日夜不停地向前发展。司马迁并不完全否定"整齐"社会经济活动的作用,只认为这是较坏的办法,其恶劣的程度仅次于与民"争"利而已。

四、关于分配的观念

司马迁对贫富分化现象已有充分的认识,他曾提到战国后期已出现了"庶人之富者或累巨万,而贫者或不厌糟糠"(《史记·平准书》)的现象。他也曾提到汉初已有"不轨逐利之民"操纵物价,"兼并豪党之徒,以武断于乡曲",富商大贾财或累万金而不佐国家之急,黎民重困。但对如何抑制兼并的问题,他似乎并不怎么感兴趣。至少和当时的思想家如晁错、董仲舒比较,他不能算是抑制兼并的积极主张者。

对贫富不均现象,司马迁也未积极主张予以消除,只是不赞成所谓"奸富"。如系由商品生产和流通所积聚的巨额财富他决不反对。他曾说过:"凡编户之民,富相什则卑下之,伯则畏惮之,千则役,万则仆,物之理也。"《史记·货殖列传》可见,人与人之间的压迫奴役制度,在他看来,是一种永恒而无法改变的规律。虽然从道德立场来说,他对被压迫的群众表示同情。再者,他把蜀、卓氏、宛、孔氏等大富翁的先人均称赞为"贤人",在《史记·货殖列传》中为他们立传,叙述其致富之道,以使"后世得以观择焉"。司马迁的这一观点在中国古代是非常突出的,这也许是他的《史记》被指为"谤书"的原因之一吧。在他以前的思想家大都主张适度地缩小贫富差距,只有韩非一人为富有者辩护。但韩非所谓富有者决不包括工商之民在内,因为他把他们看成是"五蠹"之一。司马迁不仅肯定贫富分配不均为必然现象,而且将富商大贾誉为"贤人",并积极鼓励人们学习他们的致富之道。

在中国封建地主经济充分发展之同时,城市中的货币经济也随之而大大发展。在这种情况下产生两种相反的观点:一是重农而轻视工商业;另一种则是尊敬工商业但也重视农业。在整个封建时期的中国,前者观点一直是支配的观点,但后一观点的斗争也不时地出现。在西欧典型的封建社会中,工商一直被认为是受人尊敬的职业。所以司马迁尊敬工商者的观点,在中国是突出的,而在世界史上却是常有的,只是它出世较早一点。

总的说来,司马迁的分配观点是瑕瑜互见的。首先,他所认识的社会对立是工商业群众和封建统治阶级之间的对立。其次,富者奴役贫者是合乎自然规律的观点,也值得商榷。但他也因此认识到拥有一定量财富是一个人奴役他人的先决条件。最后,把贫富分配不均看作是"物之理"。把贫富分配不均的根源归结为某种人为的因素这一见解,却是对儒家"富贵在天"教条的否定。

五、关于生产经营观点

以前的思想家很少接触到生产经营问题,连管子也不例外。司马迁积累了极丰富的商品生产知识,给我们留下了不少有价值的古代货币经济史料。司马迁以后,由于儒家讳言财利思想的支配,论及生产经营问题的思想家也并不多。所以,司马迁《史记》中给我们留下的一些生产经营观点是相当珍贵的。

由于中国封建地主经济一开始就伴随着城市经济而发展,故能在封建经济的较早阶段出现一些较为复杂的商品生产和经营思想。基于这一客观现实,司马迁将社会生产分为两大类:即城市的生产与农村的生产。但这样的划分也使他不能把商品的生产和流通严格地区分开来,而把商业利润与工、农业利润看成是同样的东西。现在让我们看他所提到的一些关于生产经济的原则性问题。班固的《汉书·货殖列传》基本上是照抄《史记》,而班氏却有意地将这类宝贵的生产经营议论大部分予以删除,足见司马迁能为后世积极地把它们记载下来,是多么的难能可贵。他的生产经营论主要有以下几点:

(1) 须有一定量的货币资本,愈多愈好。

(2) 生产经营的商品须注意质量,如"务完物","长斗石,取上种","田畜人争取贱贾,任氏独取贵善",等等。

(3) 资金须不断流转,如"无息币","财欲其行如流水"。

(4) 须勤俭,如"无财作力","夫纤啬筋力,治生之正道也"。

(5) 用人得宜,如"能择人","能使豪奴自饶而尽其力"。

(6) 勿贪过高利润,如"无敢居贵","贵出如粪土"。

(7) 须具有丰富的生产经营知识,如"富者必用奇胜","百里不贩樵,千里不贩籴"。

(8) 善于把握时机,如"取予以时","任时"等。

以上各点,似乎偏重于商业经营方面。但我们要知道,在前资本主义时代的小商品经济下,一个小生产者的活动常常是生产与流通很难严格分离的。所以,上述经营原则既是流通性质的也是生产性质的。

以上两种类型的经营方式,其中大多数的计算单位很明确。但也有不少不甚明确或解释不一。就所列举的各种经营规模,如加以比较分析,可以知道司马迁已经认识到下面一些经营原则:

第一,数量相同的本钱,投放于各种不同的行业中,都可以得到人们公认的"合理"利润率,在当时约为20%。这是近代经济学所谓"正常"或"平均"利润率。从他将各行业的利润及高利贷者的利息并列论述这点来看,可知他和许多前资本主义的思想家一样,对利润率和利息率是混淆的。

第二,他已经注意到资本周转的作用,并已认识到商业资金的周转快于一般生产事业中的资金周转。例如,在上述例子中,百万钱资本投放到生产性企业,如畜牧业,只能体现为五十匹马或二百五十只羊等上。而同额资本投放到牲畜买卖时就能体现在二百匹马或二千头羊、猪上。但二者所得的利润是相等的。这不从资本周转去考察是无法理解的。资本周转速度这个概念被一位生活在二千年前的思想家意识到,这在全世界的经济思想史上也是极不寻常的。

第三,他将畜牧、渔业、林业及农业等主要依赖自然力而进行生产的行业归为一类,指出这是可以"不窥市井,不行异邑,坐而待收"的行业。他又将城市工商业者另归一类,认为这些是"与时俯仰,获其赢利,以末致富"的行业。司马迁这里以依赖于自然力的程度而将社会经济活动区分为都市和农村两种类型。

司马迁还把子钱家的放贷业务看成同其他生产和流通活动一样是正当的行业,甚至对高利贷者无盐氏在战争时期榨取十倍利息也无显著贬辞。足见他对高利贷资本在亚细亚古代所起的"经济崩溃和政治腐败"作用尚无认识。我们在前面曾经指出,至战国后期并无公开反对高利贷的言论。汉初的晁错可算是公开抗议高利贷行为的一个思想家,但仍无公开攻击货币贷放取息活动的议论。司马迁却是第一次公开承认货币贷放活动是合理行为,并肯定年息20%是正常利息。在欧洲,贷放取息的行为到16、17世纪后才被社会认为是合法的,并有人出而为之辩护。

第三节　桑弘羊的社会经济管理思想

桑弘羊（公元前152—前80年）出身于一个洛阳商人家庭，十三岁即入宫廷为侍中，故一向为封建士大夫所不齿。他从三十三岁起就参与和掌管封建中央财政事务近四十年，很成功地为当时的汉王朝解决了沉重和紧迫的财政需要，而"民不加赋"。他的财政政策被后世许多财政改革家视为足资学习的典范。可以说桑弘羊开启了政府全面管制经济的先河。

桑弘羊的思想体系是比较复杂的，其政治思想主要是祖述法家，而其经济思想则主要是接受或在某种程度上发展了范蠡和《管子》的思想并吸收一些其他学派的经济见解，但仍以商人观点占主导地位。因此，重商理论是他所有经济思想的核心。他成为中国经济思想史上重商理论重要的辩护人。

西汉王朝建立后，有关国计民生的冶铁、煮盐、铸币等重要生产事业，仍然操诸于郡国诸侯和富商大贾之手。到汉武帝时，因连年征战，财政匮乏。为了解决财政匮乏的问题，汉武帝采纳了桑弘羊等所制定的盐铁官营、酒类专卖、均输、平准等财经政策，推行了由国家垄断盐铁权力的官营经济管理体制，从财政上巩固了封建中央政权。正因为实行了这种管理体制，使"天下之利，皆今入官"，"富商大贾，无所牟利"。

汉昭帝始元六年（公元前81年）二月，朝廷从全国召集贤良文人60多人到京都长安开盐铁会议，与以桑弘羊为首的御史大夫讨论民生疾苦和治乱之由。在会议上，双方就盐铁官营、酒类专卖、均输、平准、统一币制等财经政策、管理体制，以至戍边屯垦、对匈奴的和与战等一系列重大问题，展开了针锋相对的争论。这是我国古代历史上第一次规模较大的以管理体制为主题的高层学术辩论会。

盐铁会议争论的焦点是官营工商业问题。以贤良文学为一方，主张废除官营管理体制，主要论点是：盐铁官营体制违背圣人之道，背离重农轻商的传统政策，而且存在不利于民生的严重弊病，其目的又是与民争利。以御史大夫桑弘羊为一方，则力图维护盐铁官营管理体制，主要理由是：盐铁官营有助于抑兼并、制诸侯，加强中央集权，有益于增加财政收入和筹措边防经费，有利于社会。提出治国非一道，单靠农业是不能脱贫致富的观点。

桑弘羊的指导思想是通过统一和加强中央财政以进一步巩固封建地主阶级的政权。

一、关于重商思想

在中国古代的思想家中，桑弘羊是公开为重商辩解的第一个人。在他以前的范蠡、白圭和管仲虽曾提出过不少有价值的商业概念或商业经济原则，却不曾有意识地、公开地看重商业。他将货币看作是财富的社会形态，以货币的多寡代表个人财富的多寡。在这一点上他和欧洲的重商主义者一样将货币与财富混为一谈了。既然如此，而商业正好是从猎取货币财富出发，自然得出商业是致富的本源这一结论。他否定先秦以来很多思想家均接受的农业是唯一致富本源的观点。这是桑弘羊和其他各学派的观点不相同之处，甚至和他所崇拜的管仲也不相同。他说："燕之涿、蓟，赵之邯郸，魏之温轵，韩之荥阳，齐之临淄，楚之宛、陈，郑之阳翟，三川之二周，富冠海内，皆为天下名都。非有助之耕其野而田其地者也。"

他虽然也说"富国非一道"，但事实上却将商业看成是致富的真正本源。甚至还说他实行盐铁专卖也是为了要"建本抑末"。这不过借用当时流行的术语来安抚反对派的情绪而已。连很不满意桑弘羊的桓宽尚谓"桑大夫……放于末利"。这一评语，虽系贬辞，却是真正反映了桑弘羊的基本经济观点。

桑弘羊有所分析的另一个经济观点是从自然资源之差异所引起地域分工去说明商品流通的重要性。他指出，各地区的自然资源不同，故其所特产的商品亦各异。"此天地所以均有无而通万物也。今吴、越之竹，隋、唐之材，不可胜用，而曹、卫、梁、宋，采棺转尸。江湖之鱼，莱、黄之鲐，不可胜食。而邹、鲁、周、韩，藜藿蔬食。"商品流通就是要使"多者不独衍，少者不独馑"。相反，"若各居其处，食其食，则是橘柚不鬻，朐（山东县名）卤之盐不出，旃罽不市，而吴、唐之材不用也"。由于有商品流通，虽是"山居泽处"之人亦能得到自己所需的远地商品。

作为一个重商理论的倡议者，必然会强调对外贸易的作用，这可由下面的论述中体现出来："善为国者，天下之下我高，天下之轻我重。以末易其本，以虚荡其实。今山泽之财，均输之藏，所以御轻重而役诸侯也。汝、汉之金，纤微之贡，所以诱外国而钓胡、羌之宝也。夫中国一端之缦，得匈奴累金之物，而损敌国之用。是以赢骡驴驼衔尾入塞，驒騱䯄马尽为我畜，鼲貂、狐貉、采旃文罽充于内府，而璧玉、珊瑚、琉璃咸为国之宝。是则外国之物内流而利不外泄也。异物内流则国用饶，利不外泄则民用给矣。"

由上文可以看出，他主张对外贸易至少有两个目的：一是想通过对外贸易以控制外国；二是想通过对外贸易以国内富余的商品换取本国稀有的商品。当然这是在特定经济条件下才适用的理论，但已经反映出他的国际贸易思想。

桑弘羊固然不同意当时流行的专靠农业富国的观点，但他也不否认农业在生产人类社会生活必需品上的重要性。所以他也经常使用"本"、"末"这对人们惯用的术语，也说要"农商交易，以利本末"。唯在他的心目中，农之所以为本只是由于它给人们提供了食粮，不一定靠农业致富。所以他更强调的还是"富国何必用本农"。"利在势居，不在力耕。"特别在那种朝野上下普遍被重农轻商观点浸透的时代，如非特别重商业的思想家决提不出这样反乎寻常的观点。

为什么在封建地主经济的上升时期，尤其是封建政权正推行抑商政策时候，会出现桑弘羊的重商理论？单就他是商人家庭出身这一点是不能完全解答问题的。封建地主阶级在其夺取政权的前夕之所以要反对工商业,其主要原因是因为重农思想在思想意识领域占有优势地位,而并非是为了完全消灭工商业。这在前面讨论商鞅、荀况的经济思想时早已说明。的确,汉初曾厉行抑制商人的政策。但与此同时,统一的封建帝国之建立和巩固,也在无意中必然而又不可抗拒地替商业开辟了广阔的发展前景。其结果是这一政策颁行后不过数十年,商人资本又阔步前进,出现了许多富商豪贾。晁错感叹说:"今法律贱商人,商人已富贵矣。"即是当时事实的写照。另一方面,汉武帝统治前期,不断的军事征伐所造成的财政困窘,也迫使封建统治者不得不丢开一向的抑商政策而转向商人资本求助。这在古代史上并不是稀奇事。例如古罗马的恺撒和周朝的最后一个统治者周赧王都曾向高利贷者请求举债。14世纪的英国国王查理二世也曾请教伦敦商人如何使他逃出财政绝境。汉武帝和他们不同之处是直接任命几个盐铁富豪来担任他政府中的高级财政大员,并通过他们又招揽一大批富商出来主管地方财政事务。也正因为这个原因,出身于商人家庭的桑弘羊才能"用事侍中"和出掌财政大权。

当时的商人阶级已有力量为封建统治者解除财政危机,则重商思想之产生即不无其客观依据。然而我们仍不能忘记,封建地主经济在当时正处于活跃上升时期,无论商人资本如何壮大,仍只能为封建地主阶级服务。这一客观事实决定着重商思想不可能在社会思想意识领域中与占支配地位的重农思想抗衡。同样这一事实也说明了为什么桑弘羊为封建政权作出了重大的贡献,仍遭到来自很多方面的攻击。为什么他的重商思想在此后整个封建时期仅作为若隐若现的支流而存在。

二、桑弘羊的基本经济观点

桑弘羊除最突出的重商主义思想而外,其他的经济概念基本上以追奉《管子》为主,在某些地方也兼采商、韩之说,我们在这里加以概述。

1. 经济上的政府干涉经济政策

桑弘羊的干涉政策首先表现在山泽资源国有的形式上。他说,"山海之利,广泽之畜,天下之藏也,皆宜属少府",故不向私人开放。他又指出,山泽之利必在深山穷谷之中,如果自由开放,"废而归之于民",事实上只为豪强所控制而供他们专利,小则兼并百姓,大则危害国家。故封建国家须"塞天财,禁关市"。在国家直接"开园池,总山海"的情况下,其收入即可用来"助贡赋,修沟渠,立诸农,广田牧,盛园囿"。此外,这些收入还可以用来流有余而调不足,"赈困乏而备水旱"。总之,自然资源应由封建国家垄断,不能向私人开放。桑弘羊也提到要绝兼并之路。看来他反对兼并的理由不是直接同情于被兼并者的不幸,而是认为某些生产事业一旦被豪强所专擅,就是侵占王者之天财,并会不利于人民。所以,他的反兼并既不是为了解除平民痛苦,也非直接为了打击豪贾富商,主要是为了推行以充实封建财政为目的的干涉政策。

2. 关于财富分配不均问题的认识

对于财富分配不均的原因,他认为首先决定于人们的智愚之不齐。他指出:"物布于地,知者以衍,愚者以困。"他又认为贫富不均也决定于个人之勤俭与否,"共其地,居是世也。非有灾害疾疫,独以贫穷,非惰则奢也。无奇业旁入而犹以富给,非俭则力也"。这类观点主要是采自《管子》和韩非。

3. 关于货币与价格观点

前面指出,桑弘羊肯定货币就是财富,即现代所谓独立的交换价值。他也认识到货币作为流通手段的职能,"交币通施",和货币会随时间变化,"弊与世易"。最重要的是他坚持并实现了铸造权的集中,反对郡国或私人拥有铸造货币的特权。他指出民间自由铸造将使"奸(劣钱)贞(好币)并行",使人民对货币发生怀疑,也给下臣以专利的机会。所以他说:"故统一,则民不二也;币由上,则下不疑也。"桑弘羊很注意币制的统一。坚持铸造权的集中也是为了币制统一。如果说贾谊在中国货币思想方面第一次提出了"法币"概念,则桑弘羊提出的币制"统一"也给货币思想增添了一个新内容。

关于价格,他主要是继承管仲的轻重理论,主张"执准守时,以轻重御民",也兼采许行"市价不贰"设想,希望做到贵贱有平而民不疑。因此,他的价格政策的目的不是像《管子》中设想的那样要使其经常的上下波动,而是要求使价格稳定在官府认为适宜的水平上。这种价格概念正是他有名的平准措施的理论基础。

4. 关于消费概念

桑弘羊的主导消费观点是接受《管子》的侈靡消费观,并用它来反对"俭"。而对侈靡消费观的应用也不像《管子》那样有一定的条件限制,这显然是不正确的。他有时也主张俭而不同意奢,不过他对这一观点不如对侈靡消费观阐述之积极。自《管子》中提出侈靡的消费观以来,在过去二千多年中能体会其立意的不过寥寥数人。他对《管子》之说无所增益发展,却是继承此说的最早的思想家。

他的租税思想在原则上赞成征收山泽之税,甚至对商鞅加重关市之征也表示赞同。他赞成加重关市、山泽的收课,既不为增加财政收入,也不是要驱民归农,主要由于这种观点至少与其经济干涉政策不矛盾。相反,像儒家主张的"关市讥而不征,泽梁无禁"那种经济放任主义,倒是和他的干涉主义完全相抵触的。所以,他虽同意商鞅的重税政策,但事实上未抽重税,做到了"民不益赋,而天下用饶"。

三、桑弘羊推行经济管理的措施

桑弘羊上述的经济思想大部分均在所推行的经济措施中得以贯彻。这些经济措施在中国历史上是首创的,而且取得了突出成绩并被以后各封建王朝所模仿。下面我们介绍这些经济政策措施。

1. 国家垄断政策

桑弘羊推行的国家垄断政策可分为盐、铁、酒的专卖三个方面。关于盐专卖,在公元前117年以前,盐业主要是由私人经营,官府有时也经营盐业,但不是垄断性质。我们在前面介绍《管子》的经济政策时,曾提到管子积极鼓吹盐铁专卖,但那只是理论上的阐述,不一定见诸实行。在汉初才成为封建财政政策加以推行。

最初,盐专卖和铁专卖均系由封建政权任命两个盐铁富豪分别主管盐铁专卖事务,但未取得显著成绩。直到数年后由桑弘羊主持财政才取得成绩。盐铁由政府生产,如果农户私自出售其产品,除没收其器物外,还处以左足戴六斤重铁枷之罪。各郡县盐官的选用以该地富裕盐商担任。盐生产由私人负责进行,只是其产品由国家全部收购并由国家发售,故这只是国家垄断盐的流通过程。在这种情况下,从消费者角度来看,盐专卖可能产生的弊病是质量劣而价格高。但由于每人每日的盐消费量很少,故在公元前81年的盐铁会议上,桑弘羊的反对派对它发出的攻击不算多。

关于铁专卖,以往冶铁业也是由私人经营的。封建国家于公元前117年开始将铁业与盐业由国家实行垄断,并在七年后才同盐业一样获得显著成绩。但当时对铁的垄断与对盐的垄断又有所不同。铁的生产过程和流通过程是同时被垄断的。任何人如私自从事铁的冶炼或交易,也处以"铁左趾"的刑罚并没收其器物。垄断铁生产的必要性和盐垄断也有关系,因煮盐的主要工具"牢盆"是由铁制成,故控制铁生产等于间接地也控制了盐生产。在桑弘羊看来,更重要的还在于冶铁常是在深山穷谷中进行,聚众太多,易于"成奸伪之业"。而"铁器兵刃天下之大用也,非众庶所宜事也"。因此,他坚决主张严格控制铁的生产,并扩大其规模。

积极地扩充冶铁工业的规模并非由于盲目的好大喜功,而是对大规模生产的优越性已有相当的认识。他指出,由县官主办的大铁厂,有雄厚的资金,"财用饶";有完备的生产工具,"器用备";有统一的制造规格,"一其用";划一而低廉的价格,平其贾;以及有利于技术改进,即所谓"吏明其教,工致其事则刚柔和,器用便"等特点。当然较家人会合,褊于日而勤于用的小规模生产的功效要高得多。这恐怕是历史上大规模生产优越于小生产的最早管理论述。

关于酒专卖。酒专卖到公元前98年才开始实施,由政府完全控制酿酒生产,禁止个人私酿,但可由私商代为销售。为了缓和反对派的攻击,桑弘羊于盐铁会议结束前夕宣布结束酒专卖,让私人交纳酒税后即可自由酿造。从此以后,酒税成为后世继起的各封建王朝的重要财政收入。而酒专卖则时兴时废,不是一个经常实行的政策。

在桑弘羊生活的那些年代里,要创建盐铁专卖制是比较易于理解的。因为,自秦以来,盐铁富豪的煊赫声势已有一百多年,盐业便于致富已成为众目共睹之事实。封建统治者在财政危机面前,利用盐铁官营以解除困境,不是什么难于理解的事。何况《管子》中对盐铁专卖政策已有理论上的阐述。唯有酒专卖的实行,的确反映出其创始者对专卖商品品种的选择已有较深刻的认识。司马迁《史记》所载,当时能获致暴利的行业很多,酿酒为其中不甚突出的一种。故桑弘羊选择酿酒为垄断对象绝不是巧合。从选择一个垄断商品的原则来看,酿酒业作为垄断对象的条件是十分理想的。故他选择酿酒业为垄断对象的支配思想与近代相近。

2. 关于均输政策

均输办法创始于汉武帝元鼎二年(公元前115年),是桑弘羊推行各种财政政策中最为成功的一种。他推行此政策后,一年之间即扭转了封建财政的困窘局面。以往各郡国须将其特产作为贡物直接运送到京师,这种义务运输劳动在不少情况下均须由当地人民服役输送,这显然是各郡国和各地人民的一种沉重负担。可是,这些贡品运抵京师后,有不少产品的运输费用较该产品在京的市场价格高得多,且在长途运输中常使贡品的质量受到损害。此外,有不少郡国的优良产品运抵京师后,与其他地区同类产品相比较可能变为次品。这样既劳民伤财又对封建财政无多大好处。这种情况给桑弘羊提供了一个发挥他商人"天才"的机缘,他创建了均输制度。均输的内容,历史文献的记载比较简单,根据《史记·平准书》及《汉书·食货志》所载大致如下:各郡国贡品,除确有价值又为京师所需用者可照旧直接运京外,其他不必再送京师,可由各地均输官另选当地价廉而又一向外销的商品,运往高价地区出售。这样一来,不但以往因贡品直接运京所产生的弊病可以完全避免,而且各地均输官可以不费官府一文成本即可取得大量有利可图的产品,并在运往高价地区出售后为封建财政谋取巨额利润。同时,各郡国及当地人民因此可省去在义务运输中浪费的大量人力、物力。

但是,一种制度实行几年以后必然会出现一些不利于人民的毛病。例如,各郡国所勒买的商品可能不是当地人民自己的产品,他们势必被迫贱卖其产品以满足均输官吏的要求,即百姓贱卖货物以便上求。同时,均输官吏在土产品验收上常故意与人民为难,即"吏恣留难,与之为市";在均输官吏出售物资时常对人民施行种种欺诈,即所谓"行奸卖平",以致使人民遭受到种种苦难。究竟均输制是否比旧的贡物直接运输制给人民带来更多的苦难,是应该探讨的历史事件。但有一点是很清楚的,旧的运输办法无论对封建财政或人民均无好处。而均输制的实行,即使它对人民的损害并未较前减轻,至少它是给封建财政带来了巨大的收入。照理说,丰裕的财政收入可能使统治阶级不再加重赋税,事实上确已是"民不益赋"。综合考虑各方面因素,均输制的优越性是可以肯定的。因此,桑弘羊的均输政策明确体现出他的利用市场、追求效率的经济管理思想。

3. 关于平准制度

平准措施是桑弘羊在汉武帝元封元年(公元前110年)大力推行均输制时在京师颁行的,其目的是为稳定京城的市场价格。为了能有效地稳定商品价格,平准机构掌握大量的商品、运输手段和人力。当某种商品价格上涨时,平准机构即以较低的市场价格抛售同类商品。相反,如某种商品价格过低时,则进行收购,以达到"平万物而便百姓"的目的。平准的另一作用是使"富商大贾无所牟大利"。相对稳定的价格水平,无论对封建政权、对人民乃至对整个商人阶级来说都是有利的。因此,不能认为桑弘羊的平准政策是为了打击商人和商人资本。

桑弘羊创立平准制度可能出于两个动机,一方面,由于汉武帝元鼎五年(公元前112年)以来,政府统一铸钱使封建国库稍有富余现金,政府曾发给各中央部门一定数量的资金让其自由处理。于是各部门纷纷到市场争购物品,以致物价大涨。这就成了桑弘羊所必须解决的一个问题。另一方面,均输制推行之后,各郡国均输官仍有大量商品运到京师出售。此外,平准机构在京师市场处于低价时购进的商品,在必要时也得重新出售。所以京师平准机构无异是各郡国均输官在京的总经销处。均输制如继续进行,平准就成为它必要的补充机构。

从根本上讲,平准制创设的直接动机是稳定市场价格,营利不是其第一目的。但这种制度行之过久也难免给人民带来某些苦难。

从理论角度考察,桑弘羊的平准思想是将《管子》中的价格思想与范蠡的价格政策加以综合并扩大的应用,它的特点是利用市场价格的自发变动,把商品价格稳定在一定的水平。其办法是政府抛售市场上价格上涨的商品,而收进市场上价格跌落的商品。单就这一点来说,其精神已颇类于近代资本主义发达国家所常推行的所谓公开市场业务。桑弘羊的平准措施更为巧妙之处,在于将它与均输制结合起来,以保证其稳定价格所必要的物资资源。所以,桑弘羊平准措施的理论与实践,均较他的前辈思想家更为成熟。

4. 其他经济措施

首先,他扩大了中央财政机构的权力。他于汉武帝太初元年(公元前104年),曾将大农令改为大司农,扩大其组织,统属太仓、均输、平准、都内、籍田等五令丞,斡官、铁市两长丞,并将各郡国的诸仓、农监、都水六十五官长丞均收归大司农直接管辖。这对封建财政之扩大与统一具有不小的作用。这是行政组织管理方面的改革。

其次,桑弘羊非常重视屯垦。在他掌握财政大权以前,已有几次大规模移民。他执掌财权以后,移民屯垦即向玉门关以西扩展,置张掖、敦煌两郡。徙民以实之,并在朔方、上郡等地开田。官用卒六十万人,大规模从事屯垦。中国缮道馈粮,远者三千,近者千余里,皆仰给大农。他坚持向玉门以西地区移民屯垦,兼有国防和经济的目的。在国防上是要切断羌人与匈奴的联系以断匈奴的右臂;在经济上要使长城以南张掖、武威等地区的农牧生产得到发展。为了打通玉门关以西地区,他曾于汉武帝征和三年(公元前89年)进一步提出轮台屯垦的计划。轮台位于塔里木盆地的中心,是当时东西商队往来必经的通道。他的设想因武帝年已衰老未被采纳,后到昭、宣时代才逐步实现。这一方案的实施终于切断了玉门关以西地区与匈奴的联系,使匈奴的势力大为减弱。所以他的屯垦主张无论在国防还是经济方面都收到很大的成效。在二千年以前就设想向新疆移民屯垦,而后来确实取得了效果,这在我国殖边史上是值得注意的一件大事。

前述桑弘羊的经济措施,每种都达到了他原来设想的目的,并被后代各封建王朝的理财大臣看作是可望而不可即的财政典型。如果掌握了桑弘羊的经济政策和李悝的平籴政策,就对此后二千年的中国财政措施便于理解了。

第四节 前汉"贤良文人"们的社会经济管理思想

在前汉中期,以桑弘羊为代表的政府推行了一整套国家全面干预经济、中央控制社会主要财源的经济管理政策,虽然起到了巩固中央集权、筹措战争经费的积极作用,但也暴露出极大的弊端,产生了一些不利于民生与经济发展的现象。对于桑弘羊推行的经济政策,社会上反对之声日甚,遂于汉昭帝始元六年(公元前81年),关于盐铁政策的讨论会议在长安召开。在这次会议上,以六十多位在野贤良文人为一方,对桑弘羊的盐铁政策进行了猛烈批评,桑弘羊则为自己的政策进行辩护。当时的文人桓宽作《盐铁论》记述了当时双方的观点。

盐铁会议争论的焦点是官营工商业问题。以贤良文人为一方,主张废除官营管理体制,主要论点是:盐铁官营体制违背圣人之道,背离重农轻商的传统政策,而且存在不利于民生的严重弊病,其目的又是与民争利。

贤良文人的主要思想观点如下。

一、对待经济政策的基本态度

坚持孔丘和孟轲以来耻言财利而高唱"仁义"的传统。他们说:"窃闻治人之道,防淫佚之原,广道德之端,抑末利而开仁义,毋示以利,然后教化可兴,而风俗可移也","故天子不言多少,诸侯不言利害,大夫不言得丧"(《盐铁论·本议》)。

二、重农与财富思想

重农思想本身无疑是不错的,但儒者们坚持不谈这些生活资料如何取得。他们认为只有农业才能生产财富,否定工商业能致富。他们说:楚、赵之民所以多贫而寡富,那是因为"民淫好末,侈靡而不务本,田畴不修。"相反的,宋、卫、韩、梁之所以富足,那是因为人民"好本稼穑"。他们还不承认货币可以代表财富,说货币只不过是"以通民施"的流通手段而已。

三、轻视工商业

他们认为:"商所以通郁滞,工所以备器械,非治国之本也。"他们认为工商之民都易于欺诈,而且"工商上通伤农"(《盐铁论·散不足篇》),商盛而本业荒,尤其反对商业,认为它是"交万里之财,旷日费功,无益于用"(《盐铁论·通有》)。汉初儒家继承了荀况的工商业观点,并接过法家重本抑末口号,大肆宣扬,成为此后二千年封建社会的传统的经济教条之一。

四、反对经济干涉

他们说:"顺天之理,因地之利,即不劳而功成。"(《盐铁论·忧边》)认为对经济活动不加干涉反可使其顺利进行。干涉主义与放任主义的经济思想争论在先秦时代早已并行存在,但在盐铁会议上这两种对立观点才正式开始面对面的剧烈斗争。

五、反对兼并的思想

在盐铁会议上双方都高唱反兼并,故矛盾不大。但只有桑弘羊是为了增加封建国家财政收入和维护商人阶级的长远利益。贤良与文人们则认为兼并之产生系由于"礼义弛崩,风俗灭息。故自食禄之君子,违于义而竞于财,大小相吞,激转相倾"(《盐铁论·错币》)。他们把一切社会经济纷乱的根源归结为是否遵循一定的道德规范,结论自然是南辕北辙。

六、关于分配观念

他们从《论语》中所谓"不患寡而患不均,不患贫而患不安"的原则出发,认为产生贫富不均现象的原因系由于"礼义坏则君子争于朝,人争则乱,乱则天下不均,故或贫或富"(《盐铁论·授时》)。而更直接的现实原因是盐铁专卖政策使富者愈富,贫者愈贫。但他们也认为贫富不齐的现象不必消除,因为,"非小人无以养君子"(《盐铁论·相刺》)。

七、关于土地制度

他们坚持井田制度,认为"故理民之道,在于节用尚本,分土井田而已"(《盐铁论·力耕》)。约四十年前,董仲舒已经指出"古井田法"已难恢复,贤良文人们的主张较董仲舒还要落后。

八、对外贸易

他们坚决反对对外贸易,认为国内产品已经够用,"不待蛮貊之地,远方之物而足用"(《盐铁论·未通第十五》)。而外国货也不如本国实用,"今赢驴之用,不中牛马之功"。况且对外贸易又使财货外流,进口外货的"资"财之费,是"一物而售百倍其价,一揖(与辑同,聚也)而中万钟之粟也"《盐铁论·力耕》。这反映出儒家的经济思想已走向"故步自封",是"以天朝尽善尽美的妄想而自欺"。

九、关于货币概念

他们一直向往古代"抱布贸丝"的物物交换状态,不欢迎货币的使用。认为自货币开始使用以来,其形式已经过多次改变,"币数变而民滋伪",不愿再从事农业。他们也反对货币铸造权的集中,其理由是铸造权集中反而会因"吏匠侵利,或不中式,使有厚薄轻重",使人民"不知奸真"《盐铁论·错币》,无法辨认,对货币产生怀疑。同时这种情况又给商人以从中渔利的机会。故其结论是"王者……内不禁刀币以通民施"《盐铁论·错币》。换言之,铸币权不必集中,任民自由私铸,最理想的情况是回到物物交换上去。

十、消费与财政概念

他们基本上是崇尚节俭,反对奢侈。也因袭道家之说,主张"安愉而寡求"《盐铁论·力耕》,过其"安其居,乐其俗,甘其食,便其器"的简单生活《盐铁论·通有》。

他们从《论语》所谓"百姓足君孰与不足"出发,主张藏富于民,"王者不畜聚,下藏于民"《盐铁论·禁耕》。在租税上坚持什一之税的农业税,反对超过什一的"赋敛",其代表意见是采用"什一而借民力"的劳役地租制度。在租税方面他们基本上是继承了孟轲的观点。

总之,贤良文人们几乎每一观点都和桑弘羊的经济观点相对立。在辩论中,儒生们面对不少自秦汉统一帝国建立以来,由于地主经济体系的发展所产生的新经济事物,仍固守成见,抱着早期儒家的经济教条去观察现实社会。无论如何,盐铁会议上的贤良文人的经济观点,不仅系统地表述了先秦以来儒家的全部经济观点,还可以说它们基本上反映了宋王朝以前几百年中一般儒生的代表性经济管理观点。

第五节 两晋傅玄和贾思勰的经济管理思想

两晋时代(公元265—420年)在中国历史上属于一个过渡阶段,经济政策与经济思想并无重大发展。在此我们仅介绍傅玄的财政经济思想和贾思勰在《齐民要术》中体现的农业管理思想。

一、傅玄的经济管理思想

傅玄(公元217—278年)的经济思想中,其比较值得称述的是他的财政思想。

1. 分民定业论

汉末以来,由于豪强地主的土地兼并以及中原地区的统治阶级内部争夺王权的长期战争,迫使农民脱离乡土,流散四方。这是中国历史上第一次的民户大流徙。傅玄的分民定业论就是为了解决因农民流徙而动摇封建生产基础的这一现实问题。他说:"先王分士、农、工、商以经国制事,各业其业而殊其务。故虽天下之大,兆庶之众,无一人游手。分数之法,周备如此。今散官众而学校未设,游手多而亲农者少,工器不尽其宜,臣以为亟定其制。而通计天下,若干人为士,足以副在官之吏;若干人为农,三年足有一年之储;若干人为工,足其器用;若干人为商贾,足以通货而已。尊儒尚学,贵农贱商,此皆事业之

要务也。"《晋书·傅玄传》

这种思想与管仲的观点极为近似,但仍有其相异之处。管仲要求四民分区按行业集中居住,不许杂处。而各行业的从业成员必须世代相传。傅玄只要求士、农、工、商"各业其业而殊其务",并不反对他们杂处,只要求无"游手"之人,不要求各业成员非世代相传不可。这两种思想的区别足以反映以往封建领主经济和秦汉以后的封建地主经济之间的差别。

傅玄的这一建议有两个特点,第一,他主张按社会需要具体规定士、农、工、商等各行业的从业人员人数,这是在他以前的思想家从未提到过的新观点。欧洲中世纪工商业的基本制度严格规定各行业的成员人数是为了防止竞争,而傅玄主张规定各行业成员人数的目的则在于适应社会经济的客观需要。将士和农的人数也一并规定无异是将全国劳动力作了全面的计划安排,从现代意义来讲,这就是一种全国规模的劳动就业计划。在公元3世纪就出现这种思想,确是很难得的。第二,他在十分轻贱商人之同时,又清楚地指出"其人(指商贾)可甚贱而其业不可废",因为"商贾者所以伸盈虚而获天地之利,通有无而壹四海之财"《晋书·傅玄传》)。既然商人的职能如此重要,为什么承担这种职能的人又如此的不好呢?这是由于他认为商贾一向是欺诈的缘故,"贾穷伪于市";同时他也认为商人资本是借满足封建统治阶级奢侈欲望以获取暴利,"上逞无厌之欲,下充无极之求。都有专市之贾,邑有倾世之商"《晋书·傅玄传》)。中国古代思想家既轻贱商人而同时重视商人社会职能者不乏其人,但像傅玄这样清楚而坚定地阐述问题则是极罕见的。

2. 关于财政思想

傅玄不像一般儒家那样主张"薄赋敛",也不盲目地宣扬所谓"用人之力,岁不过三日"的古教条。他主张赋役的轻重应根据客观的需要来决定,在治平无事之时宜役减而赋轻,如有非常事故则不妨役繁而赋重。

傅玄的财政思想是他提出了三条租税原则:"至平"、"积俭而趣公"和"有常"。

第一是至平。他提出赋役要"用之至平",计民丰约而平均之。这样,人民即可劳而不怨。以现代财政概念来说,这就是均等牺牲原则。财政征课上的这种公平思想,从先秦以来就已成为传统的财政原则。但是,在傅玄以前,这种原则只能从古代财政文献中整理出来,而傅玄却是作为一项财政上的理论原则明确地提出来了。

第二是积俭而趣公。所谓"趣公"是指起劳役或课租税须为国家的公利而不是为封建统治者的个人私利。所谓"积俭"也指赋役征课须从俭的角度考虑。他以大禹为例,说禹凿龙门,涤百川,而天下之所以乐尽其力,不敢辞劳苦者,那是因为禹之用民能做到"俭而有节",并是为天下之公利而非为个人私利。封建统治者支出费用时常是公私不分,奢侈浪费,因而必然导致对人民的残酷压榨,故而他将"积俭而趣公"列为财政征课的原则之一。

第三是有常,即赋税的征课须有规定的制度。如"上不兴非常之赋,下不进非常之贡",不能"役赋无常,横求相仍"。要赋税有明确规定而又变动较少这一原则,也是傅玄以前思想家未曾注意到的问题(《晋书·傅玄传》)。

以上三项原则,如分开来孤立地予以考察,都不是什么了不起的创见。如结合起来看,在中国财政思想史上却是一套很不平凡的租税原则。亚当·斯密租税四大原则,不比傅玄的原则高明太多。其中公平和确定二原则是两家所共同的,亚当·斯密多了方便和经济两原则,而傅玄的"积俭而趣公"也有时代特点。

关于公共支出,他和以往的思想家一样坚决主张节用而反对奢侈,认为"用有尽之力,逞无穷之欲"是非常有害的。又指出任何节用办法均不如最高统治者的"息欲"。把节制封建君主荒淫无耻的欲望看作是节省国家财政支出的最根本办法,这的确是抓住了封建财政开支的关键。在财政方面,傅玄还指出了一个实际加重了农民负担的租税问题。先秦以来,一向把"贡土所宜"奉为至高无上的财政原则。随着封建地主经济的发展,这种征课制度也出现了弊端,即政府所征课的实物常非农民本人之所产,亦即他所谓"所调非所生"之弊。其结果是"赋物非民所生,而请于商贾,则民财暴贱。民财暴贱则非常暴贵,非常暴贵则本竭而末盈"(《晋书·傅玄传》)。换言之,所征课的既非农民所生产的实物,农民势必贱买其产品而另以高价向商贾购买官府所征课之实物,无疑对农民是很沉重的负担。贡土所宜这一古老财政原则,开始时确系为了纳税人的便利才提出的,后来才演变成为纳税人的沉重负担。在我们以后的分析中还会不时遇见拥护或反对这个原则的观点,而傅玄至少是一位对这一财政原则进行质疑的思想家。

二、贾思勰的《齐民要术》

《齐民要术》成书于北魏时代(约成书于公元533—544年间),是中国现存最早、最完整的综合性农书,也是世界农学史上有价值的名著之一。《齐民要术》以其丰富的农业技术知识及其在生产实践中所起的重要作用,历来受到人们的普遍重视。前人的研究多半着重农业技术问题,从经济思想与经营管理思想进行考察,近来受到更多的注意。经济学界除把《齐民要术》看作农业技术专著外,还把它看作是关于地主家庭经济学的重要著作,甚至看作是中国古代从商人治生之术转到地主家庭治生之学的标志。无论《齐民要术》的经济思想或经营管理思想,在微观方面都表现出其显著的特征,在宏观方面的内容与意义也不容忽视。《齐民要术》中阐述的治生之学与宏观经济学也有其内在的联系。它从富国的高度来指导编户齐民的治生问题,是继承与发展儒家的富国富民思想,这与书取名《齐民要术》有一定的关系。"齐民"是指编入国家户籍的平民百姓;"要术"是指谋生致富的重要方法。书名的旨意表明写此书的目的是:指导农家通过生产劳动获取生活资料和生产资料谋生,以至致富,都需要重视生产技术知识和经营管理知识。《齐民要术》书中记述和体现的生产经营管理知识,论述的是农家微观经济治生之术,在中国封建时代具有典型意义。

贾思勰是中国古代的一位伟大的农学家,其《齐民要术》是迄今保存的标志着我国古代农学辉煌成就的最古农书。这部著作的重要意义表现在它总结了一千四百多年前的农业生产技术知识,并是13世纪以后一些重要农书参考材料的主要来源。从经济管理思想史角度考察,《齐民要术》可以算是我国古代一部封建家庭经济学。因为它所涉及的范围不止农业生产技术,指导封建地主如何经营管理他们的田庄也是其重要内容。将它看作是封建地主经济的经营指南,远比一般学者将它仅看作一部农业技术古书要恰当得多。

贾思勰在农业生产技术方面的贡献,不属于本书研究的范围,这里只分析他同农业有关的家庭经济管理的思想。他一般是以一个封建地主或富农家庭为对象,为之提供一系列组织经营的原则,以及实现自足自给的富裕生活所应有的消费知识。下面是他许多建议中的一例——如何种植红兰花。

"一顷花(指红兰花),日须百人摘,以一家手力,十不充一。但驾车地头,每旦当有小儿僮女十百余群,自来分摘。正须平量,中半分取(即使摘花者得其一半以为报酬),是以单夫只妇,亦得多种。"(贾思勰:《齐民要术·种红兰花栀子第五十二》)

他又指出:"负郭良田,种(指红兰花)一顷者,岁收绢三百匹,一顷收子二百斛,与麻子同价。"(贾思勰:《齐民要术·种红兰花栀子第五十二》)

《齐民要术》除记载许多有价值的农业生产技术经验,使封建地主能"用力少而得谷多"以外,还指教封建地主怎样运用他们的剩余劳动产品以兼作商品经营的办法。到贾思勰的时代,我国农业生产水平有很大的提高,农业总产品的商品化部分也增大了。尽管他在《齐民要术》序言中曾说:"商贾之事,阙而不录。"事实上对地主阶级兼做商业活动之事却津津乐道。举两个例子来说,他曾在著作中很仔细地将《史记·货殖列传》中有关商业经营原则那一部分摘录下来,作为地主阶级学习的资料。因此,在《齐民要术》中,既充分反映了地主田庄的自给消费,一切日用消费品如酒、醋、脯腊、水果、菜蔬以至于乘马之类都力求能自己供应,同时对自己田庄所产的农作物、手工艺品以及经济作物之商业经营也非常注意。自东汉以来地主阶级兼营商业之习俗已有数百年历史,再加上北魏统治集团因袭其旧的无定居的游牧民族所特有的爱好商业的精神传统,重视商业与商人资本的思想之流行,是势所必然的。

一个地主在一年中应做些什么商业经营,贾思勰完全接受东汉崔寔的《四民月令》的设计,替他们作出理想的规划:

二月:可粜粟、黍、大小豆、麻、麦子等。收薪炭。

三月:可粜黍、买布。

四月:可籴穬及大麦、弊絮。

五月:可粜大小豆、胡麻、籴穬、大小麦。收弊絮及布帛。

六月:粜大小豆、麦,收缣练。

八月:粜种麦,籴黍。

十月：卖缣、帛、弊絮，籴粟、豆、麻子。

十一月：籴粳稻、粟、豆、麻子(贾思勰：《齐民要术·杂说》)。

由上可知，地主在一年中有八个月要从事商业经营活动，而且其经营范围并不限于其田庄所生产和制作的物品。同一农产品可能在大众需要它的季节出售，也可以在市场上这种产品甚多时购进。一言以蔽之，可以贱买贵卖方式获取利润。贾思勰还引证了不少反映地主阶级兼营商业的经验。如：

鲁秋胡曰："力田不如逢年，丰年尤宜多籴。""师旷占五谷早晚，曰：'粟米常以九月为本，若贵贱不时，以最贱之月得本。粟以秋得本，贵在来夏；以冬为本，贵在来秋。此收谷远近之期也，早晚以其时差之。粟米，春夏贵去年秋冬什七，到夏复贵秋冬什九者，是阳道之极也。急粜之勿留，留则太贱也。"(贾思勰：《齐民要术·杂说第三十》)

此外，他还引证了许多通过自然现象预测岁收丰歉的记载。除引证前人陈说而外，贾思勰也提供了许多他自己总结或创议的商业经营计算，特别是关于林木培植方面的比较多。这部分经验前代农学家总结得较少，故他在这方面的著作便填补了一部分空白。兹以种榆为例，他说："榆树种植后的第三年春，可将荚叶卖之。五年之后，便堪作椽。不挟者即可斫卖(一根十文)。挟者，旋作独乐及盏(一个三文)。十年之后，魁、碗、瓶、榼器皿无所不任(一椀七文，一魁二十，瓶、榼各直一百文也)。十五年后，中为车毂及蒲桃瓨(瓨一口直三百车毂一具，直绢三匹)。其岁岁科简剥治之功。指柴雇人，十束雇一人。无业之人，争荚就作。卖柴之利，已自无赞(岁出万束，一束三文，则三千(编者注：'千'误，应为'十')贯，荚叶在外也。)况诸器物，其利十倍(于柴十倍，岁收三十万)。斫后复生，不劳更种，所谓一劳永逸。能种一顷，岁收千匹。唯须一人守护，指挥处分。既无牛犁、种子、人功之费，不虑水旱风虫之灾，比之谷田，劳逸万倍。男女初生，各与小树二十株，比至嫁娶，悉任车毂。一树三具，一具直绢三匹，成绢一百八十匹，娉财资遣，粗给充事"(贾思勰：《齐民要术·种榆白杨四十六》)。

类此记载甚多，不再列举。贾思勰对林木之利非常重视，很可能是受均田制中桑榆田规定的影响。且种榆之事既已被封建政权重视到以法令规定的程度，则种榆在实际生活中的意义盖已家喻户晓。

贾思勰对家畜饲养也非常注意并有很多好经验。但他对畜牧的经济价值并不特别注意，而只是从家庭消费角度去考虑。这一点也说明《齐民要术》的确是一部封建地主的家庭经济学著作，故对畜牧业的生产经营没发生多大兴趣。

但是，如将牲畜禽鱼等的饲养作为家庭消费的生活资料来考察，则《齐民要术》所总结的这方面经验又是极为丰富多彩的。作者甚至对肉类的加工保存以及烹调技术都有非常精致的描写。总之，举凡有关地主阶级家庭的消费物品，从生产、加工到消费的知识，无不应有尽有，甚至连制造笔、墨及使用的原材料所应具备的知识也搜罗在内。

《齐民要术》所记载的家庭经济生活琐事之细致，决不下于古罗马农学家的著作。然而古罗马农学家老卡多却主张"家长该卖不该买"。瓦罗也主张生产家庭消费所必需的一切产品,而不在市场上购买任何东西。如与贾思勰主张的地主家庭应兼事多种方式的农产品买卖相比较,真如小巫之见大巫。这是由于中国封建地主经济一开始发展时,就同一种较发达的城市商品经济结合前进,故到北魏时商品经济已持续发展了约一千年,因而农产品商品化程度已相当的高。《齐民要术》中的论述正是这一客观经济条件的反映。所以,在称颂《齐民要术》是我国最早而又较完整的农学著作之同时,我们也不妨将它看作是一部世界上最早而又最完整的关于封建家庭经济管理学说的著作。

本章小结

商鞅改革的主要内容有以下几项:运用政治权力决裂阡陌封疆,彻底摧毁了旧领主贵族的世袭土地所有特权,使土地得以自由买卖,为新兴地主经济的建立和发展开辟了道路。以官爵奖励军功,取消世卿世禄制度,创立郡县制以代替分封制,建立统一的征赋制度,以及厉行什伍连保连坐的社会编组法和统一度量衡制等。商鞅对贫富问题的基本概念是主张国富而不要求富民。商鞅的两个财政思想,一个是坚持封建财政的统一;另一个是主张重税。

司马迁赞赏"自由放任"的经济模式,推崇"放任诱导"的经济政策。司马迁认为人的本性是好利求富,提出最佳的经济政策是听其自然,因势利导。他提出经商是发财致富最佳手段的主张,即"用贫求富,农不如工,工不如商"。他认为贫与富的存在是不可改变的,总是机智灵巧的人有积余,而愚昧拙笨的人则所得不足。他肯定都市交通在商品交易中的作用,把流通和交通看作是都市兴旺的启动器。

桑弘羊力图维护盐铁官营管理体制,理由是:盐铁官营有助于抑兼并、制诸侯,加强中央集权,有益于增加财政收入和筹措边防经费,有利于社会。治国非一道,单靠农业是不能脱贫致富的。贤良文人主张废除官营管理体制,主要论点是:盐铁官营体制违背圣人之道,背离重农轻商的传统政策,而且存在不利于民生的严重弊病,其目的又是与民争利。

傅玄的分民定业论就是要求士、农、工、商"各业其业而殊其务",他并不反对这些人杂处,只要求无"游手"之人,不要求各业成员非世代相传不可。他主张赋役的轻重应根据客观的需要来决定。在治平无事之时宜役减而赋轻,如有非常事故则不妨役繁而赋重。傅玄的财政思想是三条租税原则:"至平"、"积俭而趣公"和"有常"。

"齐民"是指编入国家户籍的平民百姓,"要术"是指谋生致富的重要方法。"齐民要术"的目的是:指导农家通过生产劳动获取生活资料和生产资料谋生,以至致富,都需要重视生产技术知识和经营管理知识。《齐民要术》书中记述和体现的生产经营管理知识,论述的农家微观经济治生之术,在中国封建时代具有典型意义和辉煌成就。

思考讨论题

1. 认识商鞅实施国富民贫政策的管理意义。

2. 讨论司马迁"自由放任"经济思想和人性认识的超前性。
3. 讨论桑弘羊盐铁官营管理体制的历史影响。
4. 认识傅玄的基本经济思想。
5. 认识《齐民要术》的经济管理意义。
6. 讨论自汉朝以来国有制与公有制的思想渊源。

第五章 中世纪前后唐宋明时期的管理思想

中世纪前后,在西方是国际贸易兴起、重商主义产生、现代资本主义萌芽的时期,而中国正进入封建社会的鼎盛时期。唐朝是中国几千年封建史上最为强盛的一个时期,在当时处于世界前列。唐朝完善了隋朝的科举制度,开创了科举取士的先例,成为现代世界文官制度的早期形式。唐朝的经济制度与经济思想,也都达到了一个新时代的高度。在此我们介绍一下唐朝比较成功的经济政策与经济制度。

宋朝,是一个多灾多难的朝代,也反映了中原农业经济的衰落和北方游牧民族的兴起。王安石是北宋杰出的政治家和社会活动家,也是一位有名的法家人物。我们在此介绍一下他的社会经济管理思想和推行的经济政策。

明朝处于中世纪后期,开始出现市场经济,现代资本主义也有所萌芽。但由于封建专制和地主阶级势力的强大,使中国的现代市场经济模式迟迟未能形成。我们在此将简要介绍一下明代的社会经济管理思想。

第一节 唐代的社会经济管理思想

唐代(公元 618—907 年)是我国汉朝以后又一个兴旺的历史时期。这一时期的经济思想不如在文学和对外事务方面成就卓越,多数有关经济事务的讨论均发生于 8 世纪五六十年代中国历史上又一次出现政治混乱的时期。因为中国历史上的经济讨论和思想解放,多不出现于政治经济安定的时期,而常发生在社会经济的变革和困难年代。因此这一历史时期的经济思想仅就经济体制方面来进行介绍。

中国封建地主经济的政治、法律及意识形态等上层建筑虽早经形成,但直到唐代才达到其成熟形态。唐代工商业的发展不仅在范围和分工方面远较汉代广阔和细密,在参加成员与组织结构上有了质的变革,在封建财政理论和实践方面也起了根本性的变化。

一、商品经济的巨大发展

唐代的富豪已不再像汉代那样专以经营盐铁业著称,他们已经扩展到一些崭新的领域。例如,定州富豪何明远即以拥有绫机五百张而称巨富。更加显著的是有数十万名外国巨商经常侨居长安、扬州及广州等都市从事国际贸易。对外贸易的空前发展促使统治阶级思想家形成了较多支持观点,这些观点又反过来推动了外贸的发展。他们考虑的对外贸易仍不外乎进口珍奇物品,如"美玉明珠、孔翠犀象,大宛之马、西旅之獒"等,以满足中国人之所好而已。最高明的意见也不过是外国"商贾来则边人为之利"。另一点值得注意的是连自命为继承先秦儒家道统的韩愈(公元768—824年)也认为国外大量珍奇物品的进口是很值得称赞的。这种颂扬外贸的观点在两汉儒家中是极少见的。至于类似盐铁会议上贤良文人那样坚决反对对外贸易的观点更不用提了。在封建政权对外贸易政策的鼓励下,不仅当时国外商人来中国之多是前所未有的,甚至京城内的豪族子弟及商民也有不少人向外国商人借贷资本,可见外商势力之兴盛。

国内工商业的发展更是繁荣昌盛,当时水陆交通已甚发达。陆路由京师"南诣荆襄,北至太原范阳,西至蜀川凉府,皆有店肆,以供商旅。远适数千里,不持寸刃"。水道则"天下诸津,舟航所聚,旁通巴蜀,前指闽越……控引河洛,兼包淮海。弘舸巨舰,千轴万艘,交易往来,昧旦永日"。交通发展促进了都市的繁荣。一些重要都市的人口多至数十万,商业繁盛的街道长达数里。例如长安的商业区就分为东西两市。东市商店共分二百二十行,四方珍奇聚集。西市更加繁荣,有平准局、衣肆、秤行、金银兑换店,以及许多中国早期的金融信用机构如所谓质库、僦柜、公廨和柜坊等。此外还有许多波斯人或阿拉伯人开的帮店,颇似近代所谓的洋行。这些金融信用机构的大量出现,表明唐代的商业繁盛远远超过前代。历史研究表明,在公元9世纪中国人已经使用银票,有了成熟的货币政策,并且知道货币多了就会发生货币贬值。

二、工商业行会组织的形成

在这个历史时期,官营手工业作坊虽仍使用一些奴隶和罪犯,但主要已靠雇用自由手工艺者进行生产。民间手工业更系由自由工匠、雇用的人或业主亲自从事生产。大量的自由工商业者的出现,为行会组织(即西方所谓基尔特)的形成提供了必要条件。马克思指出:"中世纪的各种特权、行会和公会体制,全部中世纪规则,曾是唯一适合于既得生产力"的社会组织。所以封建生产方式只能在它已形成"行会和公会体制"的时候才算是适合于它的生产力,才达到它的完全成熟形态。所以,中国封建地主经济到唐代才算真正达到它的成熟形态。

唐代行会组织的力量可能不如西欧中世纪基尔特那样强固。欧洲行会组织是作为一个剌入封建领主经济之中与其相对立的因素而产生和发展的。因此,它的组织及其支配思想具有较独立的特点。我国唐代及以后的行会组织是在封建地主经济体系共命运的城市经济发展的基础上形成的,它的组织活动和支配思想不能不在较大程度上受代表地主经济体系的封建政权的约束。因此,唐代各行会产品的形式、质量、大小和价格均受政府官吏的严格监督。如在产品的规格方面,唐代法律有如下的规定:

"诸其造弓矢长刀,官为立样,仍题工人姓名,然后听鬻之。诸器物亦如之。"

"诸造器用之物及绢布之属,有行滥短狭而卖者,各杖六十。"(《唐律疏议·卷26·杂律》上)

上述规定,各行会无疑是必须遵守的。关于产品价格,行会一向可以自行规定,但政府管理的官吏在必要时可以令其改变。这些都表明唐代的行会组织还谈不上是能充分处理本行业商务的组织。但由漫无组织的工商业者进而成为有较严密组织的行会,并在全国推广,不能不算是社会行业管理的重大进步。

三、关于财政制度的变革

中国封建财政制度发展到唐代就进入一个极重要的阶段,因此在财政思想方面也有巨大发展。关于唐代极突出的财政制度——两税法,在此进行简单介绍。

1. 租庸调制

租庸调制是唐代曾取得一定成绩的税制,推行约160年(唐高祖武德二年—德宗建中元年,即公元619—780年)后,终于被两税法所代替。租庸调制由三种税制组成:"租"是指田赋,主要按每丁男每年纳粟二石或稻三斛。"调"是对和农业结合的家庭手工业剩余生产物的征课,随乡所出以绢或布交纳:凡纳绢者每丁每年二丈,另缴绵三两;纳布者为二丈五尺,另缴麻三斤。"庸"是人民对封建国家应服的劳役,每丁每年二十日,不服役者每日折收绢三尺。这些税制均在唐王朝以前就已实行。租庸调制的意义有:第一,它将几种税结合起来由国家法令规定统一征收,这样可使纳税人的负担比较确定。第二,有不少租税自西汉以来就以货币交纳,由于汉末货币减重的沉痛教训和魏晋以来的长期纷乱,使统治阶级多倾向于实物征课,以保证封建财政收入的稳定性。在这一点上租庸调制是其充分的体现。但不能由此认为当时的社会经济已由货币经济退回到自然经济,因为推行财政上的实物交纳完全着眼于封建国家财政收入的稳定,与一般的社会经济情况无多大关联。而且也不是所有捐税均改征实物,更不是确定征实物后就决不能改变,至少其中的一部分在封建政权认为必要时就可以恢复以货币交纳的形式。第三,征课代役税表明中国封建经济发展到这一阶段已充分理解到劳役制的落后性。当然仍会有某些封建劳役在以后数世纪中残存下来。总之,租庸调制是以往数百年财政实践经验的综合,代表了一种比较成熟的封建租税形式,所以它曾被中国封建制极盛时期的不少思想家认为是一种很理想的租税制度。但它推行了100多年即被废止。

2. 财政收支的原则规定

开元二十四年(公元736年),李林甫建议颁发长行旨条五卷(《唐会要(卷五十九)·度支员外郎》),对各项财政收支作了原则性的规定。唐初中央各部门及各郡、州、县的财政收支实数应于每年年初编造表册报请主管部门审查。由于缺乏原则性的规定,名目繁多,易滋奸伪,难以审查。且每年编造此项表册就须用纸五十万张,抄写亦甚烦劳。长行旨条颁行后,各郡、州、县即以此为准,可省去编造时之繁难,且易于审查。在封建社会中,国家财政原则上只能在一年的实物征课收进来以后,才谈得上如何支付的问题。故其每年所编造的报表事实上仅系现代意义的所谓国家决算而不是预算。但长行旨条颁行的目的原是要求给国家各种财政支出规定一个完备的长期性指导原则,事实上是要实行一种国家年度概算制度。这是我国历史上最早的有关年度封建财政收支的长期指导原则,也是国家预算制度的发端。

3. 审计制度之建立

唐代已认识到对国家财政稽核的职能须从财务行政系统中划分出来,另由其他机构执行。财务稽核之职权由比部掌管,比部隶属于刑部。所有中央或地方各级政府机构的各项财务收支,均须送比部"勾复"(《唐六典六·比部》)。各级财务支用单位向比部呈送账目以供审核,审核的期限亦有明确规定。足见唐代的财务稽核行政已经相当的周密。审计独立的思想,以及前面提到的国家预算的初步设想,在世界范围内都是较晚出现的财政概念。我国在八九世纪就出现了这些财务行政制度和思想,这是由于唐代封建帝国的政治统治已经相当集中而完善了,故它的财务行政的实践与理论也达到了比较高的水平。

4. 两税法

两税法于建中元年(公元780年)公布实行,是唐朝的重大税制改革。因为纳税时间每年分为夏、秋两季,故此得名两税法。两税法的基本内容包括如下四点:一是将过去的租庸调、户税、地税等税统一征收;二是对主户、客户一律在居住地征收"居人税";三是变租庸调制以"丁"为征税的计算单位为以土地田亩数为征税对象;四是除地税以谷物纳税外,其他税收均以现金交纳。

5. 官僚学者们的财政经济思想

杨炎(公元727—781年)是唐代著名的财务管理人士,两税法就是他倡导推行的。此外他的财政经济思想还表现在提出量出为入的财政原则,简化税制的主张,强调政府征税要考虑纳税者的负担能力和采取货币税制等。刘晏(公元715—780年)也是一位杰出的理财家,他提出政府征税的两个基本原则:一是要官收厚利而使民不怨,即"知所以取人不怨";二是要"因民之所急而税",即在需要量大而弹性小的商品上征税。

第二节 宋代王安石的管理思想

王安石(公元1021—1086年)是北宋著名的学者、诗人和政治家。他代表着中小地主阶层的利益,倡议并成功地实现了从11世纪六七十年代的社会政治改革。他推行的改革的历史意义虽不及商鞅和桑弘羊深远,却常为中国后代思想家所提及,连国外学者在提到古代中国的改革时也常以王安石为例。

在他的变法措施中,除两个有关军政的措施外,基本上都是经济性质的。王安石是一个功利主义者,一反以往儒者"耻言财利"的旧传统,公开宣扬"政事所以理财,理财乃所谓义也"(《王临川集(卷七十三)·答曾公立书》),"均节财用,所以为义也"(王安石:《周官新义(卷一)·天官一:岁终条》)。在历史上曾实际掌握过政权的地主阶级思想家中,尤其是儒者中,他是第一位公开讲求财利的人。在他以前以儒者而掌握政权的刘晏,曾运用商业原则,成功地管理国家财政,但不曾公开讲求财利。

在王安石施行改革之时,他所要急切解决的问题至少有以下三个:第一是"形势之家"与中小地主间的矛盾。当时所谓"形势之家",包括官僚地主及"富工"、"豪贾",官僚地主集团自己兼营商业,并勾结富工豪贾,不仅对佃农及小商业者从事残酷的剥削和压榨,连中小地主阶层也成了被侵夺的对象。因此如何"摧抑兼并,均济贫乏"成为他改革的重要内容之一。其次,来自北方的强大外族的军事威胁,使北宋王朝不得不经常保持约一百多万人的军事力量。同时每年还须对外偿付银七十余万两,绢七十余万匹的军事赔款,大大地加重了封建财政的压力。故他改革兵制,实行保甲、保马,并用种种方法扩大财政收入,也是其变法的主要内容。第三是中小地主和小私有者与封建国家之间的尖锐矛盾。由于庞大的政府官僚机构及封建统治者的挥霍浪费,以及与日俱增的军事费用和对外偿付,这些都加重了人民的租税负担。而大地主阶级既获免税又会逃税,于是财政捐税最终落到了中小地主及小私有农民的肩上。再加上使中小地主及小私有者谈虎色变的封建差役,更激化了他们和封建国家之间的矛盾。因此,使租税和差役负担稍事均平也成为改革的重要内容之一。

一、经济管理机构的变革

王安石认识到要使改革能顺利推行必须创立新的领导机构以代替旧的财政机关"三司"。旧"三司"的贪污腐败程度可谓达于极点。举传说一事为例:全国各地所上报的账籍,就有到达后20年尚未启封者。其原因是"州郡所发文帐,随帐皆有贿赂,各有常数",如贿赂送足了不必启封印即准报销。如贿赂未按常数送致,则百端刁难(苏辙:《京城集·论户部乞收争路帐状》),使其长久不能结案。故必须设立新的领导机构"制置三司条例司",旨在摆脱旧三司的常规局限,使其成为推行财政经济改革的总枢纽。成立这一领导机构的指导思想是他所谓理天下之财,这也是对儒家传统教条的公开背叛。而其理财之术则强调"能操轻重,敛散之权"(《王临川集(卷七十)·乞制置三司条例司》),这又是违反儒家传统的自由经济政策。这就是当时许多儒家传统教条的保卫者都一致反对他在原三司之外另设新的领导机构的原因。

有关财务管理,首先,条例司曾将封建政府的"一岁用度及郊祀大费,皆编成定式"(《宋史·食货志下·会计》),作为财政开支的准则,这颇类于近代的预算支付的规定。较唐代开元二十四年(公元736年)的"长行旨条"又进了一步。其次,裁减了相沿已数十年的冗费十分之四,其中属内廷土木工作之罢尤多。其节省的冗费用来增加官吏俸禄。"京师岁增四十一万三千四百余,监司诸州六十九万九千八百余。"(《宋史·食货志下·会计》)初步地解决了汉魏以来长期存在的官禄菲薄问题。

二、关于均输法

均输制系汉初所创设,王安石只是仿其声而行之,其主要目的不外是"徙贵就贱,用近易远",以防止富商大贾的乘机兼并。但有二点与汉初的均输法不同。其一,王安石的均输法在北宋神宗熙宁二年(公元1069年)开始时,即以"内藏钱五百万,上供米三百万石"作为本钱,而汉初则由各地自行转运,国家未予拨付资本。可见王安石的均输法更具有商业性质。其二,王安石的均输法仅行于东南各富饶省份,这是当时封建财政主要取给地区,而汉初的均输制则是在全国普遍推行的。

北宋建立以后,商人资本的牟利活动更加发展,不仅不利于农民及小生产者,对封建国家所要买卖的重要物品也产生了一定的影响。故王安石的均输法除"徙贵就贱,用近易远"之外,具有"摧抑兼并"的意义,营利非其主要目的。

三、关于市易法

市易法颁布于北宋神宗熙宁六年(1073年),其用意与汉初的"平准"相同。一开始时仅施行于汴京,设立市易务主其事,由政府提供一百多万作为资本,以后才逐渐推行于其他大城市。

京师市易务的工作方式如下:京师行铺牙人均可申请登记充当市易务的行人或牙人,但须交纳一定数量金银作为保证金,并须五人联保。如有行商运京的时销货物一时不能出售,可交由市易务代售,价格先由市易务行人或牙人评定,全部价款由市易务先予垫付。任何经登记的行人牙人均可领取此类货物贩卖,分期付款。如预订半年付清,利息按10%计算,如一年付清者按20%计息。非时销货物可贮存留待将来出售者亦可由市易务预买。以上各项买卖均不得"抑勒"(强制买卖)。封建官府所需物品,如市场价格低于外地时,亦可代为在京师市场采买。

由此可知,市易法的主要目的是使来京师的行商免受富商和巨贾的把持操纵,而不是为了控制物价。且活动基本上是通过登记的行人或牙人来进行,不是政府直接经营,这也是与汉初和王莽的平准不同之处。所以产生这种差别的原因主要是在汉初和王莽的时代,行会及经纪人等商业组织尚未出现,故须由政府直接经营;到王安石时代商业行会已有相当发展,封建政府可加以利用。

正由于已有较完备的行会组织,也产生了少数大商户操纵把持本行业的情况。例如,王安石就曾指出当时的茶业就有"兼并之家"具有决定价格的特权,任何外地茶商运货到京后须请求这些"兼并之家"代定一个较有利的价格,故须向他们赠送礼物,盛宴款待并按成本售给他们所愿要的茶叶数量。结果这些费用不外是由提高售予该行业下户的茶价来补偿。所以,王安石的"摧抑兼并"还包括那些在同一行业中大户操纵小户的情况。

结合均输法,市易法减轻了官僚地主及富商豪贾为一方与中小地主及小工商业者为一方之间的矛盾。在这一斗争中,王安石是站在后者一方的。

四、关于青苗法

在北宋以前,封建政权就有预贷种子与食物给农民,在收获后归还的临时措施,并已不时实行。但王安石的青苗法却是在20世纪中叶以前第一次大力推行的正式的政府政策。在王安石所推行的各项经济改革中,青苗法是他思考最早的一种。

青苗法开始于神宗熙宁二年(公元1069年),由政府提供了大量的贷放资本。贷放青苗钱的方式是这样的,每年夏收或秋收之前,任何农民假定他能在收获时归还贷款本息,并能得到十户农民提保,均可向政府请求贷款。夏收放款于正月三十日以前发放,借款农民须将贷款及其20%利息按借款时约定的价格以实物偿还。如到期谷物价格上涨,借款人不愿以实物偿还,得以现金偿还,但不得越过原贷款额的30%,其余仍须按原规定以实物交纳。主管青苗钱事务机构预计贷放资本在满足农民需要后尚有剩余,可以贷放给城市居民,用抵押放款方式进行。以上各种贷款,不得"抑配"(即强迫配给)。

青苗法创办的指导思想,似乎要达到三个经济要求:即稳定谷价,鼓励农业生产和增加封建财政收入。这里必须指出,正由于前述最后一项不得抑配的规定未被下级贷放官吏所信守,青苗钱几乎都变成了向包括大地主在内的每一农户的强迫配给,每家必须摊借一定贷款并付20%的年息。因此所有代表大地主集团利益的代言人都拼死反对青苗钱,因为他们并不缺钱,但仍须借款并付重息。但对王安石来说,这正是他的"摧抑兼并"思想真正得到表现之处。

抛开抑配问题不谈,青苗法自有其根本缺点。它在谷物收成正常和谷价变动不大时期,才具有一定的作用。在自然力对农业还起着绝对支配作用的封建社会中,收获丰歉不定,谷价的变动幅度也很大,此时青苗法就很难发挥很大作用。丰收年份,谷价大跌,如青苗钱以实物归还,则官府所掌握的以现金为计算标准的本钱将大大减少。倘若以现金归还贷款,则农民须卖较多的谷物才能偿清原来的贷款,这是封建国家夺取农民丰收的劳动成果。在凶荒年份谷价大涨,农民争以现金偿还贷款,即使按原借本钱多缴还百分之几十。如谷价上涨特多,则青苗本钱的实际购买力将大为缩小。如再以青苗钱利息充作财政开支,其实际购买力将更加缩小。在商品经济已甚发达的条件下,贷款不能不以现金为准,而为了防御凶荒及保持本钱的实际价值又不能不着重以实物偿还。这种现金与实物的矛盾在当时历史条件下是不可能解决的。杨炎的两税法就是被埋葬在这种现金与实物的矛盾之下,青苗钱也逃不出这一悲剧,所以在北宋哲宗元祐元年(公元1086年)就被废除。

五、募役法

到11世纪时,地主阶级内部矛盾最突出、尖锐的表现是在徭役问题上。徭役制是任何封建制度不可缺少的部分,只是在不同国家的不同封建时期其表现形态和应用范围各有不同而已。在中国,许多形式的强迫劳役到10世纪后半期多已直接废除,有的用实物或货币交纳所代替。仅有一小部分服务于城镇和乡村的基层政权的非生产性劳役即所谓"差役"还残存着,这种差役大概有以下几种:第一是衙前,其职务是主管官物;第二是里正、户长及乡书手,管督课赋税;第三是耆长、弓手及壮丁,管逐捕盗贼;第四是承符、人力、手力、散从等,供奔走驱使。以上各种差役均须由民间按户等及丁口多少轮流充当。衙前与里正须由农村"上等人户"有二丁以上人家应役,耆长以下由下户即贫穷农民充当。这里所谓"上等人户",事实上主要是中小地主。因为大地主属于所谓"形势之家",他们和官僚一样总是不应差役的。

这里的问题是,既然这些差役是早就存在的,何以到此时这一矛盾才尖锐起来而非加以解决不可。这大致有两个原因:首先,自10世纪中叶以来,中小地主阶层已成长为社会的一股强大力量,但他们还得负担差役。于是在地主阶级内部出现了负担差役和不负担差役两大阶层,随着这种差役的加重,矛盾自然趋于尖锐化。其次,自宋王朝建立以来,封建专制政权便高度集中。封建中央政权愈集中则地方对中央及其本身例行事务愈繁重,这也就使差役负担更加繁重。这为中小地主阶层所不能忍受,不能不被提到日程上来以谋求解决。负担沉重差役的固然不仅是中小地主,一般劳动人民的差役更加沉重。但劳动人民的这种苦痛除了用逃亡或起义方式表示他们的反抗外,别无办法。所以,在差役问题的斗争中,中小地主的差役成为问题的关键所在。

当时应差役的苦痛确是令人惊心动魄的。其中以衙前里正尤其是前者为沉重,有时应役人户非到破尽家业不得解除。曾有一衙前为了解送黄金七钱到千里以外,因管库官吏百般刁难以致一年多无法归家,个人经济赔累更不必谈。有不少人为避免充当差役,甚至使"孀母改嫁",或"嫁其祖母或与母分居";又或"弃母与人"以免被视为"上等人户"者;又或父子二丁,其父自缢而死,以成单丁籍以避役者;又或"多种一桑,多置一牛,蓄二年之粮,藏十匹之帛,邻里已目为富室",即要其充当衙前。这就是当时中小地主应役的惨状之一斑。

王安石秉政之初,即提出要变更役法的问题。经过两年多研究讨论,始于神宗熙宁四年(公元1071年)公布募役法以代替原来的差役法。其主要条款是将这种差役全部改为募雇形式,给予一定报酬,并于二年或三年更换一次。应募衙前者须以"物产作抵",弓手等须考试其武艺。这笔费用由"乡村及坊郭人户按资产贫富分等,以夏秋两季随等纳钱"。

上述规定体现出以下经济思想:第一,保护中小地主利益并减轻劳动人民的差役负担,从而缓和了阶级矛盾。那些担任劳役的人不再是被迫从事无偿劳役,而是像官府低级人员一样可以得到报酬。第二,给所谓"品官形势之家"以直接的打击,要他们支付相当数量的助役钱,有的甚至高达每年六百贯。这更充分地表现了王安石的限制兼并的改革思想。第三,体现了租税负担普遍的思想,使寺观及各种富户一律交纳助役钱,连官户也不例外。第四，重视物质报酬的观点，把历史上一向专靠贿赂或非法收入为主的吏胥阶层，一律改为俸给生活者，暂时结束了千百年来的一种不合理制度。第五，他否定了封建徭役的传统做法，虽然在他以后的许多世纪中有时又重行出现。

募役法曾暂时缓和了地主阶级的内部矛盾，还成为解决当时封建财政危机的一个重要手段。到元丰七年（公元1084年），免役钱的收入除收支相抵外，经常有三四分以上的盈余。逐年积累，形成当时财政上很大一笔现金储备。

六、关于免行钱

免行钱与募役法具有类似性质。原来京师肉商负有对官府免费供应肉类物品的义务。后来肉商不堪供应之苦，自请以现金交纳代替实物供应，经官府批准，即形成所谓免行钱。不久又推行于京师的各种商业行业。此种收入也用来支付京师官吏薪俸。免行钱不完全是徭役代金性质。在封建政权统治下，无论是对农民与工匠的强迫劳役，还是对城市商人的强制义务供应，原则上都属于徭役性质。所以，实行免行钱也是王安石否定徭役制和倾向货币经济的思想。

七、关于农田水利措施

开发农田水利是封建经济发展各阶段政治家的共同要求。恩格斯曾经指出，东方的专制皇朝都很知道自己首先是灌溉事业的总经营者，在东方如没有灌溉，农业是不能进行的。问题只在于以何种方式或以多大规模来实现这种要求而已。王安石对农田水利的重要意义有很深刻的认识，故他秉政后一个多月即派遣八个大臣"行诸路，相度农田水利赋役"进行实际调查，并要各路转运司条陈利害。此后不久即在各路设置农田水利官负责指导水利工作。熙宁二年（公元1069年）十一月颁行诸路的农田利害条约，其主要内容是征集农业生产的先进经验和人民兴办水利的事迹，并要求将一切可能或有必要兴办水利灌溉的处所，提出意见，编为图籍上主管官司考虑。规模较大的水利工程由国家办理。人民兴修水利准其借用常平钱谷。

自熙宁三年（公元1070年）到九年（公元1076年），开封府界及诸路所兴修水利田，凡10 793处，为田361 178顷。这样大规模地进行有关农田水利的调查和建设，在中世纪及以前的中国历史上是很少见的。

八、关于方田均税法与其他经济措施

方田均税法的主要作用是确定地籍，使土地所有者各按其实际占有的土地的多寡交纳赋税。在当时条件下，这一措施也反映了中小地主和土地小私有农民的要求。因为土地买卖流行日久，出现"富者恃其有余，厚价以视利；贫者迫于不足，薄税以速售"的情况，其结果是富者田产日增而田赋并未随之增加，贫者田产日少而田赋并不随之减少，形成

"产去税存"的现象。从封建国家财政角度来看,也发生天下垦田日增,赋税反而减少的现象。所以,无论从减轻土地小私有者苦痛和中小地主负担或增加封建财政收入角度考虑,都有必要整理地籍以均平赋役负担。方田法便是实现这些要求的措施。

方田均税法的具体措施规定如下:

"以东西南北各千步为一方,当四十一顷六十六亩一百六十步。方田之角,立土为峰,植以其野之所宜木以封表之。岁以九月,县委令佐分地计量,随陂原平泽而定其地,因赤淤黑垆而辨其色。方量毕,以地及色予定肥瘦而分为五等以定税制。至明年三月毕揭以示民。一季无讼,即书户帖,连花帐付之以为地符……若瘦卤不毛及众所食利山、陂塘、路沟、坟墓皆不立税。"

方田均税法进行了12年,清丈的土地面积约达250万顷,为全国耕地面积的1/2多。虽未竟全功,但在当时条件下,能将方田工作坚持12年之久,已算是历史上丈量地亩的罕有壮举。

在小土地私有制广泛流行而地权转移又很频繁的情况下,对每块应纳税的私有田地的大规模清丈工作是非常繁杂的。王安石的清丈办法最巧妙处在于利用较科学的方法进行大片土地丈量,使工作能较顺利而迅速地进行。在一"方"的田地内,对于谁的土地应缴租额及有无漏税等问题,均在一"方"的土地所有者共同参与下确定,就决不会出现逃税情况。因为一户的税额减少必须是别户的税额增多。

第三节 明朝的经济管理思想

明朝丘浚的经济思想。丘浚(公元1420—1495年)亦作邱,字仲琛,琼州人,曾官至文渊阁大学士。所著《大学衍义补》一书,系为封建统治者提供"治国平天下"的治国之术,论述经济问题也是其中的一个重要组成部分。

丘浚继承了早期儒家的经济思想,特别遵循宋代道学家的观点并奉为至高无上的原则。可是,他所面临的客观经济条件已经向前发展,有许多客观事实已经很难甚至不可能按照传统的教条去说明或解释。这种情况下,使他在某些场合维护旧经济教条,而在较多的场合是在新的概念与旧的教条之间摇摆,最后他变成一个折中主义者。

从经济思想的范围来看,他所接触的范围恐怕是19世纪中叶以前的中国学者中接触范围最广阔的。他的《大学衍义补》的经济部分把他可能搜集到的以往的经济论述均仔细记录下来,按问题的性质加以分类,并在很多地方有他的按语。丘浚的经济观点,可以看作是13、14世纪一般儒家经济管理思想的系统论述。

一、关于土地问题

丘浚从"民多而田少"的前提出发,反对恢复井田制。同时他既赞扬一国的人口增加是无可动摇的美事,又感叹土地面积颇难扩大。此外如限田、均田等办法均被认为是"拂人情而不宜于土俗"。总之任何有损于地主阶级的土地私有权的土地方案,他都反对。然而土地矛盾总得解决,于是他提出一种"配丁田法",其基本原则是:"因其已然之俗而立未然之限,不追咎其既往而惟限制其将来。"换言之,即保证地主阶级既得利益不予触动,只略示限制其未来可能出现之兼并。配丁田法的具体内容如下:

"断以一年为限。如今年正月以前,其民家所有之田最多至百顷,官府亦不问之。惟自今年正月以后,一丁惟许占田一顷(余数不过五十亩)。于是以丁配田,因定为差役之法。丁多田少者许买足其数,丁田相当则不许再买,买者没入之。其丁少田多者,在吾立限之前不复追究,自立限之后惟许其鬻卖,有增者并削其所有(民家生子将成丁者即许预买以俟其成)。"

"以田一顷配人一丁,当一夫差役。其田多丁少之家,以田配丁足数之外,以田二顷视人一丁,当一夫差役。量出雇役之钱(富者出财)。田少丁多之家,以丁配田之外,以二丁视田一顷,当一夫差役,量应力役之征(贫者出力)。"

"若乃田多人少之处,每丁或余三五十亩或至一二亩;人多田少之处,每丁或止四五十亩,七八十亩,随其多寡尽其数以分配之……"

"立为一定之限以为一代之制,名曰配丁田法。既不夺民之所有,则有田者惟恐子孙之不多,而无愿丁不报者矣。不准民有常产而无甚贫甚富之不均,而官之差役亦有验丁验粮之可据矣。行之数十年,官有限制,富者不复买田;兴废无常而富室不无鬻产;田值日贱而民产日均。虽井田之制不可猝复,而兼并之患日已渐消矣。"(丘浚:《大学衍义补(卷十四)·制民之产》)

自战国以来,各思想家所提出的土地改革方案中,丘浚所提出的怕是最不影响地主阶级土地私有权的一种。他的方案与别人的不同之处在于它并未企图直接解决无地农民的土地问题。它只是试图通过土地买卖形式以影响土地的再分配,这是把传统的解决农民土地问题的主题贬低或庸俗化为在一定的法定限额内的土地自由买卖。作为一个解决农民土地要求的方案,这是一种折中办法,但在经济思想史上却反映了封建剥削阶级学者们有关土地思想的一种重要转变。更重要的是它以土地所有者的财政负担为手段,使土地分配状况趋于平均化,或者说至少是缓和了土地兼并活动。这种思想本身还是较新颖的,是土地管理的新思想观点。虽然中国出现过多次平均地权的革命,但是土地集中仍然是周期性的,可见制定土地分配与占有制度是重要的。

二、关于货币与利息问题

丘浚曾提到许多货币问题,如货币的起源和职能,货币铸造权,货币流通,纸币与货币本位制度等。这一切除他所建议的货币本位制而外,完全重复以往的老观点。关于利息,他赞成私人贷放取息。现在我们讨论他提出的这两个新观点。

1. 以白银为货币的银本位制

丘浚提出一种货币本位制,我们可以称之为以白银为基础的三本位制。其大致内容如下:

"稽古三币之法,以银为上币,钞为中币,钱为下币。以中下二币为公私通用之具而一准上币以权之焉……每银一分易钱十文。新制之钞每贯易钱千文,四角完全未中折者每贯易五百文,中折者三百文,昏烂而有一'贯'字一百文。通诏天下以为定例,而严立擅自加减之罪。虽物生有丰歉,货值有贵贱,而银与钱钞交易之数一定而永不易。""既定此制之后,钱多则出钞以收钱,银之用非十两以上禁不许以交易。银之成色以火试白者为准。宝钞铜钱通行上下而一权之以银,足国便民之法盖亦庶儿焉。"(丘浚:《大学衍义补》(卷二十七))白银在这里不仅只作巨额支付之用,也担负了稳定铜钱和纸币购买力的功能。以现代术语来说,这就是银本位制。关于钞币,依照丘浚的基本货币概念来看,它很可能是兑换纸币,可是他从未提到准备金的问题,故事实上总是不兑换纸币。正因为这样,我们可以称它为"三本位制"。

核心问题在于这三种货币的交换比率怎样才能继续保持不变。这不是他所想象的那样可以"一定而永不易"的。因为铜或银的生产成本随时可能发生变化,而在他以前一个时期每年银和铜的生产量已不甚丰富,故这个法定交换比率必然会发生变动,更不用说统治者还会无限地发行纸币以满足其贪欲。他的方案的另一个技术上的缺点是人民以旧钞向政府倒换新钞时要蒙受50%～90%的损失,这等于是掠夺人民的财富。"倒换旧钞"一直是明代学者经常谈及的严重纸币问题之一,而丘浚对此也未加重视。

在他生活的历史时期,中国的广大农村仍属自给自足的封建经济,而许多城镇的工商业却已有巨大发展。在城乡经济发展水平相当悬殊的情况下,必然会形成对流通手段的不同要求。一方面,为了适应城镇工商业的需要,用白银这种贵金属作为流通工具在客观上是必要的。另一方面,为了适应广大农村的低经济生活水平,较低单位价值的货币如铜钱的流通,同样是很必要的。再一方面,在当时银铜的供给均不够充裕的情况下,如不发行纸币,就不足以满足领土广阔的封建王国货币流通的需要。丘浚设计的货币制度正是较全面地考虑到这些客观条件的产物。

2. 利息论

丘浚坚决反对封建国家从事货币贷放业务并谴责这种做法是不义的行为。相反,他认为私人从事货币贷放却是正义而合理的,并须受到封建政权的保护。其理由是往古实行王道政治的"三代",政府并未从事过货币贷放,可是私人贷放取息确是早已出现。他举出的这个理由,在理论上是无意义的。但是,正如本书前面曾经提到过的,在中国整个经济思想的发展过程中,先秦以前并未出现过像欧洲古代及中世纪那样的反高利贷思想。从公元前2世纪中期起,才有思想家如西汉初的晁错、东汉初的桓谭(公元前?—56年)表示反对私人高利贷。在公元9世纪开始以前仍未见有反对政府高利贷的言论。9

世纪以后连反对私人贷放取息的呼声也日渐消沉,代之而起的是为私人贷放取息辩护。南宋初的陈亮已认为将谷贷于下户"量取其息"是符合"交相养"、"有无相通"的精神的。经过二百多年后,丘浚的利息观点才是这一变化的成熟表现。

三、关于贸易与海外贸易

在理论上,丘浚是传统的贱商思想的维护者,尤其反对政府直接经营商业。历史上所有官营贸易措施,不管是桑弘羊、王莽或王安石,他均加非议。对管仲与商鞅的经济原则概贬斥为"官商功利之术……乃先王之罪人也"。可是他却十分看重民间的商业活动,并把它看成是"王政"之一端。因此,盐、铁、茶、酒等一向由封建政权垄断经营的商业,他认为都应一律放归私商自由经营。

最突出之点还在于他特别重视海外贸易这个以往思想家较少论及的经济活动领域。他宣扬海上贸易须要开展的理由有三点:第一,中国商品能自足自用,固无待于从"外夷"进口,但"外夷所用则不可无中国物也"。由于中国商品在国外有需要,故出口走私之患虽严刑重罚亦不能断绝,徒使人民陷入法网,不唯无益而反有害,故不如开海禁进行国外贸易。第二,有人反对海外贸易是怕因此招惹边患。他指出从历史上考察,海上诸蕃如暹罗、爪哇等国,远隔涨海,自古未有为吾之寇者,惟倭奴"人工巧而国贫窭,累为沿海之患",可不与倭奴贸易,却不必不与其他国家贸易。第三,让人民从事海上贸易,官府征税,可不扰本国之民而于财政收入大有补助。这三个理由在当时条件下,自各有其依据。

开放海外贸易的具体办法,他建议:沿海各地有愿从事海外贸易者可先报告市舶司审查,果无违碍,即准其自造船支若干艘,陈明从事所经营商品的种类,行经哪些国家,何时返国;并保证不携带违禁物品出国和返国时不得有所偷漏。商人从海外返国时,须经官府派人检验并按一定百分比抽收实物税后方许变卖。

大约在他二百年前,卢世荣(?—1285年)曾建议海外贸易由国家垄断经营并由政府出资募私商从事这项工作。现在丘浚的政策是令私商自行出资经营,较卢世荣的办法前进了一步。再者,以往赞成进行国外贸易的思想家多是为了欣赏国外珍奇物品的输入,而丘浚则转向一般进出口商品的贸易,不是专为满足封建统治阶级的奢侈消费,较接近于国际贸易的正常原则。

从这些情况看来,丘浚不仅不轻商,还可以说他是相当重视商业的,尽管他还不时地重唱轻商的老教条。他所生活的历史条件迫使他自己不得不重视商业,但是传统教条的压力又迫使他不时重弹轻商老调。

四、关于价格问题

他把"平物价"作为"王者"的重要任务之一。他特别强调谷物价格的稳定。认为这不仅对人民有利,并可据以"定科差,制赋敛,计工役"。当时封建国家的财政收支基本上已按货币核算,所以商品价格波动的不利影响已为人们所体会,而粮食价格的稳定更是十分必要。至于一般商品,"民之可有可无者,不必计焉"。即让市场活动自发地决定其价格的高低。这表明当时的客观经济条件把他关于价格问题的认识水平推向比他的前人更高一步的境地。

如何稳定粮食商品的价格呢?他说:"愿国定市价恒以谷米为本。下令有司在内,俾坊市逐月报米价于朝廷;在外,则闾里以日上于邑,邑以月上于府,府以季上于藩服,藩服上于户部。使上之人知钱谷之数,用是而验民食之足否,以为通融转移之法。务必使钱常不多余,谷常不至于不给,其价常平。"丘浚《大学衍义补(卷二十六)》这是全国范围内的粮价系统报告制度,此可以调节货币流通量和市场粮食量二者关系,借以稳定粮价和一般物价。

在一般情况下,粮食价格的波动常决定于气候条件,只在较少情况下才受货币因素的影响。他把粮价变化直接和货币因素联系起来,显然是不全面的。他所建议的物价报告制度,可算是唐代刘晏以后仅见的价格情报网。只是上报到户部的间隔时期太长,不足以有效而迅速地采取补救措施以应付价格变动的情况。

五、关于财政问题

关于国家财政的基本原则,丘浚是因袭早期儒家老一套并无新的发展。但在某些具体财政措施上,他倒提供了一些较为透彻的观察或建议,不像当时的一些儒者只会做不切实际的空谈。

1. 关于国家预算的思想

对儒家量入为出的老财政原则他未提出什么新观点。但对于其具体执行程序,他却提出一些新的创议。他提出:

"每岁户部先移文内外各司及边方所在,预先会计嗣一年用度之数;某处合用钱若干,某事合费钱若干,用度之又当存积预备若干;其钱谷见在仓库者若干,该运未到者若干;造为账籍一一开报。又预行各处布政司并直隶省分,每岁于冬十月百谷收成之后,总计一岁夏秋二税之数,其间有无灾伤、逋欠、减免、借贷,各具以知。至十二月终旬,本部通具内外新旧储积之数,约会执政大臣通行计算嗣岁一年之间所用几何,所存几何,用之之余,尚有几年之蓄,具其总数以达上知。不足则取之何所以补数,有余则储之何所待用。岁或不足,何事可以减省,某事可以暂缓。如此则国家用度有所稽考,得以预为之备,而亦俾上之人知岁用之多寡,国计之盈虚,蓄积之有无云。"《大学衍义补(卷二十一)》。这个程序就比唐代的长行旨条和唐、宋两代的会计录要周详多了。他的这个预算程序和近代国家预算不同之处是它主要以编造年份的(亦即预算执行的前一年份)实际财政收入作为基础,而近代国家预算则是以预算年份的估计收入为编造基础。在封建时代,最高统治者的个人支用和国家财政无法严格划分,故无法保证国家预算的顺利执行。但丘浚的这一思想在财政思想史上却是很有意义的。

2. 反对重复征课

他反对重复课税。以酒税为例,他说:"谷麦既已纳税,用谷为酒又税之,造麦为曲以酿酒又税之,用米与糟以为醋又税之,此一物而三、四出纳也。"(丘浚:《大学衍义补(卷三十)》)。这是从未有过的非常新颖的公平税负观点,虽然它本身可能还并不完善。

第四节　王夫之的经济管理思想

王夫之(公元 1619—1692 年),字而农,湖南衡阳人,学者常称其为船山先生。他和同时代的黄宗羲(公元 1610—1695 年)与顾炎武(公元 1613—1682 年)被现代学者公认为中国 17 世纪启蒙思想家中的三个代表人物。他们都具有强烈的爱国主义思想,坚决反对满洲贵族的征服,要求恢复汉族统治。他们都强调"私"这个充分体现新兴市民阶层的新精神,并把这种精神不同程度地体现在他们为工商业的辩护之中。特别是黄宗羲强调工与商"盖皆本也",更是对传统的重本抑末观点的明确反驳。但顾、黄二人的经济思想创新不多,就其实际影响来说也不如他们的哲学和政治思想之突出。所以,在此探讨王夫之的经济管理思想。

一、对社会经济的历史进化认识

我们先考察王夫之对人类社会经济历史发展的看法。他肯定中国社会经济的历史发展是逐渐进化的,各历史发展阶段大致如下:首先是"太昊以上,其犹禽兽乎"。在崇拜祖先的思想弥漫的条件下,公然提出人类的祖先类于禽兽的见解,的确是客观的。其次是"轩辕以前,其犹夷狄乎"。他所谓"夷狄"的生活是"居处衣食粗犷……自安其逐水草,习射猎,忘君臣……驰突无恒之素"。这显然已进入以游牧为主的野蛮阶段。再次是唐、虞、夏、殷时代。这时候已有定居的农业生活,然而当时还是部落酋长时代,"人自为君,君自为国。百里而外,若异域焉……赋敛惟其轻重,人民惟其刑杀……而生命之困极矣",这就到了一个"穷则必变之时"。把人们一向称颂的所谓唐虞盛世描绘得如此一塌糊涂,也非易事。最后,到周初封侯分封才是文明社会的开始。但到春秋时代诸侯互相厮杀,延至战国又形成"古今一大变革之会"。此后一直到他自己生活的时代为"郡县之制,垂二千年而弗能改矣"(王夫之:《思问录外篇》,《读通鉴论》(卷二)亦有类似记载)。

将来的社会又将如何?他只说必然会发生变革,因为"汉、唐无今日之道,今日无他年之道"。究竟"他年之道"是怎样一种制度,他未明白指出。启蒙思想家莫不憧憬着一个作为封建制度对立物而产生的市民社会。王夫之本人对历史发展的阶段并未做过这样系统的划分。但他对社会经济发展由野蛮到文明这一点的基本理解,颇与现代的科学分析相近似。

此外,王夫之关于历史发展过程的分析,也启示了以下几个有价值的观点。第一,他肯定历史是一个前进的过程。两千年来为人们所向往乃至迷信的"五帝三王"的统治绝不是政治和经济上的理想时代。第二,他似乎已经认识到一种新制度的诞生必须在旧制度体系内有一个成长时期,而一种制度的崩溃也会在代之而起的新制度下残存若干时期。如他曾指出,郡县制在秦以前已经诞生,而秦废"封建"后,"封建"在汉初还像回光返照一样存在着它的残余。第三,他似乎也认识到各地区在一定历史时期的社会经济发展进程的不平衡性。他说:"太昊以前,中国之人若麋聚鸟集,必非日照月临之下而皆然也。必有一方焉,如唐虞三代之中国也。"第四,他坚持秦以后的郡县比它所代替的"封建"制为佳,因它对一般人民带来较少损害。但从统治阶级的角度来看,则"封建"反而较郡县制好些。因为在"封建"制下,一定的王室的统御较易维持,而且可以维持得久些。这里,以人民的利害为尺度来衡量一个社会经济制度的好坏,实为王夫之的卓见。第五,他的历史进化观虽以其自然唯物主义哲学为基础,他却反对将自然规律机械地搬用到人类社会的分析上。他说:"人之道,天道也。天之道,人不可以之为道者也……天之所有因而有之,天之所无因而无之,则是可无厚生利用之德也……夫天与之目力,必竭而后明焉;天与之耳力,必竭而后聪焉;天与之心思,必竭而后睿焉……可竭者天也,竭之者人也。人有可竭之成能,故天之所死犹将生之,天之所愚犹将哲之,天之所无犹将有之……。"在这里,王夫之的天道观比先秦荀况的天道观还要彻底。因为荀况只主张"制天命而用之","强本而节用则天不能贫"。而王夫之则认为只要人们能讲求生产方法(厚生利用之道),自然界所没有的东西也可以生产出来。这是高度地估计人们的主观能动性在社会经济生活中的积极作用。

二、关于财富概念

王夫之的财富概念:对贫富不均的看法和财富的伦理观。

他肯定贫富不均现象的存在是合理的。因为"国无富人,民不足以殖"。意味着人民的工商活动有赖于富者提供生产资料和购买其产品。这恰好是在反封建斗争中的新兴市民所信奉的神圣教谕和新财产制度思想。

在他看来,贫富不均现象没有必要也不可能消除。因为贫富之不齐是由于人们有智愚、强弱、巧拙、勤惰之别。如强使贫富平均,那是"芟夷天下之智力均之于柔愚"。这无疑是"割肥人之肉,置瘦人之身,瘦者不能受之以肥,而肥者毙矣"。最好的办法是听其自然,只需减轻赋役和严禁吏胥苛责,随"贫富代谢之不常",问题自然就会解决。这里我们听见了近代史上西欧资产阶级代言人为财产权利辩护的宣言,只是其中掺杂了一些中国封建地主阶级的声音。

王夫之的财富伦理观,主要表现在"义利之辨"问题上。"义利之辨"在王夫之的社会哲学中占着非常重要的地位,不只是在财富观点上才表现出来。他以为"天下之大防二,而其归一也。一者何也,义利之分也"。他所谓两大防,一是华夷之辨;一是君子小人之辨,而归根结底均为义利问题。

早期儒家所谓君子与小人在王夫之的心目中成了两种绝不相同的人。"君子"都是像古希腊哲学家苏格拉底一样,一举一动都象征着"善",而"小人"都是犹太人歇拉克无往而非钱。更突出的是他把小人和一般劳动群众等同起来,把他们关心自身物质经济生活的活动看成是禽兽的行为。因此,他把孟轲的劳心劳力之说加以特别强调,对许行的进步思想大加非议,斥管子"衣食足而后礼义兴"的名言为邪说,结果鄙视了一切有关财富生产的活动,连勤劳与财富积累也认为不足重视。

这种财富概念,完全同他的唯物主义基本观点背道而驰。在以前我们所接触的思想家中,均不曾有人具有他这样的财富观点。王夫之对财富问题的看法基本上是反常的。为什么一个唯物主义者的王船山会产生这样的财富概念?唯一可能的解释,是他突出地强调了华夷之防。他认为人们既从事于追求物质财富,就可以"爵饵",可以"利圈","充其所为,至不知君父",以至于"夷狄可君君之矣"。总之,在他看来任何不利于华夷之防的活动,他都猛烈地加以攻击。在狭隘的民族主义思想指导下,固然能陶养成崇高的民族气节,但也会在若干问题上形成褊狭甚至错误的意见。此外,在满洲贵族征服中原后,他避居荒山窑洞数十年,脱离丰富的社会经济生活实践的生涯,也可能是形成他的褊狭见解的原因之一。

三、关于土地财产权问题

王夫之谈及的土地问题也很多,但我们现只谈他的几个有关土地财产权问题的观点。首先,他给我们作了一个古代土地所有制的历史概述。据他说:"古之人民去茹毛饮血者未远也。圣人教之以耕,而民鲜择地而治,唯力是营。其耕其芜,任其去就。田无定主,国无恒赋。且九州之土,析为万国。追周并省,犹千有八百。诸侯自擅其土以取其民,轻重悬殊,民不堪命。故三代之王者不容不画井分疆,定取民之则,使不得损益焉。民不自为经界而上代为之,非此则择肥壤,弃瘦原,争乱且日以兴,芜莱且日以广。故屈天子之尊,下为编氓作主伯之计,诚有不得已也……及汉以后,天下统于一王。上无分土逾额之征,下有世业相因之土,民自有其经界,而无烦上之区分。"

古代社会由游牧过渡到农业以后有一个很长时期。"田无定主",是土地公有制。三代以后由国家"画井分疆",土地在原则上属于王家而为农民所自用。汉以后的土地"世业相因",即成为土地私有制。他对土地所有制变迁这一过程的理解,是十分有道理的。

从对这种土地所有制变迁过程的认识,引出他对一向传说的三代归田受田之制的否定看法。他争论说:"归田受田,千古必无之事。"孟轲所说的"一夫百亩"乃"取民之制"(税制)不是授田百亩。特别重要的是他指出:"若土,则非王者之所得私也。天地之间,有土而人其上,因以资养焉。有力者治其地,故改姓受命,而民自有其恒畴,不待王者而授之。"他这是主张土地归劳动农民所有是理所当然的,不待封建统治者来授予。他不仅否定所谓授田之制的存在,并断言一向经道学家宣扬所谓周代的"彻"法是"通力合作,计亩均收"的制度是不可能的。他说这种耕作制度只是有利于"惰者"和"奸者"。由于一井中"通力合作"的农户家庭人数尤其是壮年劳动力各不相同,而各户的土地面积却是相同的。这样,如"计亩出夫",则丁少人家感到劳动力不足而丁多人家感觉有余;如计亩"均分",则必然有的人家粮多而有的可能还吃不饱。如"耕必尽力而食必计口,则彼为此耕而此受彼养,恐一父之子不能得此,而况悠悠之邻里乎"!他的结论是:"人自治其田而自收之,此自有粒食以来,上通千古,下通万年,必不容以私意矫拂之者。"王夫之所指出的这些合作耕种制的困难可能是土地公有制条件下存在的必然矛盾。

对于传统的所谓"普天之下,莫非王土"的说法,他也予以无情的批判。他不止一次地宣称土地是自然物,"非王者之所得私"?只有用自己的"力"开垦土地的人才应是土地的所有者,"不待王者而授之"。他这种批判土地为君主所有从而为土地私有辩护的论点,与西方经济学者的观点颇有相似之处。

四、关于商业思想

在王夫之的经济思想中,同时存在着传统的旧观点和未来新信仰的矛盾,这以他的贸易观点表现得最为突出。他在这个问题上的态度,好像古罗马的两面门神一样,一个脸往后看,一个脸向前看。作为一个封建地主阶级的知识分子,他在思想上浸透着传统的轻商教条。这种憎恨商人的例证在他的著作中随处可以找到。他将商人看作是所谓小人中最坏的部分,把他们视同禽兽或夷狄。当然,他对西汉初的抑商政策是很赞成的。

然而,王夫之毕竟是中国启蒙时期的进步思想家,尽管他仍受着旧的抑商观点的束缚,对于正在成长中的市民社会的崇拜商业资本的新观点也具有同等强烈的信仰。他不仅懂得商业的社会职能,对当时商业资本的活动也大事赞扬。在他的《黄书》中详细地列举了当时重要商业城市的许多主要产品及其贸易后指出:"卒有旱涝,长吏请蠲赈,卒不得报,稍需岁月,道馑相望。而怀百钱,挟空券,要豪右之门,则晨叩而夕炊举。故大贾富民者,国之司命也。"在这里,中国资本主义的幼芽,在他的心目中幻化为消灾免难的杨枝甘露了。这样的观点和前面提到的他的轻商观点相比较,王夫之真是判若两人。

他又说,当时封建官吏很坏,感觉到贫民已穷到不值得再榨取了,于是借铲除"豪右"为名,既可遂其贪欲,又可博得美名,其结果是使"贫弱、孤寡、庸作称贷之涂窒",使富民大贾还比不上"偷情苟且之游民"。这样,要想国家不陷于贫困危亡是不可能的。最后,他大声疾呼:"故惩墨吏,纾富民,而后国可得而息也。"在反对封建官僚地主集团的斗争中,王夫之坚决保卫商业资本的利益。当然,这和他所代表的中小地主阶级的利益也是一致的。

不过,他虽为商业资本辩护,却仍强调要多向商人抽收绢税。其理由是,从古以来,"兵车之赋,出于商贾;盖车乘马牛,本商之所取利,而皮革、金钱、丝麻、竹木、翎毛、布絮之类,皆贸之所操"。故军器费用应由商贾负担,至于盐、茶、酒税一向由商人缴纳更不待言。总之,要使工商游食之民均负担租税,才不致使赋租全落到土地所有者肩上。所以他主张征收商税是从"人各效其所能"的原则出发,并不是为了打击商业。这也体现了新兴市民的形式平等要求,不完全是为了减轻土地所有者的负担。

五、关于财政思想

王夫之涉及财政问题的言论特别多,大多数均为分析或批判历史上的具体财政措施之论,较少是原则性的阐述。我们只研究几个他的财政观点。

首先,他赞成以货币为租税征收的主要工具。自两汉以来,除极少数思想家外,基本上因袭先秦旧说,在理论上主张任土所宜原则,不接受以货币为税的思想。虽卓越的启蒙思想家如黄宗羲、顾炎武也未能免此。王夫之认为除政府所需用的谷物不必折收现金而外,以货币交纳比以实物交纳更便于人民。由于以货币为税是我国财政思想上常遭非议的问题,这里不妨将他以布帛为例提出的四大理由列举如下:

"绢帛纩布之精粗至不齐矣。不求其精,则民俗之偷也。且以行滥之物输官……如必求其精且良欤,而精粗者无定之数也。墨吏猾胥操权以苛责为索贿之媒,民困不可言矣。钱,则足绪而无可挟之辞矣……此折钱之一便也。""(布帛)桑枲之土取给也易,而不产之乡,转买以充供。既以其所产者易钱,复以钱易绢缯纩布,三变而后得之。又必求中度者以受奸商之腾踊,愚氓之困费十而得五也。钱,则流通于四海而无不可得,此又一利也。""单丁寡产尺寸铢两之分,不可以登于府库,必计值以求附于豪右。不仁之里,不睦之家挟持以虐,孤寒无所控也。钱,则自一钱以上,皆可自输之官,此又一利也。""丝枲……色黯非鲜则吏不收,而民苦于重办。吏既受,而转输之役者,民也。舟车在道,稍不谨而成豌敝,则上重责而又苦于追偿。其支给也非能旋收而旋散之也,有积之数十年而朽于藏者矣……是竭小民机杼之劳,垂之于粪土矣。钱,则在民在官,以收以放,虽百年而不改其恒,又一利也。"(《读通鉴论(卷二十至卷二十四)》)自唐德宗建中元年(公元780年)实行两税法开始以货币定税额以来,九百年间走了许多反复曲折的道路。货币税一直成为那些死守"任土所宜"老教条的花刚石头脑的攻击对象。王夫之所列举的论点,在他以前的史书上已分别出现过不少,并非他的创见,但他却是第一次从理论上有力而系统地替货币税辩护。这既表达了人民在实物税条件下所遭受的苦痛,也扼要地表达了货币税相对实物税的优越性,因此在中国财政思想史上是值得注意的。

在财政思想方面另一个值得一提的观点是他公开否定传统的农业单一税和什一之税。早期儒家所提倡的单一税制从未见诸实行,但在它的影响下,任何土地税以外租税以及任何形式的经济收入,如不是遭受到猛烈的攻击,至少也被看作是不得已的一时权宜之计,不可奉为准则。两汉以来的税租议论及有关盐铁收入问题的言论,绝大多数均属于这一类型。王夫之否定农业单一税制的理由很简单,他认为交纳租税的义务是"王民之职",不能只征课于农民。

至于两千多年来曾被奉为"中正之制"的"什一之税"教条,他反对它的论点是:"三代"时期,国小君多,"聘享征伐,一取之田",什一税是不得已而为之。后世是"天下奉一人",仍主张"十取其一",这是"以供贪君之慢藏",也是"至不仁之言"(《读通鉴论(卷二十)》)。

本章小结

唐代极突出的财政制度是两税法。租庸调由三种税制组成:"租"是指田赋;"调"是对和农业结合的家庭手工业剩余生产物的征课;"庸"是人民对封建国家应服的劳役。颁发长行旨条例,将各项财政收支作了原则性的规定。唐代已认识到对国家财政稽核的职能须由财务行政系统中划分出来,财务稽核之职权由比部掌管。

王安石施行改革所要急切解决的问题有以下三个:第一,"形势之家"与中小地主间的矛盾;第二,来自北方的强大外族的军事威胁;第三,中小地主和小私有者与封建国家之间的尖锐矛盾。王安石的均输更具有商业性质。市易法的主要目的是使来京师的行商免受富商和巨贾的把持操纵,而不是为了控制物价。青苗钱创办的指导思想,是要达到三个经济要求:即稳定谷价,鼓励农业生产和增加封建财政收入。募役法代替原来的差役法,其主要条款是将这种差役全部改为募雇形式。

丘浚从"民多而田少"的前提出发,反对恢复井田制,提出"配丁田法",其基本原则是:"因其已然之俗而立未然之限,不追咎其既往而惟限制其将来。"他提出以白银为货币的银本位制。他坚决反对封建国家从事货币贷放业务,并谴责这种做法是不义的行为。他认为私人从事货币贷放是正义而合理的,须受到政权的保护。由封建政权垄断经营的商业,他认为都应一律放归私商自由经营。他把"平物价"作为"王者"的重要任务之一。他提出反对重复征课税负的主张。

王夫之对历史发展过程进行分析,提出以下几个有价值的观点:第一,他肯定历史是一个前进的过程;第二,他已经认识到一种新制度的诞生必须在旧制度体系内有一个成长时期,而一种制度的崩溃也会在代之而起的新制度下残存若干时期;第三,他也认识到各地区在一定历史时期社会经济发展进程的不平衡性;第四,他坚持秦以后的郡县比它所代替的"封建"制为佳,因为它给一般人民带来较少损害。王夫之的财富概念:对贫富不均的看法和财富的伦理观。他肯定贫富不均现象的存在是合理的,因为"国无富人,民不足以殖"。贫富不均现象没有必要也不可能消除。他所谓"两大防",一是华夷之辨;一是君子小人之辨,归根结底均为义利问题。王夫之认为除政府所需用的谷物不必折收现金,以货币交纳比以实物交纳更便于人民。他以布帛为例提出货币交纳比以实物交纳更便利的四大理由。

思考讨论题

1. 认识唐代的财政制度：两税法和租庸调制的内容和利弊。
2. 讨论王安石施行的改革措施：青苗法为什么失败？
3. 讨论丘浚反对封建政权垄断商业，提出都应一律放归私商自由经营的意义。
4. 认识王夫之关于历史发展过程观点的积极意义。
5. 讨论王夫之关于义利问题的观点。
6. 认识王夫之以货币交纳比以实物交纳税负更便于人民的基本理由。

第六章 中国近代时期的管理思想

　　清朝末年,特别是鸦片战争之后,中国这个古老的东方大帝国进入动荡、变革与重生之中。西方国家在完成工业革命和资产阶级民主革命之后,迅速完成了现代化和工业化。当以工业化武装起来的西方士兵乘着铁甲舰、扛着洋枪洋炮打开古老东方帝国的大门时,发现东方士兵仍然使用大刀和长矛;当以现代民主思想武装起来的西方传教士和学者来到东方帝国时,发现古老的帝国仍处于严酷的封建专制时代,以至于有的西方学者惊呼:东方人的社会制度已经使他们生产力的发展达到了极限。

　　长期的封建专制导致社会停滞与生产力萎缩,反映在中国近代经济思想与管理思想上,是旧思想根深蒂固、顽固不化。西方列强进入中国之初,中国人表现出排斥与拒绝;当西方以实力打败东方之后,中国又有人提出"中学为体,西学为用"的思想主张,并由此掀起了洋务运动。洋务运动失败之后,以孙中山为代表的先进人士开始进行资产阶级民主革命,以陈独秀、李大钊为代表的共产党人开始引入马克思的无产阶级革命理论。如果再把康有为、梁启超算进来,中国近代可谓东西方文明交融、碰撞、活跃的时期。在此介绍魏源、梁启超、孙中山的经济管理思想,周学熙的北洋实业集团和张謇的大生实业集团的经营实践与管理思想。

第一节 魏源的社会经济变革思想

　　魏源(1794—1857年),字默深,湖南邵阳人,是具有强烈资产阶级倾向的地主阶级改革家。因他曾做过多年的政府幕僚,对漕运、水利、盐政等重要经济问题提出了不少改革意见,成为当时有名的经济改革专家。鸦片战争失败后,他更积极要求进行社会变革。

　　在他受林则徐之托编写《海国图志》一书过程中,吸收了不少外国历史、地理知识,因而滋长了他的资产阶级思想倾向,虽然他本人还未真正懂得这意味着什么结果。在经济思想领域中,他可算是典型的中国式经济思想的最后一位足值称道的思想家。同时他也是向西洋文明包括经济制度学习的这个巨大历史潮流的发起者。

　　他所要求变革的现实,随着客观条件的发展而有所不同。在鸦片战争以前,他的注意力集中在漕运和盐政的改革上,其目的是利用商业资本之助力以消除二者积弊,从而增加封建王朝财政的收入。在英国殖民主义者的炮舰侵袭之后,基于民族义愤积极讲求强兵富国抵抗外来侵略之术,他的资产阶级思想倾向随时间的前进而日益昂扬。他赞成并宣扬英国在鸦片战争中制胜的根本原因是由于有"坚船利炮"之"长技",而只有"师夷长技"才能"制夷"。所以必须向西方学习,"转外国之长技为中国之长技,作到船炮能自己制造、自己掌握。"(魏源:《海国图志(卷二)·筹海篇三·议战》)。稍后,他又认识到要能自己制造船炮必须了解西方的先进生产技术并发展工商业。后来甚至对西方资产阶级的民主政治也表示十分倾慕。

魏源向西方寻求富强之术的思想,不仅对我国19世纪后半期的洋务运动和资产阶级改良主义思想有巨大影响,对日本明治维新也产生了一定影响。但是,他不懂得向西方学习先进生产技术的后果是必然导致封建政权的崩溃,这与他希望巩固地主阶级政权的想法是完全不相容的。恩格斯曾经指出:"在历史领域内起作用的许多个别意向所引起的后果,大都不是所期望的,而是完全另一种的,往往是恰恰跟所期望者相反的……。"(《马克思恩格斯文选》(两卷集),第二卷,390页,北京,人民出版社,1962)在一个"以天朝尽美尽善而自欺"的时代,魏源第一次公开发出的向西方社会学习先进生产技术的号召,其历史意义是相当巨大的。

一、宣扬商业精神

从经济思想角度考察,魏源的资本主义思想倾向就更为突出。他积极要求变革,力图以新时代的商业精神来处理各种现实的封建财政经济问题。魏源生活在一个国内商业资本已经变成瓦解封建生产方式的主要因素,而国际资本主义又臻于全盛的时代,他的"师夷之长技"的号召中包含的学习西方资本主义生产技术的意义是很明显的。这不可能跟许多过去的经济改革一样,仅是从一种封建性质的措施改变为另一种封建性质的措施。

他把发展商业资本的思想贯穿到所分析的经济问题的各个方面,成为19世纪上半期及以前各历史时期最全面的重商主义思想家。仅就他在《圣武记》中号召"货先于食"一点来说,已是一个不易得出的反传统观点。在魏源以前的经济思想,不论是进步的或落后的,卓越的或庸俗的,均为道地而又古色古香的中国传统的经济思想。明末的科学家虽在自然科学方面吸收了西方科学技术,但在经济思想方面仍未突破固有形式。魏源在编写《海国图志》过程中已经开始吸收一些西方经济学知识,所以,在他的经济思想中含有不少来自西方的经济思想成分,虽然在基本上仍属传统的类型。这使他在好些地方的经济分析突破了以往思想方法的局限,透露出一些近代经济分析的曙光。当然,将他的分析与当时资产阶级的经济学比较是远远落后于国际水平,这是受不同社会形态局限的结果。但从中国经济思想的发展过程考察,魏源却是放眼观察世界经济,在经济学的思想方法上突破旧有藩篱而具有若干近代资产阶级经济学气味的中国第一人。

二、宣传富民的福音

他沿用"本富"、"末富"旧说,而把末富(即以商致富)看作是较能摆脱封建束缚的致富途径。他说:"天下有本富,有末富,其别在有田无田。有田而富者,岁输租税,供徭役。事事受制于官,一遇饥荒,束手待尽。非若无田之富民,逐什一之利,转贩四方,无赋敛徭役,无官吏挟持,即有与民争利之桑、孔,能分其利而不能破其家也。是以有田之富民可悯更甚于无田。"(魏源:《古微堂内集(卷三)·治篇十四》)这不仅反映了即将没落的地主阶级的悲哀,更重要的是他也在为新兴富裕者唱赞歌。历史上许多思想家都把易于逃避赋役作为攻击商人阶级的论据,而魏源却把它倒转过来,认为"无赋敛徭役"是商人阶级所具有的足以摆脱封建束缚的特点。这无疑是宣布以末致富是最为稳妥可靠的途径,把"本富为上,末富次之"的顺序倒转过来。

他歌颂新兴的私有财产制度,指出"使人不敢顾家业,则国必亡"。对长期以来思想家谈得较多的贫富分配不均问题,他几乎无动于衷,反而大力宣扬富人的作用。他借周官保富之说,把富民说成是"一方之元气",坚决反对专事损害富民的政策。并断言,"土无富户则国贫"。(魏源:《古微堂内集(卷三)·治篇十四》)。过去主张富民政治的思想家总不免存在或多或少的贫富不均问题的隐忧,而魏源却充分表现了新兴资本主义的精神,一心一意地宣扬富人的福音。

三、崇俭黜奢观念的提倡者

在财富的消费方面,他把传统的崇俭思想作了新的解释。他说:"俭,美德也,禁奢崇俭,美政也。然可以励上,不可以律下,可以训贫,不可以规富。"(魏源:《古微堂内集(卷三)·治篇十四》)这是说崇俭这种美德只适用于最高统治者和一般贫民,却不能要求一般人民尤其是富裕阶层也如此。他指出贫民生计困难固然应俭,而最高统治者更应该守"俭"而不能奢侈。因为上行下效。"主奢一则下奢一,主奢五则下奢五,主奢十则下奢十,是合十天下为一天下也。以一天下养十天下,则不足之势多矣。"(魏源:《古微堂内集(卷三)·治篇十四》)不足就会产生纷乱和攘夺,使统治者常处于忧危之境。与此相反,对于富裕阶级来说,不仅不应崇俭而且还要鼓励他们奢侈。为什么呢?"周礼保富,保之使任其乡,非保之使各啬于一已也。车马之驰驱,衣裳之曳娄,酒食鼓瑟之愉乐,皆巨室与贫民所以通工易事,泽及三族。王者藏富于民,譬同室博弈,而金帛不出庭户,适足损有余以益不足。如上并禁之,则富者益富,贫者益贫……三晋之素封,不如吴越之下户,三晋之下户,不如吴越之庸隶。俭则俭矣,彼贫民安所仰给乎?"(魏源:《古微堂内集(卷三)·治篇十四》)在他看来,富人的存在不是为了自己而剥削穷人,倒是为了使他们周围的穷人得到工作和怜悯。因此,他们奢侈就应加以鼓励。这样的论点,在中国经济思想史上已经有过不少人提出了。但是在这里唱赞歌的却是一个中国封建经济末期流露着资本主义强烈思想意识倾向的地主阶级改革家魏源,他和以前那些唱同一赞歌的先辈的时代背景是绝不相同的。英国资产阶级古典经济学家威廉·配第也曾唱过同调的赞歌。所以,魏源的这一观点,在我国历史上是继承了代表商人阶级的古代思想家的观点,在近代世界史上则是西欧资产阶级早期代言人的同一声音。

四、关于生产与管理思想

在生产与管理方面,魏源曾接触过一些问题,如生产要素,生产经营方式,采矿、屯垦、雇佣劳动、成本等问题。他对财富生产的分析确是很不完备的。鉴于以往在这方面的研究都不多,故他对这一问题的阐述,相对地讲还算比较多一些了。

他认为生产经营上有不能缺少的三个要素:"财",即货币资本;人,即劳动力;"材"即劳动对象。这显然是很表象的分析。可是,过去在中国谈及这一问题的人本来就不多,那些曾接触到此问题的也只提到"天地"(自然)与"人功",魏源的分析虽不完全正确,但是比以往更全面了。

关于工农业生产,他特别强调屯垦、采矿和造船。他认为"阜食莫大于屯垦",这是他所坚持的所谓"开利之源"的重要项目之一。他曾一再指出要详细地加以规划。采矿也是他认为"开利之源"的另一个重要项目。所以,在他《圣武记·军储篇》的第一、第二两篇基本上均系论述采矿政策和驳斥当时反对采矿者的谬论。造船更是他所谓"师夷长技"的重要内容。他主张不仅要造战舰也要造商船,并要利用造船厂的机器设备以制造军械火药以及"量天尺、千里镜,龙尾车、风锯、水锯、火轮机、火轮舟,自来火、自转磨、千斤秤之属,凡有益民用者皆可于此造之"(魏源:《海国图志(卷二)·筹海篇三·议战》),广泛地进行机械商品的生产。在他写这些词句时也许他本人还不一定全见过这些商品。但是,他不仅提出了旧有社会商品中前所未有的产品目录,并且提出一个与传统的反对"奇技淫巧"思想相对立的新观点,那就是"有用之物,即奇技而非淫巧"(魏源:《海国图志(卷二)·筹海篇三·议战》)。这是对三千年来一贯被信奉的反对工业生产中的"奇技淫巧"思想的根本否定。所以,他的商品观点所体现的时代特质与以往是截然不同的。

关于生产经营方式,魏源极力反对官营而力主私营。自两宋以来,主张私营者已日渐增多,只是多就盐、茶等政府专卖商品而言。他主张私营的范围相当广泛,凡他所提到的事业,如采矿、盐业、造船及器械制造、屯垦乃至于漕运,无不鼓励或委托私人经营。总之,在他的心目中,生产经营的私有形式已是无可置疑的完美形式。他还提到私人公司的组织形式。他说:"公司者,数十商资营运,出则通力合作,归则计本均分,其局大而联",并将广州十三行也比作公司,与英国东印度公司等同起来(魏源:《海国图志(卷二)·筹海篇四·议款》)。他对公司组织的理解似是而非,与当时在西方已盛行了约三个世纪的公司制度颇不相合,在我国除林则徐曾提到合伙经营方式外,论及近代资本主义公司组织的要以魏源为最早。

由于他在生产经营方式方面力主采取私营方式,自然对雇佣劳动形式也就具有极大兴趣。如允许屯垦旗民"兼雇汉农以为之助",海运商人所用纤夫"令自雇以免勒索"之类。至于官营或私营船厂及火药局更是必须采取雇佣劳动形式。在农工商各行业中,他均主张采用雇佣劳动,体现了极为强烈的资本主义倾向。

特别值得指出的是他对生产经营成本问题的重视,在他所进行的改革和建议中,如对盐务、漕运、造船和对外贸易,无不以减轻成本为其主要论点。改革漕运的原则不外是采用雇商船海运方式可以节省官府河运时所必不可少的数百万公私糜费,以很低的运输成本即可完成每年的漕运任务。他指出造船造炮首先要了解"工料之资,工食之资",然后才能确定船与炮的价格。对外贸易方面,则建议"裁浮费,免米税"以减轻洋商成本,从而促使不再向我出口鸦片。更突出的是他对极复杂的盐务改革也是以解决成本问题为核心。他指出淮盐的根本问题为"邻私"与"滞销",只有减低淮盐价格才能抵制邻私和使盐畅销。而要减低盐价就必须先行降低淮盐的运销成本。淮盐成本之高主要由于纲商所支付的浮费和勒索太多。如果废除纲商专卖制度以散商凭票自由运销方式代替,即能大大减低成本,从而降低价格。这既可抵制走私,又可使食盐不致销路停滞,并能增加国家盐税收入。总之,降低销售成本就可以解决淮盐的一切问题。过去思想家重视成本问题者首推王莽,但他仅为实际上的重视,缺乏理论上的分析。魏源把成本高低的原因及价格对财政税收的影响作了一定的分析,这在我国 19 世纪中叶以前的经济管理思想中是极为罕见的。

五、关于贸易思想

在国内贸易方面,魏源重视商业和宣扬商业资本作用的观点是极为突出的。正如我们在前面已分析过的,所有他的改革建议无不求助于商业资本支援,而且是想尽一切办法争取这种援助。类似"利国、利民、利商"或"国便、民便、商便"的口号在他的著作中随处可见。在他以前的一千多年中,重视商业的思想家不多,他们不是代表商人阶级的利益,便是为了批判传统的轻商观点才表示重商。魏源珍视商业的动机是从整个国民经济出发,鼓励商业只是为了使国家转弱为强,不是单为某一社会集团的利益。我们不久将发现在魏源以后五十年左右,思想家对商业精神的赞赏大为增加,有的甚至把它强调到无以复加的程度,创造了一种和以往整个历史时期的经济思想完全不同的气氛。

但我们更感兴趣的是他对国外贸易的意见。他认为国外贸易应该由国内外私商自由进行,唯进口鸦片须严加检查并按照国际惯例予以没收。同时,他也赞成派军舰给商船护航。这在当时的西方国家已是司空见惯,而在中国主张给出洋私商护航,却是破天荒的见解。

最值得珍视的还在于他对贸易差额进行了分析,这在理论上,还是一个新领域。在历史上中国一向是一个幅员广阔的大国,国内贸易的发展一直是它的巨大任务,而且地理条件也不容许它在早期就使国外贸易得到充分发展。因此,在前代中国,对外贸易经常只占国民经济总额的一个微不足道的比重。这就使对外贸易差额问题引不起思想家的注意,也包括那些曾分析过对外贸易问题的学者在内。

魏源在编写《海国图志》的过程中参考了许多西方的史地著作,其中记载着不少各国的进出口总价值的统计资料,这就是魏源获得贸易差额概念的滋养来源。由于他关于这方面的知识不是直接从当时的经济学教科书中吸收来的,故他未能引用"贸易差额"这个经济术语,尽管他很清楚地对这一问题进行了实际分析。

他以道光十七年(公元1837年)广东海关报告的进出口贸易品及其价值为依据,论证了贸易差额及由此而发生的白银进出口问题。他得出的结论是:"共计外夷岁入中国之货仅值银二千十四万八千元,而岁运出口之货共值银三千五百有九万三千元。以货易货,岁应补中国银价千四百九十四万五千元。使无鸦片之毒,则外洋之银有入无出,中国之银且日贱,利可胜述哉。"(魏源:《海国图志(卷二)·筹海篇四·议款》)同时,他又指出是岁英夷进口鸦片四万箱,而需支付价银二千二百余万元。因此中国对英出口超过进口的价值七百余万元的货物不独未以银元进口补偿,反而尚须另以一千余万元支付因鸦片进口所引起的差额。另外,对美出口超过进口的九百六十万元,"何不闻补银,盖亦鸦片价内扣除之数(英夷所运者印度鸦片,弥夷所运者都鲁机鸦片)"。总地说来,"故知洋钱流入内地,皆鸦片未行以前夷船所补之价,至鸦片盛行之后,则绝无货价可补,而但补烟价"(魏源:《海国图志(卷二)·筹海篇四·议款》)。在这里,他已经能够利用统计学进行经济分析了。

很可惜的是魏源仅利用了道光十七年的《粤海关志》的统计资料,如果他把康熙以来的数字汇总起来进行综合分析,将是论述中国17世纪末到19世纪初贸易差额的极有科学价值的著作。无论如何,仅从上面的分析已经可以看出,他很清楚地理解"以货易货"是对外贸易的本质特点,以及进出口贸易差额在那时必须以现银偿付的道理。自先秦以来所有的对外贸易的论述,魏源的分析才算是第一次进入科学分析的领域,是中国外贸理论上的一个飞跃。

贸易差额原理在19世纪中叶的西方世界已是流行了数百年的概念。魏源的这一概念很可能是从西方借鉴来的,但这并不足以妨碍它成为在当时历史条件下很值得珍视的中国经济观点。就经济管理思想角度考察,魏源仍不失为我国从近代经济学说吸取营养的科学先行者。

第二节 20世纪最初20年的中国经济思想

20世纪开始到1919年五四运动,是西方资产阶级经济学很快地取代中国型古典经济思想统治地位的时期。从此以后,中国古老的经济思想就成了光辉的历史遗产。这样巨大变革的出现,是由于在20世纪开始时中国有许多资产阶级革命派和改良主义者均亡命日本，同时也去了许多留学生，所以当时的日本成了中国人接受西方科学知识的桥头堡。特别是在1905—1907年流亡日本的资产阶级革命派和改良主义者在东京开展大论战时，双方均争取从资产阶级的理论武库中，尤其是经济管理理论中，寻找各自的论点根据，以便用在各自的党派刊物中攻击对方。日本在那时候已经被西方政治经济学说所浸透，也建成了一整套的日文经济名词术语。而且，许多日本字本来就是由中国字移植过去的，所以，很多日文经济术语也都是由中国字构成，只是读音不同而已。这就使翻译日本经济著作为中文较其他外文容易得多。这也使采用日本经济术语好像采用另一个中国学者所用的术语一样便当。正因为这些原因，西方经济学的现代表达方式和现代名词术语在短短几年内就在中国取得统治地位。辛亥革命前后，较多的专攻经济学的留学生从北美和西欧回国，他们带回来了若干新的或第一手的西方资产阶级经济理论，但在已流行的表达方式和名词术语方面却不曾引起什么重要变化。

一、梁启超的经济思想

梁启超（公元1873—1929年），字卓如，广东新会人，和他的老师康有为同为戊戌变法维新的领导人物。他是一位多产作家，其有关经济的论文数量在1913年以前比与他同时代的任何一位学者都多。在1894—1902年这段时间内，他的经济思想的范围比较狭窄。因为他那时所能接触到的资料不外乎几本中译经济学书籍和一些由当时外籍传教士撰写的经济文章，而对他影响特别大的是严复所译的《原富》这部书。稍后，因开始熟悉日文，他便直接从日文经济著作中吸取理论滋养。在1905—1907年，为了和资产阶级革命派开展论战的需要，梁启超充分利用任何他能找到的西方或日本的经济理论来加强自己的改良主义论点（梁启超：《清代学术概论》）。由于他对他自己所侈谈的经济理论并未作过系统而深入的钻研，他的经济议论不可避免的是肤浅、片面或错误的。辛亥革命后，他逐渐转向中国国学史的研究，取得了显著的成绩。但从中国经济思想的发展角度来考察，梁启超的经济论著，仍有一定的启蒙价值。

首先，梁启超的经济论著之多不仅在数量方面超过了他的先辈，而且他所涉及的经济思想范畴也比与他同时的其他任何中国学者都多些。可惜，他所接触到的经济范畴，大都只提到其名词概念，浅尝即止，不曾作深入的理解或分析。其次，梁启超著文一向以笔力流畅、通俗易懂著称，1904年以后的经济论著尤其如此。因为他抛弃了严复译本《原富》中所用的使人不易理解的经济术语，采用了一些由日本经济著作借用来的或工商业中日常习用的名词术语。这就使他的经济论著的读者能嗅到一些近代经济分析的气味，尽管他对近代经济理论的许多方面的理解都是肤浅甚至错误的。梁启超从事经济论著写作有18年以上，这些著作基本上都在报刊上发表过。而且，无论在内容或形式上大致均系现代化的。再次，戊戌变法运动虽然在政治上失败了，而他在精神上却赢得了学术界不少市场。因此，他在传播以现代型方式表述的资产阶级经济学方面所起的作用是相当大的。就中国经济思想的角度来看,无可否认,从旧的古典式的经济问题探讨向近代经济分析的过渡是一个巨大的转变。梁启超在这一转变上所起的作用也是不能否定的。最后,梁启超的另一突出功绩是他第一次运用近代经济学说来分析中国古代的经济政策和与经济有关的历史文献,他在这方面的努力是具有创造性的。早在1897年,他就写了《史记·货殖列传今释》一文,逐句逐段地试用近代经济学观点予以注释。所用的近代经济理论有世界主义、自由贸易、保护政策、物物交换与贸易差额、专利权与股票交换、太阳黑子说以及其他,等等,这在当时是非常大胆的尝试。从20世纪开始,他又刊行了几部这类的著作,如《管子评传》、《王荆公评传》、《中国古代币材考》及与麦梦华合撰的《商君评传》,均系运用近代经济学说对古代经济文献和政策加以分析。他也曾打算著一部中国生计学(即经济学)史,集前哲所论以与泰西学说相比较,只是这一意愿并未实现。单就他运用近代资产阶级经济学观点来整理我国古代有关经济文献一事来说,不论其分析是否正确,毕竟是开风气之先的有益活动,是很值得称赞的。

20世纪之初,由于资产阶级革命高潮的压力,迫使清政府兴办了一些高等院校。同时,美、英、法等教会人士也跟着纷纷在我国设立高等学校作为他们文化传播的工具。在这些学校中,政治经济学成为学习课程之一。因此,对经济学的系统研究逐渐普遍。另外,梁启超则因资产阶级革命的胜利,把中国国情的研究作为他的避难所,在经济学识方面无所长进,随时间的前进而日益落后于现实的经济理论水平。(梁启超:《饮冰室合集(卷十四)·中国学术变迁大势》)

二、孙中山的经济管理思想

孙中山(公元1866—1925年),是近代中国向西方找寻救国救民真理的最重要代表人物,是中国革命的伟大先行者。他在中国革命史上的巨大功绩自不待言,这里仅介绍他的经济管理思想和政策。

(一)对待西方经济学说的态度

同他那个时代或较早的思想家比较,孙中山的经济管理思想比他们卓越之处,就在于他不是依样画葫芦地硬搬西方资产阶级社会、政治制度的老一套,而是在学习西方的基础上,还要求有所发展或改进。他提出的所有政治和经济的纲领均属于这一类型,因为他比他先辈能较深入地理解西方资本主义经济尤其是这种经济制度的利与弊。还有一个特点,作为一位伟大的资产阶级革命家,他的革命思想和他的经济思想一样,只要有可能总是不断地向前发展。

孙中山也许是中国宣传社会主义和为社会改革而奋斗的第一位思想家。自19世纪末以来,在引进资产阶级经济学之同时,也开始输入一些社会主义思想。但在这些谈及社会主义的作者中,且不谈他们对这种社会制度的知识缺乏和误解,大多数都只是顺便提及并无为它而奋斗的意愿,而另一些人提到它却是因为厌恶和憎恨这种制度。孙中山则不然,他很早就宣传要在中国进行社会革命,并在同盟会宣言中和在1905年为《民报》所写的发刊词中公开写上这一奋斗目标。在1911年辛亥革命以后,他把他的民生主义称为社会主义的政策,在他的晚年,他甚至称之为"共产主义"。所以,孙中山在所有向西方学习的思想家中是对资本主义经济制度最先表示怀疑的思想家,尽管仍力图向它学习;他也是最早一位主张社会主义并定为其革命口号之一的思想家。虽然他的社会主义是主观的或不成熟的。

(二) 经济管理政策

孙中山自始至终地相信西方国家因高度发展资本主义所引起的罪恶和不幸不是不可避免的。如果在其早期发展阶段就能采取某些适当的防止政策,这些罪恶和不幸就可能避免。他的政策核心有两点:平均地权和节制资本。(《孙中山选集》(上卷),88页)

1. 平均地权

土地问题是中国历史上使思想家们困扰了两千多年的老问题。过去的思想家不对这一问题发表意见的极少。作为一个中国思想家,孙中山也不能不关心土地问题。他不止一次地承认旧理想如井田制、王田制、大同、人人都有饭吃等进步幻想及过去革命农民的斗争口号对他也有相当的影响,但是这些历史影响只能激起他产生必须处理土地问题的这一主观愿望。至于怎样才能妥善处理这个问题的整套办法,基本上还是从西方学来的,即采自亨利·乔治在1880年出版的《进步与贫困》一书的论述而酌加改进。

孙中山平均地权纲领的具体措施:土地价格由地主自行申报,政府即照所报价格征收地价税并有权随时按照地主所报地价予以收买。这样,因社会经济发展而促使地价上涨部分就不会被地主所占有而转到政府手中。政府又逐渐利用这种收入以购买土地,逐渐实现土地国有化。亨利·乔治的方案只要求通过征税以夺取增长部分的地租,并不要求土地国有化。显然,孙中山是将亨利·乔治的方案加以改进,并非完全照搬。

但是,他仍留下一个重要的土地问题未能解决。照中国的土地情况来说,最需要解决的是广大农村中无地农民的土地问题。上面所说的办法最多只解决都市的地价以及资产阶级厂房的地基问题,而忽略了农民的土地要求。这是因为他的早期经济纲领太强调防止贫富不均现象之出现,故未注意到农民的土地问题。直到他的晚年,才正式宣布"耕者有其田"是他土地政策的重要部分,是其土地纲领的最后奋斗目标。(《孙中山选集》(下卷),10页)

2. 节制资本

孙中山的节制资本纲领也是从西方学来的。发展中国近代工业是19世纪中叶以来的普遍要求。正如上面曾提到的,他是中国第一个认识到西方资本主义工业之不够完善,也是第一个建议在发展工业的过程中设法避免可能产生的弊害。照他的意见,只有巨大的私有企业才会给劳动人民带来不幸。如果在国家工业化开始时,就把一些具有垄断性质或和国计民生有重大关系的企业均由国家经营,则西方国家在发展工业过程中所遭受的弊害就不会产生了。(《孙中山选集》(下卷),527页)总之,中小企业可以由私人经营,而大企业必须由国家经营。这就是他之所谓节制资本的经济管理纲领。他承认他的经验来自德国,但是他不知道这样的政策在德国实行的不成功。无论如何,与当时那些盲目崇拜西方资本主义经济的思想比较,事前防止资本主义经济可能发生弊害的观点却是较高明的。虽然这种设想还是不现实的。关于他的大企业国有化思想,包括对外资企业的限制思想,也是不够成熟的。但是,作为一个资产阶级社会革命家,能够认识到资本主义的弊病并试探加以防止,是比较明智的先行者。

第三节　清末民初的企业管理思想

清末民初,在"师夷长技"思想的引导下,洋务派逐渐占了上风,以李鸿章、张之洞为代表的洋务派革新人士,开始引进西方先进技术与设备,创办现代工业。中国的第一批现代工业以官办为主,后来发展到官商合办与官督商办。这期间也建立了一些现代民族工商业,但大多规模小、水平低,成功者更少。我们在此介绍一下比较成功的官商合办企业如北洋实业集团与官督商办大生实业集团的经营管理思想。

一、周学熙与北洋实业集团的管理思想

周学熙(1865—1947年),作为袁世凯的得意门生与部属,在山东时创办了一批现代学校与工商业。他在做直隶工艺总局督办期间创办了一批官商合办的北洋实业企业,并且经营十分成功。抛开周学熙的政治问题与是是非非,仅从企业经营管理角度来看,他是清末民初一位懂经营、会管理的封建官僚。周学熙创办的开滦煤矿、耀华玻璃公司、天津和青岛等地的纺织厂,长期起到民族骨干企业的作用。我们在此对周学熙的创业与管理作简要介绍。

周学熙出身于高官显贵之家,其父周馥曾任山东巡抚、两广总督等职。周学熙16岁成为生员,29岁中举人,后来又捐了一个"后补道",准备进入仕途。当时的开平矿务局督办张翼,是周馥的儿女亲家,乃委任周学熙为开平矿务局驻上海售煤处主任。由于他有"后补道"的虚衔,后逐步被提升为开平矿务局的会办、总办。袁世凯任直隶总督兼北洋大臣时,周学熙投靠在袁氏门下,被袁委任为"直隶工艺总局"总办,并责成他全权主持北洋实业的开创工作。

"北洋集团"的开滦煤矿利润很大,股息特高,每年股息发到股本的70%左右,还有大量的盈余没有分配。他们怕分配得太高了,引起各方嫉妒,于是决定把这部分资本投资于其他企业。在这些企业中,耀华玻璃公司就是其中办得很成功的一个。

1921年,开滦煤矿总经理英国人纳森回国休假,经过欧洲大陆,在比利时参观,看到比利时玻璃厂采用佛克制造法造出的玻璃质地精良,如果在中国生产,定可获得厚利。假满回到中国,他就打算在开滦煤矿经营制造,但和滦矿董事会研究时,股东主张另设新厂，单独经营，于是建立了耀华玻璃公司。股金仍由滦矿股东历年应得而未分配的盈余项下提拔，作为滦矿的投资，由滦矿董事会具名向北京政府农商部申请登记。

佛克制玻璃法是比利时人佛克的专利权。原发明人佛克在取得这项专利权后，曾陆续出卖给英、法、德、奥、荷等国的厂商，据说他们都是以重价购得的。在中国制造的专利权，为比利时乌德末银行所有。他们原来打算在秦皇岛设厂制造，成立一个秦皇岛玻璃公司。但由于人生地不熟，筹建存在诸多困难，一时无法兴工。这时滦矿以现金为股本，秦皇岛玻璃公司以佛克机器制造法的专利权为股本，形成了一个中外合资企业——耀华机器制造玻璃股份有限公司。特别加上"机器制造"四个字，是因为当时北京政府有一个法令，鼓励用机器仿制洋货以占领国内市场和出口竞争的企业，这些企业的产品只需缴税，就可在国内畅行无阻。出口商品可特邀免税，领回已缴纳的税金。

耀华玻璃公司新建时，资本定为120万元。比利时方面60万元股金，用于购买佛克专利权，中方60万元股金用于购置材料及建筑厂房。建设过程中爆发了第一次直奉战争，工程停顿，后又两次增募股本，发行公司公债，三次投股共计350万元。周学熙是耀华玻璃公司的发起人，但他没有担任耀华的总董事长，而是派李士伟作为他的代理人担任了总董事长。

耀华玻璃公司建成后，不仅采用的是当时世界上的先进技术，而且重视技术人员和工人的技术素质和技术培训。第一任总工程师是比利时方面推荐的古柏。他是一个玻璃制造世家的后代，他在来华就职以前，就先到欧洲各国的先进玻璃厂家参观访问，吸取先进技术经验。副总工程师金邦正，曾留学美国，担任过北京清华学校校长，来耀华后被派赴比利时实地见习。金邦正还选拔了七名学徒工和他同去，在比利时丹瑞末玻璃厂见习。这就使公司人员的技术、管理素质能适应机器设备性能的要求。

制造玻璃的主要原料是沙子和纯碱，耀华公司根据沙子的质量和运程远近，反复比较筛选，决定采用朝鲜半岛的沙子。纯碱原来用英商卜内门洋碱公司的产品，后来范旭东创办的永利碱厂的纯碱质量优良、价格低廉，就改用永利纯碱。

由于设备、技术、管理比较先进，原材料质量高、成本低，所以耀华公司的玻璃质量优良，价格也有很强的竞争能力，出货后销售顺利，不仅在国内市场畅销，且行销海外，在日本、菲律宾试销反映良好，还远销到美国。运美的高级重厚玻璃，深受美国市场欢迎，耀华玻璃多年来驰名中外。1935年铁道部在北平举行第三届全国铁路沿线产品展览会，耀华玻璃荣获了超等奖状。

北洋实业的又一大系是纺织业。在第一次世界大战期间，欧美厂商在我国销售纱布锐减，市场价格飞涨，周学熙紧紧把握住了这个发展纺织行业的极好机会。当时他是北京政府的财政部部长，就授意山东盐运使杨味云具名申请创办华新纺织有限公司。申请报告提出：计划在天津、郑州、通州、石家庄、青岛设厂，纱锭共10万枚，资本总额1 000万元，官股四成，商股六成，股息八厘。申请报告还要求政府保长五年，并请求在直、鲁、豫三省专办30年,所购机器料物及棉花等原料请示免除一切捐税,制成纱布只完出厂税一道,各省概不重征。袁世凯批准了这项计划和要求,交财政部酌拟保息、免税办法,周学熙当然给予方便。交农商部核定时,"专办三十年"的申请农商部未予同意。

华新纺织公司拟议的五个纱厂中先建天津纱厂。在招募商股的同时,周学熙先从财政部借款80万元订购25 000纱锭及纺纱机,并由周的胞弟周学辉任华新纺织公司督办。

袁世凯帝制失败,时局动荡,商股股东持观望态度。后任财政部部长的曹汝霖认为商股股东既未缴股款,应由财政部接办,裁撤督办,全部改为官营,并派员来津接收。这样,商股股东非常着急,连日在天津开会,决定加速筹集股金,公举周学熙"主政",并疏通各方,财政部才收回成命。周学熙、周学辉各认股30万元,再经多方筹措,才将天津纱厂的股款募齐。

天津华新纱厂至1919年开工生产,共投资200万元,投产当年就获利2 000万元,占资本总额款的70%。从1919—1922年的四年间,获利413万元,超过资本一倍以上。由于天津华新纱厂开工后利润高,筹集股金就容易了。华新又陆续在青岛、唐山、河南卫辉(今辉县)建了三个分厂,成为北洋集团企业群的一支劲旅。

北洋集团各公司规模都很大,流动资金也很多。一方面各公司往往有大量资金要存入银行;另一方面遇现金周转不灵时,又得各自向银行借贷。当时银行贷款利率比存款利率高出几倍。站在北洋集团首脑的地位上来看,好比自己的左手把现款存入银行,自己又伸出右手向别人的银行借钱,自己用自己的钱,还让银行从中白白拿走存贷款利息差额,这对一个精明的企业家来说,当然不会甘心。周学熙自信运用他在开滦的声望,能从英国人控制下的矿局招来大量存款,以利于整个北洋企业群的资金周转。并且银行办好了,可以利用资金来影响和控制更大范围的经济活动,提高北洋集团在金融界的声望。一举数得,何乐而不为!于是周学熙就想自己办银行了。

1919年,周学熙筹建"中国实业银行",定资本2 000万元,规模很大。除了发起人认股和招募股款外,周学熙还利用他财政方面的关系,广泛推进投资。他还组织了货栈、运输事业和永宁保险公司,使北洋各企业利权不致外溢。为了更多地吸收储蓄存款,又效法外商搞有奖储蓄的办法,设立了有奖储蓄户,推行以十五年为期的有奖储蓄。是年四月,在收足了股本350万元时即行开业,周学熙自任中国实业银行总理,设北京、天津、上海、济南四个分行,并在有华新纱厂的地方设支行或办事处。

周学熙和他主办的北洋实业集团,正处于帝国主义列强侵略和中国人民的反侵略战争,清王朝的反动统治衰弱和军阀混战,袁世凯恢复帝制与民主人士护法战争,政局动荡,战争连年之际,此时创办实业,发展经济,不仅需要具有集资、技术、管理、经营方面的知识和能力,尤其需要具备在政权更迭、官场沉浮的政治旋涡中,处理好企业与官场之间的关系,不至于被政敌、洋人、军阀借机吞并、强占、拖垮的能力和胆识。要在外国帝国主义经济入侵中使自己的企业在竞争中不被挤垮或吞并,要利用外国的资金、技术、管理和人才,保存和壮大企业实力,是十分不容易的。要在外国侵略军、本国军阀的敲诈掠夺之下,避免灾祸,生存发展,更是极端不易。这一切,实际上不只是一般的企业经营和管理问题,而且还需要极强的社交、政治、公关能力。周学熙兴办北洋实业,既利用了政府垫款、贷款,又避免了官府把持,成功地防止了政局变幻对于企业发展的影响。他开办启新洋灰公司,既利用了外国专利、技术和专家,又紧紧把握了企业的主导权;在开平、滦州煤矿合并中,他以"滦矿"包围的策略,迫使洋商就范,"开矿"与"滦矿"合并,成立中外合资企业,是企业稳定发展的关键一着棋,从而保证了开滦煤矿不至于被军阀敲诈或被外国势力鲸吞。周学熙既懂经济、经营,又善于政治周旋,还能与洋人打交道,他的多方面才能,是北洋实业发展、壮大的重要资源。

北洋实业集团的成功,突出的经验有这样几条:一是采用先进的技术装备,保证产品的高质量。无论是启新洋灰厂,还是耀华玻璃、滦矿煤矿,都是以其上乘的产品质量打开市场、占有市场的。这里从没有发生过假冒伪劣、以次充好、强买强卖。二是资源分析调查,保证以质优、价廉的原材料投入生产。如启新洋灰厂的成功,关键在于以本地黏土取代了从南方运来的黏土,从而大大降低了成本。三是北洋实业的经营多样化、多角化,使北洋实业集团发展成为一个巨大的企业群体,成为经济骄子。

二、张謇与大生实业集团的经营管理思想

张謇(公元1853—1926年),清末光绪年间状元,高层封建官僚,在清王朝腐败、暗淡、风雨飘摇之际辞官还乡,创办实业。当时有一批志士仁人、社会精英,看到列强纵横,国家软弱,提出了"实业救国"的主张。张謇就是怀抱实业救国的思想,回江苏老家南通创办实业、兴办教育,成为改造社会的著名一员。张謇借助官场的一些社会关系创办了大生纱场,与周学熙创办北洋实业大不相同,真可谓困难重重、艰苦卓绝。张謇创办大生实业的企业管理,如质量管理、成本管理、规章制度建设、领导体制,已经具有了现代化管理的境界。张謇创办实业的可贵之处,还在于他并不是从个人盈利发财愿望出发,而是从实业入手改造社会,教化民众。由于大生实业的影响,南通又被誉为"中国现代第一城",直至今日,南通社会文明,民风淳朴,电影院、剧院长期无人验票,这些都与张謇的社会改良有关。

清末的张謇,面对内忧外患的国家和社会,提出自己的"棉铁主义,实业兴国"方略,置高官厚禄于不顾,自行创办大生实业集团,走出了一条知识分子创办实业、发展民族工业的路子。中外报刊上一度称张謇为"中国的实业大王"、"山中宰相",是"整个中国东南部执牛耳者"。当时,无论是清政府还是民国初年的"南方政府"、"北方政府",都对他十分器重。江浙一带民间的社会活动、政治活动、经济活动,都争相邀请他参加。以他的名义开办的实业,投资者十分信任。新中国成立后,毛泽东主席在谈及中国民族工业的发展过程时,还特别提及"不要忘了张謇"。

（一）现实条件和项目选择

张謇在当时洋务运动甚盛，各地大员纷纷开办制造局、造船厂的形势下，为什么开办棉纺织厂呢？这是因为他当年调查了海关进出口贸易状况，发现进口棉纺织品最多的年份超过白银1.8亿两，而钢铁制品仅为4 600万两，棉纺织品进口额高达钢铁制品的四倍，为国计民生第一大进口货物。同时，他又了解到，当时中国仅有纱锭80万锭，而同期日本有170万锭，印度有350万锭，英国有5 700万锭。他初步计算，要完全取代进口，中国至少还应增加纱机165万锭。所以政府应该大力扶持棉纺织业的发展，他自己也身体力行开办大生公司，成立棉纺织厂。

1895年7月，北洋大臣李鸿章同日本伊藤博文签订了丧权辱国的《马关条约》，全国上下自强雪耻呼声日高，南洋大臣兼两江总督张之洞约张謇谈话，请他出面"设机厂造土货"，以兴办企业，强盛经济。此时张之洞的嘱托与张謇的想法不谋而合。

张謇分析，欲办棉纺织厂，以在家乡通州、海门一带为上。这里具有发展棉纺织业的三大有利条件：一是原料来源充足。当时有人说："通州为亚洲产棉盛处，而且通州产之棉力韧丝长，足冠亚洲。"棉花产量大，质量好，可使棉纺织厂拥有充足的原材料来源。二是市场容量大。通州地区农户以生产土布为传统副业，历史上向以大宗名产"关庄市"远销东北三省，建立纱厂生产的棉纱、棉布既在当地有广阔的销售市场，又具有传统的销售渠道，无须远求。三是劳动力供应条件好。通州地区人多地少，妇女都会纺织，而且这一带的妇女没有缠足的习惯，她们大都"上工能远行，做工能久站"，加以当地有农忙帮农、农闲做工的传统，招工比较容易，工资也比上海等地低一些。

张謇通过调查分析得出如下结论："厂以在通（通州）、崇（崇明）、海（海门）产棉最盛、织户最多之区为上，生货（原料）熟货（成品）便出，获得利非他处可比也。"另外，当时正是上海棉纺织业不景气的时期，华盛、大纯、裕晋等纱厂，或面临停业，或打算出卖。"江浙、湖北等省缫丝、纺织各厂无不亏损，有歇业者，有抵押与洋商者。"在这样一个纺织业极不景气的时刻来兴办纱厂，既需要极大勇气，也面临很大的风险。

（二）开创性的经营管理

大生纱厂在只有供十天之需流动资金的情况下开工生产了，这里面不仅包含了极大的风险，也表明了张謇的决心和勇气。他认识到，只有靠加强企业经营管理，加快资金周转，调动工厂全体员工的积极性，处理好劳资关系，才能保证工厂运转，稍有不慎，就会关门停业。

首先是张謇自己，他严以律己，宽以待人。当四处筹集股本时他从不用厂里一分钱，不住旅馆，尽量找朋友家住宿，非花不可的差旅费用，全靠自己卖字维持，世人皆知中国有为兴办教育而奔走的武训，岂不知也有为办实业而呕心沥血的张謇。建厂之初，他根本不从大生纱厂领薪水，家庭的生活来源靠他从书院兼职的月薪一百两俸银维持。

中国民族工商企业的管理，在张謇这里有了开拓性的实践。当时的官办企业，靠权力经商,根本算不上什么管理;外国人的洋行,因有特权可恃,也居于一种有利的经营地位。当时全世界的企业管理尚处于传统经验型阶段,就连泰勒的科学管理也还处于实验阶段。张謇有从军、从政的经历,对于一般管理原则是熟悉的。他把治军治政的管理原则运用于企业管理当中去,进行了卓有成效的尝试。为了探索企业管理的经验,张謇对企业日常工作管得很细、很具体,连工厂的作息时间、伙食标准都由他亲自规定,这样就大大节约了费用。

张謇管理企业,从自己做起,从完善规章制度入手,拟定了"厂约"二十条。规定中说:"凡我共事之人,既各著一事以专则成,事有权限,无溢于权限之外,无歉于权限之内。"确立了各级责任制。张謇在"厂约"中规定了他的职责是:"通官商之情,规便益之利,去防碍之弊,酌定章程,举措董事,稽查进退,等差赏罚。"如果他在履行职责中,"章程未善,举措不当,进退未公,功过未确,赏罚未平,诸君皆可随时见教,不足当拜面过之赐"。表示愿意接受监督,欢迎多提建议。但他又指出:如果"前章已定,后议未施诸君不得以议遂改,议论标异,而势有隔碍不足一时亦不能尽从,诸君谅之。"

大生纱厂设"厂董"四人,分管四个方面的工作,即营业、考工、总务、会计。各位厂董的职责权限,"厂约"中作了具体规定。如负责营业的厂董,称进货出货董事。其职责是:"察岁收,权市价,审栈厂磅秤之出入,较花衣干湿与盈亏,慎防火险,稽查偷弊。"还规定,董事、执事都住在总办事处里,每月月终,考计执事一月之功过,每四个星期,考计进出货盈亏之细数单,报总账房。还规定,每日一次,各董事集合办事处,考论花纱工料出入利弊得失,酌定因革损益,由总账房撮记大略,编为厂要日记,以备存核。

"厂约"规定厂内各机构,都要明定章程,由各分管董事"详思博采自为约"。这些"约"经过讨论核定,就要"书揭于版,悬各处所"。还要求把"某事应用几人,某人经办某事",经研究决定后"书于版,悬各处,便考核"。

"厂约"规定一年考核功过的标准:各岗位上超过规定指标要求的以及"弭险勤勇,利益全局"者为上等功;一年中"办事平稳"的次之;"得失并见又次之"。对于有过失者,也要区分为"公过"与"私过","无心之过,牵连之咎,及求好而反坏者公过","营私舞弊、亏空犯规及偷惰误事者为私过",二者要区分对待。

张謇还亲自过问伙食标准:早餐吃粥,午餐吃饭,晚餐粥饭自便。"平常执事饭菜二腥一素,休息日加四碟,酒二斤;茶房人等月两犒,三节及客至,五簋、八碟、四小碗、一点(点心),不得逾此。"职员过寿,张謇亲撰寿联,职员故去,他亲临主祭,使职员直尽职守,忠于企业。

张謇重视技术工作,以高薪聘请英国人为总工程师,指导工人把废置几年的残损设备修复好、保养好,保证设备运转正常。又推行技术管理、质量管理,保证了出厂产品的质量。

大生纱厂开工以后,由于充分利用了有利条件,精于管理节俭,全厂上下一心,顺利渡过了开办之初资金不足的难关,获得显著成效。

大生纱厂一投产,在市场上就逐步取代了日本棉纱,不几年就把洋纱挤出了本地市场。在1903—1904年间,通海地区销售东北的官庄布年销量突破15万件,需用机纱6万件,而当时大生纱厂年产12支纱不足3万件,市场形势很好,出现了"棉产供大于求,纱市则求大于供"的局面,这对大生纱厂的经营十分有利。生产第一年,获利银12万两,第二年又获利银15万两。

大生纱厂初战告捷,高额利润吸引了资本拥有者,张謇集资办厂的信誉和能力被实践所证明,他的经营才能表现了出来。1904年,张謇以大生纱厂盈余并续招新股,集中资本银62万两,购置纱机20 400锭。1907年,又在崇明久隆镇建成大生二厂,资本100万两,纱机26 000锭。1899—1913年的十四年间,大生纱厂共获净利约银545万两,发展成为拥有资本200万两和纱机67 000锭的大企业,是当时"华资纱厂中唯一成功者"。

在创办实业方面,张謇选择棉纺织业作为突破口,这是为了利用通州地区的资源优势。棉纺织业发展起来了,大生纱厂成功了,并相继开办了大生二厂、三厂,占领了当地市场,赶走了洋货。他进一步提出还要"广植棉产以厚纱厂自主自立",开始大力兴办垦牧公司;为了利用纱厂的棉籽,开办了广生榨油公司;为了维护和选修机器设备,创办了资生冶铁厂;为销售运输便利,开办了大达轮船公司等企业。到20世纪的20年代,张謇以大生纱厂为基础相继开办了数十个工交企业,成为拥有资本银900万两的大生企业集团。无论从资金之雄厚、经营范围之广和企业革命之大来看,在当时的民族工商业中,大生集团堪称一雄。

张謇和他创办的大生集团,是清末民初知识分子走实业兴国之路的一个成功范例。张謇作为清末的状元,历任高官显爵,多年混迹于上层士大夫阶层而能保持清醒,后期放弃仕途,立志经商办实业,以兴国富民,这在当时的腐败社会里更是难能可贵的。从本范例中我们可以得到如下几点启示:第一,张謇要创办实业,他是走发展民族工业的路子,从人民大众最为迫切的需求出发。他认为办实业,必须起于民间,企业产权明确,经营自主。他厌恶官办企业,认为官商合办终将一事无成。即便在他民办不成,不得不与官府合办的情况下,他也力争企业的独立性。第二,张謇办企业,比较注重调查研究,认真分析项目的可行性。在当时开办棉纺企业,形势并不是很妙,上海、江南的纺纱厂、丝织厂陷于一片萧条之中。但张謇分析了市场和原材料基础,认为纺织业的困境只是暂时的,在中国纺织业不是多了,而是才刚刚起步,因此他大胆开办纱厂。这种办项目上的远见卓识,精于计算,是值得我们借鉴的。近些年,我国各地方重复建设、重复引进、盲目投资很盛,一个典型的现象就是赶风头、追热门,各地方和企业并没有冷静地分析思考,没有长远目标。第三,张謇在企业管理上的独到之处,不仅在他那个时代,就是在今天也是令人啧啧叹服的。他严于律己,克己奉公,克勤克俭,这样的企业家,今天我们的厂长、经理里能有几人?他严格的生产管理、技术管理、质量管理,保证了棉纱的低成本、高质量,很快把洋纱挤出了当地市场,具有了较强的竞争力。哪像我们目前的一些企业,产品质次价高,伪劣盛行,在与洋货竞争中一败涂地,反而怨天尤人,呼叫保护民族工业的口号以自保,这是多么幼稚可笑。当然,最后张謇和他的大生集团失败了,这是他和那个时代的悲哀。

第四节 民国时期的管理思想

一、中国官僚资本企业和民族资本企业管理

中国近代企业管理,主要包括官僚资本企业管理和民族资本企业管理。官僚资本企业有官办、官督商办和官商合办三种形式。中国真正意义上的现代企业是从官办企业开始的。所谓官办企业是指晚清政府时期,清政府洋务派官僚集团,在军事、经济等主要方面与外国政府和企业合作开办采用机器生产的新式军事、民用企业。其中比较有规模的企业有江南制造总局、天津机器制造局、金陵制造局、福州船政局等。这些工厂的经营是清政府财政赋税收入,产品大部分拨归军用,经营管理是封建衙门式的,工厂的生产技术管理大权大部分掌握在外国人手中。从19世纪70年代起,晚清政府在洋务运动中又采取官督商办和官商合办等方式,兴办了一大批工矿企业。官督商办是利用私人资本举办工矿企业所采取的主要形式,是由洋务派官僚发起,商人出资,政府官僚管理。这种形式盛行于19世纪七八十年代,这些企业得到了李鸿章的庇护。享有减税、免税、贷款、缓息和专利的特权。这些企业名义上商人可以参与管理,但企业实权却掌握在由官方委派的承办人手中。名义上企业的盈亏全归商人,与官无涉,但实际上官方只享企业盈利而不负亏损责任。这类企业多在1895年甲午战争后破产。

官商合办企业是官方与私人资本联合举办的工矿企业,盛行于19世纪80年代后期至20世纪初期,清政府对合办企业派官员督办掌权或委派与官方有密切关系的企业商董为督办总办。结果有的企业因商股中途退出而成为官方独办,有的企业因管理不善发生亏损而出租、出卖或停止。官督商办或官商合办企业,实际上都是由官僚掌管,企业内部采用雇佣劳动,其收益相当大的部分落到企业当权官僚和他们僚属亲朋手中。洋务派兴办的近代企业,在中国近代早期工业发展中占有重要地位。官办企业是国家资本主义的基本形式,官商合办、官督商办是国家资本与私人资本相结合,由国家资本控制私人资本的企业形式。它们本身都是一种国家资本主义性质的企业。投资于洋务企业的官僚、地主、买办和商人成为中国早期资本家的重要组成部分。洋务派官僚在兴办近代企业的过程中,也积累了一些经营管理经验和教训。对于民族资本企业有借鉴作用。

为外商直接雇佣的买办在19世纪末逐渐形成一个新的阶级。1911年辛亥革命后,

一些由官僚军阀控制的"国营"企业接受帝国主义者的监督,企业的经营权实际上被帝国主义者所控制。这些企业多数推行了欧美资本主义的一套比较规范化的企业管理方式。官僚资本与买办资本相互勾结,外国列强的在华投资推动了中国封建官僚的买办化。

抗日战争胜利后,官僚资本的发展达到最高峰。形成了以蒋介石、宋子文、孔祥熙、陈立夫四大家族为核心的官僚资本集团。在他们当权的20多年里,集中了约200亿美元的巨大财产,垄断了全国经济命脉。到1947年四大家族控制的工矿业资本额占全国工矿业资本总额的70%～80%。这一时期的企业管理方式,有了较大的进步。一是更多地采取了资本主义色彩的雇佣劳动管理方式。包工头制度大都被改为直接考工制,并直接按工人的职责、工资级差、工作定额等发放工资。制定了较为严格的选用人才的标准和实施办法,吸收和培养了比较熟悉近代企业管理方法的知识分子参加企业工作。二是成立企管协会,经常商讨改进管理办法,建立集中统一的生产指挥系统,企业定有财务管理与仓储保管制度。三是出现了向托拉斯和康采恩方向发展的趋势。四大家族官僚资本垄断经营规模越来越大,经营方式也发展到了跨行业的程度。四是组织工会和在较大的官僚资本企业中派出稽查组,并秘密收买工头,使企业的人事管理、劳动管理带有思想统制和行动统制的色彩。

中国民族资本主义是指在近代形成的民间投资的私人资本主义经济成分,出现于19世纪70年代。随着外国资本主义的刺激和中国资本主义萌芽的成长,一部分商人、地主和官僚开始投资于新式工业,逐渐形成了中国的民族资本主义工商业。中国早期民族资本主义来源于封建地租和买办收入的转化,资本带有原始积累的性质。中国民族资本主义工商业的发展道路是曲折的,其经营管理也表现出各个时期的不同特点。

甲午战争以后,在抵制洋货、收回利权运动、戊戌变法及辛亥革命的推动下,民族资本主义获得初步发展,出现了1895—1898年和1905—1908年的两次投资高潮。民族资本的投资,主要以纺织、面粉、卷烟等轻工业为主。采矿、水电等部门有所发展,航运、铁路、银行也有不少投资。当时的民族资本企业资金少、规模小。除少数企业从国外购进一些设备进行机器生产外,大多数企业承袭于手工作坊的办法。生产效率低下。从方便购销出发,多把厂址设在通商口岸或交通便利的地方。企业一般由官僚、富绅、商人股东来管理。他们的技术、经营知识贫乏,经营管理水平低。产品生产批量小,质量低,往往不能和外资竞争,有些企业常因亏本而停止。

第一次世界大战期间,西方列强忙于战争。同时由于工业品价格的上涨和爱国反帝运动的推动,中国民族工业发展进入了"黄金时代"。这一时期,清政府、北洋军阀政府先后公布了《振兴工艺给奖章程》和《公司条例》等法规,对促进民族资本企业的发展及其经营管理的改善起了一定作用。民族资本的投资开始涉足重工业,如采煤、钢铁、锑钨、水泥等行业。这一时期的经营管理有了以下改善:由手工生产逐渐过渡到机器生产,并采取了招股、添股、借贷等集资方式,原材料供应对生产的重要性得到了充分认识,并设立了较稳定的来源。重视产品配套、产品质量。同时,也加强了工人的劳动强度,提高了生产效率。

第一次世界大战结束后,列强卷土重来。到20世纪20年代,中国民族工业陷入萧条阶段。虽然在个别部门和一些企业中有所发展,但由于帝国主义垄断资本采用借款、合办、收买等方式,大力兼并,加上连年内战,蒋、宋、孔、陈四大家族官僚资本对国民经济的全面控制,民族资本企业遭到沉重打击,传统工业走向衰落。资本主义生产方式由通商口岸向内地中小城市推广。政府公布了公司法、商标法、商品检验法等法律,但民族资本企业仍然得不到法律的真正保障,企业不断倒闭。

抗日战争期间,沿海民族工业因迁移、战争破坏和日本侵略者的掠夺,损失极其严重。后方民族工业也因官僚资本的压制和通货膨胀的影响而陷入停滞。民族资本企业的处境十分悲惨,陷入破产境地。民族企业为了在帝国主义和官僚资本主义双重压迫下生存和发展,在经营管理上开始采用科学管理方式。一是加强了供销管理。一方面,为摆脱外国资本的控制,自建了原材料工厂和种植园,并广设原材料采购站,大量购储廉价原料;另一方面,在销售方面,努力扩大销售网点,通过设立批发部和分销店,工商联营,并加强了广告和宣传活动。二是在生产上推行机械化和半机械化生产。通过引进国外先进技术设备,安排合理生产工艺,不断改善生产组织,努力降低消耗,建立质量检验制度。三是在资金运用上,投资联号企业或创办附属企业,在资金上相互支持、调剂。开办存款业务,充实企业经营资金,与金融资本结合,便于动用银行资本,并开展各种形式的企业联营,同时加强了人才培养。

中国的民族资本企业大都集中于大城市,集中于轻工业,不可能形成独立的工业体系。又由于在技术、设备、原料及资金等方面依赖外国帝国主义,造成了它的先天不足。民族资本企业采用的大机器生产和较科学的管理方式,也是尽力摆脱封建主义与帝国主义的束缚,建立许多有中国特色的企业管理制度和方法,形成了中国企业科学管理思想的萌芽。像上面我们介绍的北洋实业集团、大生实业集团等,就是一些成功的例证。此外成功的企业家还有天津劝业场的创始人高星桥,上海锦江饭店的创始人董竹君,无锡的荣氏家族,等等。

二、我国革命根据地公营企业的管理

中国大规模的现代工业是在中华人民共和国成立后发展起来的,由于中国的社会主义政权是在中国共产党领导下,经过20多年长期革命战争后建立的,在新中国成立后相当长时期内,政府管理部门、银行、工厂、商店、学校几乎一切企事业单位的主要领导和从事管理工作的干部绝大多数都是从军队和革命根据地来的。因此,中国的现代管理思想不能不受到军队管理和革命根据地公营企业管理模式的严重影响。谁要看不到这点谁就不了解中国。革命根据地公营企业的管理又基本上是根据军队管理的模式,结合地方的特点逐步发展的。

在20世纪30年代的土地革命战争时期,苏区开始创办了小型修械所,并相继建立了被服、印刷、兵工、织布、造纸等工厂,生产革命战争和人民生活迫切需要的物资。这些工厂在经营管理上重视行政管理,建立了企业的行政机构以及中国共产党的支部和职工会,贯彻了革命军队中的官兵一致、民主管理原则。吸收职工参加管理,教育职工自力更生、艰苦创业。由于客观条件的限制,当时工厂中还没有严格的生产计划和验收、保管制度。

为了加强公营工厂的管理,1934年中华苏维埃共和国人民委员会颁布了《苏维埃国有工厂管理条例》,中国共产党中央组织局发布了《苏维埃国家工厂支部工作条例》。以上两个条例的施行进一步加强了苏区工厂的经营管理工作。主要有以下几个方面:

(1) 建立了由厂长、共产党支部书记和工会委员长组成的"三人团"作为企业的领导机构,统一处理工厂的生产、生活问题。

(2) 建立了规章制度。普遍订立了集体合同和劳动合同,严格了劳动纪律,规定了生产定额和工资制度,有条件的工厂实行了计件工资制。制定了产品检验制度。

(3) 开展了劳动竞赛。在竞赛中注意推广先进的生产经验,发扬职工忘我劳动的革命精神,促进了生产任务的完成。

(4) 加强了政治思想工作。共产党支部和工厂委员会围绕企业的中心任务,采用多种形式教育工人以新的态度对待新的劳动,努力生产,为争取苏维埃的胜利而斗争。要求共产党员、共青团员在生产劳动中起先锋模范工作。要求管理干部深入工人群众听取意见,帮助他们解决工作、学习和生活中的困难。

抗日战争时期,抗日根据地的军民在"自己动手,丰衣足食"的方针指导下。开展了大规模的生产运动,公营工厂在大生产运动中进一步发展起来。抗日战争初期,抗日根据地的工厂大多数实行全部费用向上级主管部门报销,全部产品上缴主管部门统一分配的制度。这种制度造成了工厂只重生产,不重经济、不讲成本的状况。

1942年,毛泽东在陕甘宁高级干部会议上作了《经济问题与财政问题》的报告,提出了"发展经济,保证供给"的经济工作和财政工作总方针,并提出了改善工厂经营管理的方向。各厂矿根据报告的精神,在以下几个方面改进了工矿企业的管理工作。

(1) 实行了工厂管理一元化。在厂外,工厂只受政府的一个管理部门的领导。在厂内,厂长集中管理行政和生产,对生产上的问题有最后决定权。共产党支部和工会以保证完成生产任务为中心工作。"三人团"改为厂长领导下的厂务会议。

(2) 实行经济核算制。制定了会计制度、保管制度、产品检验制度。

(3) 精简机构,减少非生产人员。

(4) 改革工资制度。自1942年开始,各工厂逐步改供给制为工资制。

(5) 进一步开展劳动竞赛。

(6) 发挥技术人员的作用,奖励创造发明。

解放战争时期,解放区的公营工业在这一时期有了迅速发展,工厂管理工作也有了新的进展。1946年5月颁布了《中共中央关于工矿企业政策的指示》。1948年1月中共中央进一步指示:"在公营企业中必须由行政方面和工会方面组织联合的管理委员会,以加强管理工作。达到降低成本、增加生产、公私两利的目的。"根据中共中央的指示精神,工厂在以下几方面进一步改善了管理。

(1) 加强了民主管理。各工厂普遍建立了工厂管理委员会,500人以上的工厂建立了职工代表会议制度。

(2) 普遍进行了工厂企业化。在工厂中实行严格的经济核算,建立了成本会计制度,各种责任制度以及产品检验制度、奖罚制度。

(3) 贯彻按劳分配的原则。改革工资制度,计件奖励工资制度被各工厂普遍采用。

(4) 加强对职工的思想教育,开展了立功运动。

在中华人民共和国成立初期,基本上沿用了革命根据地对公营企业的政策和管理思想,对被没收的官僚资本企业和公私合营企业进行改造与管理。

本章小结

魏源宣扬向西方学习先进生产技术的主张有其历史意义。他积极要求变革,力图以新时代的商业精神来处理各种现实的封建财政经济问题。他把发展商业资本的思想贯穿到所分析的经济问题的各个方面,成为19世纪上半期及以前各历史时期最全面的重商主义思想家。魏源体现了新兴资本主义的精神,大力宣扬富人的福音。他是崇俭黜奢观念的提倡者。关于生产经营方式,魏源极力反对官营而力主私营。

梁启超的经济论著之多不仅在数量方面超过了他的先辈,而且他所涉及的经济思想范畴也比与他同时代的其他任何中国学者都多。他的著作,如《管子评传》、《王荆公评传》、《中国古代币材考》,及与麦梦华合撰的《商君评传》,均系运用近代经济学说对古代经济文献和政策加以分析。他也曾打算著一部中国生计学(即经济学)史,集前哲所论以与泰西学说相比较。

孙中山是中国宣传社会主义和为社会改革而奋斗的第一位思想家。孙中山在所有向西方学习的思想家中是对资本主义经济制度最先表示怀疑的思想家。孙中山平均地权纲领的具体措施:土地价格由地主自行申报,政府即照所报价格征收地价税并有权随时按照地主所报地价予以收买。他节制资本的经济管理纲领是中小企业可以由私人经营,而大企业必须由国家经营。

周学熙与北洋实业集团的管理实践是十分成功的。耀华玻璃公司建成后,不仅采用的是当时世界上的先进技术,而且重视技术人员和工人的技术素质和技术培训。由于设备、技术管理比较先进,原材料质量好、成本低,所以耀华玻璃公司的玻璃质量优良,价格也有很强的竞争能力,出货后销售顺利,不仅在国内市场畅销,且行销海外。周学熙既懂经济、经营,又善于政治周旋,还能与洋人打交道,他多方面的才能是北洋实业发展、壮大的重要资源。北洋实业集团成功的经验有这样几条:一是采用先进的技术装备,保证产品的高质量;二是资源分析调查,保证以质优、价廉的原材料投入生产;三是北洋实业的经营多样化、多角化。

张謇怀抱实业救国的思想,回江苏老家南通创办实业、兴办教育,成为改造社会的著名人物。张謇创办大生实业的企业管理,如质量管理、成本管理、规章制度建设、领导体制,已经具有现代化管理的境界。张謇创办实业的可贵之处,还在于他并不是从个人盈利发财愿望出发,而是从实业入手改造社会,教化民众。由于大生实业的影响,南通又被誉为"中国现代第一城"。张謇创办实业,是走发展民族工业的路子,从人民大众最为迫切的需求出发。他认为办实业必须起于民间,企业产权明确,经营自主。他厌恶官办企业,认为官商合办也将一事无成。张謇管理企业,从自己做起,从完善规章制度入手,拟定了"厂约"二十条。

思考讨论题
1. 认识魏源经济思想的可贵之处。
2. 讨论孙中山平均地权、节制资本的经济管理思想。
3. 讨论分析周学熙与北洋实业集团的成功经验。
4. 认识张謇实业救国思想的境界。
5. 讨论张謇完善规章制度的内容。
6. 认识中国近代企业管理的特点。

第七章 日本传统管理思想的发展

现代日本的社会市场经济模式引导日本在第二次世界大战后短短20年间走向现代化,被誉为"经济奇迹"。日本经济的成功在于它建立了在市场经济运行机制基础上的国家导向型经济体制,政府在"政、财、企复合体"的基础上协调社会经济生活,从而优化社会资源的配置和利用。日本经济体制既是建立在明治维新基础上的市场经济模式的推进,也是战后学习欧美经济管理经验并与国情相结合的成果。中国和日本既有几百年的友好交往历史,也有近一百年来的恩恩怨怨和战争。特别是近些年来,中国和日本外交关系时冷时热,经贸往来时升时降。我们这里仅仅是从学术的角度探讨日本的经济成功和企业管理思想,本章将以大视角简单介绍一下日本早期的管理思想。

第一节 早期的日本管理思想

古代的日本,由于国小民寡,交通不便,经济十分落后。到了中国的隋唐时期,由于开通了与中国大陆的海上通道,派遣学者学习大陆文明,其文化、社会生活受到中国的巨大影响。但直到中世纪,日本也未形成统一的中央政府,而是一个松散的、以地方幕府经济为主导的封建社会。日本由于资源贫乏,长期重社会、轻民众;重幕府、轻家庭。在明治维新革命之前,许多日本家庭没有姓氏,只能依附于幕府家族。不少贫困家庭中只有长子才有财产权与继承权,次子以下无财产继承权,更不用说分家另立门户了。到了1615年,德川幕府家族兴起,夺取了全国政权,使日本进入了德川幕府封建专制时代。

一、日本中世纪晚期德川幕府时代的社会管理体制

1. 日本封建领主一般都没有建立庄园经济,而是把领土分散地分给农民佃户耕种。在当时日本80%以上的农民没有自己的土地,他们只能作为佃户依附于封建领主。

2. 金字塔式自上而下的社会统治结构。德川幕府时代土地全部由封建领主占有,封建领主分为四类:德川幕府领地、大名领地、天皇公卿领地、寺院僧侣领地。德川家族称为幕府,拥有全国1/4以上的领土,统治全国260个藩;各藩的统治者称为大名,拥有全国70%的领土;天皇及其公卿处于虚设无权的地位,不得干预政事,但也有他们的领地;寺院僧侣是日本社会的精神支柱,也拥有一定的领地。在当时日本的社会管理结构是幕府将军—大名—武士—佃农四级统治阶层。

3. 日本社会严格的等级身份制度。德川幕府把居民分为四个等级:武士、农民、手工

业者和商人,这种身份等级世代相传,不可改变。此外还有少量的贱民,如"秽多"、"非人"等,是没有居民身份的。

4. 实行闭关锁国的封闭政策。德川幕府家族统治日本社会二百多年,其前半期基本上是闭关锁国的,既不发展与海外的国际贸易,也不许外商在日本经营。当时的日本工商业主要由幕府垄断经营,不允许民间工商业发展,其情形与中国封建社会各级政府经营工商业牟利极为相似。由于没有市场,不允许竞争,就使日本社会陷入十分稳定而经济停滞的落后状态。

二、日本明治维新革命的成功使日本建立市场经济体制并走向强盛

明治维新(1868年)标志着日本进入资本主义发展阶段。德川幕府统治末期,市场经济的孕育和发展,特别是商业资本的兴起,对自然经济、等级制度和整个封建制度都起到了瓦解作用。正当日本的封建制度走向解体的时候,从18世纪末开始,美、英、俄、荷、法等国又先后闯入日本,以武力相威胁,迫使日本开放门户,与之缔结不平等条约,从而加剧了日本国内的经济矛盾和阶级矛盾,加剧了民族危机。19世纪中叶,日本出现了以农民为主力的轰轰烈烈的反帝反封建的"攘夷倒幕"运动,从1854年到1867年,农民起义达131次之多。当时,由于资产阶级和无产阶级还未形成独立的政治力量,"攘夷倒幕"的领导权落到了政治力量和组织力量比较强,文化素质比较高,而境遇又每况愈下,与幕藩制度产生矛盾的下级武士之手,他们的代表人物伙同少数公卿,利用人民的革命要求和各藩大名对幕府统治的不满,在大阪、京都巨商富贾的财力支持下,以"尊王攘夷"、"政权归皇室"为口号,于1868年1月3日发动了政变。经过数月的内战,终于推翻了幕府统治,建立了新的天皇专制主义的政权。15岁的睦仁天皇成为国家元首,改国号为"大日本帝国",年号为"明治"。这个政权是代表地主和资产阶级利益的政权。它一方面维护封建统治阶级的既得利益;另一方面又以发达的西方资本主义列强为榜样,大力扶持和发展资本主义经济和文化,以求尽快摆脱民族危机,并建成具有强大的经济、先进的文化和技术以及军备雄厚的近代日本民族和资产阶级现代国家。因此,明治政权建立后,就提出了"富国强兵"、"殖产兴业"、"文化开化"三大国策。并以此为总方针,用十几年的时间对日本的社会经济制度进行了一系列改革,史称"明治维新"。明治维新主要从七个方面为日本市场经济的形成奠定了基础。

1. 取消封建领地,废藩设县,建立中央集权的专制主义政权,为国内统一市场的形成创造条件

为了剥夺德川幕府和各藩大名的权力,明治政府首先在1868年没收了幕府在全国的领地和8个城市;继而在1869年对各藩大名实行了"奉还版籍"政策,即交出土地(版图)和人民(户籍);1871年又发出了"废藩设县"的命令,即废除藩国制度,打破藩界,全国行政区重新划分为3府(东京、京都、大阪)和72县,由中央政府任命县知事。这样,日本

结束了长期封建割据动荡的政治局面,开始成为中央集权的统一国家。为了取消各藩大名领地及其统治权力,政府发给大名俸禄,并承担各藩发行的钱币和欠下的债务,从而为他们转化为商人、高利贷者和产业投资家提供了物质条件。明治政府还自1868年始陆续取缔了各地关卡和批发行垄断组织,准许商品自由买卖;禁止各藩私铸货币,统一币制;1872年又下令取缔在生产和流通领域广泛存在的封建行会"株仲间"。这些改革措施在全国统一市场的形成过程中发挥了重要作用。

2. 改革封建等级制度,取消武士特权,为金融业的发展创造了条件

明治政府废除大名和公卿的称号,改称为华族,地位仅次于皇族;幕府直属的家臣——旗本和潘士以及一般武士改为"士和卒";从事农工商业的农民、市民和手工业者等都改为平民。华族、士族和平民可以通婚。1671年又废除了"秽多"、"非人"的贱民称号,允许其成为平民,但在职业和通婚等方面的歧视仍然存在。为了取消40多万名武士(连同家属达200万人)所享有的领地世袭和终身俸禄等特权,政府规定凡献出俸禄者政府发给产业资金。1874—1875年共发给现金1 932万日元,证券1 656万日元,1876年又发给公债券近100 007 579万日元,这就使得庞大的武士集团变成了大量现金和公债的持有者。日本采取的赎买的社会改革方式,既建立了新体制,又照顾到传统利益集团的利益,实现了平稳过渡,是比较成功的。这项改革也为金融业的迅速发展创造了重要条件。

3. 破除封建贸易关卡,实行国内外自由贸易,为开拓国际市场打下了基础

明治政府在国内废除幕府时期的驿站制度,因为这种制度是为保持封建的分邦割据统治而设置的,它不利于资本主义市场经济的形成,也不利于商品经济的发展。在国际上则打破了锁国政策的束缚,把对外贸易由国家垄断改为允许一般商人自由经营,日本人可以自由出国从事国际贸易。这十分有利于日本对国际市场的开拓。

4. 废除名目繁多的侵犯私人财产的"充公权"和"征集御用金权",建立私人财产制度,为私人资产的发展从法律上提供了保障

明治宪法中明文规定:日本臣民是不能侵犯所有权的,属于公益上的必要处分,都要依据法律上的规定。从此,在国家根本大法上承认并保证了私有财产不可侵犯权。

5. 创办和转卖国营企业,为私人企业,特别是特权大资产阶级的发展创造条件

明治政府为了实现"殖产兴业"的目标,于1870年成立工部省后,仿效西方国家兴修铁路,建立电报电话通讯制度,普及邮政制度;建立国立银行,发行纸币;向私人企业放款;设立"创业基金"和"劝业基金",颁发各种奖金和补助金,鼓励和资助握有俸禄公债的封建地主阶级经营工商业;举办劝业展览,设立"工业试验所",并派专人出国考察;聘请外籍专家和技术人员,引进西方国家的先进科学技术、经营管理制度和各种近代机器设备;建立和发展国营企业,特别是军事工业,以引导、启发私营企业的发展。日本政府于明治十四年四月决定由官营转为民营,廉价地向三井、三菱等与政府勾结的大资本

家——政商出售国营模范工厂、矿山,扶持特权大资产阶级。

6. 承认土地私有和自由买卖权,实行地税改革,为劳动力市场的形成和发展奠定了基础

明治政府通过取消领地、"返还版籍"和"废藩设县"改革,幕府和大名的封建土地占有制已经废除。1869 年又明令解除自 1643 年以来实行的永世不得买卖土地的禁令,同时发布了丈量土地和颁发土地执照的法令,在法律上确认有土地实际支配权的人对土地的私有权,无主土地一律收归国有。这一法令使改革前由于抵押、典当过期等对占全国耕地面积 1/3 的份地失去支配权的农民成了佃农。此后,政府又于 1873—1881 年进行了地税改革,主要内容包括:第一,由按收成征纳地租改为按地价征纳。这样使由米的丰歉所引起的变化减少,政府的财政趋于稳定;第二,全国统一按地价的 3% 征纳(后来减少到 2.5%)地租,改变旧时各地税率不统一的状况;第三,以货币地租代替用实物(米)缴纳的旧地租形式。由于这一改革,政府的经常收入中地租的比例上升了。1868—1871 年达到 22.5%,1872—1875 年、1875—1885 年分别达到 70.3% 和 64.4%。另外,由于需要交纳货币地租,农民对货币的需求增加,货币经济进一步向农村渗透。交不起地租的贫农放弃土地当了佃农或工厂的工人。农民脱离土地,形成了劳动力大军,为劳动力市场的形成和发展提供了条件。

7. 改革教育制度,吸收西方先进的文化和科技,为市场经济的发展培育了人才

明治政府通过对西方国家的实地考察,认识到人才和教育对国家发展的重要作用,因此把发展教育作为各项改革的根本环节。从 1870 年起,相继颁布了各种教育法令和规章制度,并不断增加教育经费,改善教育设施,重金聘用外籍教师,不断派人出国学习。由此,造就了适应市场经济发展需要的各种人才。

三、明治维新后市场经济的形成和发展

明治维新后日本市场经济迅速形成和发展起来,这主要可从以下几方面进行分析。

1. 全国范围的商品市场、劳动力市场形成

全国范围的商品市场、劳动力市场的形成离不开交通运输事业的发展。明治维新后,日本的航海业、铁路、公路运输业以及邮电事业都迅速发展,对全国统一市场的形成起了重要作用。以铁路运输系统为例。1872 年新桥—横滨间的铁路开始通车,之后得到迅速发展。如 1889 年东京—神户间的东海道本线(国铁)、1891 年上野—青森间(日本铁道)、1894 年神户—广岛间(山阳铁路)分别通车运行。铁路运输的发展,使人流、物流运送时间缩短,费用降低。表 7-1、表 7-2 说明了铁路运输的旅行日数和旅费的变化。

表 7-1 旅行时间表

旅行区间	铁路通车以前天数	铁路开通以后时间(时,分)		
		1890 年	1909 年	1912 年
东京—大阪	19(轿子)	18h52′	12h00′	11h55′
东京—仙台	5(马车)	12h18′	9h10′	8h58′

资料来源:刘淑淇:《当代日本市场经济模式》,10~11 页,济南,济南出版社,1996。

表 7-2　旅行费用表　　　　　　　　　　　　　　　　　日元

区　间	铁路通车以前费用				铁路运费
	轿子费	杂　费	住宿费	合计	
东京—横滨	0.68	0	0	0.68	0.32
东京—名古屋	6.53	0.09	1.16	7.79	2.76
东京—大阪	9.45	0.13	1.89	11.36	3.67

资料来源：刘淑淇：《当代日本市场经济模式》，10～11页，济南，济南出版社，1996。

由表 7-1、表 7-2 可以看出，从东京到大阪在铁路通车以前乘轿子需要 19 天，铁路通车后为约 19h(1890 年)；随着铁路性能的提高，到 1912 年又缩短为 12h。旅费在通车以前合计超过了 11 日元，但铁路费用只是其 1/3。

2. 信用制度建立并快速发展

明治政府于 1871 年正式颁布新货币条例，开始实行金本位制，建立起一整套铸币制度，从而使政府发行的纸币有了基础。同时，为了改变财政紧缺状况与币制方面的混乱局面，及时移植了欧美先进的近代信用制度，包括近代纸币制度、公债制度、银行制度、株式会社制度等。为了尽快使信用制度建立起来，政府采取了许多具体措施。

一是改革与完善通货制度。规定：①纸币发行权完全由日本银行统一经办，改变过去发行纸币多头分发的混乱局面，从明治十八年 4 月开始发行近代的兑换券；②从 1886 年 8 月始实行金本位制，废除过去币制的银本位制度。

二是改革与完善银行制度。①1890 年 8 月政府发布了近代银行法规，1893 年 7 月正式实施新银行条例；②创建特殊银行，发挥银行机能(1897 年 6 月创立劝业银行，1898 年创立农工银行，1902 年创立日本兴业银行)；③建立股票交易机构。这些措施的实行使国内健全了兑换制度、中央银行制度，发挥了近代银行的机能以及股票交易所的作用。同时，作为近代信用制度不可缺少的一个侧面，株式会社制度和公债制度也建立发展起来。信用制度的建立，使资金供给能力大大增强。

3. 金融资本形成

日本市场经济起步较晚，但其金融资本的发展则是超前的。这里所讲的金融资本，不是指那种将资本直接用于贷款、商业或产业而获得的收入，而是指以股债、股券或银行存款等形式转让给他人使用，从中获得间接收入的资本。市场经济的发展客观上需要大量的资本，使资本从原来以商业资本为主转而让位于产业资本。但是，市场经济的深入发展，特别是作为市场主体的大量私人企业的发展，使工商业要求有巨额资本相助，这就需要加倍地使用第三者的资本，由此形成了现代资本的一大特征，即对银行存款、股份制度、股债制度的利用，也就是所谓金融资本的发达。金融资本作为由银行资本和工业资本相互渗透、融为一体而形成的最高形态的垄断资本，按照资本主义市场经济发展的一般规律，它是在资本主义向帝国主义阶段过渡时才逐渐形成的一种资本形态。然而，在日本的情况却并不完全如此。这是因为，当日本经过明治维新建立了资本主义政权时，世界资本主义已发展到很高阶段，日本又很快移植了西方资本主义经济组织，试图尽快赶上西方发达国家，因此需要大量资本作为与西方发达的资本主义世界经济相抗争的经济基础。而当时的日本，无论是政府还是民间都没有储存大量资本。为此，明治政府采取了相悖于通常发展规律的措施，即在商业资本和产业资本还没有得到充分发展的情况下，把金融资本作为先驱首先保护、扶植发展起来，这样就使得日本的金融资本先于商业资本和产业资本而发展起来，并借金融资本之力，推动本国商业资本和产业资本的发展。

当时日本金融资本发展的基础是属于未来财富的蓄积，而不是现实财富的蓄积。如前所述，明治政府为了改革封建等级制度，取消武士特权，废止武士家俸，发行了大量债券。正是这些公债券为日本金融资本奠定了财源基础。由此也可以看出，日本的金融资本与封建的特权家俸之间的历史渊源。因此，早在明治初期，当商业资本和产业资本还不发达的时候，作为金融资本的一些形态，如公司、银行和公债之类金融资本的经济组织已大大发展起来，而这又有力地推动了日本商业资本和产业资本的发展。

金融资本在日本经济界和产业界居于特殊地位，其在市场经济中的作用是不可低估的。以日本股份公司为例，日本股份公司是在幕府行栈的基础上形成的新式的股份公司。日本的股份公司之多在世界上是少见的，有"股份公司日本"之称。日本的公司大小不等，有各种类型，凡重要的事业差不多都是股份公司经营的。因而，日本的金融资本家对产业资本的支配权很大。以1884年为例，银行的股份公司为1 097家，所控的名义资本为8 710万日元；矿业公司2家，2.4万日元；农业公司55家，122.4万日元；运输业公司204家，689.2万日元；工业公司441家，992.1万日元。根据上述情况计算，1884年年底的银行业资本占公司资本总数的83%，占绝对优势地位。

日本的金融资本不仅比商业资本和产业资本形成得早，并居于特殊地位，而且增长速度非常迅速。这从表7-3中可以看出。

表7-3 日本金融资本额的发展　　　　　　　　　　　　　百万元

年份	银行公司资本	股债	国债	地方债	银行存款	邮政储蓄	信托资金	保险资金	合计
明治十年	25	—	237	—	13	—	—	—	275
明治四十年	1 114	89	2 244	97	1 825	94	—	47	5 509
大正一年	1 757	368	2 524	307	2 034	206	—	108	7 304
大正十五年	10 225	2 971	5 162	1 513	11 710	1 195	423	1 053	34 252
昭和二年	10 755	3 189	5 362	1 844	11 704	1 566	680	1 053	36 153

资料来源：刘淑淇：《当代日本市场经济模式》，10～11页，济南，济南出版社，1996。

表7-3中反映的情况说明，在明治三十年之后金融资本已有了飞跃发展。到这时，可以说日本除农业之外的事业都要依靠金融资本的支持，日本资本基本达到了金融资本化。

4. 私人企业获得政府扶持而迅速发展,少数特权资本形成

(1) 由官营到民营,私人企业迅速发展。

明治政府成立后虽然采取了一系列改革措施,但并未能废除幕府时期与欧美列强订立的不平等条约,被征服而沦为殖民地的威胁依然存在。在这种情况下,明治政府充分发挥政权的作用,自上而下开始了产业革命,加速资本主义经济发展,以增强经济和军事力量。1871年11月,政府派出了以岩仓具视为首的庞大代表团,考察美、英、法、德、俄等十多个国家,用了近两年时间了解西方的社会经济情况。并派专人到欧美学习先进的技术和管理经验,聘用外国技术专家担任顾问和技术指导,举办各种博览会宣传普及西方的经验和文化成就。与此同时,在接收幕府时期近代企业的基础上,兴办了一大批近代工业企业。如建造了兵工厂、火药厂和造船厂等军需工厂,修筑铁路和兴办通讯事业,开办金、银、铜、煤等矿,举办一批以纺织业为中心的官营模范工厂,创办农业试验场、育种场和农具厂等。

日本政府最初建立的这批企业,实行的是官营模范工厂制度。如横须贺造船所、小野造船局、富冈制丝所、品子玻璃制造所、爱知纺织所、王子制绒所、札幌麦酒制造所、千住制绒所、札幌葡萄酒酿造所等工厂都是在这一时期建立起来的官营模范工厂。此外,大批陆军工厂、海军工厂以及官营制铁所等工厂(包括从幕府手中接过来的工厂)也都由国家直接经营,实行保护。对政府接收的原由幕府和藩经营的矿山,也改为国营。矿山资源也全部归日本政府所有,只有政府才有权开采。政府兴办的这些工业企业和事业,对于引进和推广西方国家先进技术设备,培养熟练工人队伍,增强军事和经济实力都起了重要作用。但是,由于这种官营模范工厂制度是政府出于急于改变贫穷落后的困境,着眼于大量引进外国的先进技术和设备而出台的,企业的发展单纯依靠政府的拨款和保护政策,因此,官营企业在经营方面忽视盈亏等问题难以解决,造成国家负担日重,而企业产品在国际市场上也缺乏竞争力。在这种情况下,日本政府果断地放弃了官营主义这种带有封建保护性色彩的政策,开始实行"自由放任主义"的民营官助的开放政策,鼓励和扶植私人资本主义的发展。1880年政府颁布了向私人出让除军需工业以外的国营工业企业的法令,或租赁给私人经营,或以优惠条件出售给私人。结果,绝大部分工厂矿山廉价地卖给了三井、三菱、古河、浅野、久原、川崎等与政府关系密切的"政商"。政府还采取给予特权、补助金、借款、赠予等手段,鼓励和扶植私人资本的发展。如幕府在江户、大阪、京都、长崎等地经营商业和钱庄的三井家族,因为曾在明治维新和"平乱"中给新政府以大量财政支持,获得了发行"三井票"的货币发行权;幕府在土佐藩经商的岩崎弥太郎(三菱创始人),也由于曾在明治维新和"平乱"中给政府以支持,获得了巨额补助金。

19世纪80年代,由于明治政府的各项重要改革都已基本完成,政局趋于稳定。1880—1885年政府对货币的整顿稳定了通货,从而为大规模输入外国技术装备和促进私

人投资创造了条件。这样,在国家政权的直接推动、引导和扶植下,1885年前后,日本国内出现了创办企业的高潮。1884—1893年的10年间,工业公司资本增加了14.5倍,运输公司资本增加了12.1倍,商业公司资本增加了3.3倍。到中日甲午战争前夕的1893年,拥有10个工人以上的工厂已达3 013个(其中使用机械动力的为575家),职工38万人。产业革命扩展到以纺织业为中心的一切主要工业部门。1887—1890年,棉纺织业的投资占各部门企业投资总额的近40%。交通运输业和银行业也发展很快。到1893年,铁路达2 040英里,机械动力船舶达110 205吨,银行达703家。

(2) 靠战争拓宽国内外市场。

当时日本资本主义的发展确实很迅速。但是,这种发展并没有稳固的基础。当时工业资金的来源主要靠农业缴纳的地税,进口机器设备主要靠出口生丝,工业品市场主要靠70%的农民。而日本的农业是沿着半封建的小农经营道路发展的。明治维新的土地改革,虽然在一定程度上调整了旧的生产关系,促进了农业生产力的发展,但农民并未能摆脱地主权势和传统势力的超经济剥削,依然呻吟在高额地租之下。这使农业生产的发展和个体农民的分化并没有像英、美等国那样造成资本主义大农业的发展,而是引向了半封建的佃农小土地经营的扩大。农业既不能为工业的发展提供足够的粮食和农业原料,又不能提供广阔的工业品市场。另外,当时以纺织业为主的工业的雇工,大都是来自农村的女工,工资极低。而且,资本家对工人的剥削往往带有封建色彩,实行封闭式的管理,从而加深了狭小的国内市场和迅速发展着的大工业之间的矛盾。另外,由于幕府时与西方国家订立的不平等条约仍然有效,日本国内市场上充斥着欧美商品。

由于上述情况的存在,日本资本主义的发展很快就陷入了困境,特别是棉纺织工业,1890年发生了生产过剩的危机,纱价暴跌,销路停滞。为了摆脱困境,日本政府选择了战争手段,于1894年8月1日发动了侵华战争——中日甲午战争,并轻易取胜。这次战争使日本获得了巨大利益:日本霸占了朝鲜和中国台湾市场,扩大了在中国大陆的市场,使它的出口贸易在1895—1905年间扩大了1.5倍。在全部出口中,除生丝外,约有一半输往中国,而棉纱几乎全部输往中国和朝鲜。这就有力地刺激了日本工业特别是纺织工业的进一步发展。从中国获得了2.3亿两白银的巨额赔款,使日本获得了发展工业的充足资金。赔款的90%以上用在扩军上,这有力地推动了钢铁、造船、煤炭等重工业和铁路的大发展。巨额赔款的获得,使日本有可能在1897年改银本位制为金本位制。这一方面健全了国内信用制度;另一方面也使日本的金融市场和欧美密切联系起来,增强了日本对外竞争能力。

以中日甲午战争为起点,在此之后的10年中(1894—1904年),日本的工业、交通运输业以及贸易、银行业都获得了惊人的发展。各行业公司数由2 844家增为8 895家,实缴资本由24 500万日元增为93 100万日元,分别增加2.1倍和2.8倍。雇佣10人以上的工厂由1893年的3 019家增为1903年的8 274家(其中使用机械动力的工厂由675家增加为3 741家),工人由38万人增加为48.4万人。近代工业的主要部门都已经建立起来。从总体上看,手工工场已经被机械化工厂所取代。

5. 垄断资本主义形成并迅速发展

在中日甲午战争中,日本虽然获得巨大利益,但并没有实现其吞并中国辽东半岛的野心,因此便把90%的战争赔款用于扩军备战上,为吞并朝鲜、独霸中国东北做准备。1904年2月,日本在难以摆脱1900年爆发的历史上第一次全面的经济危机等情况下,对俄国不宣而战,并利用进攻的突然性轻易地取得了胜利,迫使俄国割让了库页岛南部,承认日本对朝鲜的实际控制权,将中国中东铁路南段(长春—旅顺)、旅顺、大连的租借地转让给日本。战争的胜利,一方面使中国东北和朝鲜都变成了日本的原料产地和产品销售市场;另一方面使日本在1911年与西方国家的谈判中成功地解除了幕府签订的不平等条约,与各国缔结了保有关税自主权的新的通商条约,从而控制了国内市场,扩大了海外市场。所有这一切,使日本再一次出现了来势迅猛的兴办企业的高潮。而且,以从中国、朝鲜攫取的资源为基础,电气、煤炭、钢铁、机械、造船等重工业和化肥等化学工业,得到了突出的发展。产业结构由轻工业向重工业和化学工业倾斜。随着重工业的发展和国家对大资本家的扶持,工业生产和资本集中的步伐大大加快。特别是1907—1908年出现的经济危机,又使在战争中建立起来的投机性工业公司和银行纷纷破产,进一步加速了生产和资本的集中。此时,以日俄战争为起点,日本已经进入从自由竞争资本主义向垄断资本主义过渡的决定性阶段。到第一次世界大战期间即已形成三井、三菱、住友为主的垄断资本分割和控制日本经济的局面。

6. 对外贸易发展迅速,与国际市场联系日趋紧密

明治初年,日本的对外贸易、国内外市场完全控制在外商手里,而且这些外商依仗本国政府的保护,享有治外法权的保障,在日本境内的所作所为不受日本法律的任何约束,他们横行霸道,对日本国内外市场的发展和人民的生活带来严重损害。为了取缔外商对日本进出口贸易的垄断权(明治初期日本的进出口贸易几乎百分之百地被外商控制,到明治二十年仍占88%),防止资金外流,夺回贸易主动权;为了改革外国人居留地的贸易状况,禁止外商横行独占行为,明治政府果断地采取了一系列措施。

第一,明治政府建立后,宣布废除德川幕府时期签订的一些不平等条约,如《日英修好通商条约》、《改税旧约》、《英国伦敦觉书》等,并采取竞争的方法,经过长期斗争收回了关税自主权。为了尽快增强竞争力,加快发展近代工业,日本政府根据本国工业发展的需要,掌握运用关税自主权。在一般情况下政府采取高关税政策,使国内市场受到保护。如对外国商品实行报复性的高关税,税率曾高达300倍之多。这样就增强了其产品在国内外市场上的竞争能力,保证了本国工业品的赢利和信誉。在特殊情况下,为了满足国内工业生产对某些商品和原料的特殊需要,则实行低关税,甚至免税,从而有力地扶持了本国工业。

第二，废除治外法权，并限制居留地外商的权限，由政府控制该地区的贸易，强调居留地的外国人要严格遵守日本政府的法令和政策。

第三，政府采取奖励政策，鼓励日本政府有关部门和本国企业直接进行国外的贸易，参与竞争。政府实行奖励政策的内容是多方面的，如为了提高产品竞争力，对国内产品实行低税。为了发展工业，对工业品实行低税。政府还采取对国内工业产品实行大量包购的办法，推动对外贸易的发展。为了防止因商品过剩影响工业生产速度，政府成了国内工业品的最大主顾。据有关部门估计，全国购买力分配：政府购买占13%～14%，国外订购占20%，国内私人购买占62%～64%，由此保证了国内企业生产的某些产品能够大量输出，使国家经济实力和竞争能力不断增强。

第四，政府发放信用贷款，支持工业生产和对外输出。为政府所控制的横滨正金银行（专营国外汇兑事务）、日本抵当银行、日本劝业银行、产业组合中央金库等"特别银行"发放的特别银行公债和贴现金总额占日本普通银行的2/3，投资事业费占普通银行的半数以上。政府通过利用这些资金发放公债券支持了工业生产和对外输出。

第五，通过市场信息导向，发展国际贸易。为此，政府支持在工商界建立各种生产与贸易的互相协定。这些协定的任务就是依靠市场的贸易情况，确定出口产品的数量和价格，调查输出船位与提高货品标准，维持国外的代理商人，调查市场，扶植新出国的商人等。政府对这些协会都给予强有力的支持，既减免他们的纳税额，又允许他们向大藏省预借资金或向特别银行借低息贷款。

日本政府通过采取多种措施，历经五十多年的努力，在发展国际贸易、开拓国际市场方面取得了显著成绩：一是逐渐掌握了国内外市场的主动权。例如，日本对进出口贸易控制力所占比重不断增大，说明了日本收回国内外市场主动权的变化过程。这从表7-4中可以看出。二是工业品出口比重不断增加。从日本出口商品结构的变化可看出工业品出口比重的变化和增长速度。

表7-4 日本对出口贸易控制力所占比重变化　　　　　　　　　　%

年　份	明治二十年	明治二十四年	明治二十九年	明治三十三年	明治四十四年	第一次世界大战后
控制力占出口比值	13	15.5	25.8	37.1	51.5	约70
控制力占进口比值	11.9	19.1	30	39.4	63.8	约90

资料来源：刘淑淇：《当代日本市场经济模式》，10～11页，济南，济南出版社，1996。

由表7-5可以看出，日本工业产品的出口到第一次世界大战前后占总额的比重已达90%之多，可见其工业发展之快。这期间进出口增长率也大大高于世界平均水平。1889—1938年日本实际出口（包括来自海外的所得）的年增长率为8%，实际进口（包括朝向海外的所得）的年增长率为6.7%，而全世界贸易数额（出口额）的增长率，1884—1937年平均仅为2.1%。可见日本出口增长率之高，表明了日本逐渐扩大了对世界市场的占有率。

对外贸易的发展,使日本经济进一步融入资本主义世界经济体系之中,与国际市场的联系日趋紧密。表7-5说明了日本出口商品结构的变化。

表7-5 日本出口商品结构变化情况　　　　　　　　　　　　　　%

时间(年)	初级产品	工业产品				
		轻工产品	纤维产品	重化工产品	其他工业品	合计
1874—1880	47.1	21.1	19.6	7.6	4.6	52.9
1881—1890	34.1	23.4	23.0	12.0	7.5	65.9
1891—1900	22.1	25.7	28.0	13.1	11.1	77.9
1901—1910	14.4	27.5	30.7	14.9	12.5	85.6
1911—1920	9.4	28.4	32.5	19.2	10.5	90.6

资料来源:[日]南亮进:《日本的经济发展》,209页,北京,对外经济贸易出版社,1989。

第二节　工业化初期的日本经营思想

在日本,从西方引入企业概念的人首推涩泽荣一,他被后人称为日本"现代企业之父"。涩泽荣一领头创办了日本第一家现代股份公司。他撰写了日本第一本介绍创办公司的指导书《立会略则》。涩泽荣一不仅是创办公司的开拓者,一生创办了近500家公司,而且他还是早期日本工商业界的精神领袖。他的代表作是在1916年出版的《论语与算盘》。这本书从东方的儒学传统中为西方经商找到了高尚的动机:经商不是为了个人,而是为了社会。这不仅同理想人格没有矛盾,而且还是实现理想人格的最佳途径,正所谓公益即私利,私利能生公益也。

另一位把西方现代管理思想引入日本的人士是福泽谕吉。福泽谕吉创办了日本第一所经济管理类大学——庆应大学,来传播西方人的经济管理思想。庆应大学也是日本最早的私立大学,一开始设立文学、理财、法律三个学科。他的代表作是《劝学篇》,开篇第一句话是:"天不生人上之人,也不生人下之人。"这位思想家教给日本人的第一件事就是:"人人都是平等的,没有人可以凌驾在别人头上,也没有人生活在别人身下。"这可能是在日本最早传播西方人人平等、民主自由思想的声音。福泽谕吉成天把经济挂在嘴边,人们嘲笑他是卖福泽的谕吉,但他本人却毫不介意,还走上大学讲台去讲受经济学。庆应大学为工业化初期的日本培养了不少工商业人才。

第一次世界大战之后,日本工业和经济迅速崛起,工业化进程加快。到了20世纪30年代,作为日本工业支柱的大企业如三井、三菱、日产、东芝、丰田、松下等公司相继建立,日本的企业管理思想开始现代化。由于历史的原因和日本军国主义化,此阶段日本的企业管理思想较多受德国和西欧的管理思想影响。这期间日本向德国派遣了一些学者和企业管理人士,从而在德国企业管理思想的影响下形成了日本的经营管理思想与理论。

一、增地庸治郎的经营管理思想

增地庸治郎(1896—1945年),日本著名经营管理学者。他1918年毕业于东京高等商业学校,直接进入专攻部在上田贞次郎指导下攻读工商经营科学位。1924年3月以文部省外研员身份去德国学习,师从H.尼克里修教授。1926年6月回国并中途考察美国企业。回国后任东京商科大学教授,讲授工商经营和企业计划。在日本企业管理方面做出突出贡献。

增地庸治郎的代表作是他1929年3月出版的《经营经济学》,此书的出版标志着日本经营学说的成熟,也代表了他的基本企业经营思想。

(一)经营经济学的本质和体系

在《经营经济学》中,他对德国经营经济理论各派的观点进行了认真的研究和总结。汲取众家所长,提出了自己的理论体系。当时,经营经济学技术论的国民经济学者和经营经济学者有之;经营经济学者中认为经营经济学包括科学技术的学者有之;认为私经济学不是独立经济学而是社会经济学的学者也存在;认为经营经济学的领域中理论与实践相区别的学者有之,等等。众说纷纭,各持己见。在研究经营经济的发展历史的基础上,结合具体实际情况,他就经营经济学的本质和体系问题,提出了自己的看法。

1. 经营经济学的对象是经营及其外部机构——企业

经营是单独经济的一种,是以生产为目的的单独经济。现在的单独经济研究的是孤立的企业经营。从交换原则出发,经营是单独经济的联结,多数的单独经济又构成综合经济。而研究和分析综合经济的学科是国民经济学。

经营是统一意图下的经济活动,它以流通经济为目的。经营的活动受流通经济的制约,在流通经济的影响下进行。国民经济是与流通经济相关的组织——综合经济客体的运行。其研究的是流通关系或交换关系及各关系间单独经济的活动。经营与流通经济相分离,但不是孤立存在的。不正确理解经营的这一含义,就会切断经营的客体——经营经济学与流通的关系。

2. 对科学独立性的研究有两种方法,分析角度不同采用不同的方法

一是研究经营的综合经济分析法(研究国民经济和社会经济分析法);二是单独经济分析法。例如,对纺织工业的研究采用的是综合分析法,而单独经济分析法是对其经营经济的研究。

3. 采用单独经济分析法研究的经营经济学是关于技术论的纯粹科学

18世纪以前的商业学还很概括,商人的着眼点是实用主义和供给性的。19世纪末期德国商科大学的创立,使其研究有了科学的发展,但还没有达到建成完备的科学体系。

经营技术方面,如簿记、计算、商业通信等与经营有关的各种知识还没有系统化。现在的经营经济学则完备了这一点。对经营的研究,像其他学科一样,要重视实用性。关于理论和实际的关系问题,不同的学者有不同看法。增地庸治郎认为:实际是我们日常经验和我们所认识到的客观事物,也就是发生的事实。理论是对客体事物的反映进行加工、分析。我们日常的经验多种多样,非常复杂。因此,对实际的研究范围很广,有时我们也不能正确认识实际。理论是对多种多样的日常经验进行一般化、普遍化的研究,归纳出其类型并进行抽象概括,使其科学化、实用化,这也是理论的目标。

4. 经营经济学体系与扎依费尔特的体系很相近

经营经济学理论分为三个部分:①外部机构论。研究经营的外部机构,阐述企业经营的外部机构,也叫企业论。②内部组织论。研究经营内部的各组织,分为劳动组织论和财产组织论,也称经营财务论和经营劳务论。像日本计理学中的会计等理论也属于内部组织论。③交流论。研究经营和外部的交流问题。主要内容有商品交流、支付交流和货物交流。

5. 关于经营经济学与其他临近学科关系的简单分析

首先,日本的计理学称作会计学,到目前为止有了很大的发展,出现了许多会计学者。特别是近来,会计的影响越来越大。因此,会计学者纷纷发表会计学和经营经济学的意见。太田哲三、陶山诚太郎两位教授就关于经营学和会计学的关系问题指出:"经营学是企业财政学的政策论。经营学的科学管理方法是会计学,而不是经营经济学。"增地庸治郎的看法是:多数的会计学者应该承认,会计学是对过去实时记录,当然还承担着对近时的预算和将来预算的任务。因此,会计学的问题包含在经营经济学内,但会计学不同于经营经济学。其突出的方面是企业经营中心主义。

其次是行政学和经营经济学的关系。腊山政道教授在他出版的《行政学总论》中指出:"产业经营学和行政学的区别有两个方面。产业经营学是研究企业和经营的概念区别的方法论,而行政学是研究政府和行政的概念区别的方法论。经营学的目的和动机是追求利润,它不是经营学的本质。企业经营的对象是社会秩序,即外部机构。而行政学则是统治这一秩序的理念。它以政府的组织为前提,对其行政机能进行统一分析。产业经营学与行政学在构成上和外部形态上大体相同,但其研究的对象不同。"关于腊山政道的这一观点,第一点增地庸治郎没有异议。第二点中,关于企业领域的论述,增地庸治郎也没有意见,只是对企业的概念不够明确。这种统治秩序是否是秩序原理?秩序原理的支配程度是由国家最大的公司还是最小的公司来决定?如果说企业行政学的研究对象小,那么经营经济学的研究对象就大吗?反之亦然吗?这一点需要继续探讨。

(二)经营与企业的概念

经营和企业是经营经济学研究的对象,其对事物的观察和立足点都建立在经营经济学基础上。因此,对经营和企业的研究离不开经营经济学。

1. 关于经营的含义

单独经济无论为他人还是为自己,作为经济性的目标,在经营货物或劳动支付下,只要是独立的生产单位,都称为经营。简单地说,经营是以经济性为目标的生产单位。

(1) 经营是单独经济的一种形式。

单独经济是由统一意图支配的经济。与此相反,由多数单独经济结合而成的综合经济(如国民经济、社会经济等)则不由统一意图来支配。经营不仅指一人的经营,二人以上也是经营。经营是单独经济必须研究的经营经济学的研究对象。单独经济是统一意图下执行经营的本质特征,不以执行者和被执行者的存在为前提。

(2) 经营是生产经济。

单独经济,按其目的可分为两种:一种是以构成单独经济的个人直接消费为目的的经济,即消费经济。消费经济指家事经济、国家及其他公共团体经济。另一种是为了单独经济获取财货,以准备为目的的经济,称为生产经济。这种生产并不限于狭义的生产,还包括财货的配给、搬运及与此相关的各种劳动服务。经营是以生产为任务的单独经济,它与以消费为任务的单独经济相对立。经营作为经营经济学研究的对象,其概念必须限定范围。扩展经营的范围,即使扩展到家事经济、国家及其他公共团体经济的消费经济,也不会给经营经济学的研究带来好处。相反,只会产生概念的混同。因此,经营应仅限于生产经济的范围。

(3) 经营是独立的生产单位。

生产经济是为实现与其他经济的买卖交换而进行的生产。即不论是通过接受其他经济的订货而生产,还是不用其订货,通过预测而生产,都是以流通经济为目的的生产。这正是生产经济与消费经济的不同之处。无论是为自己的生产还是为他人的生产,只要是独立的生产单位就是经营。经营不只限定为他人的生产,为家计而进行的生产也是经营。

(4) 经营以经济性为目标。

目前,经济学者普遍认为,经营的目标是实现盈利。因此,公有生产事业以实现其公益为目标,协同组合事业以实现其利润为目标,生产经济以实现其盈利为目标。经营不仅以实现其盈利为目标,而重要的是实现其经济性。实现经济性是经营的真正目标。这是经济法则所要求的。不同学者对经济性的认识不同,这一点应值得注意。从单独经济出发,经营以实现其经济性为目标。与之相反,综合经济则不以其经济性的实现为目标。综合经济不是由统一意图支配的经济,是简单交换原则结合起来的经济组织。它不以有意识的经济性为目标,而是在自由竞争下各个经济性原理极力执行时所产生的经营活动。概括地说,经济性是经营的本质和特征。不以经济性为目标的"经营"就不称其为经营。

2. 关于企业的概念

与经营相关的是企业。国民经济学者中,有主张技术经营组织的,有主张经济企业组织的。增地庸治郎认为,经营是企业的技术组织。那么经营与企业有什么区别呢？企业属其所有者,是以盈利为目标的,是经营的必要财货,它与经营并存,是支配财货的所有机构,是独立的组织。简单地说,企业是经营的所有单位。

(1) 企业不分其所有者的公与私。

企业不论私人所有还是团体所有,公企业和私企业以及公私合同企业都是企业。公私合同企业是各种公益事业实现的企业形态,是政府、地方团体和民间资本聚合的机构。这一观点是私经济学中经营经济学的又一观点。

(2) 企业是独立的所有单位。

经营经济学之所以在经营概念之外又承认企业概念,主要是为了明确所有关系。经营是组织各种财货的必要活动。经营又是各种财货活动的必然结果。企业是所有关系的基础与私有财产制度紧密相关。制度发生变化,企业的概念和内容也要发生变化。然而,独立的所有关系是经济的、实质的所有关系,与法律的所有关系意思不同。企业的概念与法律上的企业所有相独立。因此,企业是独立的所有单位。

(3) 企业的本质特征不是盈利。

企业以盈利为目标,但盈利不是企业的本质特征。企业的概念中包括财产活动的内容。它既是独立的所有单位,又是一个财政单位。应该把企业的本质同利用企业这一组织的人即企业家的实际目的、思想和观点加以区别。经营经济学在研究企业时,要把握其组织体中本质的东西。企业家对企业抱着怎样的思想,或者以怎样的思想加以利用,对企业并不具有本质上的意义。从根本上说,虽然不能说企业是否以盈利为目标对企业全然没有影响,但对于组织来说,它只不过有第二位的意义。经营经济学研究的是企业组织体的本质。企业者要制订企业的目的或企业的精神,对企业本质的研究没有具体影响。如果按企业的目的是企业主体观点来看,实现企业目的的方法多种多样,难以全面概括,但有两个最重要的目的：一个是经营；另一个是企业为了扩大而以一种特殊的经济为目的。

(三) 株式会社的本质

株式会社在现在企业形态中占有重要地位。株式会社像以前所述一样,是有限责任和利益的企业形态；是引用税法关系而产生的机构。它利用合法的纳税手段来获取更多的盈利。

株式会社中,从业者的股票所有不仅对经营有完全的统制力,而且具有矫正性或平均性质的机能。但是,直接所有者要优于间接所有者。如果从业者的株式所有无限发展下去,将会获得株式会社的支配权,就会出现企业所有与经营的统一。如果真的如此,就会成为生成过程的组合,但这种生成过程很难实现。在小企业中,企业资金额度小,从业者有可能掌握超过半数的企业股票,具有所有权。但在大企业中,这种某个从业者掌握所有权的现象是不存在的。因为大企业资金数额庞大。因此,从业者同时具有所有权与经营权是很困难的。故所有权与经营权的分离是株式会社的本质特征。这一特征与有限责任制度及证券责任制度相结合,就会使株式会社的经营能力处于私企业形态中的第一位。

在株式会社中,作为企业和经营适当分离的结果,经营不受企业所有者变化的影响。如果多数股东把股票卖掉,取而代之,又会加入一些新的股东,只要支配权不改变,经营就不会受任何影响。即使支配权转移,在单独经济中,对企业者也不会有多大影响。

(四)劳务论

经营一般必须有劳动和财产。在经营中,劳动的地位不受机械代替劳动力多少的影响。在财产缺乏时,经营也是可能的。在经营中,劳动是主要的,财产是次要的。财产是通过劳动来运用的。经营也是通过劳动来实现其目的的。如果在经营中缺少劳动,则无论财产多么巨大也无济于事,经营也不能进行。

参加劳动的人分为经营者、使用人和劳动者。

(1) 经营者。经营者未必是企业家,而是指担负现实经营、指导、监督任务的人。企业者同时可以是经营者。经营者是经营的精神。经营者要对经营的好坏完全负责,不能把责任强加于他人。经营者同时影响着其他从业者的经济状况。

(2) 使用人。使用人指在实际经营中被称为部长、课长、主任、书记、事务员、店员、教师、技手、工长等的人,这些人也称月薪领取者。在经营者的指导下执行工厂作业。他们的劳动以精神劳动为主,是向下级传达经营者命令的人。使用人在经营中的意义根据经营的种类不同而不同。无论是何种行业的使用人,在大规模经营中,都要设定等级和报酬。决定这些等级和报酬的参数有年龄、工作年限、教育程度、劳动种类、家族人数等。

(3) 劳动者。劳动者指从事体力劳动的人。在工业和流通业经营中,劳动者人数最多。工厂劳动者大体又分为熟练工、半熟练工和不熟练工三种。从现在工厂劳动者实际状况看,劳动者退职和休职状况很少,而自己提出辞职的现象逐渐增多。辞职的理由主要是由于自己的主见不定,其他还有身体状况、引退、结婚、参军、迁居、家庭等原因。另外也有对自己的收入、工种、待遇、工作时间等劳动条件不满意辞职的。为了防止这种现象的发生,企业应制订一些相应措施。①制订地区的劳动条件和工资率的标准化;②调节工作状况,禁止劳动者的休职,在生产紧张时期提高劳动者加班的待遇;③制订经营者与劳动者间相互联系的措施,增强二者的联系与沟通。这种联系可分为人的联系、财政的联系和社会的联系。

(五)工厂组织

不同的生产方法与不同的工厂组织相联系。工厂组织的编制概括起来有三个方面:①机能编制,指制造部与营业部要分开。制造部包括工务课、技术课、动力课及各工厂等,而营业部包括业务课、会计课、贩卖课和购买课等。②客体编制,指各工厂及仓库的制品和材料要分开。③位置编制,指办公室、工厂、贩卖部的位置要分开。

关于工厂内作业,应按照下面组织形式进行生产。

(1) 军队式组织。首先,应确定职工长的任务和职责范围,其部下必须完成职工长交给的任务;其次,职工长要根据不同的情况,适当调节其任务;最后,职工长的任务完全执行时,应给高额报酬,完不成任务时,要适当减少其报酬。

(2) 机能式组织。指在工厂设立一般职工、组长、职工长等,制订计划和任务,设立计划部。另外,在管理上还要完全用机能式代替军队式。划分管理的职务,由指导者负责总的方针和计划,进行全方位的机能管理。

(3) 参谋式组织。这种组织是前两者的折中。由于工厂管理的复杂化,上面两种组织形式都存在着缺点,一些特殊的任务无法用这两种组织来执行。故又设立了技术研究系,聘一些专家针对某些专门的技术进行研究、组织和管理。劳动时间问题又是一个重要问题,故又设立劳动系进行管理。而负责这两个系的组织工作的是新设立的参谋部。

(4) 会议式组织。这种组织形式,是各部门人员在一起共同商讨和制定最佳政策和方案,从而使实现的可能性得到加强。在制定最佳政策和方案的同时,要注意协调好各部门之间的关系。

(六) 科学的管理方法

科学的管理方法众多,其内容也不固定和明确。应该在众多方法面前,有选择地付诸实践,根据经验不断去修改。《工户管理》一书曾做过如下的说明:提高工人工资并不意味着仅仅是劳动力报酬的增加和产品价格的上涨。我们的目的是减少劳动报酬,降低产品价格,从而提高工人工资。要达到这一目的,必须遵循如下四原则:

(1) 每日工作定额。工厂内的工人不管其地位高低,一律每天完成一定的工作量。这工作量不存在不明确之处,而且是必须能做到的。

(2) 标准化条件。各从业者的工作,须充分耗用一天的劳动。给其提供从业者切实能够完成的工作量的标准化及各项器具的标准化。

(3) 成功后的报酬。从业者完成其工作量应给与较高的报酬。

(4) 失败时的损失。要让从业者充分认识到,完不成工作量将要带来的损失。

(七) 工资论

工资问题是国民经济学者们非常重视的问题。国民经济学者认为,工资问题是价格问题的一种,即关于工资问题主要有以下三个方面:①作为劳动的等价,支付给劳动者的工资额;②劳动所得的工资是劳动者在一定时期内所接受的价格的总体工资;③是全社会所得中的劳动分配额。而经营经济学者认为,工资问题,首先,是报酬问题。对经营来说,工资就是支出。这种支出不单独成立,它与给付相伴随。即工资的对价是经营的进行,也就是经营中所耗费的人力的给付。因此,经营经济学中的工资理论必须结合出和入的双重的运动以及价值和对价来研究。其次,工资问题作为经营也是价格问题,即在以提供劳动为目的经营中,工资是对所耗费的劳动给付的直接评价,或者在以提供货物为目的经营中,所耗费的劳动是综合货物在通过市场销售而获得的价格中进行的二次评价。

研究工资与劳动给付的关系,必须从下面两点出发:一是若根据劳动者的观点,工资则是其作为劳动给付的对价;二是若根据经营的观点,劳动给付则是作为工资的对价。另外,经营支付工资的能力是工资额决定的最高限度,它由劳动经济性构成。市场的构成有时与收入额相联系。在作为经营给付的对价收入额中,工资的支出能够产生经营的循环。即在经营给付和收入额中存在着市场,在工资中决定给付的实现。循环经营的数额由市场决定其价格。因而,经营的工资支付能力最终是由此来决定的。

二、日本企业管理的特点

日本的企业管理理念和思想是建立在封建专制的文化基础上,明治维新到第二次世界大战前,主要受欧洲管理思想的影响;第二次世界大战后,主要受美国管理的影响而形成的;因此是有日本特色的管理思想与理论。

明治政府已经建立了现代化的各种制度,奠定了经济活动的基础,比如关于合同的理念、所有权的问题,关于这些都颁布了法律,也制定了以政府为主导的银行制度,可以说这些是经济发展的基础。

日本《公司法》出台的1890年,国会颁布了第一部宪法,宪法强调了天皇的绝对权力,但也赋予了民众一定程度的经济自由,规定:日本臣民其所有权不受侵害。在保护所有权的同时,明治政府也对产权做出调整,很早就将经营不善的官办企业委托给私人经营。同步推进的经济体制和政治体制改革,使得封建特权逐渐崩溃,等级制度日益瓦解。

(一)日式经营特点

把企业这个生产组织变为共同生活体是日式经营的共同基础,它体现在企业的组织和管理的实体上,并形成了日本式经营的特点。而对日本和英国工场实体的比较,则更突出日本式经营的特点。

1. 组织特点

第一,企业的最高经营管理机构,日本和英国企业都采用董事会制。而英国40%左右的职员为非本公司的职员,他们代表大股东的利益发挥着所掌握的专业知识。但是日本的职员几乎都是本公司出身,他们倾向于维护本部门的利益,故与英国职员相比,对股东的关心较淡薄。

第二,追求的利益。在英国每个管理者都有各工种和职员个人名单;而在日本企业每课只有部署的名单。因此在日本很少追求个人利益,而把个人利益融合在集团的责任当中。

第三,职位与个人关系。在英国职位与个人相联系,个人的能力靠人格而非靠学历、年龄和上班年限。管理者变动手下的职位,不是靠组织申请,而是任意变动。但在日本,组织的变动必须经过董事会的审议,而其职位高低则取决于学历、年功,各部、课和班长之间具有适当的年龄差距。

第四,对上司的态度。在英国执行职务的方法以个人为目标,在工场的车间也尽量把工作和工资率分给个人。管理者和监督者不可能相信部下对自己忠诚。但在日本企业经营中,工作由课、班和组为单位,个人不能单独进行。对非日常性业务根据审议制度,进行回执、申请,最后由企业最高决策机构来裁决。虽然没有职务权限,但一般根据职务所分配的管理者的力量强弱所变动,而且晋升也通过上司的人事考核。因此忠实地与上司合作才是晋升的基本条件。

第五,人员结构。在英国企业里,职务的分配反映了该阶层的划分。但在日本企业里,根据使用资格制度和职员制度进行职员的晋升活动,因此组织内人员结构形成了权威的系列化。

第六,权威系列设施。在英国工场形成了不仅仅局限于本公司的按着权威系列的各种设施。日本在第二次世界大战以前也曾有过这种现象,但战后几乎消失。相反更多的是管理处于不利于工会会员的状况。

第七,承包方法。日本的企业拥有对承包企业群下包大部分零件的组织机构,而在英国则不存在这种组织机构。日本的大企业和新企业位于富士山顶,具有许多承包企业和合作公司。在高速增长时期,有些大企业把"命运共同体"的思想一直贯彻到这些承包企业群中。可见,它是共同生活体理论的进一步发展。

2. 管理特点

第一,英国企业不太利用文件上所规定的各项规则。而在日本,职员轮番作为安全委员在记事本上记入每日事故。

第二,英国企业的管理原则重视个人在被分配的职务上发挥作用。而在日本原则上必须通过集团,而与集团不同心的职员被认为有问题的职员。厂长不仅是集团的头头,同时必须是集团中的一员。

第三,日本企业在办公室和车间到处张贴公司的基本方针和各项规则以及集团和个人对工作的内在伦理的口号,其中包含着和睦、协作和清洁等集团伦理和创造性地发挥及努力的思想,而且也渗透着强烈的儒教思想,成为管理中强有力的原则。但英国企业却完全不同。

3. 工会特点

日本和英国工会在其产生时间、发展过程及内容上都存在很大的区别。

第一,日本的劳动合同内容丰富,有综合合同、协定、警书、确认书等根据文件而定的各项合同。但在英国劳资间的合同文件只有全国合同和少数的工场合同。

第二,日本的企业经营者和企业工会之间拥有丰富的共同的信息,因此劳资之间较容易以企业状况出发达成一致协定。但在英国比较复杂。因为英国的全国工会几乎不关心每个企业的命运。工场委员会只为职能工会会员服务,而不为其他工会和公司服务。并且它也不一定关心企业的各项事业,更重要的则是英国的经营者们对工会没有好感。

4. 劳动条件特点

第一,福利制度。毫无疑问,日本的企业经营比外国企业拥有多种多样的福利制度措施,形成体系化和网络化。在日本原则上所有职员都参加福利活动,而福利制度和设施的支出和运行均需要多项费用。由此最近有些企业为了节省经费热衷于削减福利费。这种做法将会破坏日本企业共同生活体的特点。而英国企业则优先考虑费用,然后再考虑"好的雇主"。

第二,雇用关系。日本的企业经营采用以新毕业生为标准的例行方法和终身雇用制。而英国则把已经提供的劳动力按照工种、职位来采用,而非以事务和技术人员为大体标准。

第三,教育训练。在英国包括徒弟教育的教育期限长于日本企业,而且对外部教育机构尤其对大学研究所等的依赖程度也非常高,然而徒弟教育的投资效果却不尽如人意。

第四,工资比较。英国企业不分学历和年功,年龄、工龄不影响工资率,而且由全总的交涉工资率来决定最低标准。不仅如此,工场相应的追加部分经过长时间的交涉之后才得以实现。日本企业经营采取年功系列制,主要原因在于作为共同生活体考虑职员家族生活费的周期性。而且要发挥与工资等价的劳动,必须培养和发挥其潜在的能力。然而在英国企业则决定于当时的平均劳动和劳动发挥程度,因此具有决定短期工资率的思想。

第五,劳资间的交涉。在英国的企业经营中,劳资关系极为敏感并经常发生纠纷。而且所交涉的工资率从工场到车间尽量落实到个人工资率上,因此围绕工资率的决定和作业分配很容易引起纠纷。不仅如此,合同和协定不详细,几乎由口头来决定,所以不可能使工会的车间委员会一起参加发挥作用,也无法贯彻利用就业规则和车间协定等。

第六,人事管理。日本非常慎重选拔职员。当工人发生事故时,由厂长带头探望和照顾。企业与职员的家属配合默契,并向家属传达企业经营中的各种信息,职员的全部生活与企业经营的共同生活体有着密切的联系。

5. 从业人员态度、结构特点

第一,职工的态度。日本人不喜欢极端地表现个人,而英国工人却恰恰相反,其自我表现欲极强。而且日本工人非常不喜欢被人训斥,企业的监督者是各队的队员,其领导意识极强。

第二,人员结构。日本的企业经营中全体人员均为企业经营中的一员,并在此基础上进行组织和管理。虽然与英国的职位阶层相似,但却有着微妙的区别。即不久交代于其他职员,按顺序加入高级阶层。这点也体现了日本的企业经营具有共同生活体性质的特点。

（二）日本式经营的基本原理

日本式经营的理论体系由以下四部分组成：一是，日本的经营体是发动全体成员人格的场所，而且因为它又是社会生活的场所，故削弱了对家庭的情感。二是，经营体的权威来源于维持和繁荣共同生活体的性质。三是，经营体的最高权威具有双重性：①不但维持和发展共同生活体，而且必须去实现这个共同体；②最高权威必须是理想模式。经营体最高权威所具有的双重性一直贯穿在日本式经营的组织和管理的双重性之中。战后日本式经营把取得成绩、合理化和效率化作为经营体的基本原理，这点与战前具有根本性的区别。四是，这种双重性产生权威的对抗和成员的派系。以上四个基本原则贯穿了日本式经营的各个部分，形成了取得成绩、合理化、效率化原理和理想化人格的皈依。同感产生了理解性、协作性两个原理，正是这两个原理体现了日本式经营的本质。因此应认为日本式经营以共同生活体为特点，日本的企业经营只要想维持日本式经营就不可能偏离其核心。

1. 组织的基本原则

经营体分配成员首先把经营体内部按部门来划分，其次规定各部门应发挥的作用，最后各部门根据权威系列来规定职务。而分配又根据以下六个组织原则进行。

第一，职位具有多数的权威系列，因此其权威系列里尽量满足双重原理来进行分配。

第二，引进资格制度，可以说资格制度才是双重原理的产物。资格制度不带有降格制，而且也没有定员，因此全体成员具有按顺序晋升的机会。利用职位系列和资格系列的组合，可以把权威系列变得复杂化以及扩大延长，从而成为日本式经营不可缺少的制度。资格制度由此发挥极限的作用。

第三，经营体的全体成员分配在各个部门，因此各部门将成为参加成员来分割的共同生活体。而且部门对成员来说，与其说是全体，莫不如说是小共同生活体。各部门相互作为共同生活体来结合并对抗。

第四，部门进一步划分为课和组。课和组为分配成员的最小基础单位，而课长和组长处于权威系列的最末端。为了与部门相区别把它们称之为"部署"。部署是共同生活体的单位小集团，为车间集团。然而，它作为经营体内部的小共同生活体并非拥有充分的性质。

第五，虽然部门内各课之间也难免发生矛盾和冲突，尤其部门之间尖锐的对抗和结合关系，要求权威成为顺利完成经营的信赖和协作关系。

第六，经营体的最高权威由两个集团组成，一个集团为部长集团，它代表有力的组织部门。部长级的最上层拥有统辖经营体主要机能的权威。可实际上离开部门具有贯穿整个经营体权威作用的只有会长或社长，他们才是最高权威。经营体的最高权威一边进行调整，一边避免外部不利情况，从而创造有利环境并决定应有的选择措施。为此最高权威在双重基本原理的作用中致力于决定最恰当的方针和措施。

2. 公司管理的基本原则

第一,最高权威要分析和检讨外部市场状况,掌握内部的技术、财务和人的营业条件等,并掌握法律、政治、金融和其他企业的动向,从而采取措施。选择和决定经营体所达到的目标。

第二,各部长根据整体目标,制订出部门目标。部门目标较容易陷入本位主义,因此最高权威和部长之间不断地重复着公式或非公式化的会议。而且,部长制订部门目标时也要反复召开部门内的次长和课长会议,必须确立部门的理解性和协作性。部长的作用因双重基本原理变得非常活跃。

第三,设立部门目标,制订部门内各课的目标。在设立部门目标时充分地积累了理解性和协作性,并多少给课员们传达了其经过,课员也发表过意见。因此在设立课目标时只要没有最高权威的突然变卦,就可以圆满地设立其目标。

第四,在设立到以课为单位的期间目标时,同时分配预算。而目标的设立和分配预算由于经常不同期,故有必要进行调整。实际上因市场变动激烈,所以可以说不同期才是正常现象。这使经营体的经营变得非常复杂,并增加了机会损失。

第五,部门内的业务作为日常业务,在设立目标的同时与预算同时执行。但也有例外发生的业务需要部门间的调整,或者改善经营体内部或新设的业务问题上由课或部门出主意时,进行审议。

第六,通过部门间、部署间的调整和审议等过程,采取为顺利运行组织的横向联合。如果把设立目标和审议定为纵向业务,那么部门和部署间的调整为横向业务。关于日本社会和经营体,有人称之为"纵向社会",而且追随它的人也非常多。但是这种说法完全是错误的,它只是表示日本经营体性质的一部分而已。

第七,作为组织基础单位的课和组,不仅是设立和达到目标的业务集团。而且也是最基本的小共同生活体。其成员虽然各自被分配到课里的各种业务,但并非固定不变,而是不断地变动。而人和业务相结合的不稳定性取决于两个因素:①部和课的业务不确定;②考虑成员的长期的共同生活开发和发挥其潜在能力。

第八,根据业务分担规定及部门内的课的设立,合法地规定部和课的业务。但这种规定经常发生变化,并不断地产生不合规定的业务,从而明显地延缓了分担规定的连续性。

第九,日本式经营为发动共同生活体全部成员人格的场所,又是业务集团,因此必须从长期的生活眼光来掌握成员的生活,以开发和发挥潜在的业务能力及培养集团亲和力(包括领导权)为对个人的管理经营的基础。为此,分配业务采取各种变动措施,经过长时间来达到管理经营的目标。定期化的人事变动为日本式经营中的管理原则。为了管理围绕人事变动的各部门间的攻守,需要综合性的人事管理参谋部门。

第十，教育训练的计划、实施和评价为管理经营的原则。为了培养和发挥潜在能力，开发集团亲和力以及经营体的整体性理解等，必须不断地进行教育训练。它有以下两个目的：①由于人事变动存在业务的外行化倾向，所以有必要进行为完成专门业务能力的教育训练；②作为共同生活体价值观念的精神上的教育。根据以上目的，由集中教育、部门部署内的教育和集会的双方来进行。

第十一，决定工资和津贴的管理原则也发挥着基本原理双重性的作用。完成业务、合理化、能率化的原理要求计算与业务密切相关的费用，并以此来决定工资率。而全体人格的共感、理解性、协作的原理要求由共同生活体内全体成员的理解性和协作来决定工资率。这两个原理必然意味着日本的工资不仅是单一的工资率，而且又作为各种要素组合而成的"工资体系"来编成。

第十二，设立福利制度和设施要包括全体成员。这乃是由共同生活体所产生的管理原则。

第十三，在经营体内全体成员的待遇上采取多种多样的手段。当然，工资、提职、晋升是最重要的待遇手段。不仅如此，向双重原理推进者分配其作用也是一种待遇手段。不像欧洲经营体，只靠工资和职位上的待遇是行不通的。

（三）日本式企业

在现实中能够体现日本式经营特点的为企业集团。日本式经营所具有的双重基本原理适用于日本社会各种集团，为全社会共同的基本原理。双重基本原理贯彻在各日本企业产生了企业集团，并由此演变为日本式企业的特点。日本的企业集团从形态上具有两个性质：纵向的集团化和横向的集团化。具体来讲，由旧财阀系列企业组成的企业集团和由主要民间金融机构作为轴心而组成的企业集团，它们不仅追求经济利益，而且也是日本式经营所具有的共同生活体的性质延伸到各企业的结果。换言之，战后日本式经营为双重基本原理基础之上的日本式经营。而20世纪60年代纵向系列企业集团的出现，使整个日本社会的组织和经营制度发生了极大的变化，即出现了官民协调制度。然而，进入70年代以后，官民协调制度也逐渐出现很多问题。由于缺少要选择和实行的恰当的手段，故明显地暴露出其孤立性。而且关于有效性问题也日益被提到议事日程上来。

本章小结

直到中世纪，日本也未形成统一的中央政府，而是一个松散的、以地方幕府经济为主导的封建社会。日本由于资源贫乏，长期重社会、轻民众；重幕府、轻家庭。当时日本的社会管理结构是幕府将军—大名—武士—佣农四级统治阶层。明治维新标志着日本进入资本主义发展阶段。德川幕府统治末期，市场经济的孕育和发展，特别是商业资本的兴起，对自然经济、等级制度和整个封建制度都起到了瓦解作用。明治政权建立后，提出了"富国强兵"、"殖产兴业"、"文化开化"三大国策。

明治维新主要从七个方面为日本市场经济的形成奠定了基础：①取消封建领地，废藩设县，建立中央集权的专制主义政权，为国内统一市场的形成创造条件；②改革封建等级制度，取消武士特权，为金融业的发展创造了条件；③破除封建贸易关卡，实行国内外自由贸易，为开拓国际市场打下了基础；④废除名目繁多的侵犯私人财产的"充公权"和"征集御用金权"，为私人资产的发展从法律上提供了保障；⑤创办和转卖国营企业，为私人企业，特别是特权大资产阶级的发展创造条件；⑥承认土地私有和自由买卖权，实行地税改革，为劳动力市场的形成和发展奠定了基础；⑦改革教育制度，吸收西方先进的文化和科技，为市场经济的发展培育了人才。

增地庸治郎的经营管理思想：经营是单独经济的一种，是以生产为目的的单独经济。经营是以经济性为目标的生产单位。企业是经营的所有单位。企业不分其所有者的公与私。株式会社是有限责任和利益的企业形态，是引用税法关系而产生的机构。所有权与经营权的分离是株式会社的本质特征。参加劳动的人分为经营者、使用人和劳动者。

日本式经营的理论体系由以下部分组成：一是，日本的经营体是发动全体成员人格的场所，而且因为它又是社会生活的场所，故削弱了对家庭的情感。二是，经营体的权威来源于维持和繁荣共同生活体的性质。三是，经营体的最高权威具有双重性：①不但维持和发展共同生活体，而且必须去实现这个共同体；②最高权威必须是理想模式。战后日本式经营把取得成绩、合理化和效率化作为经营体的基本原理。四是，这种双重性产生权威的对抗和成员的派系。以上四个基本原则贯穿了日本式经营的各个部分，形成了取得成绩、合理化、效率化原理和理想化人格的皈依。同感产生了理解性、协作性两个原理。

思考讨论题

1. 认识古代日本的管理状况与特点。
2. 讨论日本明治维新的改革措施与重要意义。
3. 认识日本金融资本形成与西方的区别。
4. 讨论增地庸治郎关于经营与企业概念的解释。
5. 日本式经营的特点是什么？
6. 日本式经营的基本原理是什么？

第八章 现代日本企业的管理思想

第二次世界大战后,日本被美军占领,美国人解散了作为日本军国主义后盾的各种财阀,帮助日本建立起了现代社会制度与政治、经济、法律体系,特别是建立了现代企业制度。在此基础上,形成了日本企业界的现代管理思想。在此我们简要介绍一下比较有代表性的企业:日本松下电器公司——松下幸之助的企业经营理念和日本东芝电气公司——土光敏夫的企业管理思想。

第一节 松下幸之助的企业经营理念

松下幸之助,被誉为日本的企业经营之神,他中学毕业后当过学徒工、技工和检查员,1918年联合内弟、夫人三个人创办松下电气器具制作所,开始生产电器插座、自行车灯等小电器。1935年建立松下电器产业株式会社。到了20世纪80年代,松下电器公司成长为拥有从业人员15万人,年营业额达400亿美元的世界著名企业帝国。松下幸之助从个体户起家,用了60年时间创办了他的企业帝国,他个人的成功无论在日本还是在世界都是罕见的。松下把他的成功归结为他的经营理念与远见卓识。

一、树立正确的经营理念

1. 正确的经营理念至关重要

老松下讲过:60年的企业经营实践,使他深感经营理念的重要性。要首先确立正确的经营理念。就是说,对于"企业为什么存在,其经营目的、经营方式"必须有一个坚定不移的基本观点。

在企业经营中,尽管许多因素诸如技术力量、销售能力、资金力量以及人才等都很重要,但最根本、最重要的还是正确的经营理念。只有以正确的经营理念为基础,人员、技术、资金才能真正发挥作用。从另一方面也可以说,只有确立了正确的经营理念,才易于从中产生出人员、技术、资金等这一切。因此,为使经营健全发展,首先就必须从确立经营理念做起。这是松下60年创业实践体验得出的结论。

有了明确的经营理念以后,就会产生比以往更为坚

松下幸之助(1894—1989年)

定的信念,企业经营也变得强有力起来。无论对职工还是对顾客,该说的就说,该做的就做。职工也会激起一种使命感,企业内出现一种努力工作的形势。一句话,如果经营有了灵魂,企业经营便得到了飞快发展,甚至发展到令人惊讶的地步。

在第二次世界大战后的一片混乱中和公司经营陷入极其困难境地时,支持着公司的也是生产者的使命感和为什么要把经营进行下去这一经营理念。松下公司这种经营理念,从战前到战后基本上没有什么变化。由于一贯奉行这种同一经营理念进行经营,得到了社会的支持,才使公司的经营发展到今天的规模。战后在扩大海外经营时,松下的基本经营理念还是同国内的基本一样,只是在具体方法上因各国情况不同而各不相同。用这种态度到国外去开展经营,必然受到所在国的欢迎,从而取得了相应的成果。

有了正确的经营理念,才会有企业的健康发展。在时刻都在变化的社会形势中,对不断发生的形形色色的问题,采取正确恰当对策的基本依据,就是企业的经营理念。此外,在拥有众多职工的企业,要使所有的人同心协力并发挥更高的效率和热情,仍然要依靠经营理念。

那么什么才是正确的经营理念呢？它必须是植根于正确的人生观、社会观和世界观之中。只有从这里产生出来的经营理念,才是正确的经营理念。因此,作为经营者在日常生活中培养自己这种正确人生观、社会观和世界观是非常必要的。因为它是合乎真理或者说是符合社会发展规律和自然规律的。反之,从中产生出来的经营理念也必定缺乏正确性。

总之,真正的经营理念来源于对社会发展规律和自然规律的认识。因此要经常考虑到如何才能符合自然规律,或者怎样才能符合真理。要树立正确的人生观、社会观和世界观,并以由此确立的经营理念为基础,不断努力经营。

2. 把握事物生成和发展的规律

正确的经营理念,不单是经营者个人的主观见解,它的基础离不开自然规律和社会规律,而无限生成和发展就是它的根本规律。

这种生成和发展的规律,在宇宙和社会中都起着作用。松下公司就是在这个规律的作用下从事企业经营的。经营理念就是基于这种认识并在这个基础上形成的。例如,人们认为资源会枯竭。诚然,就每一种具体资源而言是有限的,有些也会逐渐趋于贫乏。但应该相信人的智慧必将会创造出或发现代替那些资源的新资源。人类历史也正是这样过来的。这也正是无限生成和发展这一自然规律、社会规律起作用的结果。因此,作为企业经营原则上也必须不断地进行新的开发和新的投资。

当然,所谓生成和发展,既包含着不断产生的新东西,也包含着必然衰退与消亡的东西。就企业经营而言,每一种商品和每一个行业都是有一定寿命的。但不能因此而只看到这些局部而看不到作为整体的大的生成和发展。

3. 正确认识经营使命

人类也追求不断地生成与发展,即希求物质和精神生活都过得日益丰富和舒适。而满足人们保持和提高生活、文化的愿望,就是企业经营的根本任务或使命。换言之,不断开发出人们生活所必需的优质产品,并以适当的价格,丰富而适量地提供给社会,就是企业的根本使命。企业存在的意义也就在于此。虽然供应的物质产品或服务的内容会因行业不同而各异,但通过企业的经营活动为提高人们的共同生活做出贡献,则是所有企业的共同任务。忘记这一根本使命去经营企业,是不会兴旺发达的。

因此,即使是私人企业,其经营也不能只从私人立场以及个人的利益得失去考虑问题。应该时刻考虑到自己企业对人们共同生活的影响如何?是有益还是有害。必须用这个观点去考虑和判断问题。如果自己公司的存在不能给社会带来好处的话,倒不如解散为好。尽管这会给职工以及同公司有关的人们带来困难,但这是没有办法的。

企业负有为提高人们的共同生活做出贡献的使命,并且是作为社会公有物而从事经营的。因此,在其经营活动中若不取得相应成果是不能允许的。只有切实完成这种使命,企业才有存在的价值。所谓"企业的社会责任",其内容虽因社会情况的变化而有所不同,但其基本的社会责任无论在任何时代都是通过企业经营活动,去为人们共同生活的提高做出贡献。以这种使命观为基础去从事一切经营活动,是极其重要的。

4. 对人要有正确认识

经营是靠人来进行的。身负重任的经营者是人,职工也是人,顾客以及所有同企业经营有关的也都是人。总之,经营就是人们相互依存、为人类自身幸福所从事的一项活动。因此,为了恰当地进行经营活动,就必须正确认识人到底是什么?它具有什么样的特质?换言之,也就是要对人有个正确认识。可以说,正确的经营理念是必须立足于对人的正确认识之上的。

人具有天赋的特质,它是依靠自己的双手劳动来维持自己及相互间的共同生活。因此,为了以理想的方法把人类的共同生活搞好和不断提高,必须正确认识人自身的本质,亦即要树立正确的人类观。这也是十分重要的。

企业的经营理念,其基础就是对人的认识。一言以蔽之,人就是万物之王,伟大而崇高地生存在大自然之中。人可以根据生成和发展的自然规律,既保障了自身的生存,又有效地利用着万物,把共同生活无限地发展下去。只有人具有这种天赋本质。

所谓的王者,就是一方面具有支配、运用一切的权能;另一方面又肩负着以仁慈公正之心使一切都生存下去的责任。所谓"人是万物之王"的真正含义也正在于此,决不是只根据个人的欲望和感情任意去支配万物。重要的是人类自身要认识这种天赋的伟大,以及随之而来的"王者"的责任,并付诸于实践。

如果把人的相互关系放在企业内部来看,经营者就是经营体中的"王者"。经营者拥有按照自己的意志支配经营体中一切人、财、物的权限;同时他又担负着用爱和公正去关心这些人力、财力和物力并采取最佳方式发挥其作用的责任。假如经营者对自己在经营体中王者的权限和责任缺乏自觉的认识,那么他的经营就绝不会取得圆满的成果。

每一个经营体中的经营者都应觉悟到:必须以人们自身所确立的对人的正确认识作为自己经营的基础。只有如此,才能产生以坚定信念为支柱的强有力的经营。

5. 要顺应自然规律

经营秘诀是什么?其实就是在工作中要顺应天地自然的规律。这听起来似乎很难做到,其实不然。正如下雨要打伞的道理一样,如果下雨不打伞,就要挨淋,这是必然的。

所谓"顺应天地自然规律的经营",归根到底就是去做应该做的事。把该做的事做好,企业就一定能够顺利地向前发展。公司应该始终是抱着这样的信念去做,即尽量努力去做好该做的事,不做不该做的事。

顺应无限生成和发展的自然规律,就是一条生成和发展的道路。如果单靠个人的小智慧和小才干去搞企业经营,反而去违背自然规律,终究是要失败的。充分运用人的智慧、发挥人的才干固然很重要,但从根本上说还是必须首先顺应独立于人的智慧之外的天地自然规律去经营,才能获得不断发展。

6. 要顺应时代的变化

正确的经营理念,基本上是适用于任何时代的。但经营理念在现实经营中具体运用时,其方针和方法决不是一成不变的,它必须根据时代的变化而不断变化。换言之,这些方针和方法应该日新月异。社会在各方面都在不断变化着,企业要想在这种变化中求发展,就必须适应社会的变化,甚至先行一步采取应变的对策。

具有悠久历史和传统的"老铺子",有时也会陷入经营不振。这并非因这些老铺子没有正确的经营理念,而是它们的经营理念在应用于实际时,其方针和方法已不适合时代的要求。它们往往墨守成规,继续使用着曾经获得成功的老一套办法。当然,这些旧有的经营方法中,也有可取的地方,不妨继续照用。但其中那些应该改革的东西,则必须随时代的发展而不断地加以改革。

总之,企业无论有多么卓越的经营理念,如果十年如一日地用过时的老办法去从事实际经营,也不会获得好的业绩。因此,经营者在具有正确经营理念的同时,还必须使基于这一经营理念的具体方针和方法适合当时日新月异的实际情况。只有有了日新月异的经营方针和方法,才能使正确的经营理念具有永恒的生命力而长存下去。

7. 经营理念统一是成功之本

一个企业的经营理念必须是统一的,而且只要用上述观点作为经营的基本思想去办企业,就可以通向成功之路。在公司中有很多的关联企业和事业部,它们各有各的经营负责人即经理或事业部部长。因为它们都是松下电器公司的关联企业和事业部,所以作为其基础的经营理念,全都是一致的。假如经营理念不一致,企业将会混乱不堪。

但是,在同一经营理念指导下所展开的实际经营活动,则可根据每个经理或事业部长的特长,经营方法也可各不相同。假如有50位经理或事业部部长,就会有50种经营方法。也就是说,同一的经营理念,由此产生出的具体经营方法可以是无穷无尽的。每个经营者都可以采用独具特色的经营方法去进行经营,绝不能说采用同一模式的经营方法就好。如果忽视每个经营者的特长而采用同样方法去搞经营,反而会阻碍经营活动的顺利开展。总之,每个人都有适合发挥自己特长的最佳方法。创造出这种好方法,就是找到了通向成功之路。

二、松下的经营思想

1932年5月,松下幸之助将公司168名员工全部召集起来,高兴地向大家宣布自己刚刚悟出的公司使命:我们如果能像自来水管那样不停地生产,当然价格就会降低,产品会变得便宜,人们会更方便,生活会更美好,社会会更富裕,这是松下电器公司所有员工生存的意义,也是公司的社会使命。

他认为放在企业第一位的目标,应该不是股东利益,而是回报社会和国家。从此逐步形成他的管理思想。

1. 时刻不忘自主经营

经营方法的最重要一条,就是实行自力经营和自主经营。所谓自力和自主,就是在资金、技术开发以及其他方面,都要以自己的力量为主。

当然,战后日本企业的飞快发展,起初很大程度上是靠外力发展起来的,资本多半靠贷款,先进技术也是从欧美各国引进并加以有效利用的。如果当时不能有效利用外国先进技术和资金,日本经济就不会有今天的发展,国民生活也会停留在低得多的水平上。因此,在任何情况下都不能一概否定或排斥对外力的有效利用。

但是,从根本上来说还是必须靠自己的力量进行自主经营。企业的资金原则上要靠积累,要以自己资本为主,这一点是很重要的。日本企业自有资本率一般都比欧美国家低,这是"二战"后的特殊历史条件造成的。但即使在这种情况下,仍有一些企业扩大了内部积累,达到了不低于欧美国家企业的自有资本比率。技术方面也是如此。过去引进国外先进技术是理所当然的,今后在某些方面仍需如此,但更重要的还是要靠自己力量去开发新技术。而且即使技术自由化了,每个企业也还是要坚持开发自己的特有技术。应该说,开发自己独有技术的成功与否,是企业发展的关键。

总之,所谓自主经营就是在经营的一切方面都要以自己的力量为主来进行。如果坚持这种观点并实践它,然后在这个基础上再去充分利用必要的外力,那么经营就会充满活力,同时还会赢得外界的更大信任,即使不求外援它也会自动来支援你。

2. 要实行"水库式经营"

企业经营要以在任何情况下都能稳步发展下去为原则。为达到这一目标,有一种重要做法称为"水库式经营"。

所谓"水库式经营",就是在经营的各个方面都备有"水库",以应付外界形势的变化,不致因变化受大的影响,从而使企业获得长期而稳定的发展。在设备、资金、人员、库存、技术、计划以及产品开发等各个方面都应建立"水库"。换言之,就是在从事经营时要留有充分的余地。以资金为例,搞一项需10亿日元的事业,如果恰好只准备10亿日元,一旦发生意外就无法应付。要准备11亿日元或12亿日元的资金,这就是"资金水库"。此外,还要经常保持活量库存,以备需求的骤然增加。要时刻准备好更新换代的新产品,等等,从多方面建立这种"经营水库"。这犹如雨季积存水,旱季开闸放水解决水之不足的道理一样。

但必须注意的是,"设备水库"或"库存水库"是同设备过剩、原材料库存过剩截然不同的。这里所说的"水库式经营",始终是建立在"这是起码的需要"这一准确预测基础之上的,是在这个基础上事先再加上10%或20%的余地。过剩设备、过剩库存是一种经营浪费。而"水库式经营"则是为保障经营稳定发展而支付的保险费。

更重要的是,在设立各种有形的"经营水库"之前,首先要树立起无形的"精神水库"或者"水库意识"。有了这种"水库意识"去进行经营,就会根据企业的实际需要,创造出许多具体的"水库"来。由此也就能形成在任何情况下都能稳定发展的"水库式经营"企业。

3. 坚持量力经营

企业经营必须考虑到本身能力的一定限度,并依此去经营和发展企业。如果超越自己的能力,甚至超越公司的力量去干力所不及的事业,多数是要以失败告终的。因此,我们每时每刻都应在自己能力范围内去搞经营。

当发展企业、扩大经营规模时,同样也要首先准确地把握住包括资金、技术、销售实力等在内的公司综合实力,并在这个范围内去扩大经营。这时,对经营者来说最重要的是要正确认识包括自己在内的整个公司经营阵营的经营实力。

总之,一方面要确切地把握住包括自己在内的公司干部的经营能力;另一方面要根据公司的资金、技术、销售力量等综合实力,在这种实力范围内去发展经营。换言之,就是量力而行,这一点在任何情况下都是很重要的。这正如"乌龟爬行"一样,一步一步前进的步伐表面上看好像速度很慢,但这个步伐是非常脚踏实地的,既不停息也不后退。看起来似乎慢,其实当你在不知不觉中再看时,就会发现它比兔子还快,最终成功了。

4. 贯彻专业化经营

企业经营中有两种方法:一种是多角化、综合化的经营方法;另一种是专业化经营。我认为,原则上应该走专业化的道路。当然,这并不是说多角化、综合化的方法一概不行,而是说专业化经营在多数情况下能取得更大的成果。亦即企业在其现有的经营能力、技术、资金力量的范围内去进行经营时,集中使用这些力量比之分散使用更能取得理想的成果。在现实社会中,有不少规模较小的企业始终搞一业,在其专门领域内取得了比大综合企业更出色的业绩者并不罕见。甚至有的小企业仅因生产一种优质产品而闻名于全世界。

松下以为，最理想的是，要把公司拥有的经营、技术和资金力量基本上全部集中到一项工作上去，并努力在其专门领域内永远不输给任何一个竞争对手。为此，有时哪怕正从事两项工作，也要考虑敢于停止一项，专心搞一项工作。

但在实际经营中，有时根据社会需求也许继续同时搞两项工作更好，或者即使只搞一项，也会从这项工作中不断产生出与这项工作有关的新工作。在这种情况下，也不妨大胆去干。但这时还是要在专业化的原则下，把每项工作都保持较高的独立性更为重要。亦即要把每项工作都搞成独立公司或接近独立公司的体制去经营。因此，每个部门的目标，都是要永远在自己所从事的领域内决不逊色于同行业中的任何一个，并作为独立经营体来取得成果。这样一来，即使在形式上是综合经营，但在内容上已被专业细分化，好像是专业的独立公司的集合体一样的体制。

不过实际上，即使是上述那种综合经营，往往也不如真正独立的专业公司办得好。因此，无论在认识上还是在实际经营中，都必须坚决提高独立意识，并把经营的主体放到各个独立部门中去。

5. 要集思广益，全员参与式经营

实行集思广益的全员经营，是松下作为经营者一贯遵循的原则。在经营中全体职工的智慧发挥得越多，公司也就越发达。松下认为自己才疏学浅，遇事就要同大家商量，这可以说是迫于需要而采取的一种经营方法。但是，即使是很有学问或很精明强干的人，集思广益也是极为重要的。否则，就不会有真正的成功。

经营者要了解集思广益的重要性，平时要尽量倾听大家意见，并创造一种职工畅所欲言的气氛。如果平时能够做到这一点，那么遇事即使经营者一个人作出判断，在其判断中就已经融汇了大家的智慧。

总之，经营者心里必须经常装着"要集思广益从事经营"这一原则，有了这种思想，就能倾听别人意见，态度也能真诚。习惯成自然，久而久之就会不必特意征求意见，也能自然地达到集思广益之目的。

当然，经营者必须有坚定的主见或自己的主体性，如果听风是风，听雨是雨，每听到不同意见就动摇不定，这样的听取意见也许只会起坏作用。要在始终保持自己主体性的前提下，去虚心倾听别人的意见。换言之，要在牢固地保持经营者主导地位的基础上去集思广益，才能真正在经营中发挥大众的智慧。

6. 经营是创造性活动

经营是一种极有价值的活动，可以称它是一种艺术，是一种真正创造性活动。例如，一个优秀画家经过构思以后，在一块雪白的画布上涂上颜色画成画，这张画就已不是单纯的颜料和画布，而是融汇在绘画中的画家灵魂的艺术作品了。这恰是从无到有的卓越创造。同样，对于经营者来说，要想创办一个企业，首先是事业构想并制订计划；按照构想与计划去筹措资金，建造工厂及其他设施；寻求人才，开发产品并把它生产出来提供给人们使用。经营的这一过程如同画家绘画过程一样,是一个连续创造的过程。经营过程的每一个环节都活生生地体现着经营者的精神。从这个意义上说,经营者的工作同画家等艺术家的创造活动同出一辙,因而可以说经营是名副其实的艺术活动。

经营是艺术,但又不同于绘画、雕刻等独立的艺术。其中既有绘画、雕刻艺术,也有音乐、文学艺术,可以说经营是包罗了各种各样领域的综合性艺术。但经营与绘画的情形又不相同。绘画是绘画一结束,一件作品就完成了。而经营是没有完结的,它要不断地生成和发展,其过程本身就是一种艺术作品。从这个意义上说,经营是一种活生生的综合艺术。

当然,虽说是艺术,但其作品的价值并不一样。经营同绘画等作品一样,既有可称为艺术作品、令人赞叹不已的出色的经营,也有称为劣作和毫无成果的经营。并非所有的经营都配称为艺术。只有在工厂设施、产品、销售、培育和使用人才以及财务内容等方面都极为出色,并且活生生地体现着企业精神和经营理念的企业经营,才能称得上是艺术。而这种真正好的经营,会给社会带来极大好处。反之,经营上的劣作,则会给社会相关方面带来很大麻烦。最突出的例子就是企业倒闭或破产,这种经营的失败会给社会带来多大的不良后果是可想而知的。因此,作为经营艺术家的经营者,比一般艺术家更有义务创造出艺术杰作来。

因此,经营者为了创造出生动的综合性艺术的经营杰作,就必须做出毫不逊于甚至超过艺术家的严格的刻苦努力才行。否则,是不可能成功的。而明确认识经营的崇高价值,怀着对事业的自豪感为它做出最大努力,是一个经营者应有的追求。

三、利润观念

1. 利润就是企业的报酬

企业通过经营事业贡献于社会这一使命,同其在经营活动中获得合理的利润绝不是矛盾的。相反可以认为,利润正是企业完成其使命,对社会做出贡献之后所得到的报酬。

人们为什么肯用一定价格购买商品呢?就是因为他们觉得这个物品的实际价值比它的标价要高。例如标价100元的商品,如果人们觉得它值110元或120元,就会付100元买下它;而只值80元或90元的商品要买主花100元去买它,除特殊情况外,原则上是不可能的。而从商品供给者的角度来看,如果把价值110元或120元的商品标价100元售出,其中就包含着一种对顾客的服务。利润就是对这种服务的报酬。但这必须是通过自己的种种努力把价值120元的商品只用90元的成本生产出来,然后把它以100元的价格卖出去。最后,作为这些努力与服务的报酬,就是从买主手中得到10元钱的利润。

因此,企业提供的物质产品或服务中所包含的这种努力越多,对需求者和社会的贡献越大,则作为其报酬的利润也就越多。可以说这是一个原则。当然,在社会上也不排除没有经过相应努力和没有提供服务而牟取暴利者,但那终究是一种例外。从本质上说,必须承认利润就是企业完成其使命所得到的报酬。所以,没有盈利的经营就是没有完成其根本使命,相应地对社会贡献也就小。

2. 利润也是企业对社会的贡献

企业利润的大约一半左右是以法人税以及各种地方税的形式交纳给国家或地方自治体的。其中法人税的数额竟占国家税收总额的 1/3。此外,纳税后利润还至少有 20%～30% 作为股息支付给股东。而且股息也要纳税,即使税率平均为 50% 的话,也要占利润的 10%～15%。结果,利润的将近 70% 都要以税金形式上缴国家。正是有了这些税收以后,国家和自治体(指各级地方政府)才有可能把关于教育、福利以及各种社会设施的建设和扩充政策付诸实践。如果所有企业都没有利润,国家和地方政府的税收就会减少,结果就会导致全体国民的贫困。

在现实社会中,一旦发生经济不景气,亏损和收益减少的企业陆续出现时,政府和自治体的财政就出现赤字,并引起各种各样的问题,这是大家都体验过的明显教训。假如所有企业都能经常不断地获得合理利润,即使有时降低税率,财政收入也能保持稳定,国民福利事业和各种社会设施也会得到稳步扩充与发展。可见,企业利润是何等之重要。所以,无论在何种社会形势下,企业都要在竭诚尽力完成自己根本使命的同时,还必须在经营活动中取得合理的利润,并以税金的形式还原给国家和社会,这是企业的重要职责。

3. 盈利是企业的社会责任

盈利是企业的社会义务。企业发生亏损时,一般容易受到公众的同情。这是人之常情,但它是不妥当的。既然获取合理的利润并把它还原给国家和社会是企业的社会义务,那么亏损企业就是没有完成这种义务,这本来就是不能容许的。

盈利是企业对社会的重要责任。现在的企业,资本都是由众多的人出资,有的企业股东多达数十万人。当然要给股东们合理而稳定的股息或红利,而如果企业的业绩不稳定,以致经常出现股息收入减少或根本没有股息的情况,股东们持有这个企业的股票就不放心。倘若有人靠股息为生活来源,出现上述情况就直接关系到他的生存。这也说明企业获取合理利润是何等之重要。

此外,企业为贡献于人类的生存与发展,首先它自身也要生存与不断发展。亦即它必须经常进行新产品的研究与开发以及增加设备投资,以建立同人们日益增长的需要相适应的体制。但这都需要有大量的资金。如何筹措这些资金呢?私人企业必须靠自己筹措,即需要靠自己的赢利进行积累。而企业本身能够积累的部分又仅占利润总额的 20% 左右。就制造业而言,即使有 10 亿日元的利润,能够作为企业积累的也只不过 2 亿日元左右。而要取得 10 亿日元的利润,即使销售利润是 10%,其销售额也需要达到 100 亿日元。换言之,即使达到 100 亿日元的销售额,能用于研究开发和新设备投资的部分,也只不过 2 亿日元而已。这是企业发展最低限度的需要。如果连这个程度也不能确保,企业的生存与发展就难以为继了。

因此,应该明确认识,确保合理的利润,是企业对社会的重要责任。松下认为销售利润率为10%是比较合理的,松下电器就是这样经营的。当然,所谓合理的利润,其标准可因行业或企业自身发展阶段不同而各异。但不管怎样,应从上缴国家和社会的税金、向股东支付的股息以及为完成企业使命所需要的积累这三个方面考虑,来确保一个合理的利润率。

4. 要让各方都能得到合理利润

企业在进行经营活动过程中,要同协作商、批发商、用户、股东、银行以及当地社会以各种形式保持着联系,这就绝不能牺牲这些关联人的利益只求本企业的发展。否则,到头来还是损害自己。重要的是,要同一切有关方面都保持共存共荣的关系,这是企业长期向前发展的唯一道路。例如,为满足顾客要求降低成本而请协作商降低供应价格时,就要考虑到对方降价后经营是否还能维持。换言之,就是要考虑到确保对方得到合理的利润。

要让有关各方面都得到合理利益,是很重要的。一方面,要对协作企业充分照顾使之得到合理利润;另一方面,对承担商品推销的批发商,我们也要努力降低价格,也使之得到必要的合理利润。此外,我们制订的商品政策和销售政策,也能使顾客能以合理的价格买下商品。总之,在从事经营过程中,要充分考虑到对方的情况和对方的利益。当然,首先考虑对方的利益,也许有些困难。但至少在考虑自己利益的同时,也要同样考虑到对方的利益。这于对方有好处,而从大处着眼对自己更有好处。

但是,在现实生活中,最困难的还是与同行之间的关系。不言而喻,同行之间有竞争,而且竞争极为激烈,往往很容易陷入那种过分的竞争之中。所谓过分竞争,就是一种不能得到合理利润的竞争,有时为了在竞争中取胜,甚至不惜牺牲血本削价出售自己的产品。一旦这种不能取得合理利润的过分竞争持续不休,整个同业界就会因此陷入疲惫状态,甚至造成企业倒闭。

四、用人之道

1. 人才是经营的关键

"事业在人"这句话是千真万确的。任何经营,只有得到了称职的人才之后才能有所发展。无论有多么光辉历史和传统的企业,如果没有能正确继承其好传统的人,也会逐渐衰败下去。经营组织和经营方法固然重要,但掌握它并使之发挥作用的仍然是人。无论建立多么完善的组织,引进了多么新的技术,如果没有善于掌握和驾驭它的人,也就无从取得成效,从而也就无从完成其企业使命。因此,企业能否为社会做出贡献并使自己兴旺发达下去,关键在于人。就事业经营而言,最重要的首先就是寻求人才和培育人才。

松下电器公司的人才观是:"松下电器公司是培育人才的,也是生产电器产品的,但它首先是培育人才的。"生产优质产品虽是公司的使命,但为了达到这个目的,就必须造就出与之相适应的人才。只要有了这样的人才,就会自然而然地生产出优质产品来。这种思想在公司的经营中一直是坚守不渝的。

2. 怎样培育人才

首先,最重要的是要坚定地树立起正确的经营理念和正确的使命观,即明确"企业为什么存在,怎样去经营"这个问题。如果公司能正确树立起上述基本思想和方针,那么经营者和中下层管理人员就能据此对下级进行强有力的领导。同时每个人也都可以根据这个标准判断是非曲直,这样培育人才也就容易了。而如果没有这种统一标准作为依据,那么对下级的领导就会缺乏一贯性,也容易受外界影响或受个人感情所左右,从而也就难以培育人才。因此,作为经营者要想得到人才,首先自己本身就要树立起坚定的使命观和经营理念,这是培育人才的先决条件。

其次,要经常向职工进行使命观和经营理念的灌输,并把它渗透到人们的心里去。经营理念只是写在纸上是没有用的,必须把企业的经营理念变成每个人的血和肉,才能发挥其作用。因此,必须利用一切机会反复不断地把公司的经营理念和使命观灌输给职工。

最后,作为经营者还必须在实际的日常生活中,该说的就说,该纠正的就纠正。对于不说不行的事,对于不容许做的事,该说的必须说,该批评的必须批评。这绝不是根据个人感情来做的,而是站在使命观的高度上对下级的提醒和批评。通过这种严格的管理,被批评的人才会醒悟和成长起来。否则,什么也不说,不去批评,对部下来说表面上看起来似乎很好,对经营者和上级来说也很轻松,但这种苟且偷安的做法是绝不可能培育出人才来的。

此外,培育人才还应特别注意的是,企业不只是要培养会工作和技术高超的人,即培养出经营能力和技能方面都很卓越的人,而且这些人作为普通人和社会人来说,也应该是高尚的人。假如只是能够出色地完成工作,但作为社会人来说还有缺陷的话,那么这种人仍不能说是符合当今时代要求的产业人。特别是考虑到各企业以及日本国的日益增多的国际交往,这就显得更为重要了。当然,作为一个人、一个社会人的教育,本应是在家庭和学校里去完成。然而从现实情况来看,在这方面企业所起的作用也非常大,而且将会越来越大。因此,企业培育人才时,应该充分注意到我们所培养的对象,无论是作为职工人还是作为社会人,都应该培养成优秀的人才。

3. 正确使用人才

重要的是要敢于大胆放手让下级去工作,让他们在自己责任和权限范围内能够自主地进行工作。要培养出懂经营的人和对任何细小事物都能用经营意识去处理的人。因此,决不能事无巨细地左一道命令、右一个指示,那样只会培养出唯命是从、不推不动的人来。还是应该放手让下级去工作,只有这样才能使担任了工作的人下功夫开动脑筋想办法,充分发挥出自己的主观能力,从而使之成长起来。松下电器公司的事业部制,就是把这些做法制度化了。事业部制确有培养人才的长处。不仅事业部这个经营体,其中的每项工作都具有这种思想,并把这一思想贯彻到一切工作中去。

当然,在广泛的范围内放手让下级工作,必须牢牢把握住公司的基本方针。否则,下级各行其是,整个企业就会成为一盘散沙。说到底,就是永远要在规定的方针下授予下级权限。因而,公司的基本思想和经营理念在这里仍然是极其重要的。可以说,只有个人遵循经营理念的情况下去自主地工作,才能谈得上放手让下级去积极工作。

第二节 土光敏夫的企业管理思想

土光敏夫是一位从工程技术人员成长起来的日本经济界的泰斗与业绩显赫的企业家。他于1920年从东京工业大学毕业后,先后在多个公司任职,1965年就任日本东芝电器公司总经理,为重振东芝立下了汗马功劳。1972年他升任东芝电器公司董事长。他在日本享有"勇敢的企业家"、"合理化先生"的美誉。他在现代企业管理方面拥有自己独到的见解,有明确的思想和十分成功的实践。

一、土光敏夫的管理思想

1. 要让一切都充满活力

土光敏夫认为,只要职工充满活力,就会大有作为。那么,活力是什么呢?它可以用如下公式来表示:

$$活力 = 智力 \times (毅力 + 体力 + 速力)$$

所谓活力不只是指人的干劲,还需要智力。毫无疑问,知识和技术是重要的。不过对活力来说,智力是必要条件,但不是充分条件。所谓充分条件,就是使智力变成现实的行动力。构成其行动力的主要因素是毅力、体力和速力。毅力是意志、性格和干劲的源泉;速力则反映着这样一种态度:重视工作时机甚于它的数量。体力也是一个不可忽视的重要因素。

为使经营充满活力,对未来要有理想并制订规划、明确目标。一个富于创造性的企业,必定有它的理想。正是这种理想,向未来展示出企业存在于社会上的意义,职工们也将从这种理想中看到自己作为集体一员的意义。正是从这里人们感受到生活的意义。职工们了解到企业的远景规划,就会感到很亲切。一个没有理想与目标的人,思想上往往偏于保守,行动上常常想维持现状。而一个有自己理想与目标的人,则总是想方设法达到自己目的,他的思想是向前看的,并决心为既定目标采取断然行动。这一点,地位越高的人,必要性就越大。就目标来说有两种:一是企业本身的目标;二是谋求职工利益的目标。为了使职工理解并支持企业的目标,就必须同时制订出企业成果将如何分配给职工的目标。如五年后的工资水平,如何缩短工时以及延长退休年龄等。这样做,企业目标与职工的目标就会水乳交融,整个经营也就会充满活力。

2. 理想企业与理想职工的形象

用共同的价值观把职工们联系在一起,就是理想企业的形象。现代企业中,在价值观方面上下之间存在着的巨大差距如何弥补,将是今后经营管理上的最大课题。今天,对于把父母、老师都看作是朋友的年轻人,强求他们要确立一种对上司有利的从属关系已经不可能了。唯一的办法,就是求得心灵深处价值观上的一致。为此,经营者本人必须是新价值观的提倡者,并把它同青年一代的价值观联系起来。至于如何来表现这种价值观,那将是一项充满创造精神的事业。而创造性精神是不承认沿袭、固定的价值观的,它将不断适应变化,进行挑战,并适时对价值观进行更新。这种价值观将成为"看不见的公司方针",成为推动企业前进的动力。

当今理想职工的形象是那些能向变化挑战的人,其主要特征是:①能超强度地使用脑力;②工作有预见性;③善于在组织中开展工作;④重视工作速度;⑤能够处理好工作和生活的关系。当今这个"变化的时代"有三个特点:一是变化的断层性。现在世界上的变化同过去相比有许多质的飞跃,因此就不能停留在过去的知识和经验上。二是变化的连锁性。往往一个变化在这个领域尚未完结,又向其他方面波及,并与其他领域发生了意外的联系。因此,人们就不能安于只懂自己的专业。三是变化的加速性。如果说过去的变化是算术级数,那么可以说现在是几何级数了。重要的是,要具有把握这种变化的时机感和预见性。因此,对于衡量工作尺度的时间因素,必须予以重视。

3. 要有执着的信念,排除"不可能"的观念,不要怕冒风险

使人们取得成就与成功的力量,当然包含着能力,但能力并非充分条件。其充分条件是:还要有一种赋予能力以启动力、黏着力、浸透力以及持续力的力量,即我们所说的"执着的信念"。要工作就会有困难和失败,在这种时刻,能给人以知难而上、百折不挠的力量的,就是这种执着的信念。当然,在提出某些新方案或大目标时,有时确实也存在"不可能"或困难问题,但更多情况还是因受观察事物的固定观点以及人们的惰性的影响。重要的是,要有一种向前看的态度,全力考虑如何才能解决问题,达到目标。可以说,是否具有解决某个问题的能力还是次要的,更重要的是对待这个问题的态度。

不要怕风险和失败,保守消极风险更大。要前进就会有风险,而风险和利益的大小是成正比的。如果风险大,许多人就会望而却步。从这个意义上说,有风险才有利益。可以说,利益就是对人们承担风险的相应报偿。反之,如果采取保守消极的行动,谨小慎微,实际上则包含着更大的风险。因为,无所作为,坐失良机,常常会使人失去更大的利益。这就是所谓机会损失,即丧失若早些行动本来可以得到的利益。

4. 速度就是生命,速办速决才能抓住时机取得成功

在这个充满变化的时代,经营的时间要素是很重要的。速度就是生命。即使只能得60分也要速办速决。决断就是要不失时机,该决断时不决断是最大的失策。而要使经营

有速度,首先负责干部办事就得有速度,也就是要迅速做出"决定"。这一点之所以难以做到,就是因为负责干部都有一种好求"完善"的毛病,而一味追求完善,就会坐失良机。即使是一个可得100分的方案,如果误了时机,结果也就只能得50分了。反之,即使是一个60分的方案,如果不失时机,信心十足地去做,也许可得到80分的结果。"好运气"往往是在这个时刻光临的。在事业经营上,也还要有非冒风险不可的时候,此时此刻,就必须做出某种决断。总之,为要取得成功,唯一的办法就是一而再、再而三地锐意进取。

5. 要把成功变成下一个成功的跳板,把失败变成今后取得成功的根基

无论我们做大事业或小工作,常有这种情况:当取得一次成功以后,从此就无所作为了。究其原因,都是由于这个企业或个人在成功面前变得高枕无忧起来的缘故。仅仅一次成功,还算不上真正的成功,只有把第一次成功作为跳板,再取得第二次、第三次成功,才会有企业和个人的进步。所以说,"成功是成功之母"。与此相反,也常有另一种情况:在遭到一次失败之后,有的企业或个人就从此一蹶不振了,这都是由于这个企业或个人从此害怕失败,不求进取的缘故。实际上,遭到一次失败,不见得就是失败,重要的是如何转败为胜,要彻底搞清失败的原因,不再重蹈覆辙。如果这样做了,也就做到了"失败是成功之母"。上述两种相反的情况,说明了同一个真理:后劲是极其重要的。

6. 降低成本无止境,首先要从经营方面入手

降低成本,是企业的一个永远的课题。在这个领域,是没有穷尽的。关键在于:降低成本的着眼点和方法。迄今为止,降低成本的努力一直专注于传送带系统、自动化、质量管理以及工程管理等制造过程。诚然,这方面还需要做进一步努力。但若局限于此,就会使人眼界狭隘。比方说,还应着眼于材料和部件。尽管原材料费占制造成本的半数以上,但却没有成为节约的主要对象。在这里就应考虑一下:"能否用其他材料代替?""其他的规格能否通用?"如果新的原材料的性能能够同样满足要求,就要大胆采用新的原材料。不只是材料部门应这样考虑问题,设计、制造、检验等部门以及厂外承包商,都要协调一致,共同努力。要提高效率,就需要打破部门界限。可以说,降低成本的办法是没有穷尽的。

降低成本如果只是以生产为中心来开展,那还是不够的,土光敏夫认为首先应从经营方面做起。从当时石川岛播磨公司的经验来看,像船只这种需要个别订货的产品,推销工作如何开展?往往对成本有决定性的意义。关键是营业人员要说服买主,使他们懂得什么样的设计才能相应更便宜些。如果营业部门接受买主五花八门的要求,那么生产现场再拼命降低成本,其成效也是有限的。从这个意义上说,正是由于营业部门的努力,才使得"经济船型"的开发成功有了可能。

7. 企业计划一定要实现,但超额完成时要引起警惕

企业计划是它"走向未来的意志"。计划一旦制订,就要排除万难去实现它。计划目标的性质,是从现状看实现它是有困难甚至是很困难的,它需要有所飞跃。至于那种处

于现状延长线上既合理又有把握实现的计划,倒不如说它是"预定"更妥当些。而作为未来意志的计划,它本来就应该具有面对困难、向困难挑战并最后战胜困难的性质。实现计划的过程,要求人们以坚强的意志去超越障碍,排除万难。在这个过程中,将锤炼出真正的人。说到底,计划是属于你自己的,是对你有益的东西。当人们自觉地认识到这一点时,计划就会显示出真正的力量。

但是,如果实际成绩远远超过原订计划,则要引起警惕。在许多干部的心目中,任务计划只是被压低了的定额。由于对一个人成绩评价取决于他超额多少完成了定额,订计划时指标往往被压低。因此,有时当实际成绩大大超过原定指标时,负责人不应为此而高兴,反而应比成绩低于计划指标时更要引起警惕。因为故意压低了的指标,是不能称之为指标的。从原则上说,预算计划与实际应该一致,否则都是不理想的。在这里反映出把计划看作是建设性行动指标的立场和决定计划的思想方法,也反映出领导干部见识的高低。

二、经营合理化

1. 搞合理化首先要考虑"省略",再考虑改善

搞合理化,就会有改革。改革总难免是不彻底的。按一般做法,总是先对一系列的工作进行分析,从中发现问题之所在,再提出并实行改革措施,由此得到前进。这种做法往往使人们无法大踏步地摆脱现状,多数情况只是停留在局部改善,于是一些有关的工作又遗留下来。因此,我们应该追求工作的理想状态,使现实状态尽量接近理想。不仅是工作有问题时需要进行改革,即便工作处于过得去的状态,也应寻找问题加以改善。此外,还要设想到一些当前还未发生的新问题,也要做出处置预备方案。这就是系统的工作方法。运用系统方法最重要的考虑是:"能否革除目前的低级系统并设计一个高级系统。"我们采取改进措施时,本体还残留着。而采取革除措施时,原来的本体也不存在了。"这段工作是否真的有必要,能否加以革除?"——这种考虑乃是合理化的开端。

有人认为,实行机械化就会产生单调的作业,单调的作业就会产生人对自己的异化。这种思想方法是很奇怪的。实际上,机械化减少了人的体力劳动,与此同时增加了人的脑力劳动。也就是说,实行机械化才能使人专心从事那些适合人做的工作。通过自动化与电子计算机来实现合理化,消除单调作业,那才是真正的机械化。

2. 要减少文件,推动工作的合理化,开会也要合理化

可以说,企业非生产部门的工作就像是"靠低能进行的工作",人们写出报告、统计、传票和信件,然后进行阅读和递转。应该提倡反其道而行之:通过减少文件和低能的消耗来推动工作的合理化。我们现在对文件是过于依赖了。而在一般工作文件中,大约有 1/3 乃至 2/3 是不需要或不急需的文件。因此,不妨可以试一下,让人们在某一天内完全用脑来思考问题并禁止使用纸张,到那时人们将会发现自己用脑的时间该是多么的少。

开会也要合理化。会议是进行讨论的地方,要提倡激烈的争论,不必担心意见对立。会议是真正的竞赛和一对一的较量,要提倡各抒己见。会议参加者都是平等的,不必介意职位的高低,应该提倡全体发言。会议讨论时要抓住关键和重点,无须花很长时间。而且负责干部也不允许因开会长时间离开工作岗位。提倡开会时间不超过一小时。开会的真谛在于要轻松而不拘束,因此可提倡站着开会。

3. 今后的课题是提高"效率",走"自主管理"的道路

迄今为止,我们只抓了提高"能率",今后是如何提高"效率"的问题。这两者,分别代表着两种不同的思想。历史地看,"能率"是以生产为中心,侧重于提高产量,从而它主要是以体力劳动为对象;而"效率"则是以管理为中心,努力提高质量,从而它的对象主要是脑力劳动。从达到各自目的之方法来看,"能率"是以现状为基础来解决问题,从而难免是一些局部性的解决办法;而"效率"则是以事物应有的状况为出发点,着重考虑全局性的大计。从判断方法来看,"能率"是针对过去寻求当前的改善;而"效率"则是为实现未来的目标而加紧现在的努力。

今后企业管理走"自主管理"的道路,才能有"效率"。土光敏夫说他不喜欢"管理者"这种称呼,因为它易使人联想到上管下、人管人。实际上,只有当人以自发的意志采取某种自主行动时,他才会最大限度地感到生活的意义。因此,今后的企业管理,如果不走"自主管理"的道路,就不可能取得成功。今后的管理者将是提出希望的人而不再是命令者;是给人以帮助的人而不是统治者;是具有同情心的人而不是批评者。今后部长、课长所起的作用,主要是激发起部下的工作热情,使每个人成为自己的管理者。

4. 要勇于改革创新,努力追求"理想境界"

要重视规章制度,但发现有不妥之处时,也要有勇气改革它。现在企业的规章制度太多。首先,要对此进行整顿、精简,特别是一些规范性的章程,可以让它变成不成文法,以反映企业的传统与风习。其次,对于一些陈旧的规章可以废除。此外,无法遵守的规章也很多。这些规章的存在,会造成人们轻视规章的风气,这比没有规章更有害。为使规章受到重视,就必须建立有生命力、值得遵守的规章。如果随着时间的推移,规章制度已变得不适应时,就应毫不犹豫地改革它。

要善于发现、解决问题,努力实现"理想境界"。什么是"问题"?真正需要我们去解决的问题,就是"理想境界"同"现状"之间的差距。而这种"理想境界",是我们要摆脱现状时在头脑中生动地描绘出来的。所谓具有"问题意识",就是对这种差距的认识。只有那些意志力强并为了"理想境界"的实现每天都做出努力的人,才有可能发现问题的真相。人们在工作顺利时,常常说"没有问题",尽管实际上存在着问题。当人们避危求安,或者未能抓住问题,或者因没有深入工作而无法发现问题时,人们就会认为不存在问题了。如果看不到问题,是十分危险的。因为那是一种没有大错、没有失败的平庸状态。它将会使组织逐渐受到侵蚀以至衰亡。只有向前看地对待问题,建设性地处理这些问

题,组织才会得到蓬勃发展。因此,不要害怕矛盾,要脚踏实地去解决问题。

5. 技术开发要超前,销售部门要创造顾客

研究开发是企业的生命线,研究所应该挂上 10 年后的日历。对于制造厂家来说,即使是在不得不大幅度削减预算的时候,研究所的经费,也是如数拨给的。如果经营业绩不好时,研究所也随之萎缩,为应付眼前的对策而转向从事能在短期内出成果的研究课题,那是要不得的。因为这样做的结果,就会使我们在下一个经营好转期的竞争中坐失良机,从而形成一种恶性循环。因此,任何时候研究室的工作都要向前看 5 年到 10 年。唯有如此,才能在外界形势变化极快的条件下,保证我们的新产品应时对路。

销售部门要善于创造顾客,这也是关键。销售部门不只是善于销售产品,还应不断地向技术、制造部门提出新产品建议。诚然,在当前的商品战中取胜,这无疑是重要的。但这只是意味着,别人制造好了,我就负责销售。而从顾客这一方来看,应该是:因为有销路,所以要制造。因为能够切身感受到顾客真正需要什么的,正是销售部门。凡是热门商品,都是具有创造性或新改进的产品。可见,产品的独创性或改进的新意,应该来自销售部门。也就是说,销售部门的一个重要任务,就是向技术、制造部门订制新产品。

6. 树立系统思维意识

提倡"向阿波罗学习"的主要目的,就是要大家领会这种系统思想。"阿波罗"的发射成功,是"系统"的一个胜利。2 万个企业,使用 17 万人,汇集 710 万个部件,还要达到 99.999% 的可靠性。无疑这里存在着一个精确的、管理着全体和各个部分的系统。作为管理者,最重要的就是要具有综合的精神。而要做到这一点,首先就必须从除掉各部门之间的墙这一点做起。亦即即使某项方针对本部门不利,只要它对整个组织有利,就应该给予积极的支持。这也正是系统思想的一个实际例证。因此,身为管理者,必须学会将各个系统组织起来的设计方法。只有当我们在主观的判断中运用了客观的、科学的方法时,我们才有可能把握整个系统。

公司全体人员也都要好好领会"系统"这个概念,其中最重要的是要掌握系统性的思考。为此,就需要把下述思想化为实际行动和态度:不是能做什么,而是必须做什么;不是输入信息然后导出输出信息,而是首先应确定输出然后再选择与此相应的输入信息;应把未确定因素看作是发展因素,而不应看作是消极因素;对不同系列横向联动的重视,要超过同一系列的纵向联系;要把组织看作是有机联系的工作网,而不应看作是职能的分割。

三、领导观念与思想

1. 企业领导人是吃苦的人,要做出十倍的努力

要记住,负责人是吃苦的人而不是了不起的人。说领导干部不简单,那是因为人的地位越高,负的责任也越重。领导干部是有权力的。但这个权力最好不要随便使用,要

尽量把它委让给下级,留给自己的只是责任。所以经营管理者和领导干部应该是真正能吃苦的人。如果做不到这一点,他就不具备掌管企业的资格。正因为如此,当要推荐某人担任主要负责人时,总是先给本人通个气,并给他一两周的考虑时间,让他跟夫人好好商量一下,看看是否有牺牲家庭生活的思想准备。

职工要有三倍的努力,负责人则应该有十倍的努力。土光敏夫说这是他来东芝公司时讲的第一句话。是的,企业负责人是要做重脑力劳动的人。人们都说日本人勤奋,但这种勤奋,总使人感到有些偏于体力方面。正因为如此,土光敏夫说他要大声疾呼:今后要求大家的将是脑力上的勤奋!现在,日本的劳动生产率只是联邦德、英国、法国的一半,同美国相比差距更大。要想赶上去,就唯有依靠这个脑力。何况人的头脑还远远没有被充分利用。人的头脑是越用越聪明的,它并不像肉体那样,用多了就会衰减。

2. 领导干部应是亲临第一线的勇将,要身体力行

企业领导干部不能只是"督战队队长",不应是躲在安全地点向前线发号施令的将军。强将手下无弱兵。要使部下成为勇士,领导干部首先必须是勇将,要首先闯入战场。后来东芝营业部门的领导干部也去了第一线。他们每天早晨上班时,不是先到公司而是先去顾客那里。并从顾客那里向在公司的部下发出指令。这同以前的做法恰恰相反。领导干部作风有了转变,部下的变化当然就更大了。

领导人身体力行,下级就会行动起来。东芝公司的惯例是:级别越高的人,上班越早。这也是理所当然的。因为地位越高,当然也就应该越忙。在部下到来之前,就应该把当天的准备工作做好,文件必须提前看完。在上级这种实际行动面前,部下也跟着发生了变化。有些人在清晨组织学习会,有的做早操。既没有说教,也没有强迫,人们就自行商议着干起来了。"率先垂范"这种精神,乃是人们处理好相互关系的基本原则。

因此,现在对管理者的最大要求是管理好自己。实际上部下学习的是上级的行动。上级对工作全力以赴的实际行动,就是对部下最好的教育。部下注视的,与其说是管理者的正面,毋宁说是他的背影。如果领导以身作则,那么即使他不说话,部下也会跟上。从这个意义上说,对下级的指导就是在实际行动上做出表率。

3. 领导人要有权威,不要有权力意识

企业首脑和管理者,都拥有那种由职务直接产生的外来力量,即权力。此乃一把传家宝刀,最好不要轻易拔刀出鞘。而相对来说,首脑与管理者却不一定都有权威,因为权威是从一个人的内在实力和人格中自然渗透出来的。这种权威应得到充分发挥。这好像击剑技法,有活人剑和杀人剑之别。在企业这个竞技场上,为企业保持生气勃勃,我们就要用权威这把活人剑,而不要去用权力这把杀人剑。权力大而权威小,企业就会衰败;权威先行,权力后随,企业就会蒸蒸日上。

企业领导干部应去掉权力意识,对下级以诚相待。领导者的权力意识,他本人往往

意识不到。例如总喜欢别人称他课长、部长;偏爱豪华的个人办公室;喜好配备私人秘书;出差时总愿有随员给提皮包,等等。我们应该清除这些杂乱的东西,使周围姯终保持清洁。此外,还要对部下保持接触,经常谈心。更需要关心下级,在他们拿不定主意时提出建议;在他们遇到困难时,给予帮助;在他们动摇时,给予鼓励。在这里,最重要的是对部下的亲近谈心和体贴关怀。总之,忠告、帮助、激励的事,应该多多地去做。

4. 公司首脑应把全部职权委让给部下,把全部责任留给自己,下级则要恪尽职守

公司总经理同事业部长之间是一种平等关系,两者之间存在着一种交易关系。而一旦拍板成交,目标与方针大体已定,那么关于方法、措施等全部职权,就应放手交给那些事业部部长们。当然,这样做总经理也并不是一身轻了,因为,在委让者的一方,也还留有全部的责任。土光敏夫说他要向事业部部长们进一言:"别怕什么失败,充分行使你们的职权吧!一切责任由我来负。"当然,对于上级的职权委让,下级应以恪尽职守的态度来响应。要培养一批中坚干部,使他们能够不依赖公司首脑,自己能够负起责任来,这是公司的百年大计。

对于被委让职权的一方,应该充分行使这些职权。因为责任就是行使全部职权,亦即恪尽职守。不恪尽职守的"负责",那不是真正的负责。那种"有职无权"的埋怨是不对的。因为职权已经授予了,当然也不只是授予,还需要自己去建立。对于能够充分行使职权的人,上级将不断给他加上新的职权。反之,对于未能行使职权的人,则将逐步收回他的职权。因此说,也许"职权委让论"应该让位于"职权形成论"吧。

5. 领导人要善于决策

决策最终取决于勇气,几乎没有一个负责干部承认自己缺乏勇气。但是,缺乏勇气的事却比比皆是。迟迟不做决定,就是第一个证据。人们不理解,他们失去的那些利益,如果早下决心,本来是可以拿到手的。他们忽略了巨大的机会损失,也忘记了时间乃是重要的经营要素。第二个证据是,在下决心之前,文件堆积如山,文件成了勇气的代用品;勇气被文件顶替了,以致使下级无所适从。第三个证据是,在催上级快点做决定时对下级却常说"再研究研究"。至于如何再次进行研究却不做出什么说明。实际上,这只是一种漂亮的遁词。

决策,是不能由多数人来做出的。多数人的意见是要听的,但最后做出决断的,只能是一个人。记得德鲁克(P. F. Drucker)说过:"勇敢者只死一次,而胆怯者却要经历千百次难堪的死。"

6. 领导干部应该常到现场走走,发现问题及时表扬和批评

领导干部只有经常到现场去,才能了解下情。为此,就需要用自己的眼睛到现场去看看,呼吸一下现场的空气,接触一下在现场工作的人们。这样一来,原来得到的抽象化的情报,就会变得具体和丰富多彩起来。当然,去现场既有大街也有小巷,领导干部首先应去的是那些小巷,首先要看那些成绩不佳、有问题的或见不到阳光的单位。

领导对部下该表扬就得表扬,该批评就得批评,并且应以表扬为主。既不表扬也不批评,那是最要不得的。在上下级之间,如果心性相通的话,就会自然流露出一种对部下成败忧乐与共之心。到这种程度,下级才会相信上级说的话是表里一致的。土光敏夫主张多进行些表扬。即使是很小的成果,也应积极地提出来并给予表扬。因为,作为一个下级他是很可怜的,他将从上级对他的赞赏中,感受到最大的工作喜悦和生活的意义。

7. 领导干部的义务之一是培养接班人,并应随时准备让贤

那些以尽可能少的部下完成既定工作的人,那些能把部下培养成才并尽快输送出去的人,以及那些培养自己的接班人并随时准备让贤的人,才是真正出色的管理者。

上司如果总占着原位就培养不了部下。为了培养下级,应随时准备让出现在的位置。如果他既重视后继者的培养,又善于选择交换班的时机,那么他就是一个管理者们的管理者了。但实际情况是一些管理者的态度恰好与此相反,他们死守着一度取得的职位,缺乏容纳比自己高明下级的度量。要知道,在这种权力主义的环境中是绝对培养不好接班人的。有鉴于此,东芝公司建立了接班候补者制度。按照这项制度规定,每个管理者均有要在两年内培养两个候补者的义务,以使现任管理者随时都可以调任。这样实行下去,管理者自己也就能得到更好的位置了。

四、用人之道

1. 培养人要实行"早期重任主义",让青年人早挑重担

最近培养人才的呼声很高,但有一件事必须首先做好,就是要使工作场所的气氛和工作分配方式有利于人才开发。这是一切的基础,如果没有这个基础,其他措施都会徒劳无益。为使工作场所和工作本身有利于人才开发,首先应从组织和人事方面着手。其中最重要的就是"早期、重任、锻炼主义"。无论什么人,都应从年轻时接受严格的锻炼,让他承担有助于提高能力的工作。一个人如果不能知难而上,不断努力并历尽艰辛,那他就成不了人才,也就形成不了他自己的实力和人格。

人往往不是先有这个能力才担任这个职务,而是先担任了这个职务才发挥了惊人能力的。我们在任用人时往往这样考虑问题:因为他有这个能力,所以可以让他担负这个职务。其实,说这个人有能力,只是说他在过去和现在的职务上有能力,至于在未来的职务上是否会表现出同样的能力,那是没有任何保证的。因此,对于一个人是否有能力胜任新的更高职务,如不让他实际担任这个职务干一番,那是无法断定的。事情应该这样来考虑:假如新职务要求的能力是100,那么即使这个人现在的能力是80,也应该任用他,以便使他的能力提高到100。有的人往往就是由于担任了某个较重要的职务才发挥了惊人的能力的。因此,应该让青年人尽量早挑重担。

2. 用人要一视同仁,不论资排辈,并且要信任人

人们常说,日本企业里人们是按地位的上下排列进行工作,上部澄清的部分由上级

来做；底部沉淀的部分则分给下级去做。这种工作分配方式，令职工特别是年轻人感到不满。实际上工作分配应该纵向地进行，要使每个人都能自始至终地从事一项有系统的工作。使计划、实施、检查这三个环节一起动作起来。在一个工作单位，应使大、中、小不同的各个环节，都能协调一致地运转起来。这样纵向地分配工作，自然人员就横向排列了。正是在这种体制下，人们将感受到工作的意义并会在工作中发挥主动性。

用人要信任人。对人的评价要有发展的眼光。在进行工作调动或晋级评议时，有些人好搬出五年、十年前的事情，说什么此人以前有过这样的失误、那样的不检点，看一看再说吧。这类认识，本质上来源于对人的不信任。土光敏夫认为，即使一个人曾经有过使人不信任的行为，也要相信他是可以变好的。有的人虽也有过失败和错误，但他们往往是以此为契机，幡然悔悟并痛改了前非的。总之，要相信人是可以变好的。在这方面上级对部下的影响力是很大的。有时上级的态度变化了，部下的面貌也就焕然一新。

3. 用人要少而精，并要多多用人之长

所谓"少而精"，有两层意思，其一是"使用少数的精干人物"；另一层意思是"因为人少，人们更可能变得精干"。更应该重视后者。前者，意味着将已经造就好的精干人物集中于自己的手下。后者则意味着自己部下既有玉，又有石；要进一步对"玉"进行琢磨，也要使石头经过磨炼变成"玉"，由此来提高全体人员的能力。经验表明，出人才的单位，往往是工作多而人手少，这样，每个人的负荷就加大了，每个人都干着稍稍超过自己能力的工作，这就形成了一种必须自己去经受锻炼、克服困难的环境。因此，要使人们经常感到人手不够，才是人才开发的绝好土壤。

用人要多看人的长处，尊重有个性的人。世上没有完人，任何人都有他的长处和短处。好看别人的短处和对人的消极评价，只会起腐蚀人心的作用。事实上任何人都有一两个长处，我们应该用人们的这些长处。长处不断发展，短处就逐渐消失了。我们说的团结协作，也就是要善于融合每个人的长处。每个人的长处越是不雷同，团结协作的效果就越大。所以，我们要尊重有个性的人。当然，有个性的人不一定就是高才生。

4. 要培养和尊重专家，并要给他们职务，树立权威

现在社会上只看重部长、课长等管理职务，于是大家都来凑热闹，争着想搞个管理职务。从今后企业的需要来看，专门职务将超过管理职务。即使得不到社会的公认，企业也将不得不培养专家，并给专家以权威。

为了实现上述目标就必须：①要在公司内部培植起尊重专家的风气。在任用人时，必须任命那些人们都认为称职的优秀专家。但决不能把那些不适于担任管理职务的人任命为专家，那只会给专家职务的名声带来损害。②要使管理者承担义务，必须最大限度地尊重专家的意见，如果没有这个保证条件，专家职务就会流于有名无实。③专家的待遇要高于管理者，如果是第一流的专业人才，即使他们的待遇超过公司的主要负责人，也是可以的。

5. 培养人要博而专,重视相辅相成

对于专业化,人们往往理解为"深而狭";而一讲到综合化,则往往理解为"广而浅"。这是不对的。搞专业化当然需要加强深度,但因此就会变得狭窄,那是难以理解的。实际上,为了真正加深深度,就必须钻研其他有关学科,逐步扩大知识的广度。也就是说,真正的专业化必然是深而广的。而这种深而广的高度发展,就是综合化。这一点,也适用于解释专家首脑论。一位专家,在他不断加强自己的深度和广度的过程中,将逐步成长为一个懂专业的企业首脑。从这个意义上说,也许世界上找不到一个尽善尽美的最高管理者。但有必要指出:有深度的专家需要进一步拓展广度,有广度的高级管理人员需要进一步加深自己的深度。

企业今后对工作人员要求的第一个条件就是要具有专业能力,即具有一定广度与深度的"专长"。这是一种高度丰富的学识能力,它要求以自己从事的领域为中心,同时兼通与此相联系的其他有关学科。因此,要提倡一种相辅相成的教育,技术人员应该学习行政事务,行政事务人员要学习技术。由于今后要按系统开展工作,从而在横向上努力学习和扩大知识领域就尤其重要了。技术人员应学习经营管理理论,机械师应学习电子技术,事务人员应学习工学基础——这就是相辅相成的教育。

6. 要重视调动女职工的积极性,并善于引导她们

日本女职工经常被人称为"工作单位之花"或"临时工",这里也包含着对她们工作意识和工作态度的叹息。但这并不能使情况有所改善,重要的是要鼓起她们的干劲,发挥她们的力量,并使她们感受到工作的意义。从社会上及公司内部所进行的意识调查来看,妇女的职业意识之高是出人意料的,在她们内心深处都是想好好干一番事业的。现在需要的是把这种积极性引导出来。遗憾的是,我们对此几乎没有采取什么措施,比如系统训练、现场指导等,有的似乎只是对女职工的性别歧视。因此,可以说女职工之所以鼓不起干劲,其大部分责任是在男性管理人员和男职工方面。

五、企业组织管理思想

1. 企业组织是一组异中心同圆,不应该是一个有上下台阶的座席

我们总是热衷于整顿企业组织的"形式",而对于组织的"机能"却很少考虑。土光敏夫认为,企业组织的真正机能,最好用圆周关系来表示:居于中心地位的是企业首脑,他的周围是主要负责人,稍外一圈是事业部部长,再外一圈是工场场长……也就是说,这是一个由各个小圈构成公司整体这个大圆的"异中心同圆"。而且,这些小圆都向着大圆,形成一种"向心"关系。这些"圆"都不是静止、不动的,而是在"旋转"着的。应该把这种组织内的相互关系比喻为"宇宙系组织"。这种组织既没有上,也没有下,它围绕着中心相互依存,并沿着既定的轨道永不休止地运动着。

2. 企业组织活跃起来的关键在于人，要用挑战、应战活动来振奋组织

我们经常能听到"组织重要，还是人重要"的争论。其实，组织只是一种看不见的东西，作为实体存在的只有人，没有人，也就没有组织。人是先于组织存在的实体。从这个观点来看，一个好的组织就在于它能使人们在这个组织中的位置与相互关系处于最佳状态，使人们的行动彼此协调与和谐。现代企业组织的协调行动，应该具有足球队那样的机动能力。它要善于根据场上的变化，不断迅速变动球员位置，并向主战场集结球员的主力。而人们能否协同配合得好，又将取决于他们的思想和行动。

流水不腐。要用挑战、应战的活动来振奋组织。企业组织必须充满活力，而且组织体的活动最好能像沸腾着的开水那样。为此，对组织体有必要经常给予震荡，要进行挑战和应战，要在纵向、横向以及斜向上，都要推动挑战和应战。我们可以主动向有关人员发问，比如，那项工作进行得怎样啦？该不该抓紧呀？是否可以改变一下方法呀？等等。这样，我们对工作的动态和事物的真相，就会有亲近的实感——这就是挑战。再如，想到对方可能要了解这件事，先考虑一下对方会问些什么，这时就主动先写出报告和做出说明。这种信息交流会使火花迸发——这也就是应战。

3. 组织内部要互相信赖，并且首先要"从我做起"

组织与组织之间常会发生矛盾，如中央与地方、现场与处室、销售与生产、设计与制造等都会发生矛盾。但这不一定是坏事。问题在于，是积极地还是消极地处理这些矛盾。如果能积极地对待矛盾，反而会增添组织的活力；若消极地对待这些矛盾，甚至发展到以邻为壑，组织之间就会中断联系并产生隔阂。而这些矛盾如果表现为相互插手，就会出现组织重叠的现象。产生这类隔阂与重叠问题的真正原因，就是相互间缺乏信赖。而妨碍组织之间相互信赖的精神上的原因，则是我们特别缺乏一种"合同思想"。相互之间凡是答应了的事情，一定要办好，以此来消除彼此之间的多心与猜疑。这样做了，就能实现相互督促，相互帮助。合同思想乃是一种高级的精神活动。

为了真正做到相互信赖，首先就要努力使自己成为"可以信赖的人"。不要一味要求对方信赖自己。在组织之间建立相互信任关系，是不容易的。人们常把这个命题改变为"如何取得对方信任"。但土光敏夫认为首先考虑的应该是"如何使自己成为别人可以信赖的人"。每个人都能这样要求自己，就会形成一种相互信赖的关系。为使自己成为可信赖的人，就必须注意以下五条行动准则：①设身处地为对方着想；②言而有信；③言行一致；④工作中同对方保持及时联系；⑤对方发生失误时要积极地进行补救。只要我们这样做了，对方也就会这样对待我们。

4. 组织要排除影响互通信息的"电离层"，并要提倡面对面的信息交流

组织在互通信息的过程中，往往容易产生"电离层"。在自上而下的情报传递中，中途往往被加码，以致歪曲了原来的信息；在自下而上的汇报中，中途往往遇到阻力，从而使情况走样；在横向的情报交流中，中途往往发生短路，以致造成情报失灵。而且，由于

电离层是看不见、摸不着的,要搞清它究竟在何处又不容易。我们在开展排除电离层运动时开始觉察到,要注意问题是否就出在自己身上。大家有了这种认识,那么用不了多久情报交流就会活跃起来。

要提倡"面对面"的信息交流。一见面就应该交流情况,即使在走廊上打个照面,也能进行内容相当于一页文件的联系。互通情况的关键就是:在任何时候、任何场合都要进行具体、及时的联系。因此,土光敏夫提倡"走廊交谈",也就是面对面的信息交流。光通过文件或电话,往往无法把握对方的真意和一些微妙之处。事情紧要时,人们之所以不远千里也要会晤协商,也正是为了想摸清对方的真实意图。而为了做到有效的信息交流,还必须克服诸如依赖思想、偷懒思想以及护短心理等不健康心理。否则,不管建立什么样的情报交流制度,都将是没有成效的。

5. 组织内部要密切地互通情报,并使下级与上级的情报量基本相同

有人认为,地位是由所掌握的情报量决定的,亦即位于金字塔顶端的人掌握的情报量应最多,位于底部的人掌握得少一些也无妨。他们认为,如果把组织体制看作是一个正三角形,那么情报量的分布则应是一个倒三角形。过去也确是如此。由于当时是靠命令与指示来推动工作的,所以还行得通。但是,当每个人都具有独立的目标与职权,能自主行动并发挥创造性的体制,情报量的分布形态,就必须有相宜的发展变化。

既然上级已经把职权委让给下级,对于工作就不要再插手、插嘴了。但有一件事是可以而且应该做的,那就是向下级提供情报。上级应向下级提供比以前多得多的重要情报,以使下级与上级同样地了解情况。亦即情报交流的任务,就在于使任何一级的工作人员都能得到同样多的情报。要形成这样一种信息沟通风气。

6. 各级组织向下传达指令时要逐级具体化,不能照本宣科。

在传达上级指示时,各级人员要先自己消化之后再向下传达。决不能以"总经理指示"云云的形式,层层照本宣科地走过场。就传达指示来说,即使上级说的是抽象的、定性的内容,在向下传达的过程中也应逐级咀嚼消化,越往下越具体化、定量化才对。重要的是,各级人员必须把上级的指示消化为自己的东西。一般来说,企业首脑提出"目的",高级主要负责人就应把它变成"目标"(达到目的之战略),中层管理者则应把它变为"方针"(达到目标的方法),一般工作人员则应把它转变为工作程序与具体步骤。

本章小结

松下幸之助认为在企业经营中,尽管许多因素诸如技术力量、销售能力、资金力量以及人才等都很重要,但最根本、最重要的还是正确的经营理念。就是说,对于"企业为什么存在,其经营目的、经营方式"必须有一个坚定不移的基本观点。真正的经营理念来源于对社会发展规律和自然规律的认识,因此要经常考虑到如何才能符合自然规律,或者

怎样才能符合真理。要树立正确的人生观、社会观和世界观。

正确认识经营使命。人们都追求不断地发展，即希求物质和精神生活都过得日益丰富和舒适。而满足人们保持和提高生活、文化的愿望，就是企业经营的根本任务或使命。经营就是人们相互依存、为人类自身幸福所从事的一项活动。为了恰当地进行经营活动，就必须正确认识人到底是什么？他具有什么样的特质？

松下的经营思想：①时刻不忘自主经营；②要实行"水库式经营"；③坚持量力经营；④贯彻专业化经营；⑤要集思广益，全员参与式经营；⑥经营是创造性活动。经营是一种极有价值的活动，可以称它是一种艺术。

松下的利润观念：①利润就是企业的报酬，必须承认利润就是企业完成其使命所得到的报酬；②利润也是企业对社会的贡献；③盈利是企业的社会责任；④要让各方都能得到合理利润。

松下的用人之道：①人才是经营的关键；②重视培育人才；③正确使用人才。

土光敏夫的企业管理思想：①要让一切都充满活力；②树立理想企业与理想职工的形象；③要有执着的信念，排除"不可能"的观念，不要怕冒风险；④认识到速度就是生命，速办速决才能抓住时机取得成功；⑤要把成功变成下一个成功的跳板，把失败变成今后取得成功的根基；⑥降低成本无止境，首先要从经营方面入手；⑦企业计划一定要实现，但超额完成时要引起警惕。

经营合理化思想：搞合理化首先要考虑"省略"，再考虑改善；要减少文件，推动工作的合理化，开会也要合理化；提高"效率"，走"自主管理"的道路；要勇于改革创新，努力追求"理想境界"；技术开发要超前，销售部门要创造顾客。

领导观念与思想：①企业领导人是吃苦的人，要做出十倍的努力；②领导干部应是亲临第一线的勇将，要身体力行；③领导人要有权威，不要有权力意识；④公司首脑应把全部职权委让给部下，把全部责任留给自己，下级则要恪尽职守；⑤领导人要善于决策；⑥领导干部应该常到现场走走，发现问题及时表扬和批评；⑦领导干部的义务之一是培养接班人，并应随时准备让贤。

用人之道：①培养人要实行"早期重任主义"，让青年人早挑重担；②用人要一视同仁，不论资排辈，并且要信任人；③用人要少而精，并要多多用人之长；④要培养和尊重专家，并要给他们职务，树立权威；⑤培养人要博而专，重视相辅相成。

企业组织思想：①企业组织是一组异心同圆，不应该是一个有上下台阶的座席；②企业组织活跃起来的关键在于人，要用挑战、应战活动来振奋组织；③组织内部要互相信赖，并且首先要"从我做起"；④组织要排除影响互通信息的"电离层"，并要提倡面对面的信息交流；⑤组织内部要密切地互通情报，并使下级与上级的情报量基本相同；⑥各级组织向下传达指令时要逐级具体化，不能照本宣科。

思考讨论题

1. 为什么松下幸之助认为企业树立正确的经营理念重要?
2. 松下幸之助的经营思想是什么?
3. 讨论松下幸之助的利润理念。
4. 认识土光敏夫的经营思想。
5. 讨论土光敏夫的领导理论与思想。
6. 土光敏夫的企业组织思想有什么创新?

下篇　西方管理思想史

引言

西方管理思想史,早期主要表现为经济管理思想和社会管理思想。从西方早期的重农主义经济思想,到中世纪"文艺复兴"后的重商主义经济思想,再发展到大工业时代的理性主义、科学化管理思想,都是一脉相承的。

西方的管理思想从古至今延绵不断、生生不息的是哲学主义精神和科学原则,民主传统与法制理念,人文主义精神与个人主义思想。西方的这些管理思想与东方有很大的不同,西方人推崇创新、发明、进步与效率,而东方人更注重伦理、和谐、稳定和公平;西方人推崇人文、人性与个人幸福,而东方人更重视国家和集体利益;西方人从古至今都是通过完善个人以发展社会,东方人则是通过社会进步来提升个人。

管理思想是管理实践活动的升华和总结,也是管理理论的基础与核心。管理思想与管理理论既有密切联系又有明显区别。本书采用按时间年代顺序介绍西方管理思想的发展过程,以使读者能对西方管理思想发展史有一个系统而全面的了解。

第九章 古代西方的管理思想

西方古代的管理思想博大精深,源远流长,体现了西方的精神与智慧。在此我们以古希腊、古罗马为代表,介绍古希腊时代的经济管理思想,古罗马的经济管理思想;古希腊的社会管理思想,古罗马的社会管理思想,拜占庭时期的社会管理思想;西方古代的宗教管理思想。

第一节 古希腊、古罗马的经济管理思想

古希腊与古罗马的经济管理思想,主要代表了奴隶主阶级的思想观点与经济利益,为维护奴隶制度而服务。在古希腊、古罗马时期,人们已经开始接触商品经济问题,生产、交换和货币在当时都产生了。

封建社会的经济管理思想,代表了封建地主阶级的利益与思想,为维护封建制度而服务。在亚洲及世界其他一些地方,曾经有长达数千年的封建专制时代。而在欧洲大陆,特别是在西欧和南、北欧,是否存在长期的封建专制社会还存在争议。历史记录表明,在西方仅存在短期的、局部的封建专制王朝,而未形成统一的、长期的封建王朝。在封建社会中,主要的是农牧自然经济形态,其经济思想长期表现为重农主义。在欧洲封建社会晚期,由于国际贸易的发展,商品生产和商品交换的发达,才逐步产生了重商主义经济思想。

一、古希腊时代的经济管理思想

古希腊时代有代表性的学者是色诺芬、柏拉图与亚里士多德。我们在此介绍一下他们的经济管理思想。

1. 色诺芬的经济观点

色诺芬(约公元前430—前355年),出生于雅典富人的家庭,是古希腊著名哲学家苏格拉底的门生。在政治观点上,色诺芬拥护斯巴达贵族政治,而反对雅典民主政治。他曾以雇佣兵身份参加过小居鲁士对阿塔薛西斯的战争。在库那克萨战役中,小居鲁士战败被杀,之后,色诺芬被推举为古希腊雇佣军的首领,率领古希腊军队经过长途行军,撤退到拜占庭。后来色诺芬著有《长征记》,记述了这次冒险行军。此后,色诺芬又在小亚细亚加入斯巴达军队,为此他被雅典公民大会判处终生放逐。自公元前387年安塔客达斯和约签订后,色诺芬迁移至奥林匹亚附近伯罗奔尼撒地区他的领地上居住,亲自经营

和管理庄园并从事创作。当斯巴达和比奥细亚战争发生时,色诺芬又被迫离开自己的领地,安家于哥林斯。色诺芬最终死于雅典。

色诺芬是古希腊一个出色的历史学家和作家,除了《长征记》之外,他还写了希腊历史《苏格拉底回忆录》、《居鲁士的教育》等著作。他的文笔朴素而精练,古代人称它为"亚迪迦的蜜蜂"。色诺芬所写的经济方面的著作,有《经济论》和《雅典的收入》。前者是古希腊流传下来专门论述经济的第一部著作;它用文学形式较为系统地阐述了奴隶主经济理论,可能是在公元前387—前371年色诺芬根据自己管理领地经济的经验而写成的。后者是讨论雅典国家财政问题的一本著作,其中有色诺芬对货币的深刻思考。

色诺芬是奴隶制自然经济的拥护者。在《经济论》中,他根据奴隶制自然经济的要求确定了奴隶主的经济任务。按照色诺芬的观点,家庭管理应该成为一门学问。它研究的对象是优秀的主人如何管理好自己的财产。这应该是企业管理的最早认识。在色诺芬看来,一个奴隶主是否管理好自己的财产,主要标志是他是否使自己的财富得到增加。什么是财富呢?色诺芬的答案是:财富就是具有使用价值的东西。他举笛子为例,"一支笛子对于会吹它的人是财富,而对于不会吹它的人,无异于毫无用处的石头"。不过"对于不会使用笛子的人们来说,一支笛子只有在他们卖掉它时才是财富,而在保存着不卖时就不是财富"。色诺芬还认为,卖掉对自己没有使用价值的东西,得到了货币,但是对于不会使用货币的人来说,也不是财富。由此可以看出,色诺芬已经知道物品有使用和交换两种功用。同时,维护自然经济的色诺芬并不反对简单商品交换的存在,因为交换的目的是获得具有使用价值的东西。

色诺芬把使用价值看作财富,认为奴隶主的经济任务,就是得到更多具有使用价值的物品。这种观点反映了奴隶制自然经济的特点,符合奴隶主阶级的经济利益和要求。因为奴隶制经济基本上是自然经济,它所生产出来的大部分产品是为了满足奴隶和奴隶主的生活需要。色诺芬所关注的财富,实际上也就是奴隶的剩余产品。他明白地指出,所谓增加财富,就是"能够继续支付一切开支,并获有盈余使财产不断增加"。如果把他关于增加财富的议论,跟《经济论》中关于更有效地管理奴隶,就会收到很大效果的观点联系起来,就可以一目了然地看出,色诺芬所规定的奴隶主的经济任务,实质上是探讨如何更有效地管理奴隶,以增加奴隶剩余劳动所创造的剩余产品的收入,满足奴隶主的各种欲望。

色诺芬十分重视农业问题,在《经济论》中反复论证了农业的重要性和它的好处。色诺芬认为农业是古希腊自由民的重要职业。他写道:"对于一个高尚的人来说,最好的职业和最好的学问就是人们从中取得生活必需品的农业。"(色诺芬:《经济论·雅典的收入》,北京,商务印书馆,1961)在他看来,只有农业繁荣,奴隶制的经济才能发展。色诺芬说道:"农业是其他技艺的母亲和保姆,因为农业繁荣的时候,其他一切技艺也都兴旺;但是在土地不得不荒废下来的时候,无论是从事水上工作或非水上工作的人的其他技艺也都将处于垂危的境地了。"(色诺芬:《经济论·雅典的收入》,北京,商务印书馆,1961)色诺芬的这一观点也是由当时奴隶经济制度的特点所决定的。前面说过,色诺芬认为奴隶主家庭管理的主要任务在于取得更多的使用价值,而农业在奴隶制经济中居主要地位,它是奴隶制自然经济的物质基础。奴隶主剩余产品的剥削收入,主要是来自农业。所以古代思想家总是把农业看成最重要的职业。这就是重农主义经济思想产生的根源。

色诺芬重视农业,而对手工业却抱着鄙视的态度。他把手工业看作是粗俗的技艺,认为这种职业使工人和监工弄坏身体和精神,不能担任保卫国家的任务。色诺芬主张古希腊公民不应该从事手工业,而应该让外邦人或奴隶去做这种工作。

色诺芬把组织和监督奴隶从事生产和家务劳动,看作是奴隶主的一项主要任务。在《经济论》中,他主张对奴隶的管理应该严厉,对顺从的奴隶应该给予较好的待遇,对不听话的奴隶应给予较坏的待遇。在他看来,奴隶与牲畜没有什么区别。对于奴隶来说,适用于训练野兽的办法也同样是训练他们驯服的很有效的办法。色诺芬的这种主张,目的是在于维护奴隶制度。

在色诺芬生活的年代里,社会分工已有很大发展,商品货币经济的发展对奴隶制的经济生活已产生重大的影响,色诺芬也注意到这些问题。他从奴隶制自然经济观点出发考察了社会分工问题,并对商品变换和货币等问题提出了一些有意思的见解。首先,色诺芬肯定了分工的必要。他认为一个人不可能精通一切技艺,所以劳动分工是必要的。他在《居鲁士的教育》一书中对社会分工作了一个精辟的解释。色诺芬说道:"从波斯国王食桌上接受食物,不仅是一种荣誉,而且那种食物实际也比别的食物更可口。这是不足为怪的,因为一切手艺都是在大城市中最为完善的,献于国王桌上的食物,当然是依精美方法烹调的。在小市镇上,一个工人要制造床、门、犁和桌子,甚至还要修盖房子,就是这样,他还是不容易找到足够的主顾来维持自己的生活。可是,在大城市里,情况就不同了,每一种职业可以找到许多主顾。一个人只要做一种手工业就可以谋生,甚至他也不需要做一种手工业的产品或全部工艺过程,就可以维持生活。他们可以一个人专门做男鞋,另一个人专门做女鞋。或者由一个人把衣服裁好,另一个人再把它缝起来。只做一种最简单工作的人会无条件地把工作做得更好,这是必然的。烹调的工作也是一样的。"(色诺芬:《经济论·雅典的收入》,44页,北京,商务印书馆,1961)在这一段对社会分工的精彩分析中,色诺芬虽然清楚地了解到分工发展的程度是依赖于市场范围,但是作为奴隶制自然经济拥护者的他,只是注意分工会使产品制造得更加精美,他赞成社会分工只是考虑到提高产品使用价值的质量,而不是在于使产品更加便宜。这种专门从使用价值角度来看待社会分工的思想,不仅表现在色诺芬的著作中,也是其他古代思想家经济学说的共同观点之一。

前面已经指出,色诺芬以笛子为例,认为笛子有使用和交换两种用途,但在当时历史条件下,色诺芬还不可能知道价值问题。不过,色诺芬依据市场上出现的现象和生活经验,了解商品价格的波动是依存于供给和需求的变化。黄铜生产过多,铜器价格就会趋于低廉,工人就会因此遭受破产。当农产品价格低廉的时候,农业就无利可图,许多农民就会放弃农业,去从事其他行业(色诺芬:《经济论·雅典的收入》,71页,北京,商务印书馆,1961)。在这些论述中,说明了色诺芬意识到供求变动对价格所产生的影响,也意识到由供求变动而产生的价格变动会影响到社会劳动的分配。色诺芬虽然讲到这些问题,但是他还不可能对这些问题作出科学的解释。

色诺芬对货币也有一些独到的见解,他了解到货币有着不同的作用。色诺芬了解货币可以成为财富的积累手段。在《雅典的收入》中,他描绘人们对白银是不厌其多,"当人们拥有足够的供住宅使用的家具时,他们不十分想添置更多的家具了;可是谁也不会有多到不希望再多的白银。如果他们拥有的白银太多,他们就把它储藏起来,他们喜欢储藏白银不亚于他们喜欢使用白银"(色诺芬:《经济论·雅典的收入》,北京,商务印书馆,1961)。为什么人们喜欢储藏白银呢?色诺芬的答案是因为用白银可以随时购买到有用的物品。当国家繁荣时,臣民特别需要白银,男人除了优良的武器以外还想买骏马、豪华的房屋和设备,女人需要各种服装和金饰;如果国家遭受歉收或战争,那么由于田地荒芜,为了取得粮食,或者为了招募兵员,都需要货币。马克思在《政治经济学批判》中曾引述了色诺芬的这一段话,指出在这里"色诺芬把货币在其作为使用货币和贮藏货币的特殊形式规定性上作了论述"。作为奴隶主思想家,色诺芬注意商业和货币的问题,其目的还是在于维护奴隶制的自然经济。在他看来,商业之所以必要,是因为它使人们获得具有使用价值的东西。拥有货币的目的也在于此。货币对于不会使用它以取得有用东西的人也不是财富。由此可以看出,色诺芬关于商品交换和货币的观点同样是立足在奴隶制自然经济基础上的。

2. 柏拉图的经济管理观点

柏拉图(公元前427—前347年)出身于雅典的贵族家庭,他是苏格拉底的门生。公元前399年苏格拉底被处死后,柏拉图便逃离雅典,游历演说,为贵族辩护,反对雅典的民主政治。公元前388年,柏拉图才回到雅典,创办了"阿卡德弥亚"哲学学园,从事讲学。柏拉图哲学上的唯心主义是和他反对雅典民主政治密切相关的。他力图用唯心主义哲学,来证明政权应该归于贵族奴隶主,而不应该归于贫苦大众。

柏拉图的著作很多,和经济学说有关的是他的名著《理想国》和《法律论》。这两部著作是在伯罗奔尼撒战争后写成的。我们说过,这时是阶级斗争日趋剧烈和城邦发生危机的时代,柏拉图试图探寻一种新的社会政治制度,以消弭社会矛盾,克服城邦危机,维护奴隶主统治地位。

柏拉图(公元前427—前347年)

在《理想国》中,他第一个提出了理想国家的方案,并对它作了全面的论述。柏拉图这个理想国家,正如马克思所指出的不是别的,而是埃及种姓制度在雅典的理想化。他的唯心主义哲学是他理想国的理论基础。

在伯罗奔尼撒战争后,在雅典所发生的富裕的奴隶主阶层同自由贫民之间的激烈斗争,也在斯巴达和古希腊其他城邦迅速发展着。柏拉图对这种情况深感忧虑。他指出,古希腊许多城邦不能称为国家。因为它们乃是数个城邦组合而成的。其中有两类国家是经常处于敌对的,即贫国与富国。这两种国家中每一种都由无数小部分构成。为了消除贫富之间的矛盾,柏拉图在《理想国》中提出了所谓以人类理性相一致的正义原则来组织奴隶主国家(柏拉图:《理想国》,第2卷,62页,北京,商务印书馆,1957)。按照柏拉图的解释,根据正义原则组织国家,就是每个人必须在国家里执行一种最适合于他的天性的职务。柏拉图从国家组织原理考察了社会分工问题。

柏拉图认为,每一个人都有多方面的需求,但是人们生来却只具有某种才能,因此一个人不能无求于他人而自足自立,而必有待于互助。既然人们有多种需要,而又需由其他许多人供给其各种需要,于是各本其愿组成团体,这些团体联合起来便成为国家。这也就是国家之所以产生的唯一原因。

柏拉图还从使用价值方面来说明社会分工的必要性。按照柏拉图的说法,一人而为多数之事,不如一人专心于一事。如果一个人专门做一种和他性情相近之事,他所生产出来的东西一定比较优和比较多。所以,一国家中应该有专门从事各种行业的人。

在柏拉图看来,在社会分工中,每一个人应该担任哪种行业和职务,这都取决于人们的秉性,是由先天决定的。如果不按其天性之所近而从事一种固定的行业,而互相交换职业和地位,必然给国家带来大害,以至于亡国。

根据上述分工学说,他力图证明有些人生来适合当统治者,另外一些人生来只适合从事手工业和农业。体力劳动是一些人的天然职业,脑力劳动天生宜于贵族,彼此绝对不能改变和交换。由此可以看出,柏拉图是把分工看作是社会分裂为阶级的基础,而分工又被视为是一种出于人性和经济生活所必需的一种自然现象。既然分工为自然现象,那么社会上划分为统治者和被统治者,一部分人从事脑力劳动,另一部分人从事体力劳动,也就都成为自然而然的事情了。柏拉图就是这样通过分工学说来证明奴隶制度是合理的和自然的,证明奴隶制度是永恒存在的社会制度(柏拉图:《理想国》,第1卷,74、76页,北京,商务印书馆,1957)。

柏拉图以他的分工学说为基础描绘了他所理想的国家组织和构造。柏拉图认为,健全的国家应该根据正义原则——按照人们的天性分别任事——由三个阶层组成。最低阶层是自由民阶层,即由农民、手工业者、商人等一切从事经济活动的人所组成。这些人被柏拉图视为没有真正思考能力的人,因而他们没有参与国事的能力,只能从事生产活动而为其他阶层提供生活资料。第二个阶层是卫国御侮的战士。按照柏拉图的想法,国与国之间为了发展生产,保障从事各种行业人们的生活需要,必须扩充土地,于是战争成为不可避免的事情。战士的职责是保卫国家和作战。在平时,他们从事体育活动,锻炼身体,而不应该从事任何的经济活动;在战时,他们担负起保卫国家的责任。最高阶层是执政者、哲学家。柏拉图认为,只有哲学家才能洞察真理,具有美德,富于知识,能够以正义治国,所以"国家与个人非由真哲学家治理,均不能至完善之地位"。在柏拉图的理想国中,奴隶被视为会说话的工具,没有列入国家的组成阶层内。

柏拉图认为,私有财产和家庭,养成人们利己和贪欲之心,引起社会的分歧和矛盾。所以除了从事经济活动的自由民阶层可以拥有私有财产和家庭之外,战士和哲学家都不应该拥有私有财产,也不应该有独立的家室。他们的收入仅限于够一年生活之用,每年由国家供给。柏拉图不仅主张在奴隶主阶级上层分子之间消灭财产私有制,而且还主张他们之间实行共妻共子,消灭家庭,平时三餐就餐于公共食堂。在柏拉图看来,私人感情妨碍公共精神的建立,只有消灭家庭才能最终消灭争端,使国家永久和平与全国团结一致(柏拉图:《理想国》,第3卷,95页,北京,商务印书馆,1957)。

柏拉图所主张的这种"共产主义",是奴隶主阶级的"共产主义"。它是建立在剥削奴隶劳动的基础上,只在奴隶主阶级之间消灭财产私有制。柏拉图提倡这种"共产主义"不过是试图一劳永逸地消除奴隶主阶级的内部矛盾和冲突,以维护和巩固奴隶制度。

按照柏拉图的意见,农业应该成为理想国的经济基础。他认为,国家应该从农业取得收入,而且只有从农业中取得收入,才会使我们不至为了获利而使我们把财产的本来目的抛弃掉。他还提出,城邦之间和城邦内部既然存在分工,因此必须有专司输入和输出、从事购买和售卖的商业和商人。有了市场,就必须有一定的货币。柏拉图在这里指出了分工、交换、货币和商人阶级产生的因果联系。但是,正如他把分工看作是自然现象一样,商品交换和货币的产生,以及商人阶级的出现也都被看作是自然现象。他肯定商业的必要性,然而又对商人采取鄙视的态度,认为雅典人不应该从事这种不体面的行业。他攻击商人唯利是图,而忘记商业的真正作用。主张国家应制定法律,使商人只能得到适当的利润。柏拉图特别反对高利贷,主张禁止放款取息和抵押放债。他的这些主张,都是在维护奴隶制的自然经济,防止商业资本和高利贷资本对奴隶制自然经济的侵蚀和破坏。

柏拉图认为货币是为日常交换服务的,意识到货币可以作为价值尺度和流通手段。但是和色诺芬不同,柏拉图反对把货币作为贮藏手段,这是和他反对商业资本和高利贷资本密切联系在一起的。事实上,柏拉图只是按照奴隶制自然经济和奴隶主阶级的利益和需要,主观地规定货币应该有哪些职能,不应该有哪些职能,对于货币的本质,他是完全不了解的。

3. 亚里士多德的经济管理思想

亚里士多德(公元前384—前322年)是古希腊博学多才的思想家,他对当时各部门的知识都有精深的研究。他的丰富的著作实际上总结了公元前4世纪以前古希腊科学的成就,对后来西方哲学和一些科学的发展,产生了重大的影响。

亚里士多德出生于古希腊殖民地色雷斯的斯塔吉拉城。他的父亲是马其顿国王阿明塔二世的御医。亚里士多德约17岁时游学雅典,受业于柏拉图的"阿卡德弥亚"约20年。起初,他深受柏拉图的影响,但是后来便和他的老师在思想上发生了分歧。柏拉图死后,他离开雅典,到各地游历。公元前343年,亚里士多德受聘担任马其顿王子亚历山大的教师,而在公元前335年离开马其顿,重返雅典。在雅典,亚里士多德创办学校,从事讲学和著作活动。亚里士多德和他的学生常常边散步边讲学,因此他和他的弟子被称为"逍遥学派"。

公元前4世纪中叶,雅典形成两个对立的党派,亲马其顿党和反马其顿党。亚里士多德加入了亲马其顿党的行列。当公元前323年马其顿国王亚历山大死后,雅典展开了反对马其顿的斗争,亚里士多德不得不离开雅典,避难于优卑亚岛,不久他就逝世了。

亚里士多德的著作很多,他的经济思想主要发表在《政治论》和《伦理学》两书中。

亚里士多德是奴隶主思想家,他生活在古希腊奴隶制开始进入危机和衰落的年代。作为奴隶主思想家,亚里士多德竭力维护奴隶经济制度和政治制度。他的经济和政治的理论都是为此目的服务的。我们介绍过,柏拉图针对当时古希腊城邦所发生的危机,提出了理想国的学说,认为古希腊各城邦只有按照他所提出的方案进行根本改造,才能永远消灭争端,克服危机。继柏拉图之后,亚里士多德在《政治论》中也提出了不同于柏拉图的理想的国家组织。柏拉图是富有的奴隶主阶层的代表,他认为理想的是严格区分各阶级和奴隶主各阶层的地位与职务,实现贵族占统治地位的寡头政体。亚里士多德是奴隶主中等阶层的代表人物,他希望通过加强中等阶层的势力,实行有限的奴隶主阶层的民主政体来巩固奴隶制度。但是,不论是柏拉图还是亚里士多德所设想的方案都是不可能实现的。

按照亚里士多德的说法,国家是由许多家庭组成的,在讨论国家之前,必须先对家庭加以研究,亚里士多德就由此展开了他的经济学说。我们知道色诺芬在《经济论》中初次对奴隶主经济的任务作了阐述,规定了以"家庭管理"形式出现的奴隶主经济学的研究对象。亚里士多德进一步发展了色诺芬提出的关于"家庭管理"的理论。他把"家庭管理"包括在政治学之内,作为政治学的组成部分之一,并且比色诺芬更加精确地规定了"家庭管理"的研究对象和任务。

按照亚里士多德的观点,"家庭管理"包括两个内容,一是研究家庭中成员之间的关系,即主奴、夫妇、父子之间的关系,其中奴隶和奴隶主的关系被视为是首要的关系;二是研究致富的技术。

亚里士多德在论述家庭关系时,竭力证明奴隶制度是自然的和合理的制度。和柏拉图一样,亚里士多德也把奴隶制度看作是自然的劳动分工的结果。他论证说,天之生人,有宜于从事脑力劳动者,有宜于从事体力劳动者。宜于脑力劳动者能由精神运用而具有先知，依自然他们是主人；而宜于体力劳动者，只能用他的体力实现脑力劳动者的先知，所以就自然地应该成为奴隶(参阅亚里士多德：《政治论》，115页，北京，商务印书馆，1965)。我们知道，脑力劳动和体力劳动之间的对立的社会分工，是奴隶制度的特征，它是在一定历史条件下形成的，并将在人类社会进入发展的高级阶段时被消灭。但是，作为奴隶主阶级的思想家，亚里士多德不可能了解脑力劳动和体力劳动之间的对立是历史发展的结果，而是把特定社会制度下产生的社会分工当作自然的分工来证明奴隶制度是自然的。

亚里士多德又认为，世上万物都存在统治与服从的关系。在生命中，灵魂是统治的，肉体是被统治的。在人类中，男人是统治的，而女人依自然是被统治的。亚里士多德由此推论出所谓劣等种族也是天生的奴隶。不仅如此，亚里士多德还从人的生理构造上证明说，奴隶体力强壮适合于体力劳动，而自由人长得端庄清秀适合于过统治者的生活。同时，亚里士多德还宣传阶级合作，认为既然奴隶和奴隶主都出于自然，那么彼此之间有一种共同的利害，而应当合作。亚里士多德这些为奴隶制度辩护的言论，都是不科学的，后来的剥削阶级也经常用类似的理论来为剥削制度辩护。

亚里士多德还从经济上论证了奴隶经济制度的必要性。他认为，人类为了生活，必须有生活资料，而取得生活资料必须有工具。工具有各种各样的，有的是无生命的，有的是有生命的。奴隶是有生命的工具。如果梭能自己织布，琴能自己弹唱，那么主人也不需要奴隶。在他看来，梭能自动织布，琴能自行弹唱，这都是不可能的事，所以奴隶制度也是绝对必要的。在这里，亚里士多德实际上是认为奴隶制度之所以必要，是因为奴隶主必须靠奴隶提供生活资料。在当时历史条件下，亚里士多德不可能预见到后来机器的出现，而生产者仍然遭受剥削的事实(亚里士多德：《政治论》，北京，商务印书馆，1965)。

除了为奴隶制度辩护，构成亚里士多德的"家庭管理"的另一个主要内容便是"致富技术"。在讨论这个问题时，亚里士多德不仅知道自然经济和商品经济的区别，也说明了小商品经济和商业资本以及高利贷资本之间的差别，并且从奴隶主利益出发，确定只有自然经济和小商业才属于"家庭管理"之内。现在我们看看亚里士多德如何提出这些观点以及如何规定奴隶主的经济任务。

在《政治论》中，亚里士多德认为家庭管理和"货殖"是不同的。按照他的说法，真正的财富就是生活上的必需品，对家庭和国家有用的东西。换句话说，财富也就是具有使用价值物品的总和。亚里士多德认为，为获取这种财富的经济活动是属于"家庭管理"之内的。"家庭管理"就是为了取得具有使用价值的物品，以便消费。所以目的是有限的，它的限度就是消费。亚里士多德又应用他的所谓自然和不自然的研究方法来说明"家庭管理"是在于获取自然供给人类的东西，因此它是自然的。

至于"货殖"，亚里士多德认为它是违反自然的。他从分析商品有不同用途开始来证明"货殖"的反自然性质。亚里士多德指出，每一件物品都有两种用途，一种用途是直接提供使用的，这是物品本身所固有的属性；另一用途是用于交换，它不是物品所固有的，因为物品不是为了交换才制造的。如果说色诺芬对物品有两种属性的思想仅仅是一个萌芽,那么亚里士多德在这里就比色诺芬更加确切地提出了这一思想。

亚里士多德进一步从交换的历史发展过程,说明了"货殖"的产生和它的性质。他认为,交换是从物物交换开始,进而过渡到以货币为媒介的交换,即零售商业,继而又过渡到以获取货币为目的的交换,即大商业。在零售商业中,货币只起媒介的作用,交换的目的是获得使用价值,所以这种交换本质上不属于"货殖",而属于"家庭管理"之内。以货币为目的的交换,目的在于无限制地追求货币财富,其目的是无限度的。亚里士多德认为这种交换就是"货殖",它是反自然的,不应属于"家庭管理"之内。亚里士多德不仅反对商业资本,尤其反对高利贷。他认为以货币追求货币在高利贷上表现最为突出,最为可憎,在一切营利方法中是最不自然的。亚里士多德在这里实际上觉察出商品交换是从商品—商品,到商品—货币—商品再进而过渡到货币—商品—货币的历史发展过程。但是为了维护奴隶制,亚里士多德对商业资本和高利贷抱着否定的态度。

从亚里士多德对"家庭管理"探讨的主要内容中,可以看出他的经济学说的本质,他给奴隶主阶级规定了维护奴隶制自然经济的任务。

亚里士多德除了在《政治论》中对商品货币经济做出了一些出色的考察之外,他在《伦理学》中论述到公平这一道德范畴时,又对商品的价值形式发表了天才的见解。亚里士多德在谈论到公平和按比例报答的问题时写道:假设甲是一个建筑者,乙是一个鞋匠,甲创造出来的是一所房屋,乙制造出来的是一双鞋,那么建筑者必须从鞋匠那里获得一双鞋,并且必须把自己的产品给他作为报答。如果商品之间有了比例的均等,互惠的行动就能发生。否则,交换就是不平等的,不能进行的。一个人制造的产品,当然可以比另一个人制造的产品更好。所以必须使它们成为平等的。亚里士多德又说:互相交换的,不是两个医生,而是一个医生和一个农民,或一般说,是职业不同的、不等的人,但必须使他们成为平等的。就是为了这个缘故,互相交换的一切物品,必须成为可以依某种方法互相比较的。亚里士多德这一段话是富有启发性的科学的观察。首先,亚里士多德指出,交换的可能性,是以交换的各种商品之间的等一性为基础的。其次,他又告诉我们,交换诸商品,其实是不同的、不等的。最后,不等的商品,在交换时,必须由同一物品去衡量,并由此还原为相等的。

但是,在回答根据什么同一物品使各种商品还原为相等的问题的时候,亚里士多德便走入了歧途,按照他的答案,货币使商品成为同类的和相等的,也就是说,一切商品都是以货币为尺度,所以诸商品会成为相等的。

实际上,使交换的诸商品能够还原为相等的是生产这些商品所耗费的劳动。而亚里士多德受当时历史条件和奴隶主立场的限制,不可能发现这一点。马克思在谈到这个问题时指出,这是因为古希腊社会是建立在奴隶劳动的基础上的,因而是以人们之间以及他们的劳动力之间的不平等为自然基础的。价值表现的秘密,即一切劳动由于而且只是由于都是一般人类劳动而具有的等同性和同等意义,只有在人类平等概念已经成为国民的牢固的成见的时候,才能揭示出来。而这只有在这样的社会里才有可能,在那里商品形式成为劳动产品的一般形式,从而人们彼此作为商品所有者的关系成为占统治地位的社会关系。亚里士多德在商品的价值表现中发现了等同关系,正是在这里闪耀着他的天才的光辉。只是他所处社会的历史限制,使他不能发现这种等同关系的实质。

按照亚里士多德的意见,货币使一切物品可以公约。假设以甲代表房屋,乙代表十明尼货币,丙代表一张床,甲等于乙的半数,即一所房屋价值五明尼,而一张床等于乙的十分之一,即值一明尼。所以,多少床等于一所房屋,是明白的,那就是五张床等于一所房屋。并且,在有货币以前,交换已经发生,也是明白的。因为,是五张床交换一所房屋,还是五张床的货币价值交换一所房屋,是没有什么不同的。马克思在《资本论》里谈到亚里士多德这一思想时,指出亚里士多德是最早分析了价值形态的人,他在这里明白地说,商品的货币形态不过是简单价值形式进一步发展的形态。因为在他看来,五张床等于一所房屋,无异说五张床等于五个明尼。

亚里士多德对货币的观点比色诺芬和柏拉图远为深刻。亚里士多德论证了从物品交换之中如何产生了一种特殊商品,即论证了在商品交换发展过程中对于一种本身就有价值的实体给予货币性质的必要性。同时,我们从他把货币形态看作不过是商品简单价值形态的进一步发展形态的思想中,可以看出他实际上指出了货币作为价值尺度的职能。当他论述交换的历史发展过程,指出在零售商业中,货币只是起着媒介作用时,他实际上又指出了货币的另一种职能,即作为流通手段的职能。和色诺芬一样,亚里士多德也明白货币可以作为财富的积累手段。他在分析"货殖"中,明白地指出了在大商业中,货币是被当作财富来积累的。

但是,亚里士多德没有也不可能了解货币的本质,他甚至没有价值的概念,当然更不可能了解货币是价值必然表现的形态。在他的心目中,货币只是为便利交换而产生的,它不是依自然存在,而是依法律存在的,并且我们有权力可以改变它,使它成为无用。作为奴隶主阶级的思想家的亚里士多德也只是在奴隶制自然经济所许可的范围内,才承认货币存在的必要性。

二、古罗马的经济管理思想

1. 克优斯·贾图的经济管理思想

克优斯·贾图(公元前 235—前 149 年)在当时已经表现出明确的成本、效益的思想意识。他告诫奴隶主要管理好奴隶,发展生产。当时的生产效率十分低下,提高农业劳动生产率成为改进管理的中心问题。当时的珂鲁麦拉主张扩大奴隶的生产自主权,把奴隶变成农奴,以便能够提高农业收成。

古罗马奴隶主阶级的思想明显地表现在克优斯·贾图的《论农业》一书中。贾图生活在古罗马奴隶制兴盛的时代,这时奴隶主力求巩固和扩大奴隶制经济,以榨取更多的剩余产品。贾图的著作典型地表现了奴隶主阶级的这种经济要求。贾图教导奴隶主应该用心经营农业。他认为,农业是古罗马最重要的职业,奴隶主必须用心管理自己的农庄,以增加收入。为了达到增加收入的目的,贾图劝告奴隶主应该力求减少对奴隶的开支,加强对奴隶的剥削。他具体地指示奴隶主给管家和牧羊奴隶的粮食要比干重活的奴隶少,给奴隶冬天的粮食要比夏天少,应该从榨下来的粮糟中为奴隶主制造葡萄酒。生病的奴隶应该卖掉。平时应让奴隶不断工作,这样才会使奴隶不"偷盗"和"犯罪"。对奴隶必须严加看管,而不要放任,等等。总之,贾图是想尽办法来榨取奴隶们的剩余产品。

贾图主张奴隶主农庄应该自给自足,养活奴隶的一切东西都应当在自己农庄上生产。在贾图生活的年代,商品交换和商业已经开始发展起来,因此贾图也趋向于发展农庄的商品生产。例如,他主张农庄的地址应该选在交通便利和利于产品运销的地方。

2. 格拉古兄弟的经济管理思想

公元前132年,为了限制大地主、大奴隶主的大规模土地兼并,格拉古兄弟在先后当选为保民官后颁布土地法令,限制大地主的土地,分配给平民土地。并成立国家粮库,以平抑市场粮食价格,保护平民利益。

格拉古兄弟作为贵族出身的保民官,一上台却使用政权的力量,抑制物价,分配土地,压制豪强,关注民生,这在当时具有十分积极的意义。然而,格拉古兄弟都死于非命,可见当时维护平民利益的斗争也是十分艰难的。

在公元前2世纪古罗马大土地占有制形成时期,土地大量集中到大奴隶主手中,农民因不断破产而丧失土地,他们对大奴隶主的不满情绪日益增长。破产农民就和奴隶联合起来,举行起义反对大奴隶主的统治。古罗马军队的士兵是来自农民的,农民的破产,也削弱了古罗马军队的力量,从而使古罗马帝国的威力受到了威胁。当时一些贵族了解到这种情况将给古罗马带来危险的后果,谋求改革,格拉古兄弟的土地运动就是在这种情况下产生的。

提比略·格拉古(公元前163—前132年)和盖约·格拉古(公元前154—前122年)出生于贵族家庭。公元前132年,提比略当选为保民官。为了缓和农民的不满情绪,他提出了有利于古罗马农民的土地改革法案,这个法案大体规定了:第一,每人占有公田不得多于500优格拉姆,长子和次子占有公田不得多于250优格拉姆,每一家所占有的土地,不得超过1 000优格拉姆。第二,多余的土地必须交给国库。按30优格拉姆划成一小块一小块的土地分配给贫穷公民世袭耕种,禁止出卖。第三,由人民推举三人组成委员会,授权进行改革。提比略的法案限制了大土地所有者占有土地的数量,给没有土地的农民分配了土地,这表现了当时农民的迫切要求和愿望。但是它损害了贵族和大奴隶主的利益,因此一开始就遭到他们的反对,并且在公元前132年举行武装叛乱,提比略和他的拥护者都被杀害。

提比略死后,他的弟弟盖约·格拉古发誓要向贵族复仇,立志继续实行土地改革。公元前122年,盖约当选为保民官。他实行了三个重要的措施:第一,实行粮食法,规定国家仓库以低于市场价格向古罗马贫民出售粮食。第二,实行审判法,取消元老院指派法官审理案件的权利,将它交给骑士。此外还实行了包征税,计划建筑道路和公共建筑物,吸收贫民参加。第三,实行殖民地法,把贫民迁移到殖民地,组织大农场。

盖约的改革措施也是有利于古罗马贫民而不利于贵族的,因而它同样受到贵族激烈的反对。在和贵族武装冲突中,盖约被杀。他们的土地改革和其他改革也中止进行,已经分配的土地准许出卖,农民重新失去了土地,古罗马社会阶级斗争也越来越尖锐了。

第二节　古代西方的社会管理思想

古代的欧洲社会,没有长期形成统一的或较大的国家,而是以自治、城郡的形式共存。但在长期的共存协作与文明建立的过程中,欧洲从古希腊时代起,就产生了民主的社会管理思想。这种民主理念的思想信念是:集体的幸福与成就产生于每一个公民的积极参与之中。在古希腊时代,由于存在奴隶制,民主只适用于部分国民。但此后随着奴隶社会的解体,封建社会与资本主义制度的确立,民主逐步扩大到整个社会各阶层。同时民主精神也产生于日耳曼民族中"自由人"的联合,这种自由人的民主在和平时期可以抗衡君主的权力。

西方成熟民主思想的代表人物是让-雅克·卢梭,他在1762年出版的《社会契约论》中,把作为人民一部分的、各政治集团的权利绝对化、理论化,认为是不可分割、不可剥夺的。

在古希腊时代,随着民主体制的建立,颁布了古罗马法:法制社会的思想和成文法的体制,这是古罗马留给欧洲乃至世界的最为宝贵的管理思想。在古代西方,人们就认识到了用规则、制度、法律去调整人与人、人与物、人与社会的关系的根本性,而不是靠个人、精英、君主去治理社会,裁量对错。这与东方的清官政治、精英政治、人治思想有着根本的区别。

古罗马时代已把各权利机构的行为准则、职权编成法典,以使官员有章可循,有法可依,从而建立起欧洲精神与欧洲价值观,以至于后来发展成宪法精神。到了近代,英国人洛克和法国人孟德斯鸠又提出立法、行政、司法三权分立,相互制约,对社会权力加以约束的现代社会管理思想。

欧洲的民主思想,以后又在受法律限制的公正思想的基础上,加进了个人自由、人权思想。由于古罗马法制思想的确立,依法治国理念从古罗马逐步扩大到整个欧洲,又影响全世界。古罗马成文法逐渐涉及一切生活行为,不论其公共事务或私人交往。书面契约概念代替了习惯承诺,以防止随心所欲或失信行为。民主思想,由明文规定了权利与义务的法律确定下来,人与人之间的平等,建立在个人自由与合作基础上的幸福观,结合形成西方社会牢固的价值观、习惯与文明。

西方文明,或称为欧洲文明,随着欧洲人走向世界而成为全世界的文明与共识。启蒙时期的英国、法国的哲学家们把欧洲文明理论化、正统化。狄德罗说过:"我希望社会幸福,但也希望自己幸福。"杰里米·边沁更进一步提出"最大多数人的最大幸福"。在欧洲早期,就产生了社会应当保证人的基本自由、权利的思想,以至于这种信念发展成为1948年的《世界人权宣言》,从而使西方精神、价值观全球化、人类化。

一、古希腊的社会管理思想

公元前4世纪以前,欧洲文明随着居民定居、从事农业耕作、养殖而形成。约在公元前1848年英格兰南部索尔兹伯以北地区建立了巨石阵,目前存在上百块巨石,有竖立的,有横在上面的,设想这是当年当地居民为了宗教活动而立的圣坛,或是当地居民观看海上情况的瞭望台。无论巨石阵具有何种功能与作用,都证明当地居民在当时已经具有了从事大规模集体劳动、工程建设的组织能力。

公元前4世纪前后,古希腊成为欧洲强国和文化中心,从而使古希腊文明影响到欧洲的社会管理和文化建立。亚里士多德在他的《政治学》一书中就分析评判了当时已知的150部法律,可见当时欧洲社会的治理已经走向法制化的轨道。成文法此阶段在欧洲已经确立,例如在公元前594年著名诗人梭伦(公元前640—前558年)当选为当地的行政长官,他就着手制定更有利于雅典民主制度建立和经济发展的法律,梭伦的改革和立法为自由居民参与国家事务管理开辟了道路。更有些人把当时的法律汇编成法典,以供人们使用。后来的庇西·特拉图继承了梭伦的立法思想,大力推进法制。他当时把贵族的一部分土地分配给佃农,鼓励制陶工业的发展,欧洲红色人像陶罐技术就是此时的一大技术进步,取代了黑色人像陶罐技术。

古希腊雅典的民主政治是通过公民会议来实现的。在雅典的十个大部落中,每个部落选出50名代表,组成500人会议,所有成年人都有权参加公民会议,并且实行代表人轮换制。这样就形成了雅典执政官——五百人会议——公民大会形式的社会治理结构。古希腊是人类历史上第一个公民能够参加国家管理事务的国家。古希腊的民主政治是以自由和平为基础的,言论自由使批评和新思想成长成为可能。把实在的事物抽象化,随之提出种种幻想,这是当时古希腊文明的一大特点。古希腊思想摆脱以过去的神话解释未知事物的方法,从而使人们能以已知和逻辑推理解释未知事物,也使古希腊人成为欧洲实验科学的创始者。当时的古希腊人已经重视教育与文化,并在城郡中建立学校。"学校"一词始于古希腊,学校首先意味着自由时间;其次才是学业、学堂。在此阶段,古希腊人创立了数学、语法学、自然科学、社会科学,并成为欧洲学术的起点。

苏格拉底的社会管理思想。苏格拉底是古希腊的智者、哲人和良知,他反对诡辩论者败坏道德与良知,宣传正义与真理。他开办学校、进行讲学。苏格拉底不像教师爷一样传经诵道,而是与青年人一同探讨哲理、人生与自然界,他的语录像《圣经》一样广为流传,供后人学习。

柏拉图的社会管理思想。柏拉图是苏格拉底的学生,因此他继承了他的老师的思想观点,并发扬光大。柏拉图的著作《理想国》对后人影响深远,他较早提出理想社会的思想,向往并试图探索其实现的途径。

二、古罗马的社会管理思想

古罗马帝国,从一片沼泽、七个山丘起家,最后发展成为以地中海为中心,从苏格兰到美索不达米亚,从撒哈拉沙漠到喀尔巴阡山脉的存在一千多年的泱泱大国;是在古希腊文明的影响下,历经艰难创业,励精图治,最终建立起的欧洲第一个大帝国——古罗马王朝。其发展史有点像中国的周朝,从几十户人家的小诸侯起家,最后一统天下。在公元2世纪,古罗马帝国达到鼎盛时期,罗马文明主宰地中海地区,从而给欧洲烙上烙印,给后世产生长远而巨大的影响。到了公元4、5世纪,随着大日耳曼王国的兴起,古罗马帝国逐渐衰落、解体。考察一下古罗马帝国的社会管理思想,对于我们了解管理发展史无疑是大有裨益的。

古罗马在公元前509年正式建立共和国,这是欧洲及世界历史上社会进步的重要时刻;王权思想从此被排除在古罗马政治思想之外。共和国的建立是贵族阶层的胜利,确立了贵族阶层的统治地位,摒弃了王权。但贵族阶层与平民社会又产生了矛盾与对立,为此贵族社会也要规范自己的行为,约束自己的利益,与平民社会和解并对平民让步。由此在5世纪中叶产生了《十二铜表法》,这部成文法成为后来公法和私法的源泉。这就是人类历史上重要的罗马法,标志着欧洲开始走向法制社会。

古罗马共和国的组织架构为:共和政治制度建立在各种权力分设的基础上,政府各机构之间互有监督制约;公民大会选举各级行政长官,表决法律与重大决定;民选行政长官掌握行政权;为了避免个人独裁,形成没有国王的王权,行政长官必须集体行使权力,并且规定各行政长官任期一年,不得连任连选。建立了如下的行政秩序:凡是想获得要职的,必须先担任财务官、市政官、大法官、执政官,依次晋升;为了保护平民的利益,行政长官之外专设保民官,并规定任职者必须是平民,他们对行政长官的权利有否决权;此时元老院依然存在,作为贵族政治与罗马统治的核心,负责对外政策。

在罗马帝国的全盛时期,估计其国土面积为350万平方千米。人口约7 000万。要统治这样一个庞大的帝国,并使之保持平稳与发展,可见其社会组织与行政管理的水平已经相当高了。就国家行政区域来划分,全国划分为四个大行政区,统领十三个行政区,再由十三个行政区管辖101个行省。这个组织架构无论在管理层次还是管理幅度上,都与现代组织结构理论相吻合。

用法律保护个人权利,明确所有权归属,这些正是自由交易和市场形成的前提,因此,很多学者才把发明公司的荣耀归于罗马人。

三、拜占庭时期的社会管理思想

在激烈的社会冲突与变革当中,西罗马帝国日益衰落,而东罗马帝国依然强盛,所以从公元4世纪起,古罗马帝国的重心由西部向东部的君士坦丁堡转移,又被称为拜占庭时期。

此时期的统治者查士丁尼(公元527—565年)及其后任者推行"一个国家,一种宗教"的管理思想,只承认耶稣基督的神教,禁止其他宗教传播,以至于在公元529年关闭设在雅典的柏拉图学院。自此开始,教会屈服于政府并为政府服务,这也引发了一系列矛盾和社会问题。

在此阶段,皇权复辟,个人专制。在整个古罗马帝国的历史上,是不允许存在国王与皇权的,实行集体领导,最高领导集体是由3~4个执政官组成的领导集团。但是在古罗马帝国的个别时期,由于某个将军或执政官的强悍,自立为王,也曾经出现过短期的王权阶段,如此时的查士丁尼,就当了国王。

拜占庭农村生活是集地理、生产、生活和行政管理为一体的社区。社区既是纳税单位,也是司法活动单位,又相当于一级国家政权的基层组织。拜占庭帝国实行高度的中央集权,皇帝拥有全国的土地所有权,无论是皇产、教产还是民产,都必须服从皇帝的意志与安排。国家以纳税为前提将土地通过各种形式分配给个人使用,个人之间可以地租为条件转让使用权,但皇帝保持对所有土地的最终所有权与分配权。

土地所有权问题是土地资源的分配方式问题,由于拜占庭帝国地域广大,相对来说人口稀少,所以土地争端并不激烈,大地主与小地主、地主与佃农之间的土地矛盾并不尖锐。

拜占庭时代商业已经十分发达,工商业集中的地方城市已经出现,并有较高的生活水平。农业与工商业结合在一起,成为拜占庭帝国兴盛的经济基础,使之成为地中海沿岸生活水平最高的地区。

(1) 拜占庭时期的行政改革措施。公元535年,皇帝查士丁尼颁布《新律》,主要是限制有权势的大地主和庄园主,一方面打击豪强的势力,以免使他们壮大到足以与皇帝抗衡的地步;另一方面可以保护中小地主与小农的利益,平息底层农民的反抗与不满情绪,《新律》有这样一段内容:"无论如何都要停止非法庇护,实际上目前各省都盛行非法保护;不允许任何人不择手段地利用他人的生命,也不允许把他人的土地据为己有,对遭受损失的人应给予保护;不必担心如此行事的人有多大权利,法律与国王将保护每个人的权利。"

(2) 拜占庭时期的经济措施。拜占庭时王朝的经济政策和改革措施是鼓励工商业的发展,特别是重视发展国际贸易。由于西罗马帝国的衰落与经济萧条,拜占庭帝国就把贸易的重点转向东方的印度与中国,这就需要与当时强大的波斯帝国处理好关系。因此有时拜占庭帝国不得不靠向波斯帝国纳贡来换取国际贸易渠道的畅通。强盛时期的拜占庭帝国以农业为基础,以工商业为两翼,形成了君士坦丁堡和塞萨洛尼基两大贸易中心城市,并使君士坦丁堡成为当时的欧洲商业中心。

(3) 推进法制。查士丁尼的大贡献是在罗马法的基础上编成了人类历史上最早的法律巨著《民法大全》,包括《查士丁尼法典》、《学说汇纂》、《法理汇要》、《新律》等168项法令,从而使拜占庭社会的立法与法制建设前进了一大步。

第三节 古代西方的宗教管理思想

在西方社会,大部分公民都信奉宗教,因此宗教的思想、理论对个人和社会的影响巨大。由于宗教有大批的传教士,有数以万计的信徒,因此宗教教会的管理也是十分重要的。东方的宗教大部分都是政府进行统治的工具,主要是意识形态方面的作用,各派别既无全国性统一的组织机构,也无大量的财产。与东方不同,西方自古就有政教分离的传统,政府对宗教并无统治权。在有些国家,皇权低于教权,红衣大主教既是国家的最高精神领袖,又是国家的最高统治者,政府需要宗教认可,国王登基需要教皇加冕才算合法。如今的梵蒂冈仍是这样的宗教国家。在有些西方国家,政教分离,政府不能控制教会,教会也不得干预政事,此种形式在西方比较普遍。在西方也有少数国家,政府控制教会,教会成为政府统治的精神工具。

基督教一直是西方社会影响最大的宗教。基督教产生于公元1、2世纪,自苦难奴隶和穷人斗争失败后,幻想有一种超人类的正义力量来拯救他们的产物。基督教精神反对强权与剥削压迫,主张人人生而平等与普遍的自由、幸福。基督教思想家奥略里·奥古斯丁(公元353—430年)在当时也意识到调动奴隶、农奴劳动的积极性和提高生产效率的问题。奥古斯丁把农业看作是高于一切的行业,奉行典型的重农主义。而且他也认为铁匠、木匠、鞋匠这些手工业者也应受到社会的认可与尊重。他支持交换,支持小商业者、手工业者,反对大商人垄断市场,反对贱买贵卖、囤积居奇等不道德行为。

西方宗教在教义上都提倡真、善、美,反对假、恶、丑,这对于提高国民素质,稳定社会秩序,处理人际关系,都是十分有意义的。西方宗教对于民众又是一种精神支柱,特别是为底层民众、贫穷弱小群体提供了一种精神寄托。由于西方宗教势力强大,教会也会对信徒提供一些庇护和帮助,以免其遭受压迫。当然,宗教在一些方面也有消极作用和不利因素。

西方宗教不仅有自己的思想纲领、严密的组织体系和财产管理制度,而且与当时各国的社会管理制度、财产制度相协调，发挥了重要的作用。可以说，一些西方教会的组织管理成效，要远比一些政府的治理更有效。

基督教信仰上帝（或称天主）创造并管理世界。耶稣基督是上帝的儿子，他降世成人，救赎人类。《圣经》中所体现出的管理思想对后世影响很大。据《旧约全书·出谷记》第十八章记载，摩西是希伯来人的领袖，他在行政法、人际关系、人员挑选和训练等方面都有出色的能力。摩西的岳父耶特鲁，曾批评摩西在处理政务时事必躬亲的做法。他提出三点建议：①制定法令，昭示民众；②建立等级制度，委任管理人员；③分级管理，各司其职。下面这段文字集中体现了这种管理思想："从以色列人中挑选有才能的人，立他们做百姓的首领，做千夫长，百夫长，五十夫长，十夫长，他们随时审断百姓的案件，有难断的案件就呈到摩西那里，各样的小事由他们自己审判。"（《旧约全书·出谷记》）

罗马天主教除了崇拜天主（即上帝）和耶稣外，还尊马利亚为"圣母"，强调教徒必须服从教会权威，声称教士有受自天主的神秘权力，可以代表天主对人定罪，并有一整套的等级森严的教阶制度。罗马天主教严密的管理制度可以从两个方面来概括：第一，层次分明的组织结构，形成金字塔式的指挥体系；第二，在决策过程中充分运用"幕僚职能"（Staff Function），即各地教会在进行某项决策时，不能由一个人主持决定，小事必须事先征询长老的意见，大事必须征得全体僧侣的同意。这种征询的过程，在程序上是具有强制性的（Compulsory Consultation）。但并不妨碍该地教会主教的幕僚或顾问团成员。这些幕僚和顾问团成员不能由主持人自行选任，必须由上级教会代为选定，以防止主持人选任无反对意见的"好好先生"滥竽充数，失去制衡作用。

本章小结

古希腊时代有代表性的学者是色诺芬、柏拉图与亚里士多德。色诺芬把使用价值看作是财富，认为奴隶主的经济任务，就是得到更多具有使用价值的物品。色诺芬十分重视农业问题。在《经济论》中反复论证了农业的重要性和它的好处。色诺芬把组织和监督奴隶从事生产和家务劳动，看作是奴隶主的一项主要任务。色诺芬对货币也有一些独到的见解，他认识到货币有着不同的作用。

柏拉图的著作很多，和经济学说有关的是他的名著《理想国》和《法律论》。柏拉图认为，根据正义原则组织国家，就是每个人必须在国家里执行一种最适合于他的天性的职务。柏拉图从作为国家组织原理考察了社会分工问题。柏拉图以他的分工学说为基础描绘了他所理想的国家组织和构造。柏拉图认为，健全的国家应该根据正义原则——按照人们的天性分别任事——由三个阶层组成：自由民阶层，战士，哲学家和执政者。他主张国家应制定法律，使商人只能得到适当的利润。柏拉图特别反对高利贷，主张禁止放贷取息和抵押放债。

亚里士多德的著作很多，他的经济思想主要发表在《政治论》和《伦理学》两书中。亚里士多德的观点:"家庭管理"包括两个内容,一是研究家庭中成员之间的关系,即主奴、夫妇、父子之间的关系,其中奴隶和奴隶主的关系被视为是首要的关系;二是研究家庭致富的技术。

克优斯·贾图在当时已经表现出明确的成本、效益的思想意识。他告诫奴隶主要管理好奴隶,发展生产。格拉古兄弟作为贵族出身的保民官,一上台却使用政权的力量,抑制物价,分配土地,压制豪强,关注民生。他们进行了一系列的社会经济管理改革。

在长期的共存协作与文明建立的过程中,欧洲从古希腊时代起,就产生了民主的社会管理思想。这种民主理念的思想信念是:集体的幸福与成就产生于每一个公民的积极参与之中。同时民主精神也产生于日耳曼民族中"自由人"的联合,这种自由人的民主在和平时期可以抗衡君主的权力。

西方成熟民主思想的代表人物是让-雅克·卢梭,他在1762年出版的《社会契约论》中,把作为人民一部分的、各政治集团的权利绝对化、理论化,认为是不可分割、不可剥夺的。在古希腊时代,随着民主体制的建立,颁布了《罗马法》——法制社会的思想和成文法的体制,这是古罗马留给欧洲乃至世界的最为宝贵的管理思想。在古代西方,人们就认识到了用规则、制度、法律去调整人与人、人与物、人与社会的关系的根本性,而不是依靠个人、精英、君主去治理社会,裁量对错。在5世纪中叶产生了《十二铜表法》,这部成文法成为后来公法和私法的源泉。这就是人类历史上重要的罗马法,标志着欧洲开始走向法制社会。

西方宗教不仅有自己的思想纲领、严密的组织体系和财产管理制度,而且与当时各国的社会管理制度、财产制度相协调,发挥了重要的作用。基督教精神反对强权与剥削压迫,主张人人生而平等与普遍的自由、幸福。西方宗教在教义上都提倡真、善、美,反对假、恶、丑。摩西的管理措施:①制定法令,昭示民众;②建立等级制度,委任管理人员;③分级管理,各司其职。

思考讨论题

1. 思考色诺芬的基本经济观点。
2. 讨论柏拉图的经济思想。
3. 认识亚里士多德的经济主张。
4. 思考古希腊的社会管理思想要点。
5. 认识古罗马时期的社会管理思想要点。
6. 讨论古代西方宗教的管理要点。

第十章 中世纪前后西方的管理思想

中世纪,是西方社会从传统封建社会向现代资本主义工业社会转变的过渡时期。就是在这个阶段,西方社会的管理思想由重农主义转向重商主义,贸易立国开始为一些国家所奉行。这个时期的英国发生了著名的"圈地运动",它迫使一些农民破产,流向城市,促进了英国手工业的发展。尽管对于"圈地运动"的评价不一,但是从管理学角度来看,它是现代资本主义产权制度创新的初步尝试,也为后来的英国工业革命打下了基础,其积极意义是毋庸置疑的。中世纪另一项伟大事件是欧洲的文艺复兴运动,文艺复兴运动虽然最早起源于意大利,但它的发展与影响扩大到整个欧洲。文艺复兴运动催生了西方世界的社会人文主义,强调了人的地位与价值,并随之引发了西方的宗教革命,使当时西方社会的思想认识与管理思想都提升到了一个新的阶段。

第一节 中世纪前后西方的经济管理思想

中世纪前后,欧洲国家的经济仍是以农牧业为主体,但后来随着各种探险活动的成功,海外贸易开始出现。由于生产力的发展,欧洲大陆各国之间的贸易在不断发展。因此,在此阶段欧洲的经济思想开始由传统的重农主义转向重商主义,这一经济思想比东方人早了几百年。

5—10世纪,是欧洲封建制度产生和形成的时期;11—15世纪,是欧洲封建制度发展和兴盛的时期;15—17世纪,是欧洲封建制度衰退和瓦解的时期。在欧洲封建社会中期,占主导地位的经济学说是基督教会的经济管理思想。当时的经院哲学,封建世俗观念,都表现出既要维护封建统治,又要发展生产促进贸易的市场伦理与经济思想。

一、托马斯·阿奎那的经济管理思想(1225—1274年)

阿奎那出身于意大利一个贵族家庭,是西欧中世纪经院哲学与蒙昧主义的典型代表,中世纪西方的"神学泰斗",代表作是《神学大全》。

阿奎那认为封建农奴制度不仅是必要的而且是合理的,并会长期存在。中世纪的一些教会学者也认为公有制和人与人之间的平等是符合基督教精神和自然法则的,但在现实中很难实现。他们认为人分三六九等,有高低贵贱之分;认为有道德、智慧的人是天然贵族,他们有权统治平民;有权有钱人或其继承者是后天贵族,也应享有地位与统治权;认为这是上帝与神安排的自然秩序与社会法制,否则社会会陷入混乱之中。

阿奎那把体力劳动与脑力劳动的分工,认为是社会等级划分的基础,要求农奴安分守己。他坚信私有制,反对公有制,并论证私有制是人的理性创造出来的,不仅符合自然法则,而且符合上帝的意志,是人类存在不可缺少的基础。

阿奎那在他的经济思想中,十分重视公平交易与公平价格问题。他认为应该防止贱买贵卖的行为,主张由封建君主、地方当局或某些团体去规定公平价格,以使买卖双方都不吃亏。

当时较早论述公平价格的神学家是亚尔贝兹·马格努,他把公平价格看成是与生产上劳动的消耗相当的价格。以制造床为例,他说:"造床主如果不能得到相当于他对于床所耗费的劳动数量和质量,那么他在将来就不可能重新制造下一张床,从而造床业就会消失。其他行业也是如此。"因此农民和手工业者生产的继续存在,就是以按劳动的等价交换作为基础的。这是朴素的市场经济思想。

阿奎那继承了他老师马格努的公平价格思想,并加以发展。他认为公平价格不仅由耗费劳动来决定,而且也受供求关系影响,有时某一商品卖的钱高一点或者低一点,只要买卖双方自愿达成交易,也属于公平价格。他认为公平价格不仅根据所卖出的物品而决定,而且还会由出卖给买主带来的损失决定。

阿奎那认为,交换是人们为了双方的共同利益而进行的有意识的、理性的经济活动,货币是由交换产生的。他认为应当使货币成为商品的担保品与等价物。

中世纪宗教的学者反对经商,认为商业是一种贱买贵卖行为,其行为与偷窃无异。在重农主义思想支配下,大家谴责经商和商业利润。

对于利息,《圣经》中断言放债取利是一种不义的行为。8世纪曾有"禁止一切人出借任何物品以取利"的规定。阿奎那也认为放债取利是罪恶。但在中世纪,信贷活动由于商业活动的发达已经相当流行,教会自己也参加高利贷活动。为此阿奎那为信贷合理化做了一些解释:如果出借人由于出借而蒙受损失,那么出借人可以同借贷人达成补偿的协议。他关于信贷利息是赔偿损失和规避风险的解释,后来被社会和教会广为接受。

二、生产交换的发达与重商主义的产生

15世纪末期,西欧封建自然农耕经济日渐衰落与解体,商品货币关系日益发展,城市和农村都出现了大批手工业者,资本主义生产方式开始萌芽。资本主义只有经过资本原始积累才能发展起来,而资本原始积累过程是一个十分残酷、血腥的阶段。其典型形式发生于英国,开始于15世纪末16世纪初,完成于18世纪下半叶,历时近300年。

在资本主义形成和发展的过程中,商业资本起到了重要的作用。由于商业的发展和商

业资本的扩大,引起了社会分工的扩大,进一步引起了对商品需求的增长,从而刺激了商品生产的发展,促使小农经济和小商品生产者的分化及社会交换协作关系的确立。同时西欧诸国当时的对外贸易与扩张也是资本原始积累的重要方法。因此,由于商业发展和资本主义生产方式的出现,西欧在16世纪先后出现了重商主义经济政策和重商主义经济思想。

早在14世纪末,由于英国缺乏金银矿藏,财政困乏,英王查理二世曾问询属下有什么办法可以摆脱当时的财政难题。有个叫爱尔斯伯利的货币专家说:如果英国向外国少购买商品,多输出商品,那么大量货币就会从国外流向英国,财政困境就解决了。这个回答已经隐隐约约透出了重商主义思想。提出重商主义理论并推行重商主义经济政策的历程是:从15世纪到16世纪为早期重商主义阶段;16世纪末到17世纪为晚期重商主义阶段。重商主义从人文主义出发,摒弃神学观点,可以被认为是冲破神学束缚,伴随着社会人文主义思想演变而来的。

早期重商主义者主张国内把财富以金银的形式贮藏起来,以达到积累财富的目的。为此国家加强对外贸易的管制,主张少买多卖,甚至有些国家采取行政手段禁止金银等的输出。晚期重商主义则比较温和一点,他们认为国家应允许金银货币输出国外,以便购买外国商品,但必须遵守购买外国商品的货币总和应少于出售本国商品所获得的货币的总和。为此他们建议国家采取贸易保护主义的关税政策。

1. 法国的重商主义经济思想

法国到16、17世纪时,工场手工业、国外贸易都有了很大的发展。这一时期重商主义的代表人物是德孟克列·钦(1575—1622年),他于1615年出版了《政治经济学》一书,在书中对工场手工业、商业、航海业和国家经济政策等问题进行了讨论。他主张政府开办公共作坊,设置技工学校,对公众进行职业培训;学习国外建立新型工场手工业,改善与提高法国工业品质量,提高法国货的国内外竞争力;保护自然资源,禁止外国人勘探开采。德孟克列·钦已经明确表明了他的国家干预经济生活的主张。

法国另一位重商主义经济思想的代表者是让·柯尔培尔(1619—1683年),法王路易十四的财政大臣。故此时在法国的重商主义又称柯尔培尔主义。他利用掌握的权力,积极扶持资本主义工场手工业的发展,建立"皇家手工工场",鼓励工场原料的进口,聘请外国技师,为工场手工业者提供贷款和各种优惠政策。

2. 英国的重商主义经济思想

15世纪末,英国发生了"圈地运动",从而使资本主义和私有制开始确立。"圈地运动"一方面把传统的"公地"私有化,从而从体制上改善了人们对土地、草场的过度掠夺与开发,有利于土地的合理使用;另一方面使失去土地的农奴转向城市,为工场手工业输送了劳动力。到16、17世纪,英国的工场手工业已经十分发达了。这一时期英国重商主义的代表人物是海尔斯与斯塔福德,他们主张实行保护贸易政策,保护英国手工业,保护国家的贸易顺差,坚决禁止奢侈品进口。

英国晚期重商主义经济思想的著名代表人物是托马斯·孟(公元1571—1641年),他于1621年出版的《论英国与东印度公司的贸易》一书,是英国晚期重商主义经济思想的划时代的著作。他认为对外贸易是英国发财致富的根本手段,并提倡转口贸易,鼓励发展英国工业。为了促进国际贸易,托马斯·孟还极力反对限制货币输出的法则,认为只有允许输出货币才有利于推动商品交换以增加财富。

在1862年,综合此前约20年的相关法案,英国通过了《公司法》。英国贸易局表示,以前成立股份公司是一项特权,我们希望能把它变成一种权利。从此,成立公司不再需要政府的特许,它只需要7个人签一份组织章程(1862年,英国《公司法》英国国会档案馆提供),登记营业处所,对外自称股份有限公司就可以了,这个法案,后来成为世界各国《公司法》的蓝本。

股份有限公司再次粉墨登场,经历了痛苦而漫长的诞生期后,它由特许变为自由的注册,由特权变为平等的权利,与之相随的,是由垄断到竞争,由封闭到开放的市场的形成,在市场机制下重生的股份有限公司已经脱胎换骨,它不再只是少数上等人的游戏,而成为普通人登台表演的机会;它不再高高在上,而是落地生根。英国因此真正成为引领世界经济的发动机。

第二节　中世纪前后西方的社会管理思想

到了中世纪前后的欧洲,统一的中央集权专制帝国并未形成,仍处于比较分散的状态。由于生产力的发展、贸易的兴盛和文艺复兴运动的影响,欧洲的社会管理思想在冲破封建专制压迫,反对垄断剥削方面有了很大进步,社会人文主义逐渐兴起,民众追求自由、平等、人权的意识在加强。到了中世纪晚期,欧洲的封建主义开始衰落并走向瓦解,资本主义开始在欧洲逐步出现,并且由于商贸的发展,一些工场手工业大量涌现,甚至一些现代意义上的大工厂也开始诞生。我们在此介绍一下意大利威尼斯兵工厂的造船情况,尼古拉·马基雅维利的社会管理思想和托马斯·莫尔的空想社会主义"乌托邦"思想,以取见斑识豹之效。

一、威尼斯兵工厂的管理实践

意大利的威尼斯,作为水城,海上贸易对该城的兴旺是生死攸关的。威尼斯为保护它日益增长的海上贸易,在1436年建立了政府的造船厂(即兵工厂),以改变依靠私人造船厂的情况。到16世纪时,威尼斯的兵工厂成为当时最大的工厂,占地60英亩,雇佣工人达到千人,在管理方面提供了许多有用的经验。

1. 组织机构和领导体制

兵工厂设有一位正厂长和两位副厂长。威尼斯元老院除了有时直接过问兵工厂的事务外,还派一位特派员作为兵工厂的联系者。兵工厂内部分成各个巨大的作业部门,由工长与技术人员领导。正副厂长和特派员主要从事财务管理、采购等职能。生产和技术问题则由各作业部门的工长和技术人员负责。在兵工厂的管理工作中,较好地体现了互相制约和平衡的原则。

2. 部件储存

兵工厂不只是造船,还有三重任务:①制造军舰和武器装备;②储存装备,以备应用;③装备和整修储备中的船只。为了能做到接到通知后就立即可以安装舰船,兵工厂必须储存必需的船具与索具。例如仓库中必须经常备有以下部件:5 000 块坐板,100 个舵,100 根桅杆,200 根圆材,5 000 副足带,5 000 根到 15 000 根支桨,再加上相应的索具支架、沥青、铁制品等,这些备件都编上号码并储存在指定的地方。这样有助于实行装配线作业和精确计算存货,节省时间和劳力,加快了安装船只的速度。

3. 装配线生产

兵工厂在安装舰船时采用了类似于现代装配线生产的制度,各种部件和备件都安排在运河的两岸,并按舰船的安装顺序排列。当舰船在运河中被拖引经过各个仓库时,各种部件和武器等从各仓库的窗户传送出来进行装配。兵工厂中的职员也是按部件和装备的种类安排在各个部门。一个工长负责木器,另一个工长负责拖杆,第三个工长负责捻船缝,第四个工长负责船桨,等等。

西班牙的一位旅行者曾参观过兵工厂,在 1436 年对该厂装配线生产作了如下的描述:"人们一走进大门就会看到一条运河,运河的两边都是从兵工厂的房子开出的窗口。当舰只由一只小船拖着经过这些窗口时,从一个窗口传出索具,另一个窗口传出面包,再一个窗口传出武器,又一个窗口传出弩炮和火炮。这样,从各个窗口中传出所需的各种东西,当舰只到达运河的另一端时,所有的水手连同木桨都已在舰上了,整个舰只已装备完毕。这样,在 3~9 个小时内,安装好了十条全副武装的舰船。"当法国的亨利三世于 1574 年参观兵工厂时,看到一条全副武装的舰船在一个小时内就安装完毕并下水了。1570 年 1 月 28 日,当得知土耳其人准备进攻塞浦路斯岛时,威尼斯元老院命令在 3 月中旬安装好一百只舰船,结果在 3 月初就完成了。由此可见其装配线生产有很高的效率。

4. 部件标准化

兵工厂当时已认识到部件标准化在装配和操纵舰船方面的好处:它能提高生产速度和降低成本,并能以同样的方式、同样的速度和灵敏程度来操纵,使得舰队中的各个船只能协同配合。部件标准化包括:①所有的弓都应制造得使所有的箭都能适用;②所有的船尾柱应按同一设计建造,以便每一个舵无须特别改装即可适合于船尾柱;③所有的索具和甲板用具应该统一。

5. 会计控制

威尼斯兵工厂中所用的会计和簿记制度同威尼斯工商企业中所用的会计和簿记制

度有同样的重要性,但在使用上有所不同。兵工厂把会计作为一种管理控制的手段,对入厂和出厂的每件事物都有细致的记录和账目,其中包括从公开市场购买的产品,按合同用材料和工资向手工工人换取的产品、所用的金钱、材料和人工等。

兵工厂规定所有账目合并为两本日记账和一本分类账。其中一本日记账由负责保管现金的厂长保存,另一本日记账由会计把账户过到分类账中去,然后由另一位会计保管。兵工厂中的两位负责人每隔几个月就在一起核对日记账和分类账,每年的9月结算分类账。兵工厂把所有的费用分成三类:第一类是固定费用;第二类是金额不定的费用;第三类是额外的费用。收入则按不同用途而划分成几种资金。兵工厂的这种会计制度使它能追踪并评价所有的费用,进行生产成本管理控制。

6. 存货控制

威尼斯兵工厂必须储存相当的船舰以供急需。在14世纪时,只要有6条船的储备就够了,以后增加到50条;16世纪时又增加到100条。兵工厂对此进行严格的控制。在武器方面,兵工厂中的武器管理员有存货控制方面的详细记录:什么武器,何时发送等。出厂成品由门卫负责检查,入厂材料由检查员(评价员)负责检查并由专人记录。

7. 成本控制

兵工厂还利用成本控制和计量方法来帮助相关人员作出管理决策。例如,在早期由于木料堆放没有次序,寻找一块木料所花的成本相当于木料价值的3倍。通过成本研究,专门设立一个木料场,有秩序地堆放各种木料,既节省了寻找木料的时间和劳动,又能确切地知道库存木料的价值。

8. 人事管理

兵工厂有严密的人事管理制度,严格规定上工、下工和工间休息的时间。按照工作的性质,工人分别按计件工资或计时工资付给报酬。制造装备的技术工人在特别的手艺作坊中工作,由具有手艺的工长领导。工长主要负责技术工作,例如计算工时,维持纪律等,其他工作由其助理处理。兵工厂中设有一个委员会,每年两次开会评定每个工人师傅的成绩并决定是否提升工资,学徒是否晋升为师傅等。

二、尼古拉·马基雅维利的管理原则

尼古拉·马基雅维利(Niccola Machiavelli,1469—1527年)是意大利的政治思想家和历史学家。他出身于佛罗伦萨的没落贵族家庭,29岁时在佛罗伦萨城邦政府中获得一个职位。由于他文笔很好,不久便出人头地,曾被作为非正式的使节派到意大利的一个重要城邦和一些外国去执行使命。他主张结束意大利的政治分裂,建立一个统一而强大的君主国。为了达到这个目的,可以不择手段,因此被人称为马基雅维利主义。这反映了意大利新兴资产阶级的要求。1512年,马基雅维利失去了在政府中的职位,毕其余生进行写作。他写作的范围很广,包括政论、历史、剧本和诗等,其中最著名的有《君主论》

（又译《霸王术》）、《罗马史论》、《佛罗伦萨史》等。

他在这些著作中论述了与管理有关的原则。

1. 群众认可

所有的政府，不论是君主制、贵族制或民主制，其持续存在都依赖于群众的支持。君主可能通过武力或继承而登上王位，但要牢固地控制国家，还必须得到群众的支持。这事实上就是权力接受论，即权力是自下而上的，而不是自上而下的。马基雅维利还指出，如果一位君王可以通过人民获得权力，就不应该通过贵族获得权力。

2. 内聚力

要使国家能持续存在，必须要有内聚力。一个君王要维持组织的统一和使自己事业成功，必须紧紧地抓住自己的朋友，仔细地注意和抚慰他们，利用他们。组织内聚力的一个关键因素是使人民确信他们可以信赖自己的君主，知道君主期望于他们的是什么，这就是责任明确性原则。如果没有固定的法律而只有多变的政策，很快就会使整个国家陷入混乱。人民应该确切知道，如果犯了罪，无论过去有什么功劳，也无法逃避惩罚。他们应该知道，个人犯了罪会受到什么刑罚。君主应该到被征服的领土去访问和生活一段时间，以便加强内聚力和控制。

3. 领导方法

有两种类型的领导者（或管理者）：一种是自然或天生型；另一种是后天获得领导技术的类型。年轻的君主要努力学习掌握领导的技术。但是，有些通过继承而获得权力的君主由于缺乏伟大领导者应具有的吸引力，尽管受过训练，却永远不能成为能干的、成功的统治者。一个君主（或管理者），应该以自己的榜样作用来鼓舞他的人民从事伟大的事业，特别是当他的国家受到敌人攻击时，他应该努力振奋人民的精神，使人民能够在君主的领导下准备从事战斗。君主应注意所有的集团，时时同他们打成一片。以自己的博爱和仁慈为他们树立榜样，但始终要维持尊严。作为一个好的管理者，君主应该奖赏那些有益于城市和国家的人，应该保证他的公民不会不公平地被剥夺自己的物品，以此来激励公民从事自己的职业和使命。一个好的君主必须能明智地对事件和人民进行观察，使事件和人民有利于自己。当机会到来时，他应该学会如何利用，正像绝大多数成功的管理者所做的那样。但并不是以一种欺诈的方式。他还应该能识别时代的潮流并适应它。他应该明智地识别忠于他的贵族和只是追求自己利益的贵族，能够认识这两种人并使他们有利于自己。

4. 生存意志

任何组织的主要目标之一是使自己存在下去。一个君主应该像罗马人那样经常警惕着混乱状态，以便及时予以扑灭。当他的王国处于存亡关头时，一个君主有权采取严酷的措施，在必要时，可以抛开所有的道德借口，背弃任何已不再有用的誓言。

马基雅维利所提出的管理原则是为了使君主能成功地管理一个国家，但同样也适用于管理其他组织,所以对管理思想的发展产生了相当大的影响。

三、欧洲早期空想社会主义者莫尔的管理思想

托马斯·莫尔(Thomas More,约1478—1535年),欧洲早期空想社会主义学说的创始人,才华横溢的人文主义者和阅历丰富的政治家。莫尔1478年2月7日出生于伦敦的一个富裕的法官家庭,他自幼受到良好的教育,曾就读于牛津大学,后遵照父命到了新法学院研究法律。莫尔早年深受人文思想的影响,毕业后,他很快成为伦敦有名的律师。莫尔历任国家要职,当过下议院的议长,任过大法官。1534年,他由于不同意国王的宗教改革政策而被国王免职,后来被捕入狱,1535年被判处死刑。

托马斯·莫尔以其《乌托邦》(出版于1516年,全译为《关于最完美的国家制度和乌托邦岛的既有益而有趣的全书》)一书而名垂史册。

《乌托邦》一书采用对话体,由一位葡萄牙水手拉菲尔·希施拉德讲述他航海中在乌托邦岛的所见所闻。该书文笔生动,引人入胜,在15世纪地理大发现时期吸引了大量的读者。莫尔正是用这种形式和海外奇闻的题材,揭露了资本主义社会的黑暗,抒发了他对消除人剥削人的未来美好社会的向往。书中的管理思想主要是通过他对英国现实的批判和未来社会的设想而表现出来。

莫尔敏锐地观察到私有制是一切罪恶的根源。他根据英国当时的情况把社会分为两种人:食利者和生产者。并进一步认为这种分化的根源在于私有制,只要私有制存在,这种贫富不均和少数人掌握巨大财富而多数人遭受苦难和重压的状况就会存在。因此,他认为"只有完全废止私有制度,财富才可以得到平均公正的分配,人类才有福利"。

莫尔的乌托邦岛十分注意生产的布局和生产的组织。他的乌托邦分为四五个城市,城市的周围环绕着农场和田野。人们都是错落有致的城市的居民,并在城市中从事某一职业。而农场的生产劳动则由人们轮换完成。乌托邦中有专门从事管理工作的非体力劳动者,比如极少数学者和行政长官。乌托邦中的城市,由若干个以户为单元的工场作坊组成,每一个户由10~16个成年人组成,从事某一项手工业产品制作。每个生产出来的产品交公共仓库保管,以供统一分配。在岛中每人每天只需要劳动6小时,其余的时间从事科学、艺术等活动。

在国家管理方式上,莫尔主张用民主的方式选举政府官员,按民主的方式治理国家。在乌托邦中,人民具有选举权和被选举权,一切权力机关都是选举产生的,除去最高执政官是终身职务外,所有其他公职人员每年选举一次。在这里,公职人员不是高高在上的老爷,而是植根于人民之中的公仆,他们的职责是组织、监督人民从事生产和消费,杜绝浪费和懒散,使人人都能敬业、爱业。

在经济管理方式上,莫尔设想整个社会经济是按照一定的统一原则管理的。国家估量全岛产品,并在必要时重新进行分配;国家可以统一调动劳动力;统一经营对外贸易,

实行按需分配的产品分配原则；岛上实行公有制，岛上居民所生产的一切产品都归公有，并成为整个社会的财产，每个人从公共仓库领取他所需要的一切。由于社会产品十分的丰富，因此每个人都会自觉地按需要领取物品。这对企业内部分配也有一定启示意义。

第三节 欧洲文艺复兴与新教伦理、市场伦理的兴起

15、16世纪，发源于意大利，后扩展到整个欧洲的文艺复兴运动，在人类历史上第一次确立了社会人文主义精神，对传统的宗教与封建专制提出挑战。由于文艺复兴运动的影响，引发了西方的宗教革命，出现了尊重人和人的福利的新教伦理，并进一步确立社会个人权利与自由伦理，社会贸易交换与市场伦理。可以说正是由于这些思想的出现，才为西方走向资本主义和现代化社会奠定了文化和伦理基础。

在中世纪之前，西方宗教与文化和东方文化与宗教一样，泯灭人性，束缚人的思想，无视个人的自由与福利。正是从文艺复兴开始，社会人文主义解放了人们的思想，把社会管理和宗教活动转向为个人谋福利的轨道。在此我们简要介绍一下文艺复兴运动的影响和宗教革命，以对西方社会中世纪的文化革命和思想转型有所认识。

一、文艺复兴对管理思想发展的影响

在人类历史上，起源于意大利、繁盛于整个欧洲的14—16世纪的文艺复兴运动，是人类社会发展史上的一个重大转折点。这是一次资产阶级反对封建教会的思想政治解放运动，也是先进的生产力与落后的封建生产关系之间的一次较量。当时新兴的资产阶级在有了一定的经济、政治基础后，迫切需要拥有自己的政治地位，建立资产阶级政权。为了达到这个目的，资产阶级就必须有自己的理论、自己的思想武器进行反对封建思想意识形态的斗争。

14—16世纪的欧洲生产力水平有了一定的发展，尤其是在威尼斯、佛罗伦萨，由于出现了商业资本，产生了包买主资本家，生产方式从简单的协作演变成工场手工业。在生产力发展的过程中，生产工具的进步、生产组织方式的改变，尤其是人们对自然的认识程度的进一步提高，再加上当时的意大利积聚了大批的优秀人才，使文艺复兴的产生成为历史的必然。这是人类历史上的一次思想大解放，它的影响是划时代的。

尽管当时资产阶级有了一定的实力，但是在强大的封建教会面前还是显得相当弱小。1453年土耳其打败拜占庭帝国之后，发现了一批古罗马时代的手抄本，并带到了意大利。在意大利的古罗马废墟中，也挖掘出很多古代的雕像，古希腊和古罗马的文化和中世纪的文化相比较，显得光彩照人。因此，新兴的资产阶级以古代文化的现实主义思想作为反对封建教会的思想武器，并最终使欧洲出现了文化繁荣的局面。由于这场思想解放运动是以恢复古代文化的面目出现的，所以历史上称为文艺复兴运动。

文艺复兴时期的主要社会思潮为人文主义。它的核心是：肯定人，注重人性，要求把人、人性从宗教束缚中解放出来。这种人文主义思想，主要是反对神学中抬高神而贬低人的观点，肯定人的价值，强调人的可贵，要求人的个性解放和自由平等，推崇人的经验和理性，提倡认识自然、造福人生。

对人的认识的进步是人类历史的一个巨大飞跃。在奴隶社会和封建社会里，作为社会下层的人民是没有独立人格的，他们不是属于统治者财产的一部分，就是宗教枷锁下的一个囚犯。只有人性得到解放，才能使生产力真正得到解放。而文艺复兴运动首先就是从人性的解放开始的。同时，这个时期人文主义的兴起也带动了管理思想大发展。文艺复兴运动对人的认识的深化，对以后行为科学的兴起有着潜在的影响。在当时，有但丁的《神曲》，薄伽丘的《十日谈》，以及美术三杰——达·芬奇、米开朗琪罗和拉斐尔，他们都对人文主义思潮的兴起作出了巨大的贡献。15世纪后期文艺复兴逐渐扩展到西欧各国，德国的伊拉斯谟写的《愚人颂》，对封建贵族进行了辛辣的嘲讽。英国莫尔的《乌托邦》，勾画出人类理性的社会。莎士比亚的作品则充分刻画了人性的各个层面，他的作品对人们认识人性具有巨大的启迪作用，至今还被人们所喜爱。法国作家拉伯雷的《巨人传》和西班牙作家塞万提斯的《堂吉诃德》，同样对人文主义思想的发展起到了推动作用。

二、宗教改革

资产阶级要进行反对封建主义的政治斗争，成为独立的政治力量，必须首先摧毁封建教会的精神枷锁。所以欧洲的农民、手工业者、新兴的资产阶级都把矛头指向封建教会，并要求进行宗教改革。这就是16世纪西欧各国反对罗马天主教会的社会运动。中世纪的西欧各国，几乎人人都是天主教徒，人们从生到死都和天主教有着密切的关系。他们的思想和行动受到天主教的严密控制。因此，新兴资产阶级反封建斗争采取的是神学异端的形式。1517年马丁·路德在德意志率先起来反对教会，倡导"信仰耶稣即可得救"的原则，提出简化宗教仪式，驱除天主教会势力的主张。路德发起的宗教改革得到了人民的支持，因而宗教改革迅速地波及西欧各国。宗教改革打击了西欧的封建势力。这次宗教改革后形成的新教和清教，对后来资产阶级革命产生了重大的影响。

1. 新教伦理

由德国的马丁·路德发起的宗教改革运动，实际上是一次思想解放运动，震撼了当时的世界。他提出了"天职"的概念，即每个人在世上完成了他所处地位的任务，他就尽了天职。其后加尔文在瑞士又对宗教进行改革，他比路德更为激进，提出了"上帝选民"的概念。由此形成了一种新的宗教伦理，认为上帝把人分为"弃民"和"选民"，"弃民"注定要被上帝所抛弃，而"选民"注定要得到上帝的拯救。人在现实的世上生活，每个人都在履行上帝所分配的"天职"，在生活中的成功和失败就是"选民"和"弃民"的标志。因为人们并不知道自己是"弃民"还是"选民",因此每个人都应相信自己是上帝的"选民",要有勇气面对自己的苦难,努力争取自己的成功,以证明自己是上帝的"选民"而不是"弃民"。

这种新的宗教伦理把上帝和尘世间的活动联系起来,使人们在现实生活和奋斗中找到了精神支柱。这种新教认为上帝将救助自助者,他们提倡积极的人生观,认为只有积极地工作才是善良的人生目标。这在实际生活中形成了许多必然推论:①浪费时间是万恶之源,因为浪费掉的时光都是你为上帝争光效力的机会;②乐于从事工作,不劳者不得食;③劳动分工和专业化是神的意志,因为这样做使得技术得到更高的发展,使生产质量和数量都能提高,因而符合所有人的利益;④消费超过基本的需求就是浪费,因而是有罪的。人们应该自我引导、自我克制地生活,从而使他们的内心世界不断地恢复平静。上帝渴望人们获得利润。这是神的恩典的表示,而浪费和减少利润,或者放弃一项有利可图的事业都是违背上帝的意志。只要人们不追求奢侈的生活,就会在劳动中创造出剩余,即利润。创造的财富除了满足人们的基本需要外,剩余部分可投资到新的事业中去,或用来改造现有的生产。这就是马克斯·韦伯称为由新教伦理开创的现代资本主义精神。

2. 个人自由的伦理

人的个性解放,是资本主义精神的首要条件。在文艺复兴之前,人与人之间的关系反映出的是奴性和个性,不论在理论上还是在现实中,都是要求少数人统治多数人,讲究的是服从,不服从就会被镇压。其中最典型的是马基雅维利在1513年写的《君主论》一书,在书中他提出:"不管什么人,只要他渴望创造一个国家并为它制定法律,他首先必须设想所有的人都是坏人,而且一有机会,他们就要表现出其罪恶的本性。"因此"统治者必须是一只能识别陷阱的狐狸,同时又必须是一头能使豺狼惊骇的狮子"。在这种状态下人们只有服从。而在需要获取成就和对个人的世俗努力应给予报偿的前提下,其政治制度必须有助于实现个人的自由。

在这种矛盾冲突下,首先由霍布斯明确提出了不同于马基雅维利的观点。他在1651年发表了《利维坦》一书,认为人们应该通过建立国家来保障社会的和平。他认为君主制是一种理想的政体,因为那是被统治者给予了统治者权利,使得他成为统治者。他批判了国家及其起源的神学教条,提出了"自然状态"的国家起源说,反对君权神授,猛烈地抨击了教会。但他还是否定了自由民主的观点。

当时英国的另一位哲学家约翰·洛克更为进步,他的政治观点更为明确,且影响也更为深远。在洛克的《政府论》中,他首先提出君主或立法机构是否违背他们的职责,这将由人民来做出判断的观点,并提出了分权的学说,即立法权、行政权和监督权三权分立并互相制衡,主张实行代议制度。这一观点后来在1776年美国的独立宣言中得到反映,并对法国大革命产生了深刻的影响。

洛克的思想主要是:①人民受理智的自然法则支配,而不是受专横的统治准则或为独裁者的各种念头所支配;②人类社会是以私有财产为基础的,自然和理智的法则规定了人们不得侵犯他人的财产。个人的财产权和政治自由都应受到保护。也就是说,既然人们具有天赋的财产权,那么国家就不能剥夺这种权利。相反,必须要保护人们具有的财产权。洛克在政治上主张个人自由,在经济上主张私人财产不受侵犯的观点成为资本主义的信条,从而为鼓励人们利用财产追求幸福,保护财产契约关系,积极发展生产力提供了有力的思想保障。

3. 市场伦理

市场是资本主义赖以生存的环境,市场经济也是西方的发明与创造。当时的人们是怎样认识市场并发现市场的积极作用的呢?

平等缔约的前提,是人的平等,发端于意大利的文艺复兴,让出身、门第、等级都不再成为衡量人的标准,人的价值受到肯定,为美好生活而奋斗受到鼓励。

中世纪主要还是自然经济,市场很不发达,经济基本上还处于一种自给自足的半蒙昧状态,因此在经济思想方面也基本上没有什么大的成就。到了16、17世纪,西欧出现了一个新的统一的政权局面,尤其是新航线的开通,新大陆的发现,为创造国际性市场提供了可能,从而产生了重商主义的经济理论。由于国际商贸可以获得巨额的利润,所以,政府干预一切经济活动,从而约束了私人的主动性,这既鼓励了经济的飞速发展,又在一定程度上阻碍了经济的发展。随着国际掠夺的加剧,战争的频繁,使得已形成的国际市场受到了严重破坏,重商主义开始衰落。

因为重商主义和启蒙时代的哲学思想的矛盾,导致了重农主义的兴起。魁奈认为财富不在于金银,而来源于农业生产,主张自由放任的资本主义,政府不加以干预,任其市场经济机制运行,因为这种机制有其本身和谐的内在规律,政府的干预将破坏这种规律。

亚当·斯密进一步提出了只有市场与竞争才是经济活动的调节器,市场这只"看不见的手"能保证资源得到最佳配制,并发挥最大的效能。每个人、每个国家都可以在完全竞争的市场上使自身的利益实现最大化。亚当·斯密在《国富论》中以制针为例,提出了分工的理论。分工可以大大提高劳动生产效率,从而获得较强的市场竞争力,进而取得最大的利润。分工理论是市场经济的一个主要支柱,也是工厂制度的基础。正如丹尼尔·雷恩在《管理思想的演变》一书中所提出的那样,由于亚当·斯密的著作,使得"英国在市场伦理中找到了在经济上对发挥个人主动性的支持而不是重商主义,找到了竞争而不是保护,找到了创新而不是经济的停滞,而作为激励的力量,找到了自我的利益而不是国家的利益。市场伦理是为工业制度繁荣发展而创造了文化环境的三种力量中的一个因素"。

这三种伦理观的综合力量构成资本主义精神的主要内涵,"新教伦理是对教会的中央集权的挑战,是对人们今生要争取获得成就的需求做出的反应;自由伦理反映了铁板一样的政府形式和代表制政府以及试图保护个人权利之间的一场悠久的斗争;市场伦理是对宁愿支持重商主义的地主贵族的挑战"。资本主义精神从三个方面构成了对封建教会革命的强大的思想武器,所以,当生产关系和生产力发展的矛盾积聚到一定的程度,资产阶级革命就成为历史发展的必然。

工业革命的爆发是人们在三种伦理观的综合作用下获得的精神方面的突破进而在科技上不断获得突破的结果。概括来说,资本主义工业文明新时代的到来,是由于新教伦理对教会中央集权的挑战,要求获得精神上的解放;个人自由伦理在反对铁板一样的政府形式的斗争中获得政治上的解放;市场伦理在反对重商主义思潮中获得经济上的解放,再加上科技这个加速器的帮助,使得四种力量相互作用、相互配合、相互促进,从而促进了生产力的大发展以及生产关系的大进步。也可以说,如果没有人的精神上的解放,以及政治上的宽松、经济上的自由和科技上的进步,就不会有工业文明新时代的到来,也就不会有现代管理思想的出现。

本章小结

阿奎那在他的经济思想中,十分重视公平交易与公平价格问题。他认为应该防止贱买贵卖的行为,主张由封建君主、地方当局或某些团体去规定公平价格。农民和手工业者生产的继续存在,就是以按劳动的等价交换作为基础的。他认为公平价格不仅根据所卖出的物品而决定,而且还会由出卖给买主带来的损失决定。阿奎那认为,交换是人们为了双方的共同利益而进行的有意识的、理性的经济活动,货币是由交换产生的。他认为应当使货币成为商品的担保品与等价物。

由于商业发展和资本主义生产方式的出现,西欧在16世纪先后出现了重商主义经济政策和重商主义经济思想。德孟克列·钦对工场手工业、商业、航海业和国家经济政策等问题进行了讨论。他主张政府开办公共作坊,设置技工学校,对公众进行职业培训;学习国外建立新型工场手工业,改善与提高法国工业品质量,提高法国货的国内外竞争力;保护自然资源,禁止外国人勘探开采。德孟克列·钦已经明确表明了他的"国家干预经济生活"的主张。英国重商主义的代表人物是海尔斯与斯塔福德,他们主张实行保护贸易政策,保护英国手工业,保护国家的贸易顺差,坚决禁止奢侈品进口。

威尼斯兵工厂的管理实践包括:组织机构和领导体制,部件储存,装配线生产,部件标准化,会计控制,存货控制,成本控制,人事管理。马基雅维利的管理原则:群众认可,内聚力,领导方法,生存意志。莫尔的《关于最完美的国家制度和乌托邦岛的既有益又有趣的全书》主张,只有完全废止私有制度,财富才可以得到平均且公正的分配,人类才有福利。莫尔主张用民主的方式选举政府官员,按民主的方式治理国家。在经济管理方式上,莫尔设想整个社会经济是按照一定的统一原则管理的。国家估量全岛产品,并在必要时重新进行分配;国家可以统一调动劳动力;统一经营对外贸易,实行按需分配的产品分配原则;岛上实行公有制,岛上居民所生产的一切产品都归公有,并成为整个社会的财产,每个人从公共仓库领取他所需要的一切。

文艺复兴运动引发了西方的宗教革命,出现了尊重人和人的福利的新教伦理,并进一步确立社会个人权利与自由伦理,社会贸易交换与市场伦理。文艺复兴时期的主要社会思潮为人文主义。它的核心是:肯定人,注重人性,要求把人、人性从宗教束缚中解放出来。这种人文主义思想,主要是反对神学中抬高神而贬低人的观点,肯定人的价值,强调人的可贵,要求人的个性解放和自由平等,推崇人的经验和理性,提倡认识自然、造福人生。

宗教改革运动的内容:新教伦理,个人自由的伦理,市场伦理。霍布斯批判了国家及其起源的神学教条,提出了"自然状态"的国家起源说,反对君权神授,猛烈地抨击了教会。洛克在政治上主张个人自由,在经济上主张"私人财产不受侵犯"的观点成为资本主义的信条。从而鼓励人们利用财产来追求幸福,保护财产契约关系。魁奈认为财富不在于金银,而来源于农业生产。他主张自由放任的资本主义,政府不加以干预,任其市场经济机制运行。因为这种机制有其本身和谐的内在规律,政府的干预将破坏这种规律。新教伦理是对教会的中央集权的挑战;自由伦理反映了铁板一样的政府形式以及试图保护个人权利之间的一场斗争;市场伦理体现人们交换和互利的价值观念。

思考讨论题

1. 认识阿奎那的基本经济思想观点。
2. 讨论法国重商主义者的经济政策和经济观点。
3. 讨论威尼斯兵工厂的管理原则。
4. 评价莫尔的社会经济思想主张。
5. 评价西方文艺复兴运动的社会管理意义。
6. 认识宗教改革运动的社会管理意义。

第十一章　工业革命前后西方的管理思想

由于欧洲在中世纪之后一直没有形成统一的中央集权国家,而是并存着大量的公国、城堡和庄园主,这就使得欧洲的大陆贸易十分发达,海外贸易也十分兴旺,从而促进了手工业的发展。工业革命为大生产提供了动力供给,又进一步产生了大工厂与现代企业。长期以来不少历史学者认为是工业革命催生了现代资本主义,为帝国主义的海外掠夺提供了西方资本主义国家的原始积累。近年来一些史学家进一步研究证明,工业革命只是现代资本主义的必要条件,而生产方式的变革、产权制度的创新才是现代资本主义产生的根本。依据是以蒸汽机的发明为代表的工业革命起源于法国和芬兰,而资本主义生产关系却首先在英国确立;另外,历史资料表明,早在海外贸易中掠夺最多的葡萄牙、西班牙并没有率先走向资本主义道路,英国的纺织工业也未从英国的海外掠夺中获取多少直接资本。在海外掠夺中获取的大量财富都被当时的王公大臣和富人们挥霍掉了,没有多少投入到生产领域。在西方社会率先从事工厂制生产,采取资本主义生产方式的是一些经营成功的手工业者,而非大地主庄园经济或政府投资。在此我们将介绍一下在英国资本主义早期,像乔赛亚·韦奇伍德这样的手工业者,是如何一步步走向成功,成为大资本家的。

在工业革命之后,率先进入资本主义生产方式的是英国。英国的工业革命就是把传统的一家一户式的手工业生产方式——作坊,变为成千上万人共同生产的大工厂。在19世纪,英国成为世界工厂,英国的纺织品曾一度占全世界产量的绝大部分。在英国,早期的企业管理专家大多与纺织品有关,在此我们介绍一下欧文的工业人文主义思想与巴贝奇的企业管理观念。在工业革命前后,一些社会学者,特别是经济学家,已经开始认识到生产方式变革的来临和企业管理思想的重要性,在此我们介绍一下亚当·斯密和萨伊的经济管理思想。

第一节　手工业时期的管理思想

手工业时代向工厂制时代的转变,主要是生产方式的变革、生产规模的扩大和市场范围的延伸。工厂制迫使当时的手工业主转变思想观念,进行管理的创新。在手工业时代,一般都是家庭作坊,师徒关系,手工劳动,简单协作,当地市场。工厂制使工厂主首先认识到设备、技术采用和更新的问题,随设备、技术引出资本筹措和财务管理问题。由于生产规模的扩大,市场销售问题突出出来,资本主义的早期生产就是全球化和海外销售,因此市场学产生了。工厂制给工厂主带来了另一个头疼的问题:雇佣劳动与劳资纠纷。工人与工厂主既是合作伙伴,又是生死冤家。如果处理不好劳资纠纷,资本主义生产方式也无法生存发展。

手工业向工厂制转换时需要一些社会的、技术的、经济的条件,在这些条件的基础上才能完成这一历史转变。在工厂制出现之后,逐步形成现代企业管理思想和现代企业制度。

一、商业贸易的发展、市场的扩大为工厂制做好了社会经济准备

工厂制度和大工业时代的到来需要一些社会的、技术的、经济的条件,只有在这些条件具备的基础上才能产生出新的生产方式和企业制度。

近代大工业产生于18世纪最后30多年的英国,其发展之迅速和产生的影响之深远,是人们始料不及的。从某种意义上来说,这比一场政治革命还来得彻底。

18世纪上半叶英国国内的商业发展仍然局限于狭隘的地区范围之内,而提供这些商品来源的是一般的家庭作坊。这种家庭作坊还谈不上管理。销售商品的是一些中间商人、流动商人、小贩、城市开店人,销售的形式是定期的集市,以及较大的城镇中工业品较为集中的特殊市场。由于当时英国的道路交通条件十分恶劣,使商品流通受到极大的限制。英国是一个岛国,海岸有许多很深的河口和避风港,便于航行。于是,由于航行的便利和水力资源的丰富,许多城市及集镇就在这些地方建立起来,如利物浦等。为了利于商业流通,满足海外及国内贸易的发展,又开始开掘运河。1793年,一大批运河的开通使大批城市建立起来,如曼彻斯特、伯明翰、伦敦等。这些都为工业革命提供了先决条件,也就是说,由于商业的发展,促进了英国城市的建立,并最终引发了轰轰烈烈的工业革命。

二、工业革命的到来使工厂制成为可能

工业革命的产生是与纺织业的发展、"圈地运动"和蒸汽机的发明紧密联系在一起的。英国的纺织工业是工业革命的源头。而毛纺业的发展引发了"圈地运动",改变了土地所有制,原有的自然经济遭到严重破坏,从而一举摧毁了小农经济和小生产自给自足的生产方式。这不仅为大工业的产生扫除了传统习惯的阻力,而且由于圈地运动使许多人失去了自己的家园,成为无业人员,为资本主义工业的生产提供了丰富的劳动力资源。当珍妮多轴纺纱机出现以后,尤其是水力的多轴纺纱机由阿克赖特创造出来之后,动力问题,也就是寻找一种随处都能得到的动力,而不是受到河流限制的动力,就成了下一个亟待解决的问题。

这时,蒸汽机出现了。蒸汽机的发明,为工业革命的爆发点燃了导火索,并成为工业

革命的"推进器"。然而,它的出现也经历了曲折的过程。在当时,人们增加动力唯一实用的方式是建造一个人工瀑布,但是为此必须先用抽水机将水提升到蓄水池里,蒸汽机的作用就是从这里开始的。蒸汽机的发明为工业的发展开辟了道路。从此,人类社会进入到以资本主义为主导的时代。

资本主义的建立,首先解决了封建的生产关系和先进生产力之间的矛盾问题,为生产力的发展铺平了道路,这主要反映在工业革命的爆发。其次解决了由封建专制向民主制度过渡的问题。在资产阶级革命的过程中,法国的启蒙运动对资产阶级革命的影响是十分巨大的,其中最为著名的人物有伏尔泰、孟德斯鸠、卢梭和狄德罗。

伏尔泰是位多产的作家,他的著作清新、机智,常带有绝妙的讽刺,具有极大的批判力。他的名言是:"我不能同意你说的每一个字,但是我誓死捍卫你说话的权利。"孟德斯鸠在他的《论法的精神》一书中提出了资本主义社会最佳的管理思想,即立法权、司法权、行政权三权分立的原则,第一次提出了权力制衡的思想,较好地解决了封建专制集权管理的弊病,为以后资本主义能够长期发展铺平了道路。他的思想对管理学上的贡献也是比较大的,特别是对公司中股东大会、董事会、监事会和总经理之间的制衡结构有较大的影响。卢梭的《社会契约论》,认为人人都应遵守社会契约。而狄德罗的《百科全书》则反映了启蒙思想的特质,即反迷信、反宗教迫害、反专制、反社会不平等,同时反映了当时的一切科学的成就。法国的启蒙运动的矛头首先指向封建制度及其精神支柱——天主教会;其次突出宣扬天赋人权、三权分立,提倡自由、博爱、平等。这些思想不仅对当时资产阶级革命有巨大的影响和推动作用,而且也是以后管理思想发展的一个重要渊源。

进入18世纪后,由于重商主义的作用,商业贸易成为当时英国的主要经济活动,国家与民众的主要经济收入来自于商业贸易。工业的进步和贸易的发展是彼此联系在一起的,它们相互影响、相互促进。不仅工业的发展迫使人们不得不去寻找新的市场,从而促进了商业贸易的发展,有时则由于商业市场的扩大促进了工业企业的产生。18世纪的英国,推动工业革命的真正动力是商业贸易。由于技术进步的缓慢和交通的困难,生产必然受已有市场需要的限制。如果没有商业活动走在前面,工业的进步几乎不可能,也就不会发生工业革命,现代的管理思想就不可能出现。

蒸汽机一开始叫火力机,就是利用蒸汽的热胀冷缩的原理产生的压力来提升水。后来做了一些改进,使之成为往复运动的纽可门机。其发明人是铁匠出身的纽可门。在18世纪中叶,这种纽可门机和水力机的组合到处可见。瓦特是在研究纽可门机的基础上开始他的工作的。他在研究这种机器后,发现有两个主要原因使效率上不来:第一在活塞每动一下之后,为了恢复缸内的高温,就要耗费大量的热量;第二是冷凝,由于冷却不足而使压力不完备。怎样来解决这一问题呢?瓦特是按照这样的思路进行的:"为了避免任何无意义的冷凝,蒸汽对活塞发生作用的那个汽缸,必须经常同蒸汽本身一样热……为了获得必要的空隙,冷凝必须发生在一个单独的容器里,这里的温度能够按所需要的程度得到降低,而汽缸的温度却不受改变。"

这样,冷凝器和汽缸分开来了,而纽可门机是统一体。更为重要的改进是,"为了不必用水来防止活塞的漏气,为了在活塞下去时防止空气冷却汽缸,那就必须用蒸汽压力作为动力,而不是用气压作为动力"。这样的结论就完成了正确的推理,于是发生了重大的改革,将原来的气压机变成了蒸汽机。从此工业革命有了动力的源泉。瓦特在1769年得到了第一个专利,瓦特这项发明使得他在英国以至在整个人类文明世界的伟人中占有了重要地位。他的博学多才无疑对他的发明起着巨大的作用。

从此,坚冰已经打破,道路已经开通,蒸汽机很快被用于非常广泛的工业领域。在冶金工业中,在面粉厂,在纱厂中……由于蒸汽机的广泛应用,推动了一切工业部门的机械化,工厂纷纷建立起来。蒸汽机是人类生产技术史上的一次飞跃,它使生产摆脱了人力和自然条件的限制,使人的能力首次得以延伸。这是生产力的一次大解放,是决定工厂制度确立的基础。人们将蒸汽机引发的工业革命所进入的时代,称为蒸汽机时代。

综上所述,英国的工业革命的过程,基本包括了三个方面:纺织机等机器是工具上的革命,蒸汽机是动力上的革命,工厂制度是生产组织方式的革命。这三个革命按时间来说是隶属于同一个时代,并且在商业贸易的带动下相互补充、相互促进、相互推动,使英国工业革命得以爆发。正如恩格斯所说:"分工、动力,特别是蒸汽力的利用,机器的应用,这就是从18世纪中叶起工业用来摇撼旧世界基础的三个伟大的杠杆。"工业革命促进了生产力的大发展,引起了社会的巨大变革,使资本主义最终战胜封建主义,并最终在全世界占据统治地位。管理思想的发展是和当时人们对自然的认识水平、生产工具的先进程度、生产的组织方式以及当时的文化背景紧密联系在一起的。资产阶级革命的成功建立了资产阶级政权,使资本家在政治上得到了保证。商业贸易的发达给资本家开辟了更加广阔的市场空间,工业革命的爆发使资本家获得充足的动力,文艺复兴和思想启蒙运动,为资本家提供了强大的精神支柱。可以说18世纪后半叶,在工业革命爆发时代,无论是从社会发展的外部环境还是从人们自身的认识水平这一内在因素,都为资本主义的高速发展提供了物质的、精神的、理论的条件。接下来的工作是:人们如何在市场中通过努力获得高效率和取得最大利润?因此古典管理思想的萌芽就产生了。

三、英国人乔赛亚·韦奇伍德的管理思想

1760年后,世界工业化的步伐大大加快了,随即席卷全球。在讲到工业化及企业管理史时,我们不能忘了英国的陶瓷制造商乔赛亚·韦奇伍德,这位首开工业化大批量制陶工业先河、并最早进行现代营销的重要人物。

一谈到工业革命,人们首先会想到蒸汽机的商业化、自动纺织机的问世。但社会需求和人们对工业品的购买欲望与技术发明同样重要。经济与社会过渡伴随着消费行为的巨大变化,市场营销的改进,带给技术应用以广阔的天地。约瑟夫·熊彼特说过:"仅

生产出称心如意的肥皂是不够的,还必须引导人们用它去洗涤。"韦奇伍德在陶瓷生产上的巨大成功,不仅是因为他对陶瓷生产技术的改进与机器生产,而且得益于他采用了一系列机智灵活的销售手段,吸引英国和欧洲大陆越来越多的人购买他的产品。韦奇伍德的陶瓷产品,成了世界公认的最早的名牌之一,历经两百年不衰。

1. 韦奇伍德简介

1730年,乔赛亚·韦奇伍德出生于仅有一千多人的伯斯勒姆镇,制陶业是当地的主要行业。当时镇上有60个小制陶作坊,用工大多不过10人。此外还有两户铁匠,一家面包房,一家鞋匠,一家屠户,一家理发店和两个小商店,八家啤酒屋。即使这个阵势,伯斯勒姆已经是当时英国制陶业的中心——斯塔福德的重镇了。

1744年,14岁的韦奇伍德拜兄长为师,正式接受制陶技术的训练。并宣誓遵守徒规:"不得打牌赌博,不得酗酒,不得结婚或搞不正当两性关系,不经师傅同意5年内不得离开工场或旷工等。"在当了15年的学徒与陶工之后,1759年5月,时年28岁的韦奇伍德自立门户,开业当了制陶业主。他的创业资本是以年租金15英镑租来的两座烧窑、棚屋和车间,2.6英镑租来的制陶用转盘,以年薪22英镑雇佣24岁的托马斯为技师。再招募几个工人,韦奇伍德的企业就这样开张了。

2. 韦奇伍德的生产经营管理思想

18世纪的工厂,已经注意到了对劳动过程和生产过程的严密组织。为了提高工人的劳动时间观念与出勤率,韦奇伍德想出很多办法。他用钟声指挥工人,早上5:45撞钟起床,6点钟开始上早班,8:30下班吃早饭;9:30上工,12:30吃午饭;每项活动都用钟声指示。同时他还雇佣了一名监工,在工人到厂时安排他们干活,对守时工人予以鼓励,对迟到者记录在案,对于多次迟到与缺勤者,则按时间扣发工资。

对工人工作的考勤,韦奇伍德设计出名片法,他发给工人一些名片,上午上工时投一张,下午上工时投一张。然后清点名片,即可以考勤工人的劳动时间。这是打卡计时法的前身。工厂除了要求工人上班准时之外,还要求工人劳动要准确无误,避免损失、浪费。

为了养成工人清洁、准时的劳动纪律观念,韦奇伍德在工厂中颁布了"陶工指南"与"规章制度"。各车间的职员、监工,各级经理及工人,都必须严格遵守,违者都有明确的处罚措施。

为了使工人有效地工作,除了纪律之外,韦奇伍德还认识到了技术、手艺和熟练程度对于提高劳动生产率的重要意义。这对生产高档装饰品尤为重要。为此他很注重培养熟练工人和技艺人才。他曾写信给本特利说:"这项任务就是要把普通人变成艺人。""劳务市场上很难找到合乎我们要求的人才。我们要拥有,否则别的工作都无从谈起。我们必须自己培养,别无他法。我们比其他厂家已先行一步,我们要心甘情愿地培养人才。设身处地地满足工厂的需要。"1770年,他建立了绘画与制模学校,使工厂1/4以上的工人得到了培训。

企业的生意兴隆与财务良好并不是一回事，有时会背道而驰。1769年，韦奇伍德的经营也陷入了严重的财务危机之中。他生产出的产品很多，卖出去的商品很多，同时应收账款也太多，从而使资金周转发生麻烦。韦奇伍德在给本特利的信中催道："收账、收账，用尽一切手段、想尽一切办法收账。"年终结账，尽管企业生产了价值12 000英镑的产品，然而企业负债却达到创纪录的4 000英镑，外加拖欠工人100英镑的工资。此时的韦奇伍德几乎是"一贫如洗"了。

　　为了对付这次财务危机，韦奇伍德决心对企业花瓶生产的成本结构进行彻底剖析。分析结果形成了"韦奇伍德工艺定价记录"。它包括了制作花瓶的一切开支，从原材料到展台费用，分析的重点，就是把固定成本与可变成本分开。他提醒本特利在制造成本中弄清模具、房租、燃料、簿记与人员工资所占比例。"考虑到这些花费像钟表运行那样，不管产品批量大小，它们都大体不变。"所以，"你会得出一个重要结论：多数厂家一定时间内要生产出尽可能多的产品"。出于这种考虑，韦奇伍德对接受委托定制产品十分谨慎。因为委托定制产品一般批量小，而占用的劳力与材料又很多。

　　到18世纪70年代中期，韦奇伍德与本特利已经成为英国著名的陶瓷企业家，取得了巨大的成功。他们既是国内市场的领头人，又是国际市场的开拓者。但在工人中，他们与工人的关系却并不总是和谐的。很多工人憎恨工厂中的强制分工，有人认为训练枯燥乏味，有人感觉规章制度太严，有人不愿接受工头的指挥。几乎所有的工人都厌恶受制于劳动力市场的起伏不定。这些怨恨导致工人与韦奇伍德的关系紧张，引发冲突以致于工人示威，使他不得不从繁忙的业务中抽出身来应付。与工人的冲突使韦奇伍德既吃惊又伤心。他认为自己是仁慈的雇主，为工人提供住房，建立疾病互助会。他所建立的工厂率先将标准化生产用于制陶业，他所进行的机构、生产和市场革新，并不仅仅为了增加利润，而且是要达到劳动力与资本设备的充分利用。对于自己的努力，韦奇伍德希望工人能回报并理解、合作。他至死也没有弄明白，为什么那么多工人不满足于他在伊特鲁里亚工厂建立起来的为企业、社会和工人带来福利的社会合同制度？

　　3. 韦奇伍德的管理思想和特色之处

　　韦奇伍德，这位英国工业化初期的重要人物，从小学徒、小制陶主到大资本家的历程，既代表了当时先进的企业经营方式，又浓缩了西方企业成功的历程。我们可以把他的独特经营之处概括为以下几个方面：

　　乔赛亚·韦奇伍德的成功，除了得益于其高超的制陶工艺、大批量生产、花色品种多样化之外，更仰仗其独出心裁的营销活动和品牌战略，从而使其产品畅销全球。

　　韦奇伍德认为，无论是拓宽豪华产品的销售渠道，还是扩大家常用瓷的销售量，精英认可都极为重要。这也是现代营销中企业纷纷请明星大腕做广告的原因。

　　贸易、交换经济，或者我们称为市场经济，大大促进了生产力的发展与消费时代的到来，同时也完全改变了人们的风俗习惯、行为方式和价值观念。韦奇伍德，正是英国从农业社会、自给自足经济走向商品经济的弄潮儿、先行者。

韦奇伍德的成功,也与他同本特利的合作密不可分。他本人长于陶瓷生产技术,本特利则长于营销与经营。二人相辅相成,共同创造了陶瓷业的奇迹。

韦奇伍德在营销方面十分重视开办展室,把他那一件件精美的瓷器介绍给公众。为了吸引观众,他除了经常更换产品之外,还经常变换布局,给人以常看常新之感。他把产品展示与艺术博览融为一体,取得很好效果。

韦奇伍德深明借势之道,他把产品推销甚至赠予王室显贵,然后用显贵做宣传。他深知一般人都有攀比心理,打开上流社会的销路,是打开中等人家消费的坦途。他的产品精美,声名显赫,但价格也奇高,从而在市场上树立起了高贵、名牌的身份。

第二节 古典经济管理思想的兴起

工业革命的来临和工厂制的出现,在给欧洲带来高速增长的同时,也产生了经济过剩、市场狭小等一系列问题。对这些问题最为敏感并加以理论分析的是当时欧洲的一些经济学家,他们在提出古典经济思想的同时,也关注并思考了当时一些企业管理的问题,在此我们将重点介绍亚当·斯密和让·巴蒂斯特·萨伊的经济管理思想。

经济学家塞缪尔·纽曼在1835年对有关工厂主问题论述道:要造就一个好的工厂主,需要他们具备一些优良的品质,如不寻常的远见和深谋远虑,很好地制订工作计划、监督工作和指挥别人,在工作中既谨慎处事又坚强果断。经济学家穆勒认为工厂主应有忠诚和热忱两个条件。经济学家马歇尔也注意到企业管理,认为工厂主应有自主与敏感精神。总之,当时的一些经济学者和社会学家都关注到工厂制带来经济大发展这一新现象,在此不作详细介绍了。

一、亚当·斯密的管理思想

亚当·斯密(Adam Smith,1723—1790年),苏格兰克尔卡第人,出身于一个富裕的海关职员家庭,从小受到良好的教育并在牛津大学就读7年,毕业后在爱丁堡大学讲授修辞学和文学,1751年转到格勒斯哥大学任教讲授逻辑学,后来改讲道德哲学课程。亚当·斯密所讲授的道德哲学范围非常广泛,贸易、价格、国家收入、税收等有关经济理论和财政问题都包括在内,由此亚当·斯密对研究政治经济学产生了浓厚的兴趣。后来亚当·斯密辞去教师职务,返回故乡,闭门7年钻研经济理论。1776年发表了代表著作《国民财富的性质和原因的研究》。亚当·斯密在这部著作中系统地论述了古典政治经济学的主要内容,也涉及许多管理思想。这些管理思想对于现代企业管理具有重要的影响。该书在当时被奉为经典,奠定了亚当·斯密古典政治经济学代表人物的地位。

在书中亚当·斯密批判了运用国家权力追逐货币财富的重商主义,提出通过平等契约来发展经济的自由贸易思想。由此提出他的"看不见的手"经济理论:他认为,在市场交换过程中,个体间的自然交易将会创造出高效率的资源配置模式,并有利于提高整个社会的福利水平。

1. 分工理论

分工问题是管理中的首要问题。可以说,没有分工也就没有管理。亚当·斯密的《国民财富的性质和原因的研究》第一章即是论分工。他首先论述了分工的好处,认为劳动生产力的提高和国家的富有均是分工的结果。他举例说,在未开化的渔猎氏族间,一切能够劳动的人几乎都参加劳动,但他们的日子过得那么贫乏,以致要杀害老幼以及长期患病的亲人,或者遗弃这些人,听其饿死或被野兽吞食。在文明社会中,许多人根本不劳动,但社会的全部劳动生产物非常之多,往往使一切人都有充足的供给。原因何在?分工也。是分工造就了较高的劳动生产力。

亚当·斯密举了扣针制造业的例子。他认为一个劳动者如果没有受过相当的训练,也不知如何使用机械设备,那么纵使竭力工作,也许一天也制造不出一枚扣针,要做20枚当然更不可能了。这是指行业的分工。在行业内部也存在着分工。斯密指出,如果把做扣针的工作分解开来:抽铁丝、拉直、切截、削尖丝的一端、磨另一端以便装上圆头、装圆头、涂白色、包装,由一些工人分别完成以上一种或几种操作,这样他们人均每日可成针4 800枚;如果他们各自独立工作,那么他们中谁也不可能一日制造20枚扣针。这是讲行业内部的分工。

亚当·斯密认为,无论是行业分工还是行业内部的分工,"分工的效果总是一样的。凡能采用分工制作的工艺,一采用分工制,便相应地增进劳动的生产力"(亚当·斯密:《国民财富的性质与原因的研究》)。劳动分工何以促进了劳动生产率的提高,亚当·斯密作了以下的分析。

第一,劳动者的技巧因业专而日进。斯密认为,劳动熟练程度的增进必然提高劳动者单位时间内所能完成的工作量。实施分工使劳动者局限于一种单纯的操作,这必然大大地增进其劳动的熟练程度。这种因熟练而产生的操作速度,人们如果不是亲眼目睹,简直难以相信。

第二,免除由一种工作转到另一种工作通常必须损失的时间。他认为,因节省这种时间而得到的效益比我们想象的要大得多。斯密认为一个人在由一种工作转到另一种工作时,往往要闲逛一会儿,而且在开始新工作时难以立即全神贯注。最重要的是一个人老是换工作换工具,势必养成闲荡、随便的习惯,这种习惯会大大削减所能完成的工作量。

第三,许多简化劳动和缩减劳动的机械发明,使一个人可以做许多人的工作。斯密认为,简化劳动有利机械的发明和改善,而机械的使用能在很大程度上简化劳动和节省劳动,这是众所周知的。

在论述了分工对于提高劳动生产力的积极作用后,亚当·斯密在《国民财富的性质和原因的研究》一书的第二章中进一步探讨了分工产生的理由。亚当·斯密认为,分工并不是人类智慧的结果,而是根源于人类天性中所特有的互通有无,物物交换,互相交易的倾向。斯密认为人类几乎随时随地都需要同胞的协助。为了得到这种协助,不能靠他人的恩惠,因为这只能暂时地、局部地解决问题。也不能靠讨好他人、奉承阿谀的做法,因为人们没有那么多的时间和精力去讨好我们所要求的每一个人。斯密有一个好办法,就是刺激对方的利己心,使之有利于他。斯密认为这样做就能很容易地得到他人的协助。"我们每天所需要的食物和饮料,不是出自屠户、酿酒家或烙面师的恩惠,而是出于他们自利的打算。我们不说唤起他们利他心的话,而说唤起他们利己心的话。我们不说自己有需要,而说对他们有利。"(亚当·斯密:《国民财富的性质与原因的研究》,北京,商务印书馆,1972) 这样亚当·斯密把分工的产生归结于人的利己性。人性恶是亚当·斯密分工理论的基础。亚当·斯密对人性的这一方面的分析对以后管理思想上"经济人"概念的提出有一定的影响。

2. 影响劳动报酬和资本利润的几个因素

亚当·斯密在其《国民财富的性质和原因的研究》一书中讨论了工资和利润问题。斯密提出了平均工资和平均利润的概念。他认为在一个一切听其自由,每个人都能自由选择自己认为适当的职业,并能自由改业的社会,工资和利润在同一个地方内,总地说来是完全相等或不断趋于相等的。因为"在同一地方内,假若某一用途,明显地比其他用途更有利。这样,这种用途的利益,不久便和其他各种用途相等"(亚当·斯密:《国民财富的性质和原因的研究》),从而达到平均工资和平均利润。

亚当·斯密认为欧洲各地的工资因劳动和资本用途不同而大不相同,这其实是"对某些职业的微薄金钱报酬给予补偿,对另一些职业的优厚金钱报酬加以抵消"。

亚当·斯密具体分析了影响工资大小的五种因素:

(1) 劳动工资因业务有难易、有污洁、有尊卑而有所不同。斯密认为,缝工所得较织工少,这是因为缝工的工作较为容易。织工所得较铁匠少,这是因为织工的工作比较清洁。铁匠虽是一种技工,但12小时工作所得往往不及一个普通煤矿工8小时工作所得,这是因为铁匠的工作不像矿工那么污秽危险,而且他是在地面上的日光下工作。尊贵的职业,报酬一般有限,因为报酬的一部分已转为荣誉。屠夫的职业,刽子手的工作,既粗蛮又令人厌恶,所以报酬一般较高。

(2) 劳动工资因业务学习有难易,学费有多寡而有所不同。亚当·斯密指出:"设置高价机器,必然期望这机器在磨毁之前所成就的特殊作业就可以收回投下的资本,并至少获得普通的利润。一种费去许多功夫和时间才学会的需要特殊技术和熟练的职业,可以说等于一台高价机器。学会这种职业的人,在从事工作的时候,必然期望除获得普通劳动工资外还收回全部学费,并至少取得普通利润。而且考虑到人的寿命长短极不确定,所以还必须在适当期间内做到这一点。"(亚当·斯密:《国民财富的性质与原因的研究》,北京,商务印书馆,1972)斯密认为,这就是为什么欧洲各国的机械师、技工和制造师的工资稍高于普通劳动者的工资的缘故。

(3) 各种职业的劳动工资因业务安定不安定而有所不同。亚当·斯密举例说大部分制造工匠,要是能够劳作,一年中几乎每天都有工可做。而泥水匠或砖匠在酷寒或天气险恶时便完全没有工作,而且即使在天气好的时候,他们有无工作也取决于顾客的临时性要求。因此泥水匠和砖匠的工资通常是普通劳动工资的一倍半或两倍。因为他们被雇时的所得不仅要维持他们无工作期间的生计,而且应包括对于他在不安定境遇中不时感到的焦虑和沮丧的痛苦的补偿。斯密指出,如果除工作不安定外,还加上艰苦、不愉快和不清洁,那么即使这种工作是最普通的劳动,其工资也会超过最熟练技工的工资。

(4) 劳动的工资,因劳动者所需负担责任的大小而有所不同。亚当·斯密认为金匠和宝石匠的工资不仅比需要同样技巧的许多其他劳动者高,而且比需要较高技巧的许多其他劳动者高,这是因为有贵重的材料委托给他们。医生和律师的劳动报酬很高,是因为我们把身体的健康托于医生,把财产有时甚至把生命和名誉委托于律师。斯密认为像这样重大的信任决不能委托给微不足道的人(亚当·斯密:《国民财富的性质与原因的研究》,93页,北京,商务印书馆,1972)。他们所得到的报酬必须使他们能够保持这重大托付需要的社会地位,并考虑到他们必须受长期教育和必须花巨额费用这些因素。

(5) 各种职业的劳动工资,随取得资格可能性的大小而有所不同。各个学习职业的人能否胜任所学的职业,此可能性的大小,在不同的职业是不同的。如送子学鞋匠,一般总能学会制鞋的技术。但如送子学法律,那么精通法律并能靠法律吃饭的可能性只是1/20。"所以,大概要到将近40岁时才能从职业中取得一些收益的律师,其所得报酬应不仅足以补偿他自己为受教育所花的那么多时间和那么大费用,而且足以补偿那些全无所得的20多年的教育时间和费用。"(亚当·斯密:《国民财富的性质与原因的研究》,96页,北京,商务印书馆,1972)

亚当·斯密对影响工资大小的五个因素的分析主要是就社会不同行业而论的。但他的原理也同样适用行业企业内部,用以确定不同种类的劳动所获报酬的大小。可以说亚当·斯密的上述思想,为确定劳动报酬的大小提供了一个方面的原则,因而具有管理思想的意义。

亚当·斯密认为以上五种因素对劳动工资的大小起到很大的作用,但对资本利润大小的影响则弱得多。他指出:"在同一社会或附近地方,各种资本用途的平均或普通利润率比各种劳动的货币工资更接近于一个水平。"(亚当·斯密:《国民财富的性质与原因的研究》,北京,商务印书馆,1972)。如普通劳动者所得和生意好的律师和医生所得的差异,明显地比任何两种行业的普通利润的差异大得多。斯密认为影响劳动工资各不相同的五种因素只有两种是影响利润大小的,这就是工作是愉快还是不愉快;是安全还是危险。就愉快和不愉快而言,斯密认为大多数不同资本用途都相差不远。就安全和危险而言,资本的普通利润一般随危险程度的增大而增高,但其增高未必和危险程度成比例。

亚当·斯密在分析资本利润时提出了一个在管理学上很有意义的思想:穿着利润外

表的真实工资。斯密认为,我们表面上看到的利润往往是靠不住的,因为其中包含着应算作工资的部分。他剖析了药剂师的利润,他认为人们往往把药剂师的利润当作非常过分得利的代名词,但实际上,这种表面上很大的利润往往只是合理的劳动工资。因为就技能说,药剂师比其他一切技工精巧得多,同时他所受托付的责任也重得多。斯密强调,药剂师所得的报酬应当和他的技能及他所受的托付相称。而这部分报酬一般是包含在出售药品的价格中。因此斯密得出结论,药剂师所卖的商品,虽以十倍的利润出售,但这利润也许只是他的合理工资。他的表面利润的大部分乃是穿上利润外套的真实工资。亚当·斯密要求人们注意把收入中应该算作工资的部分和应算作利润的部分区分开来。亚当·斯密的这一思想,对于以后的管理思想家把企业主的收入分为作为所有者的资本利润和作为经营管理者的工资收入的思想起了抛砖引玉的作用。

亚当·斯密的管理思想,比较集中地反映在上述两大方面,但绝不仅仅局限于以上思想。如他曾讲到管理的控制职能。他在《国民财富的性质和原因的研究》中讲到,如果要真正地对一个人进行控制,这个人必须为自己对控制者负责,而他对控制者是无法施加任何重大影响的。亚当·斯密举了大学教授的例子。他认为教师应该服从的权力如掌握在法人团体即专门学校或大学的手中,而他自己又为这学校法人团体中的一员,其他成员也部分为教师或可为教师者,那么这些教师彼此之间就会宽大为怀,各个人以容许自己疏忽义务为条件而宽容同辈疏忽其义务。他们会把这样做看作是共同利益。亚当·斯密的管理思想还包括计算还本期、合理化生产概念等。总之,我们要看到亚当·斯密的管理思想是比较丰富的,但他主要是古典政治经济学家,他的许多管理思想是从属于政治经济学理论的。

二、萨伊的管理思想

萨伊(J. B. Say,1767—1832 年),出生于法国里昂一个大商人的家庭。他很早就从事商业活动,后去英国,他的教育是在英国时期完成的。他在英国亲自感受了英国产业革命发展的情况,也读到亚当·斯密《国民财富的性质和原因的研究》。1803 年萨伊发表了他的代表著作《政治经济学概论》。这部著作由于反对拿破仑的经济政策,曾被禁止重印,直到拿破仑失败,法国王朝复辟才于 1814 年再版。

萨伊特别推崇亚当·斯密。他自许为亚当·斯密理论的解释者和传播者,同时也指出了亚当·斯密著作的一些错误或缺点。资产阶级经济学家一般认为萨伊是亚当·斯密学说的继承者和在西欧大陆的传播者,是一位古典经济学家。但实际上萨伊只继承了亚当·斯密学说中庸俗的部分,是资产阶级庸俗政治经济学的创始者之一。和亚当·斯密一样,萨伊的政治经济学著作中含有丰富的管理学思想。

1. 制约分工的因素及分工的利弊

萨伊在其《政治经济学概论》的第八章,专题论述了制约分工的几个因素及分工的利弊。萨伊首先肯定了亚当·斯密关于分工可以带来产品数量跃增和产品质量改善的观点,并在此基础上作了进一步的阐述和发挥。接着萨伊探讨了由于种种条件的制约,分工可能达到的程度。这个问题亚当·斯密在《国民财富的性质和原因的研究》一书中也有论述,主要是强调分工受市场范围的限制。然而萨伊的论述更加全面。

萨伊认为制约分工的因素主要有三个:一是产品的消费量;二是资本的实力;三是行业本身的性质。关于第一点萨伊认为,产品的消费只有超过一定数量才能享受分工的利益。萨伊沿用了斯密的例子说,10个工人每日生产4.8万只扣针,必须以扣针的每日消耗量为4.8万只为前提,否则他们就无法这样继续生产。因为如果扣针的每日消耗量只有2.4万只,工人便半日无事可做,或部分改业,分工就不能那么广泛地、完全地进行。据此萨伊得出结论:除那些能够运往销售地而消费量相当巨大的产品外,分工不能达到很精细的程度。关于第二点萨伊这样分析:"如果产品是在工厂制造而且同一厂商经营一切制造阶段,那么该厂商非拥有雄厚资本便不能对工作实行很精密的分工,因为这种分工需要对工资、原料、工具、器具等等垫付更大的款项。"(萨伊:《政治经济学概论》,100页,北京,商务印书馆,1963)关于第三点,萨伊以农业为例证,认为农业的性质最不允许分工。因为不可能把许多人集中在一处,全体都来种植同一种农作物;也不可能一个人长年累月一直犁田或挖土或整年都从事割稻工作。

最后,萨伊分析了分工的"流弊"。他认为如果只讲分工的利而看不到其弊,那么我们对分工的看法便不全面。萨伊指出,一生专从事一种工作的人对这工作一定比别人干得更快、更好,但同时他将不适应干其他一切工作,不管是体力劳动还是脑力劳动,他的别项才干将逐渐减退,或完全消失,作为一个人来说他实际上是退化了。萨伊说:"一个人一生中如果除制造扣针的第十八部分外没干过其他工作,说起来将是多么难过啊。"(萨伊:《政治经济学概论》,北京,商务印书馆,1963)萨伊认为即使像律师这种业务上必须运用最高智慧的人,也存在着同样的退化。萨伊说我们常常碰到这样的人,他们是律师界中的出色人物,可是他们往往不晓得怎样敲打铁钉,做起来会使最笨拙的木匠学徒看得发笑。

如果他们处在比较紧急的场合,例如援救一个快要溺死的朋友或援助一个同事逃难,他们将窘得不知道怎样做才好。萨伊认为这种由分工导致的退化对工人阶级来说,是更为不利的。因为就工人阶级来说,如果他们除了一种工作外其他都一窍不通,这一定会使他们陷入更困苦、更不利的境地。他们将更没有能力要求公平分享产品价值的权利,因为他只是个附属品。"在离开共同工作的人以后,个人便没有力量,没有自主能力,没有实际的重要地位,而不得不接受雇主所高兴加在他身上的任何条件。"(萨伊:《政治经济学概论》,北京,商务印书馆,1963)萨伊关于分工的论述使分工理论达到了较为全面的程度。

2. 共同劳动的思想

萨伊认为,任何人类劳动,无论它是用于什么目的,总是由三个步骤组成:"取得任何产品的第一步骤就是研究关于这产品的规律和自然趋势。如果不知道铁的性能,不知道开铁矿的技术,不知道炼铁的方法,不知道怎样熔铁和铸造,锁便制不成。第二个步骤就是应用上述的知识来实现一个有用的目的,例如把铁铸成某一形式,就可提供一种工具把一切监房的门锁起来,除携有钥匙的人谁也开不来。第三个步骤就是进行上述两步骤所揭示的用手的工作,如锻、锉和把锁的零件镶配在一起等。"(萨伊:《政治经济学概论》,102页,北京,商务印书馆,1963)萨伊指出这三个步骤通常由三种人分别来执行,这就是研究规律和自然趋势的哲学家或科学家;把前者的知识应用于创造有用的产品的农场主、工厂主或商人;在前两者的指挥监督下提供执行力量的工人。这样萨伊就将生产的产品看作是科学家、企业主和工人共同劳动的结果。

萨伊认为,在一切情形下,都可把劳动区分为三种:理论、应用和执行。一个国家除非在这三方面都很优越,否则劳动就达不到十全十美的地步。一个民族如果在哪一方面有所缺陷,就得不到产品。因为任何产品都必须是这三种劳动的综合。

根据以上观点,萨伊首先提出要重视"许多初看起来好像不过是好奇心和推测的对象的科学"。萨伊在注释中归纳了科学的两大好处,一是科学给劳动的进展提供直接的推进力,为劳动的不可缺少的助力;二是它给劳动的进展提供了一种间接的帮助,即逐渐消除人类的成见,使人类觉悟到要更多地依靠自己的努力,别过分依靠神灵的帮助。也就是说科学可以帮助消除人们的愚昧和无知。

其次萨伊强调了企业家和工人的作用。萨伊认为在某种意义上,企业家和工人的作用要胜于科学家的作用。在萨伊看来,科学家的知识虽然是改善人类劳动所不可缺少的因素,但却能容易地、迅速地由一个国家传到其余国家。因为科学家对他们常识的传播有切身的利益关系。科学家牟利的机会和成名的机会均在于他们学识的传播。因此萨伊认为一个国家如果其科学不很发达,问题总是不大,它可以利用从别国得来的科学知识,从而使劳动得到很大的开展。但如果另外两种劳动有问题,事情便严重了。萨伊认为企业家和工人应用知识以提供人类需要的技巧,只对掌握它们的人有用,任何国家都不能缺少。"所以一个存在着许多有才智的商人、制造者和农业家的国家,比主要以研究艺术和科学为主的国家有更强大的力量达到繁荣。"(萨伊:《政治经济学概论》,112页,北京,商务印书馆,1963)萨伊认为大不列颠虽然在科学方面取得很大进步,但它的巨大财富应归功于它的企业家善于把知识应用于有益的途径,以及它的工人能够敏捷地和巧妙地执行手工部分的工作。

萨伊把财富看作是科学家、企业主和工人的共同劳动的结果,认为三种人的劳动均是有效的,能产生经济效益的。"科学家的劳力,无论是使用在试验上或著作上,都是生产性劳力。冒险家或厂商的劳力也是生产性劳力,尽管他们没从事实际的体力劳动。所有操作的工人,农场的散工以至操纵船只的驾驶员,他们的劳力都是生产性劳力。"(萨伊:《政治经济学概论》,122页,北京,商务印书馆,1963)

萨伊的"共同劳动"的思想,从管理学的角度看,其意义在于指出了企业主作为管理人员,在社会财富的创造中具有不可替代的作用。虽然企业主不等于管理人员,但在早期的工厂中,企业主毕竟承担了工厂的大部分管理职能。

3. 劳动报酬的思想

萨伊在其《政治经济学概论》的第七章中讨论了劳动报酬问题。前面已经提及,萨伊将劳动分为科学家的劳动、企业主的劳动和工人的劳动。所以萨伊所讨论的劳动报酬包括科学家的劳动收入、工人的劳动收入和企业主的劳动收入。萨伊将报酬、收入统称为利润,也就是说萨伊所谓的利润为劳动报酬而非我们通常理解的资本的增值部分。

萨伊提出了决定劳动利润率的两条原则:第一,在充足的资本引起大量的劳动力需求的地方,劳动利润的比率最高。第二,从不同生产部门的劳动力的利润的比较看,利润的大小和以下情况成比例:工作的危险、困难或疲劳的程度、愉快或不愉快的程度;工作的定期性或不定期性;所需要的技巧和才干的程度。萨伊运用以上原则分别考察了科学家的利润、企业主的利润和工人的利润。

从管理思想史的角度,萨伊关于"老板、经理或冒险家的利润"的分析颇为耐人寻味。

在探讨这个问题时,萨伊认为首先必须区分监督利润和资本利润两个概念。萨伊认为两者的价值取决于完全不同的原则。劳动的利润依存于所施展的技巧程度、积极性、判断力等,而资本的利润依存于资本的多寡和投资的稳定性等。萨伊批评亚当·斯密,说斯密因为没有将监督利润和资本利润区别开来,以至在许多问题的论述时感到窘迫。其实如上一节所述,斯密尽管没有明确提出监督利润的概念,但已经有了一些关于劳动报酬以资本利润的形式存在的思想。萨伊读过亚当·斯密的《国民财富的性质和原因的研究》,他区别监督利润和资本利润的思想,不能不说是得到斯密有关思想的启发。

萨伊认为,老板、经理们的劳动(监督、管理),其价格的大小和其他物品的价格一样,是由供求状况决定的。萨伊指出由于种种原因,限制了这种高级劳动的供给量,因而使这种高级劳动的价格维持在很高的水平。

其中第一个原因是"冒险家通常必须自己供给所需要的资金。这不是说他必须很有钱,因为他可以靠借来的钱经营,而是说他至少必须具有偿付能力,必须有敏慎廉正的名誉,并必须能够通过他和别人的关系借到自己可能没拥有的资本"。第二个原因是"冒险家需要兼有那些往往不可多得的品质和技能,即判断力、坚毅、常识和专业知识"(萨伊:《政治经济学概论》,北京,商务印书馆,1963)。萨伊认为,冒险家需要相当准确地估量某一产品的重要性及其可能有的需要的数量与生产方法。在某一时期他必须雇佣很多工人,在另一时期,他必须购买和订购原材料,集中工人,寻找顾客并随时严密注意组织和节约。作为冒险家,他必须掌握监督与管理的技术;他必须精于计算,能够比较产品的生产费用和它在制造完成与运抵市场后所可能有的价值。冒险家在从事上述工作时,有许多必须克服的困难;有许多必须抑制的忧虑;有许多必须补救的不幸事故;有许多必须计划的权宜手段。如果是不具备上述品质和技能的人,其事业将一事无成,劳动将毫无价值,他们的商号必然一败涂地。第三个原因是"这种事业总带有一定程度的风险。尽管搞得那样的好,还有失败的机会。冒险家可能由于非自己的过失而倾家荡产,并在一定程度上丧失名誉……"(萨伊:《政治经济学概论》,北京,商务印书馆,1963)。萨伊认为,由于以上三个原因,使能够成为成功的企业家的人数量相当有限,这就决定了冒险家劳动报酬的高水平。

萨伊的以上论述涉及了作为企业管理者必须具备的条件,这就是:筹集资本的能力、组织产销活动的管理知识和敢于承担风险等精神品质。

第三节 工业革命引发企业管理的思潮

工业革命的到来,催生了工厂制,随之带来了资本主义的经济制度——企业。18、19世纪,由于纺织工业的发展,在英国纺织企业大量涌现,一些企业界人士感觉到了企业中存在的问题并提出了自己的经营管理思想。罗伯特·欧文,是一位工人出身的实业家,他做过工人、工厂经理,也做过工厂主。他注意到了劳资矛盾的尖锐性,并提出了善待工人,推行工业人文主义的思想。另一位是数学家查尔斯·巴贝奇,在当工厂如雨后春笋般出现,工业品像潮水般涌来的时候,他把研究方向转向企业,为改善当时企业的经营、提高工作效率进行了一系列的实践。

此外,当时《战争论》的作者克劳塞维茨(1780—1831)认识到,战争的一些理论原则可以应用于商业竞争中,企业经营如同打仗一样,也要确定任务、目标,也要进行细心的谋划。安德鲁·尤尔(1778—1857)写成了《制造业的哲学》一书,系统分析了制造业的原则和生产过程。他把企业分为机械系统、道德系统和商业系统,这是早期的系统管理思想。查尔斯·杜平(1784—1873),他在十九世纪初率先进行了企业生产、机械化方面的研究。他对工人的作业进行了详细的观察和分析,提出了要寻求最佳工业措施的思想。杜平还特别关心企业中人的因素,提出对管理技术进行教育的主张。

另外,在当时的美国,由于铁路的大发展,对铁路营运的管理问题比较突出。丹尼尔·麦卡勒姆,作为纽约伊里铁路公司的总监,提出他的铁路公司管理主张:一是必须制定严密的公司管理规章制度;二是必须制定详细的组织细则。亨利·普尔(1812—1905),《美国铁路杂志》的编辑,他对美国铁路业存在的问题比较关心,提出了建立企业管理体系的主张,并较早认识到企业的高层管理的重要性。弗雷德里克·哈尔西(1856—1935),为了解决劳资纠纷,他比较重视企业利润与工人工资问题的研究,并于1891年发表了《酬偿劳动的奖金方案》,提出了计时工资、计件工资和利润分享的工资方案。

一、罗伯特·欧文的管理思想

罗伯特·欧文作为一个伟大的空想社会主义思想家,已经为世人所周知。但是同时,他还是一位对管理思想做出过重要贡献的实践家。罗伯特·欧文(Robert Owen,

1771—1858年),出生于英国北威尔士的一个手工业者的家庭。由于家庭经济拮据,只在乡村小学受过初等教育,童年时代便开始外出谋生。18岁时,成为一家约有40名工人的机器制造厂的合伙人。近20岁时,他离开机器厂,开始单独经营纺纱业。次年,被当时首创的细纱机制造厂请去当经理,管理用当时还是新式的机器从事生产的500名男女工人和童工,因管理相当成功,四年后成为该企业的股东。1800年欧文独自担任了苏格兰的新拉纳克工厂的经理,在那里实行了一系列的社会改良措施,改善工人的劳动条件和生活条件,同时还赢得了大量的利润。当时的新拉纳克成为独领风骚的"模范村",吸引了许多企业主和达官贵人前来参观。1818年欧文提出了改造整个资本主义制度的计划,形成了其空想社会主义的思想体系。由于他对资本主义带来的不公平进行猛烈的抨击,使其失去了原有的社会地位,并受到种种迫害。以后欧文远涉重洋,到美国去试验他的空想社会主义思想。

欧文生活于英国产业革命时期的早期,当时大工业刚刚开始形成。欧文看到机器的使用提高了劳动强度,扩大了失业队伍,降低了劳动者的实际工资。看到了工人,包括童工的恶劣的生活条件和劳动条件。看到了贫困、饥饿和愚昧无知对工人健康、生命和道德的严重摧残。于是欧文不仅在自己管理的范围内尽可能地改善工人的境遇,而且向整个社会推广他的原则和思想。恩格斯对此说:"当时英国的有利于工人的一切社会运动,一切实际成就,都是和欧文的名字联在一起的。"(《马克思恩格斯选集》,第3卷,304页,北京,人民出版社,1972)

1. 工人是"活机器"

欧文曾在一篇论文的前言中谈道:"我自从开始担任经理以来,就把当地居民、厂内机器以及企业的其他部分看成是一个由许多部分组成的体系;我要把这些部分加以组合,使每一个人、每一根弹簧、每一根杠杆和每一个轮子都有效地配合起来,为企业主产生最大的金钱利益。这是我的责任,也是我的利益所在。"(《欧文选集》,第1卷,5页,北京,商务印书馆,1981)欧文在这里谈到了提高企业效益的基本思路,即将生产的所有要素(人的、物的、环境的)有机地、合理地配合起来,这是管理者的职责和利益所在。欧文把生产企业看成是一个由多种要素的相互关系构成的有机整体,认为各种要素间相互关系的状况影响企业的效益。各要素间配合合理有效会给企业带来较高的收益,反之则削减企业收益。这实质是系统思想在企业管理中的不自觉运用。欧文的这一思想对以后的系统管理理论的产生起了开拓的作用。

欧文认为,当时的企业主没有合理地处理好生产各要素间的关系,这主要表现在,这些企业主通常只重视有效地保养和利用机器、设备("死机器")的作用,而忽视"活机器"(人)的保养和维修。欧文指出,自从不列颠工厂普遍采用"死机器"以来,除少数情形下,人就被当成了次要的和低等的机器。人们对于怎样改善木质和金属原料比对怎样改善人类身心两方面的状况要关心得多。人们对当时的木制、铜制、铁制机器,愿意并继续愿意花费时间和精力来了解这些"死机器"的各部分间的关系,并以数学的精确性来计算它们全部细微的和联合的运动以提高它们的使用效率,却没有也不愿在他们的"活机器"上花一些时间和资本。这些厂主把获得高额利润的希望寄托在"死机器"上。

欧文认为事实刚好相反。在生产的诸因素中,人的因素比物的因素对工厂的利润能起到更为举足轻重的影响。欧文对一些工厂厂长们说:"各位从经验中也已看到:整齐清洁,安排得当和始终保持完好状态的机器所产生的效果,同任其肮脏紊乱,因无法防止不必要的摩擦而失修破损,并在这种状况下运转的机器比起来,有什么样的差别。"(《欧文选集》,第1卷,北京,商务印书馆,1981)当然在前一种情形下,全部经营管理工作都是良好的,每一种操作都进行得很顺利,有秩序、有成绩。在后一种情形下,则必然产生相反的局面,整个操作过程及有关的人手、工具会出现一片混乱,这必然造成巨大的损失。

欧文用类比的方法启发当时的厂主们:"如果适当地照管'死机器'能产生这样有利的效果,那么对于各位在结构上还要神奇得多的'活机器',如果予以同等的照管,那还有什么是不能希望得到的呢?"(《欧文选集》,第1卷,北京,商务印书馆,1981)

欧文呼吁厂长们匀出一些时间、精力和金钱来考虑改善和保养他们的"活机器"。欧文认为这样做绝非纯为工人方面考虑,而是绝对对厂主有利。欧文根据自己的亲身经历向厂主们保证。如果大家愿意按照他的思路去做,那么投资所获得的报酬就不止5%、10%、15%,而往往是50%,在许多情况下还可能是100%呢。

欧文把工人单纯地视为被动的、为厂主生产利润的机器,显然是没有准确把握工人阶级的社会作用和历史地位。然而,就生产来说,欧文看到生产中人这个活的因素并给予极大的关注,这从管理思想的发展来看,是科学的,而且具有首创性。

2. 环境塑造人性

欧文关于改善和照料"活机器"可以产生巨大利润的思想是基于对人性的认识上的。欧文认为,正确的人性理论是解决一切管理问题,包括企业内部的管理和整个社会的管理的前提。他说,从人的人性理论推演出的一套方法,可以用来逐渐消除未来的治人者的困难和治于人者的不满,而又无须进行许多显著的改革,在公众中不会造成任何混乱。

欧文人性理论的基本内容是:"运用适当的方法可以为任何社会以至整个世界造成任何一种普遍的性格,从最好的到最坏的、从最愚昧的到最有教养的性格;这种方法在很大程度上是由对世事有影响的人支配和控制着的。"(《《欧文选集》,第1卷,北京,商务印书馆,1981)

欧文人性理论的要点之一:人的性格、情感、品行是外在环境造成的,人自身是没有责任的。欧文认为,一个人在其品质形成时期是处于被动的地位,无法防止品质的形成。"人的性格毫无例外地总是由外力为他形成的;这种性格可能是而且实际上也主要是由前辈造成的;前辈赋予他或者可能赋予他以观念和习惯,这两者都是支配和指导他的行为的力量。因此每一个人的性格从来不是而且永远不可能是由他自己形成的。"(《欧文选集》,第1卷,北京,商务印书馆,1981)为此,欧文认为人们没有理由因为他人的品质、性格的问题而感到愤怒不已,更不能因此而对他人严加惩罚。

欧文人性理论的要点之二:通过改变外在环境,人的身心状况是可以得到改善的,而这样做的主动权在社会的统治阶级或工厂主的手中。欧文强调只要统治者、管理者愿意这样去做,这种改变人的性格、情感、品行的目的通常能够达到。"人,甚至作为生产财富的工具,也还可以大大地加以改良。""这几篇论文所提出的有关培养青年的一切是可以完成而无须担心其失败的。""各国当政者应为其人民的教育和普遍陶冶性格的问题制订合理的计划。"(《欧文选集》,第1卷,北京,商务印书馆,1981)

欧文认为他的人性理论,如果能被正确理解,就可以像自然规律那样万无一失地普遍发挥作用。他呼吁社会的当政者和工厂的经营者努力改善工人的极端恶劣的生活条件和劳动环境,同时他自己也身体力行。其具体做法和主张包括:

第一,禁止雇用10岁以下的童工,并劝告父母让儿童在10岁以前接受教育,养成健康的身体。

第二,为工人的子女创办幼儿园。

第三,在不减少工资的情况下,工人每日工作时间为十个半小时。

第四,提高工人工资。

第五,修建工人住宅和街道,改善工人的居住环境。

第六,设立商店,照商品成本出售给当地工人。

第七,设立公共食堂、医院,建立互助储蓄会,发放抚恤金等。

这些措施用现在的眼光来看似乎没有什么特别,但是在当时的情况下,不能不说是管理者对于人的高度重视的体现。

3. 柔性的管理方法

柔性的管理方法是相对于硬性的、强制的、十分严厉的外在惩罚的管理方法而言的。欧文认为,工人的一些不好的情感和品行是由于外在的社会环境造成的,其责任不在工人自身而在当时的统治者和管理者。所以管理者不仅没有理由严厉惩罚工人,也没有理由埋怨工人。欧文从根本上否认和痛恨传统的重在外在带强制性和以惩罚为主要手段的管理方法。欧文倡导并实践了以教育、感化为主要手段的柔性管理方法。

欧文在其《新社会观,或论人类性格的形成》一文中回顾了他对柔性管理方法的具体运用。欧文刚接管新拉纳克的棉纺厂时,工人们想尽一切巧妙的办法来对付他,抵制他打算推行的计划。他们不相信欧文是真心实意地为他们谋福利的。但欧文没有失去耐心和信心,也没有发脾气,最后欧文胜利了。"当地人不能继续拒不接受新主管人那种坚定而正当的,对大家一视同仁的好意。于是他们便渐渐地、小心翼翼地开始给他一部分信任。"(《欧文选集》第1卷,8页,北京,商务印书馆,1981)

纠正盗窃行为和分赃活动时,欧文没有用过一次法律处分,也没有监禁过一个人。他让工人之中推理能力最强的人用简单明了的方式把改变行为后马上就会得到的好处向他们反复说明。于是，诚实勤劳的习惯养成了。解决酗酒问题欧文也采用了类似的方法，得到了同样的效果。"于是他们认识到节饮有利身体健康，酗酒现象渐渐消失了，酒铺和酒馆也开始从住宅附近搬走。对付说谎和欺骗行为，欧文一方面让工人们了解说谎和欺骗行为的实际害处，同时对诚实和坦率行为尽力给以鼓励。"

在生产管理中，欧文为每个工人准备一块小方木桩，四个柱面涂上不同的颜色，由浅入深地表示该工人的表现情况。白色表示"很好"，黄色表示"良好"，蓝色表示"一般"，黑色表示"不好"。欧文把这些木桩挂在工人附近作为无言的规劝。可见欧文的管理方法主要是通过教育和规劝，启发工人的觉悟，使工人自觉改正错误。

欧文的管理方法是行之有效的。他在新拉纳克进行了30年（1799—1829年）的实验结果是成功的。从社区秩序和人的精神面貌看，"消除了居民中的争吵事件；没有侵犯邻人财产的情形了；不同教派之间逐渐建立起良好而诚挚的关系；居民每星期自动报名去帮助和慰问老弱病残的人"（《欧文选集》，第1卷，18页，北京，商务印书馆，1981）。从生产和财务方面看，这个企业由一个纱厂和一个制造纱厂自用机器的工厂组成，企业附设一所培养人的性格的新式学校，学校有两幢造价很高的大厦并且设备齐全，教学经费每年不下1 200英镑。企业用很多钱去改善村庄、住宅和街道，修筑新的道路，建造花园和广场以及整顿工厂的各部分。此外在美国禁运棉花以及棉价高得使精明厂商不能购买棉花的四个月期间，向工人支付了7 000英镑的工资。在这个时期厂里没有开工，工人除维护停工的机器外不做任何工作，可工资全额照付。另外，每天的工作时间缩减到10个半小时。尽管这样，厂里除偿付一切开销和支付资本年息五厘外，还有30万英镑以上的利润分给了股东。

一般认为，欧文是一个成功的职业管理家，是第一个发表关于管理正式著作的管理思想家。另外，欧文首先播下了工业企业中要注意关心人的因素的种子，强调要善于利用人力资源，这实际上开了后来人际关系和行为科学的管理理论的先河。罗伯特·欧文被称为现代人事管理之父。

二、查尔斯·巴贝奇的管理思想

查尔斯·巴贝奇（Charles Babbage，1792—1871年），出生于一个富有的银行家的家庭。1828—1839年任剑桥大学数学教授。1822年他设计了世界上第一台计算机——小型差分机。他的设计在当时没有制造出来，可他的基本原理于20世纪90年代后成为巴勒式会计计算机的理论基础。他在亲自监制自己设计的差分机的样机的过程中，对管理和制造工艺发生了兴趣，并转向管理理论的研究。为了使样机的制造符合自己的设计要求，他亲自参观访问了许多工厂。他要求工人按照他的规定使用工具和设备，提出制造的经济原则。他还逐一分析每道作业及其工艺和制造的费用，对现场操作提出许多改进意见。巴贝奇是泰勒之前具有独创管理思想的人物之一。他运用技术性的方法作为解决企业经营管理方面的辅助手段,使他成为运筹学和管理科学的创始人,同时也是科学管理的倡导者。巴贝奇的管理理论的代表作《论机器和制造业的经济》最初发表于1832年,先后共出了四版,极受欢迎。美国出版了其1832年版,纽约的《机械杂志》于1883年开始以连载形式刊登他的这部著作。查尔斯·巴贝奇在这本著作中论述了专业分工、工作方法、机器与工具的使用、成本记录等,使该书在管理思想上成为一本重要的历史文献。

1. 分工思想

巴贝奇对亚当·斯密的分工理论十分赞赏。他认为,文明的进步就是由于劳动分工孕育而成的。巴贝奇进一步发展了亚当·斯密关于劳动分工带来利益的思想,更全面、仔细地分析了分工所带来提高劳动生产力的原因。这就是,第一,分工节省了学习所需要的时间。因为生产中包含的不同工序愈多,则需要的学习时间愈长。假如一个工人不必做所有的工序,只是做其中少数工序甚至其中一道工序,就只需要少量的学习时间即可以掌握。第二,分工节省了学习中所耗费的材料。由于劳动分工,需要学习的内容和学习的时间减少了,用于学习所需要耗费的材料也必然相应地减少。第三,分工节省了从一道工序转变到另一道工序耗费的时间,而且由于分工之后经常做某一项作业,相应部分的肌肉得到了锻炼,就更不易疲劳。第四,节省了改变工具所耗费的时间。在许多生产工艺中,工具常常是很精致的,要求精密地进行调节。这些调节工具的活动占用时间很多。分工后这些时间显然可以节省下来。第五,分工由于经常重复同一种工序的操作,技术必然熟练,从而可以大大提高工作的速度和效率。第六,劳动分工后,由于注意力集中在比较单纯的作业上,就容易发现问题,有利于改进工具、机器,同时也容易设计更加精致、更加合用的工具和机器。

巴贝奇还进一步指出,不仅一般劳动可以分工,脑力劳动和体力劳动之间也可以分工。巴贝奇在旅游欧洲大陆时,参观法国桥梁、道路和学校,发现某校校长普隆尼在这个学校采用的正是这样的分工。普隆尼把他的工作人员分为技术的、半技术的、非技术的三类,然后把复杂的工作交给有高度能力的数学家去做,而把简单的工作交给只能从事加减运算的人去做,这样的分工提高了整个工作的效率。巴贝奇作为数学家十分推崇这种以数学能力为分工标准的管理手段。

巴贝奇的分工理论超越亚当·斯密之处还在于他把分工和报酬结合起来的思想。巴贝奇指出,实行分工之后,可以按照不同的工序所要求的技术水平来雇佣不同的工人,从而支付给不同的工资。他认为,制造业主把所要进行的工作分成各种不同的过程,每一过程要求有不同程度的技术和力气,就可以确切地按每一过程所需要的技术和力气的程度来购买劳动力。可是如果整个工作由一个工人来做,那个工人就必须具有足够的技术去做最困难的作业,足够的力气去做最费力的作业。而这门手艺是可以分为多种作业的。巴贝奇以扣针的制造为例说明了这个原则。按当时的专业化程度,扣针的制造分为七个基本操作程序:拉线(将针条通过压模拉丝,使它的直径符合要求)、直丝、削尖、切断顶端、作头、镀锡或镀白、包装。巴贝奇认为如果不实行分工,制针的全部操作过程由一个工人完成,那么同一工人就必须有足够的技术来完成最细致的工作,有足够的体力来完成最繁重的操作。对这个工人,工厂主必须按全部工序中要求最高或最难的技艺的标准支付工资。如果把整个制作扣针过程分为上述七个操作工序,工厂主就可以准确地按照每种工序所需要的技艺和体力,去雇佣所需要数量的工人。如直丝、作头、包装就可雇佣女工或儿童,这些工人的工资每天只要六便士到一先令六便士。而需要技艺的削尖、镀锡,工人的工资每天要五先令三便士到六先令。巴贝奇据此提出了"边际熟练原则",即对每一工种的技术水平定出界限,作为支付工资的依据。

2. 工资、利润加奖金的报酬制度

巴贝奇管理思想不同于其以前的管理思想家的地方在于,他作为数学家没有把注意力仅局限在对死的机器、设备及操作过程的精确分析和合理安排上,而是同时关注了生产过程中人的因素。巴贝奇提出的分配制度就是用来调节劳资矛盾,以激发工人的生产积极性的。

巴贝奇认为,工人和工人所有者之间存在着某种共同利益,这种共同利益可以通过其利润加工资的分配制度体现出来。巴贝奇提出,工人可以按照他对劳动生产率所做出的贡献分得工厂利润的一部分。同时巴贝奇还十分重视生产的研究、发展和改进,提倡实行有益的建议制度,鼓励工人提出建议,这样工人的报酬实际上由三个部分组成:按照工作性质所确定的固定工资;按照对劳动生产率所做出的贡献分得利润;为增进生产率提出建议而应得的奖金。

巴贝奇认为这种报酬制度有以下好处:

第一,每个工人的利益同工厂的发展及其所创利润的多少直接有关。

第二,每个工人都会关心浪费和管理不善等问题。

第三,这种报酬制度能促进每个部门改进工作。

第四,这种报酬制度有助于激励工人提高技术和品德。

第五,工人和雇主的利益一致,可以消除隔阂,共求企业的发展。

巴贝奇提出的工资加奖金的报酬制度,把工人的实际利益与企业的效益及发展结合在一起,这在调节劳资矛盾、发挥工人生产积极性方面无疑具有一定作用。这是巴贝奇对管理思想的重大贡献。

3. 关于科学管理的一系列建议

巴贝奇在管理理论上的最大贡献也许在于他开创并发展了把科学方法应用于管理研究的做法。巴贝奇在其《论机器和制造业的经济》一书的前言中提到了这样的事情,说在过去的10年中,为了使自己熟悉各种机器、工艺,他访问了英国和欧洲大陆的大量工厂。在这过程中,他不自觉地把他在其他研究中自然产生的普遍化原则应用到工场和工厂的管理实践中,并且收到了良好的效果。巴贝奇认为,在任何领域,只要人们的协作努力对达到某些共同目标具有重要意义,都可以用科学方法进行组织与管理。

根据科学的方法,巴贝奇提出了如何确定平均工时的方法。他指出,如果观测者手拿钟表在一个做针头的人面前,那个工人几乎肯定会加快他的速度,于是估计出来的产量就会太高了。如果查问一下什么是一天的工作量,那就会得出确切得多的一个平均产量。当不能确定平均产量时,那么当工人完全没有意识到有人在观测他时,他在一定时间内所完成的作业次数常常是可以计算出来的。如织布机发出的声音可以使得在房间外面的观测者算出梭子在每分钟内击打的次数等情况。

根据科学的方法,巴贝奇要求管理人员用一种标准提问表进行调查,表中项目包括:生产所用的材料、正常耗费、费用、工具、价格、市场、工人、工资、工作周期、技术等。并认为,经过严密调查而获得的数据应该用来作为管理一个企业的依据。

巴贝奇重视机器、工具和能源的有效作用。他发明一种"计数机器"用来计算工人的工作量、原材料的利用程度,给企业管理提供方便。巴贝奇主张细致地研究工作方法,他以铁铲为例说,一个体力较弱的人,如果对于他的工作方法认真研究,加以改进,他所使用的铲子形状、重量、大小都比较适宜,那么他一定能胜过体力比较强的人。

巴贝奇关于科学的管理的建议是极其广泛的,除了前面提到的,还包括:

第一,分析企业机构的实际工作时,宜采用比较分析法。

第二,对纸的各种色彩和墨水的各种颜色的效果进行研究,以便决定使用哪一种纸能使眼睛的疲劳减至最小。

第三,提问题时要考虑如何发问才能获得最佳效果。

第四,从收入的统计资料来决定需求。

第五,为了节约,生产程序的管理应该集中化。

第六,联系到原料供应地的接近程度对厂址进行研究。

第七,联系到原料制成成品后的重量是增加了还是减少了。

可见,巴贝奇确实是科学管理的先行者。巴贝奇的管理思想可以说是从早期工业管理的思想火花到完整的科学管理理论形成期间的过渡。

本章小结

手工业向工厂制转换时需要一些社会的、技术的、经济的条件,在这些条件的基础上才能完成这一历史转变。商业贸易的发展、市场的扩大为工厂制做好了社会经济准备。工业革命的到来使工厂制成为可能。伏尔泰的名言是:"我不能同意你说的每一个字,但是我誓死捍卫你说话的权利。"孟德斯鸠在他的《论法的精神》一书中提出了资本主义社会最佳的管理思想,即立法权、司法权、行政权三权分立的原则,第一次提出了权力制衡的思想。他的思想对管理学上的贡献也是比较大的,特别是对公司中股东大会、董事会、监事会和总经理之间的制衡结构有较大的影响。卢梭的《社会契约论》认为人人都应遵守社会契约。而狄德罗的《百科全书》则反映了启蒙思想的特质,即反迷信、反宗教迫害、反专制、反社会不平等,同时反映了当时的一切科学的成就。法国的启蒙运动突出宣扬天赋人权、三权分立,提倡自由、博爱、平等。英国的工业革命的过程,基本包括了三个方面:纺织机等机器是工具上的革命,蒸汽机是动力上的革命,工厂制度是生产组织方式的革命。

乔赛亚·韦奇伍德除得益于其高超的制陶工艺、大批量生产、花色品种多样化之外,更仰仗其独出心裁的营销活动和品牌策略,从而使其产品畅销全球。韦奇伍德认为,无论是拓宽豪华产品的销售渠道,还是扩大家常用瓷的销售量,精英认可都极为重要。

亚当·斯密的管理思想主要包括:分工问题是管理中的首要问题,没有分工也就没有管理。他讨论了工资和利润问题,提出了平均工资和平均利润的概念。萨伊的著作中含有丰富的管理学思想:制约分工的因素及分工的利弊。萨伊认为制约分工的因素主要有三个:一是产品的消费量;二是资本的实力;三是行业本身的性质。共同劳动的思想,萨伊将生产的产品看作是科学家、企业主和工人共同劳动的结果。企业管理者必须具备的条件,这就是:筹集资本的能力;组织产销活动的管理知识;敢于承担风险等精神品质。

罗伯特·欧文,是一位工人出身的实业家。他注意到了劳资矛盾的尖锐性,并提出了善待工人,推行工业人文主义的思想。另一位是数学家查尔斯·巴贝奇,他把研究方向转向企业,为改善当时企业的经营、提高工作效率进行了一系列的实践。他提出不仅一般劳动可以分工,脑力劳动和体力劳动之间也可以分工,提出工资、利润加奖金的报酬制度,提出了关于科学管理的一系列新建议。

思考讨论题

1. 影响英国的工业革命的基本因素有哪些?
2. 讨论韦奇伍德的企业管理经验。
3. 讨论斯密的管理思想内容要点。
4. 认识萨伊的管理思想内容要点。
5. 评价欧文的企业管理思想和工业人文主义精神。
6. 认识巴贝奇的管理思想对管理发展的贡献。

第十二章 20世纪初期大工业时代的管理思想

20世纪初期,工业革命引发了大工业时代的到来,西方国家进入大规模生产和高消费的时代。成千上万的大工厂涌现,随之带来了生产过剩、市场狭小和竞争激烈等一系列问题。如何解决工业化社会的这些新问题呢?古典管理理论应运而生。一个国家和一个企业要想在市场竞争中生存与发展,首先遇到的问题是如何降低生产成本、提高生产效率。机械工人出身的管理专家泰勒,首倡科学管理的思想,改进制造业的生产活动,卓有成效地提高了工人的劳动工作效率;工程师出身的管理专家法约尔,由于改进了矿山的行政管理工作而获得巨大成功;社会学家韦伯,从社会宏观组织的角度,对现代工业社会的组织问题给出了有效的答案。大工业时代,世界各国的企业人士和理论研究者都不约而同地在进行企业经营的实践与管理理论的研究,提出了工业时代的管理思想。泰勒、法约尔、韦伯就是这些研究大潮中的旗手与代表人物。

泰勒、法约尔的管理思想,是从简单的工作事项出发,归纳总结出普遍性的原则和科学的方法。并且二人都把自然科学中的实验法引入管理工作,使管理工作定量化和精确化。特别是泰勒,同他的伙伴甘特、吉尔布雷思等人一起,用秒表、计算器、摄影机研究工人工作活动,一项一项地寻求改善的方法,所以有人又称此阶段的企业管理为"秒表时代的管理"。

人类的管理史已经十分久远,而管理理论的形成历史却不长。由于工业革命和生产社会化,西方国家创立了现代企业这一经济制度,由此产生了企业管理这一独立的学科。企业管理学的建立也并不是一帆风顺的,泰勒的科学管理思想无论在美国,还是在世界各地,都曾遭到反对与非难。但历史是前进的,社会是发展的,伴随着大工业时代的到来,泰勒、法约尔等人的管理思想越来越显现出必要性和重要性。

第一节 大工业时代的历史背景

当人类进入20世纪的时候,机器大工业在西方已经居于主导地位,英国的纺织业、美国的钢铁厂,都是规模宏大和全球化了。

我们已经在前面介绍过了,英国工业革命的过程,基本包括了三个方面:纺织机等机器是工具上的革命,蒸汽机是动力上的革命,工厂制度是生产组织方式的革命。这三个革命按时间来说是隶属于同一个时代的,并且在商业贸易的带动下相互补充、相互促进、相互推动,从而使英国工业革命得以爆发。正如恩格斯所说:"分工、动力特别是蒸汽机的利用、机器的应用,这就是从18世纪中叶起工业用来摇撼旧世界基础的三个伟大的杠杆。"

工业革命促进了生产力的大发展,引起了社会的巨大变革,使资本主义最终战胜封建主义,并最终在全世界占据主导地位。

管理思想的发展是和当时人们对自然的认识水平、生产工具的先进程度、生产的组织方式以及当时的文化背景紧密联系在一起的。

图 12-1　大工业时代的工厂一角

一、工业革命催生了现代工厂制度

第一次工业革命时期,也是发明家辈出的年代。一个发明催生一个公司的方式,在欧美各国十分普遍。例如1764年,哈格罗夫斯发明珍妮纺织机;19世纪,自动纺织机问世;1769年,瓦特蒸汽机问世;1784年,瓦特改良蒸汽机开始广泛用于工业。经济学家诺斯认为:英国之所以在工业革命中取代荷兰,不仅仅是与发明和科学活动的增加有关,也不仅仅与纺织、钢铁等领域的技术创新有关,而是与生产、投资及市场的新组织方式有关。诺斯所说的新组织,就是将资金、技术和市场联结在一起的公司。

科技史专家李约瑟曾经指出西方文化的两个特点:一是认为科学是认识和理解宇宙的唯一有效途径;二是认为将科学应用于掠夺性技术,从而增加个人财富是天经地义的。也许正因为社会的这一普遍意识,各国政府很早就开始保护和鼓励人们把发明变成财产。(1623年世界第一部专利法案——英国《垄断法》,藏于英国国家档案馆)专利法保护的是个人的发明权,而个人却借助公司平台组织资源,于是,(美国专利商标局)越来越多的专利被署上了公司的名字。

工业革命对后来社会发展的影响是非常巨大的,主要包括以下方面。

1. 工业革命在西方彻底摧毁了封建社会的生产关系,使生产力获得了巨大的解放

在16—18世纪封建社会向资本主义社会过渡时期,社会阶级关系复杂,有封建地主、资产阶级、小生产者、农民等。虽然封建的生产关系在工业革命爆发前已经有了一定的变革,但仍然占据着统治地位。更为重要的是,人们的传统思想和习惯行为阻碍了生产力的发展。工业革命以高度的劳动生产率,逐步排挤了形形色色的手工业,掌握了一个个的产业部门,使社会生产关系来了一个彻底的变革。

2. 工业革命创造了巨大的社会财富,为资本主义的飞速发展提供了物质基础

马克思和恩格斯在1848年发表的《共产党宣言》中指出:"资产阶级争得自己的阶级统治地位还不到一百年,它所造成的生产力却比世世代代总共造成的生产力还要大、还要多。自然力的征服、机器的采用、化学在工农业中的应用、轮船的行驶、铁路的运行、电报的往返、大陆的垦殖、河川的通航、仿佛用法术从地下呼唤出来的大量的人口——试问在过去哪一个世纪能够料想到竟有这样大的生产力潜伏在社会劳动里呢?"在1701—1710年的10年间和1781—1790年10年间,世界工业指数提高了2.3倍,而在1802—1870年间提高了5.1倍。巨大的物质财富的增加,使资本主义不仅牢牢地统治世界,同时也迅速向前发展。

3. 工业革命的直接成果是工厂制度的建立,它是资本主义发展的直接基础

由于工业技术得到广泛的应用,使工厂能够进行社会化大生产。为了提高效率,在亚当·斯密分工思想的指导下,企业中实行高度的专业化分工。高速的经济发展使人口很快涌向工业集中地,不久就在交通便利和资源丰富的地区形成了工业化城市。更明显的是大工业时代的到来出现了工厂主和雇佣劳动,从此劳资关系成为资本主义社会的一种基本关系。

二、工厂制度对管理所提出的客观要求

历史学家阿若德·汤因比说过:对于摧毁旧英国,建立一个新英国,并促使全世界走向工业化起过最大作用的是两个人,一个是亚当·斯密,另一个是詹姆斯·瓦特。斯密促使了经济思想的革命,瓦特促使了蒸汽机的革命。当今世界基本承认这样一个观点:推动世界经济发展的两个轮子一个是科技,另一个是管理。瓦特技术革命的成功与当时的科学发展是分不开的。由于牛顿力学的建立和热力学第一定律和第二定律的发现,才使工业革命具有了比较坚实的科学技术基础。而对于推动经济发展的管理这一个轮子来说,客观现实对管理提出了许多新的要求,为促进管理思想的发展提供了土壤。当时经济、工业的飞速发展对社会产生了巨大的震荡,管理理论和实践势必要面对社会发展过程中遇到的诸多困难和所引发的新问题,并试图加以解决。

(1) 由于大企业的建立,老板和工人之间形成了相互对垒的态势。在早期工厂制度下,管理的特点是采用军队式的严密组织,并且大量地使用童工。资本家在解决了资本

和设备之后,就必须面对劳动力问题。因为熟练工人严重缺乏,所以,工厂人员最初都是由极不相称的各种人所组成:农民、退伍军人以及各种无业游民。对这些既无经验又无技术,也没有受过集体劳动训练的人员,要使他们适应高速运行的大工业的生产,无疑是一件极为困难的事。资本家必须对其进行教育和训练,特别是要使之遵守纪律。也就是说,资本家必须把他们改变成为一个个肉体机器,使他们严格按机器的效率而运转。为此,资本家便派各类监工,使每个人在资本家既定的位置,按规定的要求像机器一样劳作。工头通过罚款、解雇,有时甚至是残酷的鞭打来强制工人服从。起初,工人视机器为仇敌,他们认为是由于机械化而使其受到非人的待遇,因而工人的第一个反抗是破坏机器。在那时,破坏机器是无秩序的罢工中惯常的事。有些工人还破坏货物,甚至到资本家的家里将其家中的货物焚烧殆尽。尽管为了制止各种骚乱,英国在1769年制定了相关法律,但是严厉的法律措施并不能完全杜绝骚乱的发生。而且,随着机器的推广,骚乱越来越严重,镇压也就越来越严厉,甚至派出军队,给工业的发展和生产力造成了极大的破坏。当时,资本家的主要兴趣是出售他们的产品,而不是制定一个良好的制度。尽管采取严厉的监督手段,但在不断发展的罢工和破坏机器面前,还是逼得他们不得不反思企业管理中存在的各种问题。

(2) 管理人才的极度缺乏。当时的工厂,面临着三个方面的问题:首先,是产品能否卖出去,这是市场和竞争者的问题;其次,是产品质量和成本问题;最后,是工人的管理问题。这三个问题同时出现,处理起来无疑会对管理者提出较高的要求。而当时工厂的一般管理人员,基本上是来自工人队伍,是从工人中提拔起来的。一个农业国在极短的时间内变成一个工业国,社会无法提供大量符合要求的工业管理人员。当时没有有关的如何进行企业管理的知识体系,在培训管理人员时,传授的主要是生产技术、原料的来源和特性,生产操作的程序,贸易实践及公司的法律责任等知识。所获得的管理知识是本企业的工作实践经验,使其只能在本行业中工作。另外,也没有共同的管理原则,对一位管理人员应如何行动,没有普遍的统一的要求。最后,更没有管理理论对管理实践的指导。因而造成了基层的管理人员只能用简单强制的方法对待工人,实施经验型管理。这进一步恶化了劳资关系。管理人员问题,是在工业革命中最跟不上时代发展要求的一大难题。解决实践中对管理提出的一系列难题,历史性地摆在了资本家面前。

(3) 随着经济的发展,对技术的要求越来越高,进而要求工人的技能也相应地提高。但是当时工人的来源基本上是农民和手工业者,没有受过教育,很难极快地掌握较高级的技术,所以熟练工人奇缺。一方面,大量的农业人口拥向城市,产生了大批的失业者;另一方面,熟练技工匮乏,有些工厂因失去某个关键技工造成停工。失业既是技术问题,也是个人问题。如果有技术或者也愿意在工厂中学习技术,他们不一定会失业。剩下的是如何培训和激励的问题,即如何改变人的行为习惯的问题。人有一种天生的抵制改变自己以往行为习惯的心理。在对付工人的措施上,资本家通过以往的经验采取了三种方法,即积极劝诱("胡萝卜")方法,消极制裁("大棒子")方法,以及力图建立一种"工厂精神风气"的方法,以使工人就范。

事实上,在工业革命的进程中,在集体形态的工业生产中,生产实践已经向管理提出了许多问题,或者说人们已经隐隐约约地发现管理在工业生产和经济发展中起着极其重要的作用。而系统的分析,早在泰勒之前就有人在探索有关工作绩效和疲劳的基本规律性。

工业革命后期的管理思想的形成,是和当时人们对自然规律的认识,是和科学技术的发展分不开的。牛顿力学体系的建立,为人类打开了自然科学的大门,为人类认识自然、利用自然提供了有力的武器。随着热力学、化学和电磁学的相继建立,人类利用科学技术使生产力得到了高速的发展。这时的科学已从搜集材料阶段发展到整理材料阶段,已经从实验科学走向理论科学。在科学更加理性化的进程中,人们对自身的管理问题也不得不进行更加深入的思考,这种思考随着科学技术的应用一步步深化。由于科技的进步,生产工具的改进,生产组织方式的改变,以及市场这只"看不见的手"的作用,人们开始向管理科学领域进军,向管理要效益、要效率、要利润。人们逐渐认识到管理的重要性,并最终将管理确立为生产力的第四个要素。

工业革命后期管理思想发展的特征是,它们纷纷以企业为研究的中心,研究的重点是技术和效率而不是管理本身,且没有完整的管理思想体系。这些研究随着经济的发展,注意力也随之改变。另外,他们中的许多人,对当时经济的高速发展而产生的微观管理问题进行了思考,提出了许多具有现代管理意识的思想,以缓和当时的矛盾,促进生产力的发展。如欧文在他的工厂管理中取得了成功,但当他把他的思想用于社会时则以失败而告终,最后只能成为空想社会主义者。

这些先哲们的思想源于当时特定的历史条件,有些思想在当时并不占据主导地位,占主导地位的是有技术的人、发明家或企业创始人,而这些人的成败主要取决于个人的因素,因此管理思想及管理技术的应用并不起主要作用。然而随着生产力的发展,他们所提出的管理思想逐渐闪耀出应有的光芒。这些著作家们的重要意义不在于他们讲了什么写了什么,而在于他们带了个头,他们从各个方面对管理和管理人员进行了研究和写作,他们的著作加强了正在形成的管理,对发展中的公司有着重要意义,同时又鼓舞着其他学者进一步分析这种正在形成的思想。

第二节　泰勒的科学管理思想

一、泰勒生平及思想简介

弗里德里克·泰勒(Frederick W. Taylor,1856—1915 年)是美国古典管理学家、科学管理的主要倡导人,被人称为"科学管理之父"。他提出的科学管理思想对人类管理思想的发展有重大的影响。

图 12-2 科学管理创始人泰勒

泰勒出生于美国费城，18岁进费城一家工厂学习制模及机工手艺。4年后，他到费城的米德维尔钢铁厂，开始时作车间勤杂工和机工，由于工作努力，表现突出，先后被提拔为车间管理员、技师、小组长、工长、维修工长、设计室主任和总工程师。

1881年，泰勒25岁时开始在米德维尔钢铁厂进行劳动时间和工作方法的研究，为他以后创建科学管理奠定了基础。其试验要点是：仔细观察每一名工人的工作，减少他在操作中浪费的时间和多余的动作，以便大幅度地提高一个车间或一家工厂的生产效率。他根据自己在工厂中的经验，感到当时的企业管理当局不懂得用科学方法来进行管理，不懂得工作程序、劳动节奏和疲劳因素对劳动生产率的影响；而工人则缺少训练，没有正确的操作方法和合适的工具。这些都大大影响了生产效率的提高。所以他才进行劳动时间和操作方法的研究，并收到了较好的效果。

1891年，泰勒独立开业，从事工厂管理咨询工作。1898—1901年间，他受雇于宾夕法尼亚的贝瑟利恩钢铁公司做咨询工作，进行了著名的搬运铸铁件和铲铁的试验。在大量试验的基础上，逐步形成了原来被称为"科学管理"的管理思想和管理理论。1901年他从贝瑟利恩钢铁公司退休，但仍无偿地从事管理咨询和演讲等工作，以便在美国和国外传播科学管理思想。他于1915年3月21日逝世于美国费城，终年59岁。

泰勒的著作很多，主要有：《论传送带》《计件工资制》《工场管理》《金属切削工艺》《大学和工厂中纪律和方法的比较》《制造业者为什么不喜欢大学生》《效率的福音》《科学管理原理》《科学管理》等。

他关于科学管理理论的内容十分丰富，主要包括以下几个方面：①科学管理的中心问题是提高劳动生产率。为此，要制订出有科学依据的工人"合理的日工作量"，而且必须进行工时和动作研究，即所谓的工作定额原理。②必须为每项工作挑选"第一流的工人"。③要使工人掌握标准化的操作方法，使用标准化的工具、机器和材料，并使作业环境标准化。这就是标准化原理。④制订并施行一种鼓励性的计件工资报酬制度。⑤工人和雇主两方面都必须认识到提高劳动生产率对两者都有利，都要来一次"精神革命"，互相协作，共同努力。⑥把计划职能（管理职能）同执行职能（实际操作）分开。⑦推行职能制和直线职能制。⑧组织机构上的管理控制原理等。

二、泰勒科学管理思想的基本内容

泰勒先生在他的《科学管理原理》一书中写道，美国全国的许多人都认识到保护我们物质资源的重要性，并为此而开展了一个大规模的节约运动。但直到现在，我们对"增进全国性效果"这一更为重要的问题，却未能认识其重要性。物质方面的直接浪费，人们是可以看到和感觉到的；但由于人们不熟练、低效率或指挥不当所造成的浪费，人们却既看不见又摸不到。要认识到后一方面的浪费，就需要动脑筋，发挥想象力，而这却难以做到。认识到管理工作的重要性，这是泰勒最重要的管理思想。

泰勒科学管理思想的基本点：

第一，通过一系列简明的例证，指出由于我们几乎普遍存在的日常行为的低效能而使全国遭受到的巨大损失。

第二，试图说服人们，补救低效能的办法在于科学的管理，而不在于收罗某些独特的精英或非凡的个人。

第三，论证最佳的管理是一门实在的科学，其基础建立在明确规定的法律、条例和原则上。并且进一步表明，科学管理的根本原理适宜于人的一切行为——从我们最简单的个人行为到我们大公司的业务运行，后者要求最精心复杂的协作。还简要地通过一系列的例证来说服读者，无论何时，这些原则如能得到正确应用，都能立即收到明显的成效。

科学管理的基本思想是：管理的主要目的应该是使雇主实现最大限度的富裕，同时也使每个雇员实现最大限度的富裕。

"最大限度的富裕"这个词，从其广义的意义上去使用，不仅意味着为公司或老板取得巨额红利，而且还意味着把各行各业的经营引向最佳状态，这样才能使富裕永存。

同样的道理，对每个雇员来说，最大限度的富裕不仅意味着他能比同级别的其他人取得更高的工资，更重要的是，还意味着能使每个人充分发挥他的最佳能力。这样，一般说来，如果条件许可，他就能以他的天赋和聪明才智去干出最佳等级的活计来。雇主同雇员的富裕应该是管理上的两个首要考虑的目的。这看来是不言而喻的。但是，在整个工业界，无论是雇主的组织或雇员的组织，却都不相信双方的相互关系有可能协调到利益均沾的地步。因而双方的组织大都是为了斗争，而不是为了和平。这些人中的绝大多数都认为雇主和雇员的根本利益必然是对立的。而科学管理则恰恰相反，其真正基础在于相信双方的利益是一致的。除非雇员也一样富裕起来，雇主的富裕是不会长久的；反之亦然。给工人以高工资而又使雇主的劳工费用降低，是完全可能的。

工人和经理人员双方最重要的目的应该是培训和发掘企业中每一个工人的才干，使每个人尽他天赋之所能，干出最高档的工作——以最快的速度达到最高的效率。

但是，实际上工人却在以各种形式"磨洋工"。如果能排除掉"磨洋工"，生产成本就会降低，我们的国外市场就能大大扩展，我们在同贸易对手的竞争中就会取得更有利的条件；就会排除造成淡季、失业、贫困等的根本原因；还将比现今用于缓和这些问题和灾祸的任何其他治疗办法，更能产生永恒而深远的影响，同时工人能得到更高的工资、更短的工时、更好的工作条件和家庭环境。造成"磨洋工"的原因主要有三点，这三点原因和泰勒的看法如下：

第一，绝大部分工人认为，如果他们用最佳速度干活，他们就是对全行业的工人做了极不公正的事。因为他们会使一大部分工人失业。但是，各行业发展的历史表明，每一项革新，不论是由于发明了一种新的机器，还是引进了一种新方法，都会提高这个行业中的人的生产能力，降低生产成本，最后必然还要招收更多的工人去投入工作。

第二，通常所采用的有缺陷的管理制度，使得每个工人为了保护他自己的最佳利益而"磨洋工"。

第三，各行各业几乎仍在沿用的单凭经验行事的低效办法，使得工人浪费了大部分的劳动时间。哪怕是在各行各业活计的最小细节上，一旦用科学方法取代了单凭经验的方法，都会给雇主和雇员双方带来巨大的收益。在我们的任何一种行业中，都有可能通过排除人们在劳动中的不必要的动作，并以利索的动作代替缓慢无效的动作，从而节约大量时间，提高产量。

我们应该对所有行业中的工人的操作进行观察，从中了解他们干活的各种细节。干同一种活计常常有许多不同的办法。也许在每个行业的每种动作上就有四五十种甚至100种办法。同样道理，每一类工作上使用的工具也是种类繁多。但是，在每个行业的每个具体活计上所使用的众多办法和工具中，往往有一种办法和一样工具比其他任何的办法和工具要更好些。要发现和发展这个最佳办法和最佳工具，只有通过对应用的一切办法和工具进行科学的研究和分析，结合着进行准确、精密的动作研究和工时研究。这就意味着通过机械工艺逐步以科学替代单凭经验的办法。

常用的一切老的管理体制的基本做法搞得很死板。它使每个工人都负有最后的责任，实际上就是按每个工人自认为最佳的办法去干自己的活，经理人员则对之很少协助和过问。由于工人的这种孤军作战，使得在这些体制中干活的工人在绝大多数的情况下不可能按一种科学或工艺的规律去干他们的活计，尽管这种科学和工艺是存在的。

为了能使工人按科学法则干活，就有必要在资方和工人之间，推行一种比现有的责任制更加均等的责任制。资方的责任在于发展这种科学，还应指导和协助在科学法则下干活的工人，他们对劳动成果应担负更大得多的责任。工人们操作时的几乎每项动作，都应以资方准备的一两项或更多项的动作要求作为准则。这样才能使工人们比以前干得更好和更快。每个工人每天应从领导他们的人那里接受指导，并得到最友善的帮助。而不是像过去那样，一个极端是受尽老板的驱使和压迫；另一个极端是老板对工人放任不管，工人爱怎么干就怎么干，不提供任何帮助。资方和工人之间的亲密协作是现代科学或责任管理的精髓。

管理本身是一个逐步演变的过程。近30年来，一家公司接着一家公司的雇主——包括各行各业——逐步从通常的管理改为科学管理。目前在美国至少有50 000名工人受雇于科学管理的体制之下。他们比他们周围具有同样能力的工人能多挣30%～100%的工资,而雇佣他们的公司也比以前更兴旺富裕。在这些公司里,每个人和每部机器的产量平均都翻了番。

在科学管理下,人们将会更为富裕、更为愉快,不协调和纠纷会少得多;不景气的时期会更少些、短些,遭受的痛苦因而也会少些。在任何一个城镇,任何一个国家的某一部分或任何一个州,只要它首先用科学管理的原则取代单凭经验的老办法,情况都会是这样。泰勒深信,这些原则必将为几乎整个文明世界所普遍采用。采用得越早,造福于全体人民越大。

三、科学管理的基本原则

那些对科学管理开始感兴趣的人们主要提出了以下三个问题:

第一,比起传统的管理来,科学管理的原则有哪些特点?

第二,为什么科学管理比其他类型的管理能收到更好的成效?

第三,把合适的人安排为公司的领导者,不正是最重要的问题吗?如果你已物色到合适的人,你能放心地把管理模式的选择交给他去办吗?

我们将对这些问题给予一个比较完满的答复。

广义地讲,对通常所采用的最佳管理模式可以这样下定义:在这种管理体制下,工人们发挥最大程度的积极性;作为回报,则从他们的雇主那里取得某些特殊的刺激或报酬。这种管理模式将被称为"积极性加刺激性"的管理,或称为任务管理。它被认为是通常所采用的最佳管理模式。泰勒面临的艰巨任务是,要用一种有充分说服力的办法,证明还有另一种管理模式,要比"积极性加刺激性"的管理好得多,好出许多倍。

在老的管理模式下,要取得任何成就几乎完全有赖于赢得工人的"积极性",而真正赢得这种积极性的情况却是很罕见的。科学管理比起老的制度来,有可能在更大的范围内以绝对的一致性去争得工人的"积极性"(这就是他们艰苦的工作、好意和聪明才智)。除了工人方面的这种改进之外,经理们也承担了新的重负、新的任务和职责——这在过去是想也没想过的。

经理的新任务可归结为以下四个方面:

第一,对工人操作的每个动作进行科学研究,用于替代老的单凭经验的办法。

第二,科学地挑选工人,并进行培训和教育,使之成长。而在过去,则是由工人任意挑选自己的工作,并根据各自的可能进行自我培训。

第三,与工人的亲密协作,以保证一切工作都按已发展起来的科学原则去办。

第四,资方和工人们之间在工作和职责上几乎是均分的。资方把自己比工人更胜任的那部分工作承揽下来;而在过去,几乎所有的工作和大部分的职责都推到了工人们的身上。

正是工人们积极性的这种组合,加上资方采取了以上这些新型的工作,使科学管理的效果比老的制度要好得多。

泰勒期望通过一系列的实例去证明科学管理的巨大力量和效果。它完全适用于从最基本到最复杂的所有工作。而且,它一旦得到应用,比起在"积极性加刺激性"管理下所可能取得的成果必然会大得很多。

这些实例包括搬运生铁和铲掘工作。拿铲掘工作来说,在伯利恒钢铁公司,采用科学管理的新计划以后的第三年,其成果同老方法的比较就大不相同了。

试验表明,新计划中每吨0.033美元的低费用,包括办公室、工具房费用和所有监工、领班、办事员、计时员工资等在内。这一年来,新计划比老计划节省总额达36 417.69美元。接下来的6个月,当工场的全部活计都改为计件工后,节省额可达到每年75 000美元至80 000美元。而在所取得的全部成果中,也许最重要的是在工人本身所产生的效果。工人中喝酒的人大为减少,浪费钱的人少了,因此都比以前生活得更好。他们把自己的顶头上司和领导们看成是最好的朋友而不是强迫他们做苦工的人。

另一个例子是吉尔布雷思有关砌砖动作的研究。他在仔细研究砌砖工在各种情况下砌砖的动作后,把砌每块砖的18个动作压缩为5个,有时甚至只要两个动作。

吉尔布雷思把砌砖动作从18个压缩到5个,是通过以下三种不同的方法取得这种改进的。

第一,他取消了砌砖工过去认为必要的某些动作,而并未影响安全。因为他经过仔细研究和实验,已证明这些动作没有什么用处。

第二,他设置了一些简易工具,诸如可调整高度的支架和放置砖块的框架。这样,只要有一名低工资的辅助工加以协作,就可为砌砖工排除大量劳累而又费时的动作。这些动作在没设置支架和框架时是必需的。

第三,他教砌砖工在做简单动作时要双手同时并用。而在以前,他们总是用右手做完一个动作以后才用左手去做另一个动作。

在任何行业中,应用吉尔布雷思称为科学的动作研究和工时研究,都可以将任何不必要的动作完全排除,动作也可以加快。这样,上述的改进方法就具有了典型意义。

吉尔布雷思的砌砖方法为真正有效的协作提供了一个简明的例证。这已不是以一群工人为一方和资方进行协作,而是资方中的若干人(每个人以他个人的特殊方式)对每个工人进行个别帮助。一方面,研究工人的需要和他的缺点,并把更好、更快的方法教给他。另一方面,对他所接触的所有其他工人,他要认识到这些工人能帮助他,并同他协作,即他们能把自己那部分活计干得好且快。

我们之所以详细地陈述吉尔布雷思的方法,是为了充分说明:这种工作效率的增长和操作的协调,在"积极性加刺激性"的管理体制下是不可能取得的(那就是说,把问题推给工人并让工人去单独解决)。

吉尔布雷思之所以取得成功,就在于他运用了以下构成科学管理本质的四个要素:

第一,砌砖科学的形成(在于资方而非工人),包括每人每个动作的严格规则以及所有工具和操作条件的完善化与标准化。

第二,精心挑选砌砖工人,并把他们培养成为第一流的工人,剔除一切不愿或不能采用新方法的人。

第三,通过资方的经常关注和帮助,通过每天付给工人的一大笔奖金(由于干活快,并能照着所吩咐的去干),把第一流的砌砖工同砌砖科学结合了起来。

第四,工人同资方之间在工作和责任上几乎是均分的。资方几乎整日同工人在一起进行操作,帮助工人,鼓励工人,为他们提供方便。而在过去,资方只是站在一旁,很少给工人以什么帮助,把方法、工具、速度以及和谐地协作等事情的全部责任几乎全部推到工人身上。

这四种要素中,第一种(砌砖科学的形成)是最有趣和最引人注意的。其他三种中的每一种,不管怎么说,也是取得成功所十分需要的。

要切记的是,在运用这各种要素进行指挥时,还必须有乐观、坚决和能刻苦工作的领袖。他既能耐心等待,又善于工作。

还有一个例子是一个工厂中的金工车间在采用了科学管理方法以后,速度提高了许多,最慢的也比原来提高了 1.5～2 倍,最快的达 9 倍。

从单凭经验的管理到现代科学管理的变革,所包含的不仅是要研究干活的恰当速度,从而对车间的工具、设备等进行改革,更重要的是车间所有工人在对待他们的工作和雇主的态度上也完全改变了。用秒表对每个工人干活所需时间进行细致的观察,这还是比较容易完成的。但是 300 多工人的精神状态和习惯的改变却只能慢慢地实现,并且要通过一段长序列的有目的的讲课。这样,最终使得每个工人明白,只要他们在每天的活计上同资方全心全意地协作,他们就会得到很大的好处。

把以上的实例作一次回顾,可以看出有的成果是同以下几点有联系的:①以一种科学去替代工人的个人判断;②不是任由工人自己以任意的方式去选择操作方法和进行自我培养,而是对每个工人进行研究、教育和培训,经过实验之后科学地对工人进行选择和培养;③管理部门同工人密切协作,两者一起按已形成的科学规律干活,而不是把每个问题交给个别工人去解决。在使用这些新原则时,不再是老式的依靠每个工人的个人努力。在每天任务的实现上,劳资双方所承担的几乎相等。资方做那部分对他们最适合的工作,余下的由工人们去做。

当每天给予工人们一项作业任务时,对工人方面的要求是高速度地工作。那么,只要他们干得出色,就应当保证给予合理的高工资,这是绝对必要的。这不仅包括给每个工人以每天的定额工资,还包括按时完成任务的一大笔奖金。这两个因素——任务和奖金,构成了科学管理的结构上两个最重要的因素。

科学管理是由多种要素结合而成的,这些要素包括:

科学，不是单凭经验的方法。

协调，不是不和谐。

合作，不是个人主义。

最高的产量，取代有限的产量。

发挥每个人最高的效率，实现最大的富裕。

科学管理的普遍采用会使生产能力普遍地成倍增长。这对整个国家意味着什么呢？这意味着工作时间得以缩短，人们所需要的生活必需品和奢侈品有可能双双增产，以及教育、文化和娱乐生活的增长等。总起来说，将为全世界带来很高的收益。

四、泰勒同伴及其追随者的管理思想

科学管理在20世纪20年代，经过管理先驱者们的努力，基本上发展成熟了。这一划时代的科学管理思想，大大地促进了生产力的发展，对资本主义的发展和稳定起到了非常重要的作用。这里不仅有泰勒的巨大贡献，而且还有许多企业家和理论家为此做出的重大贡献。卡尔·乔治·巴思是一位真诚的信仰者，他忠诚地贯彻了泰勒的正统思想；甘特是在泰勒的指导下进行工作的，也做出了重大的贡献，尤其是他的甘特图更是为科学管理增添了光彩；吉尔布雷思夫妇发展了泰勒的工时研究，在动作研究上有着开创性的贡献，并且将其扩展到疲劳和心理研究领域；埃默森改进了泰勒的职能工长制度，提出了职能参谋制，为企业组织理论的诞生开辟了道路，同时他的效率原则也具有里程碑性质；库克在泰勒的培养下把科学管理原理应用到教育和市政管理上，并设法使科学管理和工会建立起良好的关系。科学管理的大厦在历尽艰辛之后终于较为完整地建立起来了。

1. 以下主要介绍亨利·甘特的贡献

亨利·甘特(Henry L. Gantt，1861—1919年)，泰勒的亲密合作者，科学管理运动的先驱者之一。同时，由于他非常重视工业管理中的人的因素，所以也可以说是人际关系理论的先驱者之一。他曾经担任过泰勒任总工程师时的助理，最后担任过铸造部的主任。在1902—1919年间，他作为一个独立开业的咨询师进行工作，并在哥伦比亚大学、哈佛大学、耶鲁大学等著名高校任教。1914—1915年担任过美国机械工程师协会的副主席。鉴于他在管理上的杰出贡献，在他逝世后的十周年，美国机械工程师协会和美国管理协会决定设立甘特金质奖章，用于奖励在工业管理方面对社会做出优异的成绩的人，并于当年将第一枚甘特金质奖章授予已故的甘特本人，表彰他在工业管理方面的人道主义影响和甘特图的发明。

甘特一生的著述其多，涉及管理方面的主要有：《劳动报酬的一种奖金制》(1902)，《制造业中的一种日平衡图示法》(1903)，《培训工人的勤奋习惯和协作精神》(1908)，《生产和成本的关系》(1915)以及《效率和民主》(1918)等。

甘特的管理思想有的与泰勒相近,但在某些方面也有他自己的特色,主要在于以下几点。

(1) 提出了一种"工资任务加奖金"的工资制度。泰勒是把工资直接与完成定额的情况结合起来,尤其是当没有完成工作定额时,工人的工资就会急剧下降。而甘特的工资制度没有那么"残酷",即首先规定一个基本的日工资,即使工人在由于技能等原因而没有完成工作任务的情况下,仍然发给基本的日工资;超过任务的部分则以奖金的形式发放。为使这种工资制度得到有效实施,甘特主张以科学的分析依据确定生产的任务,并以详细的指令卡的形式发给工人,指出工人要做的工作、作业的方法以及时间等。甘特认为,计件工资制度不利于有效地推广新的操作技术,并且容易造成劳资纠纷。他在管理中提出,在确定了生产能力之后,如果工人感到某项作业在规定的时间内无法完成,工人应及时报告工头;工头应进行示范操作,如同样不能完成,应及时报告工程师;如工程师也无法完成,应及时修改定额。

(2) 发明了"甘特图"。1903年,甘特提出了一种"日平衡图",旨在通过对于某项具体工作任务的分解并简单明了地勾画各项具体任务的计划以及完成任务的情况,以有效地监督和管理作业的整个过程。由于这种"日平衡图"主要反映的是生产任务的计划进度,所以又称为"生产计划进度图","一战"期间被普遍地称为"甘特图"。甘特图对于管理实践的影响极大,以至于在现在的管理中仍被广泛使用。

(3) 强调管理民主和重视人的领导方式。在工厂管理中,甘特提出了工业管理中机会均等的建议,强调在科学管理的基础上雇主与雇员利益的一致性,号召人们重视管理中的人的因素。因为在他看来,金钱刺激只能影响到人们许许多多动机中的一个动机,而在人们的行为中,能够激发行为动机的因素很多,其中的许多动机是金钱刺激解决不了的。

2. 吉尔布雷思夫妇的疲劳研究和细节管理

吉尔布雷思夫妇(Frank Gilbreth & Lillian Gilbreth)也是泰勒时期杰出的管理思想家和实践家。泰勒在他的著述中,也曾经引用过他们的管理实践和管理思想。据称,吉尔布雷思夫妇一向厌恶懒散和浪费的习惯,无论是在工厂里还是在家里,都致力于根除这些弊端。夫妇俩在17年间养育了12个孩子,但是他们用科学高效的管理方法把这个大家庭管理得井井有条。

吉尔布雷思先生受过很好的中等教育,但他选择了从事实际工作。于是他在1885年进入一个建筑承包公司当学徒工,经过大约10年的努力,他终于成为了公司的总监督,同时在技术以及管理方面也取得了出色的成就。吉尔布雷思本人以及夫妇俩合著了许多管理方面的著作,比较有影响的有《动作研究》(1911),《科学管理入门》(1912)以及《疲劳研究》(1916)等。

吉尔布雷思夫妇的管理思想很丰富,其中最有影响的主要有下列一些方面:

（1）动作研究和动作经济原则的提出。要提高劳动效率，首先是实现作业动作的规范和简洁高效。他们认为，世界上最大的浪费，莫过于不必要的、错误的、无效的动作所造成的浪费。因此，他们进行了细致的动作研究。他们把作业的动作分解成各种基本动作，用一个英文词表示就是 THERBLIGS，这个词差不多就是他们的名字的倒写。这些基本动作按次序分别是：寻找、打桩、浅灌、第一层、第二层、第三层、第四层、附件设施、内装修到选择、抓取、夹持、移物、定位、装配、使用、拆卸、检验、预定位、放物、空移、休息、不可避免的耽搁、可避免的耽搁、计划。对于这些基本运作，他们都给予确定性的含义，如"抓取"，其含义就是：开始于手或肢体接触到一件物体，结束于抓住并控制该物体。"放物"的基本含义就是：开始于手或肢体放松对物体的控制，结束于手或肢体不再接触到该物体。

吉尔布雷思对于这些基本动作的分析非常精细，有时甚至不能用肉眼进行观察。于是他就仿照拍摄电影的方法进行研究。鉴于当时手摇机时间不精确，他就发明了一种大面盘时钟，这种时钟可以记录 1/2 000 分钟的时间。他让工人在瞬时计背景下进行作业，这称为"分解动作研究"；为了反映动作顺序，他让工人手上绑一个小灯泡，以示动作的轨道，这种研究称为"灯光示迹影片"。

通过这样的研究，可以剔除不必要的和无效的动作，合并可以合并的动作，进行有效经济的组合，使动作最有利于作业的顺利进行，这就是所谓"动作经济原则"。泰勒在他的《科学管理原理》一书中对于吉尔布雷思的动作研究给予了充分的肯定，并举了关于"砌砖动作研究"的例子。

（2）疲劳研究。这项研究也是吉尔布雷思夫妇管理思想中的独特之处。疲劳研究旨在研究出一种工作和休息的合理的搭配方式和恰当的环境布置，使得工人的疲劳减少而产量增加。夫妇俩于 1916 年合作发表了《疲劳研究》一书，对此进行了详细探讨。他们给工人的劳动精心安排了工作和休息的时间，使其尽量地减少疲劳，以提高劳动生产率。譬如说，他们为手帕厂中折手帕的女工设计了以下的作息安排：

除了午餐前的一小时及下班前的一小时以外，每小时的安排是这样的：

第一个 6 分钟：工作 5 分钟＋坐着休息 1 分钟；以后的 18 分钟：重复以上的安排三遍；接下去的 6 分钟：工作 5 分钟＋站着休息 1 分钟；以后的 6 分钟：重复以上的安排一遍；接着的 18 分钟：重复以上的安排三遍，但休息时可站可坐；最后的 6 分钟：完全休息，可散步或谈话等。

在午餐前一小时以及下班前的一小时内，前面的 54 分钟与上述安排一样，但最后的 6 分钟完全工作，因为接下去的就是长时间的休息。可以看到，为了提高劳动生产率，吉尔布雷思夫妇真是费尽了脑筋。

（3）注意到了工作、工人和环境之间的相互影响。一个人的劳动生产率，不仅取决于工作的难易程度以及工人的技术方法等因素，其他许多方面的因素都会直接地产生影响。

吉尔布雷思夫妇认为,就工人方面来说,可能会对工作成效产生影响的因素有这样一些:工人的骨骼,肌肉,体格大小,满足程度,信仰,赚钱能力,工作经验,疲劳程度,习惯,脾气,健康状况,生活方式,营养状况,技术水平,训练程度等。仅就信仰与工作成效的关系来说,一个信教的砌砖工人在建造一所同他的信仰不同的教堂时的情况,同建造一所他信奉的宗教的教堂时,态度和效率肯定是完全不同的。

环境方面影响工作成效的因素也有很多,如器械,衣服,颜色,文娱活动,供热、冷,照明,材料质量,赏罚,所移动物件的大小,所移动物件的轻重,减轻疲劳的特别设施,周围条件,工具,工会规则等。

同时,他们还注意到了职工的培训和发展。因为在他们看来,任何职工如果本来就适宜于某个组织的永久成员,只要他得到了适当的报酬并有不断发展提升的广泛机会,是不会愿意他就的。对此,他们提出了提升管理人员的具体计划,来实施对职工的培训和提升,并具体拟定了"个人提升图表"和"提升机会表"等。

第三节 法约尔的行政管理思想

一、亨利·法约尔生平简介

亨利·法约尔(Henri Fayol,1841—1925年)是西方古典管理理论在法国的杰出代表。他提出的一般管理理论对西方管理理论的发展有重大的影响,成为所谓管理过程学派的理论基础,也是以后各种管理理论和管理思想的重要依据之一。

法约尔于1841年出生于法国的一个资产阶级家庭。1856—1860年期间先后就读于中学和大学,以后作为一个采矿工程师开始其职业生涯,并于1888年被任命为他所在矿冶公司的总经理。当时该公司正处于破产的边缘,经他按自己的管理思想改革整顿后,使得公司欣欣向荣。当法约尔于77岁退休时,该公司已能在财务和经营上立于不败之地,至今仍是法国中部最大的矿冶集团的一个组成部分。他于1918年退休后,直到去世前,一直致力于宣传他的管理思想,并对法国的邮政机构、烟草公卖机构等的管理状况进行调查研究,为其改进做出了贡献。

法约尔在管理方面的主要著作有:《工业管理和一般管理》(1916)、《国家在管理上的无能——邮政与电讯》(1921)、《公共精神的觉醒》(1927)。在论文方面有:提交给矿冶会议的论文《管理》(1900)、《管理的一般原则》(1908)、《高等技术学校中的管理教育》(1917)、《管理职能在事业经营中的重要性》(1918)、《国家的工业化》(1919)、《邮电部门的管理改革》(1921)、《国家管理理论》(1923)。

法约尔同泰勒一样,对西方管理理论的建立做出了重大的贡献,但由于两人的经历和背景不同,他们各自提出的管理思想的侧重点也不同。泰勒虽然也出身于富裕家庭，但他是作为一个普通工人进入工厂的，其后主要从事与工程技术有关的工作。所以，他的研究是从"车床前的工人"开始而逐步向上发展的。法约尔虽然也是工程师出身，却从早期就参加了企业的领导工作，并担任企业最高领导达30年之久。他还曾对法国的邮政机构、烟草公卖机构、陆军和海军学校做过管理方面的调查和研究工作。所以，他的研究是从"办公桌前的经理"出发而向下发展的。他的管理理论是以作为一个整体的大企业为研究对象的。而且他认为有关管理的理论和做法不仅适用于公私企业，也适用于军政机关和宗教组织等。他认为，管理理论"是指有关管理的、得到普遍承认的理论，是经过普遍经验检验并得到证明的原则、标准、方法、程序的一个体系"。

《工业管理与一般管理》是法约尔最主要的代表作，全书分为两大部分：第一部分论述管理教育的必要性和可能性，分为三章，分别论述管理的定义，组成企业人员才能的各方面能力的相对重要性，管理教育的必要性和可能性。第二部分论述管理的原则与要素，用两章的篇幅分别论述管理的一般原则和计划、组织、指挥、协调、控制五项管理要素。

二、关于管理的定义

亨利·法约尔认为，企业的生产经营活动可以划分为六个部分：

(1) 技术活动。技术活动的数量、变化和重要性，各种产品（物质的、智力的和精神的）一般都出自技术人员之手这一事实，我们职业学校几乎是单一的技术教育，给技术人员提供出路……这一切都促使技术职能突出，因而也突出了技术能力，而这种突出使其他一些对于企业发展和繁荣完全同样必要，有时甚至更有益的能力却被忽视了。

(2) 商业活动。商业能力除了策略和决策，还包括对市场以及竞争者力量的深刻了解，包括长远的预测，在大型企业中日益发展的承包合同的运用以及价格的正确确定。

(3) 财务活动。没有财务活动，什么事也做不成。人员、厂房、设备、原材料、股票红利、修缮、准备金等需要资本。为了获得和适当利用资本并避免轻率地承担义务，必须有完善的财务管理。

(4) 安全活动。这项活动的任务是保护财产和人员，预防偷盗、水火灾害，消除罢工、行凶暴行。总之，消除所有可能危害企业发展，甚至危害企业生存的各种动乱。

(5) 会计活动。这是企业的视觉器官，它能使人随时了解企业处于什么状况并向何处发展，可以对企业的经济形势提供真实、清楚而又准确的情况。一个好的会计制度应是简单明了，可以给人以企业状况的确切概念，是领导的一个有力工具。

(6) 管理活动。前五种活动并不负责制订企业的总经营计划，不负责建立社会组织、协调和调和各方面的力量和行动。只有管理活动才可以做到这些。它包括计划、组织、指挥、协调、控制这五项要素。

三、企业管理人员才能的各个方面及其相对重要性

亨利·法约尔认为,同每一组活动相对应的是一种专门的能力。人们将其区分为技术能力、商业能力、财务能力、管理能力等。每一种能力都以身体、智力、道德、文化、专业知识、经验这几项素质与知识为基础。

1. 一个大型工业企业技术职能人员必要能力的相对重要性比较

(1) 工人的主要能力是技术能力。

(2) 随着人的地位在等级中的提高,管理能力的相对重要性也随之增加,同时技术能力的相对重要性降低。在第三等级或第四等级中,这两种能力的重要性相等。

(3) 经理人的主要能力是管理能力,等级越升高,这种能力越起主导作用。

(4) 商业能力、财务能力、安全能力和会计能力在第五等级或第六等级的人当中有最大的相对重要性。随着人的地位升高,这些能力的相对重要性在每种人的评价中不断减少并趋向平衡。

(5) 从等级的第四级或第五级开始,管理比率由于其他比率的减少而增加了,其他比率都接近于全部价值的1/10。

2. 各种规模的工业企业领导人的必要能力的相对重要性比较

(1) 小型工业企业领导人的主要能力是技术能力。

(2) 随着企业等级的上升,管理能力的相对重要性必然增加,同时技术能力的相对重要性必然减少。在中等企业中,这两种能力相等。

(3) 大型企业领导人最重要的能力是管理能力。企业越大,管理能力越起主要作用。

(4) 商业能力和财务能力对于中小型企业领导人员比对于技术职能的中下层工作人员起着重要得多的作用。大部分比率减少了,接近于整个价值的1/10。

通过比较可以说明以下的明显事实:技术能力是大型企业下层人员和小型企业领导人的主要能力;管理能力是较高层领导人的主要能力。技术能力在工业阶层的下层占主要地位;而管理能力在上层占主要地位。这一事实从企业的组织和领导的双重观点来看都具有极大的重要性。

四、管理教育的必要性与可能性

从前面所讲的可以看出,单一的技术教育适应不了企业的一般需要,即使工业企业也是如此。但是,我们的工业学校以往过于强调技术知识,而对商业、财务、管理和其他职能知识很不重视。在我们的职业学校里缺少管理教育的真正原因是缺乏管理方面的理论。没有管理理论就不可能有管理教育,而我们还没有从广泛的讨论中得出普遍承认的管理理论。

并不缺少个人提出的管理理论。但是,由于缺少普遍接受的管理理论,每个人都自

以为拥有最好的方法。在工厂、军队、学校、家庭和国家机构中,到处可以看到在同一原则的名义下极为矛盾的做法。因此,重要的是尽快建立一种管理理论。

五、管理的一般原则

管理职能只是作为社会组织的手段和工具。其他职能涉及原料和机器,而管理职能只对人起作用。社会组织的健康和正常活动取决于某些条件,人们将这些条件不加区别地称为原则、规律和规则。法约尔说他更喜欢用"原则"这个词,但应使它摆脱死板的概念。在管理方面,没有什么死板和绝对的东西,这里全部是尺度问题。我们在同样的条件下,几乎从不两次使用同一原则,因为应当注意到各种可变条件,同样也应注意到人的不同和注意到许多其他可变因素。原则是灵活的,可以适应于一切需要,问题在于懂得使用它。由机智和经验合成的掌握尺度的能力是一个管理者的主要才能之一。

在此列举管理经常使用的十四条管理原则。

1. 劳动分工

劳动分工属于自然规律,其目的是用同样的努力生产出更多、更好的事物。劳动分工不只适用于技术工作,而且毫无例外地适用于所有涉及或多或少的一批人或要求几种类型的能力的工作。其结果是职能专业化和权力的分散。劳动分工有一定的限度。经验与尺度感告诉我们不应超出这些限度。

2. 权力与责任

权力就是指挥和要求别人服从的权利。在一个领导者身上,应把属于职能规定的权力和由于自己的智慧、博学、经验、精神道德、指挥才能、所做的工作等决定的个人权力区分开来。作为一个出色的领导者,个人权力是规定权力的必要补充。人们在想到权力时不会不想到责任,即执行权力时的奖惩。责任是权力的孪生物,是权力的当然结果和必要补充。凡权力行使的地方,就有责任。在行使权力中应用奖惩是良好管理的基本条件,但一般不易实现(特别是在大型企业中)。首先应规定责任范围,然后制定奖惩标准。

3. 纪律

纪律实质上就是和企业同其下属人员之间的协定相一致的服从、勤勉、积极、举止及尊敬的表示。无论这些协定曾否自由讨论过,是书面的还是默许的,是几方共同的愿望或法律和惯例的结果,决定纪律的形式的就是这些协定。没有纪律,任何一个企业都不能兴旺繁荣。制定和维持纪律最有效的办法是:①各级有好的领导;②尽可能有明确而又公平的协定;③合理执行奖惩。

4. 统一指挥

无论对哪一件工作来说,一个下属人员只应接受一个领导人的命令。这就是"统一指挥"原则。它是一项普遍的、永远必要的准则。在整个人类社会中,在工业、商业、军队、家庭、国家机构中,双重指挥经常是冲突的根源。这些冲突有时很严重,应该引起各级领导者的特别注意。

5. 统一领导

这项原则表示:对于力求达到同一目的的全部活动,只能有一个领导人和一项计划。这是统一行动、协调力量和一致努力的必要条件。不要把两者混淆起来:统一领导指只有一个领导者、一个计划,而统一指挥指一个下属人员只能听从一个领导者的命令。人们通过建立完善的组织来实现一个社会团体的统一领导,而统一指挥取决于人员如何发挥作用。统一指挥不能没有统一领导而存在,但并不来源于它。

6. 个人利益服从整体利益

这条原则是说,在一个企业里,一个人或一些人的利益不能置于企业利益之上,一个家庭的利益应优先于其一个成员的利益,国家利益应高于一个公民或一些公民的利益。成功的办法是:①领导者的坚定性和好的榜样;②尽可能签订公平的协定;③认真的监督。

7. 人员的报酬

人员的报酬是其服务的价格,应该合理,并尽量使企业和其所属人员(雇主和雇员)都满意。报酬率首先应取决于不受雇主的意愿和所属人员的才能影响的一些情况,如生活费用的高低、可雇人员的多少、业务的一般状况、企业的经济地位等;然后再看人员的才能;最后再看采用的报酬方式。我们对报酬方式通常希望:①它能保证报酬公平;②它能奖励有益的努力和激发热情;③它不应导致超过合理限度而过多的报酬。

8. 集中

像劳动分工一样,集中是一种必然规律的现象,就是指在每个动物机体或社会组织中,感觉集中于大脑或领导部门,从大脑或领导部门发出命令,使组织的各个部分运动。集中或分散的问题是一个尺度问题,关键在于找到适合于该企业的最适度。实行集中的目的是尽可能地使用所有人员的才能。

9. 等级制度

等级制度就是从最高权力机构直至低层管理人员的领导系列。等级路线就是信息由最高权力机构向下发出或把信息上报给最高权力机构,中间经过等级制度每一级的传递路线。这条路线对于保证传达的需要和指挥的统一是很必要的。但它并不总是最迅速的途径。在一些大企业里,特别是对于政府机构来说,这种方法有时甚至需要很长的时间。

10. 秩序

建立秩序是为了避免损失物资和时间,为了完全达到这个目的,不但应该使物品都在他们的位置上,排列整齐,而且应该事先选择位置,以便尽可能地便利所有的工作程序。如果后一个条件没有具备,秩序还仅只是表面的。

就社会秩序来说,应该使每个人都有一个位置,每个人都在指定给他的位置上。完善的社会秩序还要求位置适合人,人也适合他的位置。这样的社会秩序必须以胜利完成两项最艰难的管理工作为前提,即良好的组织与良好的选拔工作。社会秩序要求对企业的社会需要与资源有确切的了解,并保持二者之间经常的平衡,尽管这种平衡是极难建立与维持的。

11. 公平

为什么说"公平"而不说"公道"?公道是实现已订立的协定。但这些协定不能什么都预测到,要经常地说明它,补充其不足之处。为了鼓励其所属人员能全心全意地和无限忠诚地履行他的职责,应该以善意来对待他。公平就是由善意与公道产生的。公平并不排斥刚毅,也不排斥严格。做事公平要求有理智、有经验,并有善良的性格,同时不应忽视任何原则,不忘掉总体利益。

12. 人员的稳定

一个人要适应他的新职位,并做到能很好地完成他的工作,这需要时间。还得假设他具有必要的能力。假如他这种启蒙刚结束或还没有结束就又换地方了,他就没有时间提供很好的服务。

一般来说,繁荣企业的领导人员是稳定的,而那些运气不佳的企业的领导人员是常变换的。这种不稳定同时是企业不景气的原因与结果。然而,人员的变动有时是不可避免的。年老、疾病、退休、死亡都会打乱企业的人员构成。因此,稳定的原则如同其他的所有原则一样,也是一个尺度问题。

13. 首创精神

想出一个计划并保证其成功是一个聪明人最大的快乐之一。这也是人类活动最有力的刺激物之一。这种发明与执行的可能性就是人们所说的首创精神。建议与执行的自主性也都属于首创精神。

除了领导者的首创精神外,还要加上全体人员的首创精神,并在必要时用后者去补充前者。这种全体人员的首创精神对于企业来说是一股巨大的力量,特别是在困难的时刻更是这样。因此,应尽可能地鼓励和发展这种能力。

14. 人员的团结

一个企业中,全体人员的团结与和谐是这个企业的巨大的力量。所以,应该尽力做到团结。在所使用的众多的方法中,要特别强调一条原则,即统一指挥;还要强调避免两种危险,即不要使自己的下属人员分裂,以及不要滥用书面联系,而应多用当面联系和交谈。

以上原则都是经常使用的。没有原则,人们就处于黑暗和混乱之中。但是,如果没有经验与尺度,即使有最好的原则,人们仍将处于困惑不安之中。原则是灯塔,它能使人辨明方向,但它只能为那些知道通往自己目的地道路的人所利用。

六、亨利·法约尔追随者们的管理思想

在20世纪初,由泰勒发起的科学管理革命导致了古典管理理论的创立。泰勒、法约尔、韦伯分别从三个不同的方面将古典管理理论的大厦建立起来了。人们在研究当时各种管理思想的时候,发现它们有许多相同和相似之处。这就使人们相信管理存在着共同的规律。在诸多研究者中,厄威克和古利克影响最大,他们对古典管理理论进行了较为全面的总结。在总结的同时也提出了自己的管理思想,对管理思想的发展做出了应有的贡献。但他们的管理思想主要是对管理职能和管理原则的探讨,应该属于对亨利·法约尔管理思想的继承与发展。

1. 林德尔·福恩斯·厄威克的管理思想

林德尔·福恩斯·厄威克(Lyndall Fownes Urmick,1891—1983年)是英国著名的管理学家、顾问和教育家,是公认的管理学权威。他出版了许多管理著作,其中较为著名的是《管理备要》和《管理的要素》。他提出了适用一切组织的八项原则,即:①目标原则,所有的组织都应当规定出一个目标;②相符原则,权力和责任必须相符;③职责原则,上级对直属下级工作的职责是绝对的;④组织阶层原则;⑤控制幅度原则,每一个上级所管辖的相互之间有工作联系的下级人员不应超过五人或六人;⑥专业化原则;⑦协调原则;⑧明确原则,对于每项职务都要有明确的规定。

厄威克还是组织设计论的主要代表之一。他指出,组织设计有两个作用:①决定从事经营各个成员的职务;②决定这些职务之间的相互关系,其目的是在于有效地解决经营技术问题。

厄威克最大的贡献是对古典管理理论进行了综合。他在1944年出版的《行政管理原理》一书中,把各种管理理论加以综合,创造出一个新的体系:他把泰勒的科学管理和科学分析方法作为指导一切管理职能的基本原则,把法约尔的计划、组织、控制三个管理要素作为管理过程的三个主要职能,将法约尔的管理原则放在管理的职能之下,如在控制职能之下的职能有配备人员、挑选和安排教育人员等,通过一系列归结,形成了泰勒—法约尔—厄威克等的古典管理学派,他们围绕着管理人员的职能来探讨、研究、论证管理问题,他们是系统研究管理的学者。

2. 卢瑟·哈尔西·古利克的管理思想

卢瑟·哈尔西·古利克(Luther Halsey Gulich,1892—1993年)是一名美国管理学家,曾任美国哥伦比亚大学公共关系学院院长,担任过罗斯福总统的行政管理委员会的成员,出版了许多管理方面的著作。

古利克把关于管理职能的理论系统化,提出了有名的管理七职能论。他正是通过对七种职能的分析,发展了亨利·法约尔的五职能理论。这七种职能是:

(1) 计划。计划职能是为了实现企业所规定的目标,制订出所要做的事情的纲要和

做这些事情的方法。

(2) 组织。为了实现企业规定的目标,必须建立正式的权力机构和组织体系,并规定各级机构的职责和协作关系,为组织机构配备好合适的人员。

(3) 人事。包括有关职工的选择、训练培养和恰当地安排等方面的职能,这是企业长期发展和企业持续前进的关键。

(4) 指挥。这项职能包括对下属的领导、监督和激励。他认为古典管理学派除了泰勒以外,都强调统一指挥的原则,否则会影响效率。

(5) 协调。所谓的协调,就是为了使企业各部门之间工作和谐,步调一致。共同实现企业目标的职能,可以经由两种实现路径,一是通过组织来协调;二是通过思想来协调。

(6) 报告。包括下级对上级的报告和上级对下级的考绩、调查和审核,为了使上级能及时有效地了解和考核下级,就要实行有效的控制制度。

(7) 预算。包括财务计划、会计、控制等。这些控制活动可以通过以下过程来实现:经济测定,实际成果和预算的比较,对共同和差异进行分析并找出原因,消除差异或改变计划。

古利克还根据古典的管理理论提出了十项管理的原则:①劳动分工和专业化;②按目标、程序、顾客或地区把工作加以部门化;③通过等级制度协作;④通过思想协作;⑤通过委员会协作;⑥分权化或控股公司概念;⑦统一指挥;⑧直线参谋;⑨授权;⑩控制制度。

第四节 韦伯的社会组织管理思想

一、马克斯·韦伯简介

马克斯·韦伯(Max Weber,1864—1920年)出生于德国的一个富裕家庭,其父曾任普鲁士下院议员、帝国议会议员,其家庭有着相当广泛的社会关系。韦伯于1882年进入海德堡大学学习法律,并先后就读于柏林大学和哥丁根大学。他受过三次军事训练,1888年参与波森的军事演习,因而对德国的军事生活和组织制度有相当的了解,这对他日后建立组织理论有很大的影响。1889年他开始撰写中世纪商业公司的博士论文;1891年在柏林大学讲授法律;1894年获得海德堡大学的教授资格;1903年开始进行新教伦理方面的研究;1905年出版了他的名著《新教伦理和资本主义精神》。在组织理论方面,除了《新教伦理和资本主义精神》外,还有《社会和经济组织理论》。1907年获得的一笔遗产,使得他可以作为一个私人著述家从事学术研究。他先后做过教授、政府顾问、编辑、著作家,对社会学、经济学、历史、宗教等许多问题都有自己的观点和独到的见解。

韦伯是最有影响的德国社会科学家之一。像马克思一样,韦伯对资本主义也持批判态度。然而对于韦伯来说,资本主义只是一个大问题的一部分,这个大问题就是现代社会的合理化。因此,就在马克思把注意力集中在经济系统的转变之上时,韦伯却把转变看成是许多社会中都存在的非常重大的问题。马克思谴责资本主义的剥削制度,韦伯却在考虑合理化社会的越来越严重的不公平问题。马克思是一个乐观主义者,他认为转变与剥削问题都能够通过推翻资本主义经济制度加以解决。但韦伯是悲观主义者,他认为未来社会的合理化问题将会变得越来越严重,即使是在推翻资本主义以后。韦伯不是现代社会的革命者,但却是细心的、对现代社会有洞察力的分析家。

韦伯是现代社会学的奠基人,他的观点对其后的社会学家和政治学家都有着深远的影响。他研究了工业化对组织结构的影响,他不仅研究组织的行政管理,而且广泛地分析了社会、经济和政治结构;他在组织管理方面有关行政组织的观点是他对社会和历史因素引起复杂组织的发展的研究结果,也是其社会学理论的组成部分,因而在管理思想发展史上被人们称为组织理论之父。

二、韦伯的行政组织理论

韦伯的行政组织理论分为三个部分。

1. 理想的行政组织

韦伯认为,理想的行政组织是通过职务和职位,而不是通过传统的世袭地位来管理的。要使行政组织发挥作用,管理应以知识为依据进行控制,管理者应具有胜任工作的能力,应该依据客观事实而不是凭主观意志来领导。韦伯理想的行政集权组织的主要特点如下:

(1) 任何机构组织都应有确定的目标。机构是根据明文规定的规章制度组成的,并具有确定的组织目标。人员的一切活动,都必须遵守一定的程序,其目的是实现组织的目标。

(2) 组织目标的实现,必须实行劳动分工。组织为了达到目标,把实现目标的全部活动都一一进行划分,然后落实到组织中的每个成员。组织中的每个职位都有明文规定的权利和义务,这种权利和义务是合法化的,在组织工作的每个环节上,都是由专家来负责的。

(3) 按等级制度形成的一个指挥链。这种组织是一个井然有序且具有完整的权责对应的组织,各种职务和职位按等级制度的体系进行划分,每一级的人员都必须接受其上级的控制和监督,下级服从上级。但是他也必须对自己的行动负责,这样,作为上级来说必须对自己的下级拥有权力,发出下级必须服从的命令。

(4) 在人员关系上表现为一种非人格化的关系。也就是说,他们之间是一种指挥和服从的关系,这种关系是由不同的职务和职位的高低来决定的,不是由个人决定,而是由职位所赋予的权力决定,个人之间的关系不能影响到工作关系。

（5）承担每个职位的人都是经过挑选的，必须经过考试和培训，接受一定的教育，获得一定的资格，由需要的职位来确定需要什么样的人来承担。人员必须是称职的，同时也是不能随便免职的。

（6）人员实行委任制，所有的管理人员都是任命的，而不是选举的（某些特殊的职位必须通过选举的除外）。

（7）管理人员管理企业或其他组织，但他不是这些企业或组织的所有者。

（8）管理人员有固定的薪金，并且有明文规定的升迁制度，有严格的考核制度。管理人员的升迁完全由他的上级来决定，下级不得表示任何意见，以防止破坏上下级的指挥系统，通过这种制度来培养组织成员的团队精神，要求他们忠于组织。

（9）管理人员必须严格地遵守组织中的法规和纪律，这些规则不受个人感情的影响，适用于一切情况。组织对每个成员的职权和协作范围都有明文规定，使其能正确地行使职权，从而减少内部的冲突和矛盾。

韦伯认为，这种理想的行政组织是最符合理性原则的，其效率是最高的，在精确性、稳定性、纪律性和可靠性等方面都优于其他组织形式。而且这种组织形式适用于各种管理形式和大型的组织，包括企业、教会、学校、国家机构、军队和各种团体。

从历史发展的角度分析韦伯的组织理论，可以发现它是对封建传统管理模式的一种反动，也就是说要发展生产力提高生产效率，必须打破封建传统管理的模式，用一种科学的方法对各种组织进行科学的管理。这是历史发展的必然，当生产力发展到一定的阶段，人们要进一步提高生产力就必须寻求新的管理理论来指导实践。尽管韦伯的理论在当时没有被广泛承认，但是随着生产不断发展，组织规模不断扩大，复杂性不断增加，当人们开始探索大型行政组织的管理时，终于发现了韦伯的天才贡献。

2. 韦伯对权力的分类

韦伯指出，任何一种组织都是以某种形式的权力为基础的。没有这种形式的权力，其组织的生存都是非常危险的，也就更谈不上实现组织的目标了。权力可以消除组织的混乱，使组织有序运行。韦伯把这种权力划分为三种类型：①合理的法定的权力，指的是依法任命，并赋予行政命令的权力，对这种权力的服从是依法建立的一套等级制度，这是对确认职务或职位的权力的服从；②传统的权力，它是以古老的、传统的、不可侵犯的和执行这种权力的人的地位的正统性为依据的；③神授的权力，它是指这种权力是建立在对个人的崇拜和迷信的基础上的。韦伯认为，在这三种权力当中只有合理和法定的权力是行政组织的基础，因为这种权力能保证经营管理的连续性和合理性，能按照人的才干来选拔人才，并按照法定的程序来行使权力。这是保证组织能够健康发展的最好的权力形式。

3. 理想的行政组织的管理制度

韦伯认为，管理就意味着以知识为依据来进行控制，领导者应在能力上胜任其工作，

要依据事实来进行领导,行政组织中除了最高领导之外的每一个官员,都应按下列准则被任命和行使职能:

(1) 他们在人身上是自由的,只是在与人身无关的官方职责方面从属于上级的权力。

(2) 他们按明确规定的职务等级系列组织起来。

(3) 每一职务都有明确规定的法律意义上的职权范围。

(4) 职务是通过自由契约关系来承担的,因此从原则上讲存在着自由选择。

(5) 候选人是以技术水平为依据挑选出来的,在最合乎理性的情况下,他们是通过考试或表明其技术训练的证件为依据来挑选的,他们是被任命而不是被选举的。

(6) 他们有固定的薪金作为报酬,绝大多数有权享受养老金,雇佣当局只有在某些情况下(特别在私营组织中)才有权解雇这些官员,但这些官员则始终有辞职的自由。工资等级基本上是按等级系列中的级别来确定的,但除了这个标准以外,职位的责任大小和任职者对社会地位的要求也可能予以考虑。

(7) 这个职务是任职者唯一的,或至少是主要的工作。

(8) 它成为一种职业,有着一种按年资或成就或两者兼有之的升迁制度。升迁由上级的判断来决定。

(9) 官员在完全同所管理财产的所有权无关的情况下来进行工作,并且不能滥用其职权。

(10) 他在行使职务时受到严格而系统的纪律约束和控制。这种类型的组织,从原则上讲,能以同等程度适用于各种不同的领域,它能适用于营利性的企业或慈善机构。

本章小结

英国工业革命的过程包括:纺织机等机器是工具上的革命,蒸汽机是动力上的革命,工厂制度是生产组织方式的革命。工业革命在西方彻底摧毁了封建社会的生产关系,使生产力获得了巨大的解放。工业革命创造了巨大的社会财富,为资本主义的飞速发展提供了物质基础。工业革命的直接成果是工厂制度的建立,它是资本主义发展的直接基础。全世界走向工业化起过最大作用的是两个人,一个是亚当·斯密,另一个是詹姆斯·瓦特。斯密促使了经济思想的革命,瓦特促使了蒸汽机的革命。当今世界基本承认这样一个观点:推动世界经济发展的两个轮子一个是科技,另一个是管理。

科学管理理论的内容主要包括以下方面:①科学管理的中心问题是提高劳动生产率,为此,要制订出有科学依据的工人"合理的日工作量",而且必须进行工时和动作研究,即所谓的工作定额原理;②必须为每项工作挑选"第一流的工人";③要使工人掌握标准化的操作方法,使用标准化的工具、机器和材料,并使作业环境标准化,这就是标准化原理;④制订并施行一种鼓励性的计件工资报酬制度;⑤工人和雇主两方面都必须认识到提高劳动生产率对两者都有利,都要来一次"精神革命",互相协作,共同努力;⑥把计划职能(管理职能)同执行职能(实际操作)分开;⑦推行职能制和直线职能制;⑧组织机构上的管理控制原理等。

亨利·法约尔认为,企业的生产经营活动包括:技术活动、商业活动、财务活动、安全活动、会计活动、管理活动。管理活动包括计划、组织、指挥、协调、控制这五项要素。管理经常使用"十四条管理原则"。

韦伯对资本主义也持批判态度。然而对于韦伯来说,资本主义只是一个大问题的一部分,这个大问题就是现代社会的合理化。韦伯是现代社会学的奠基人,他的观点对其后的社会学家和政治学家都有着深远的影响。他研究了工业化对组织结构的影响,他不仅研究组织的行政管理,而且广泛地分析了社会、经济和政治结构;他在组织管理方面有关行政组织的观点是他对社会和历史因素引起复杂组织的发展的研究结果。韦伯的行政组织理论包括:理想的行政组织、对权力的分类、理想行政组织的管理制度。

思考讨论题

1. 思考工业时代的特征和面临的具体问题是什么。
2. 讨论泰勒科学管理思想的基本内容和主要方面。
3. 思考法约尔管理思想的基本内容。
4. 讨论韦伯组织理论的基本内容和重要意义。
5. 讨论厄威克适用一切组织的八项原则。
6. 古利克的管理七职能指什么?
7. 认识吉尔布雷思夫妇动作研究、疲劳研究管理思想的历史贡献。
8. 认识甘特在科学管理思想方面的重要贡献。

第十三章　20世纪三四十年代西方的管理思想

20世纪初,随着科学管理思想的提出和广泛应用,西方大工业时代获得了辉煌的成就,大规模、低成本、高效率的美国经济模式得以实现。到20世纪20年代末期,美国福特汽车公司的年产量已达百万辆,普通汽车的零售价只有几百美元,并且畅销世界各地。在工业社会解决了生产与效率问题的背景下,企业中新的矛盾突出出来了,如劳资纠纷问题、人的积极性问题、管理文明问题、领导作风问题等。以梅奥为代表的一批管理学者把人类学、社会学、心理学引入企业管理工作,进行了长达十余年的霍桑实验,提出了人际关系理论,认为人和人之间的关系是影响工作效率的重要因素。与此同时,心理学家马斯洛研究了人们的需要与动机之间的关系,提出了著名的人类需求五层次理论。同时代的另一位著名人物、社会系统学派的创始人、美国新泽西州贝尔电话公司领导人巴纳德进行了公司经理职能的研究,提出了他的领导理论的管理思想。

第一节　梅奥和霍桑实验的管理思想

美国心理学家梅奥,由于以他为主进行的霍桑工厂管理实验得出的结论,创立了人际关系理论而举世闻名。在管理学中对人际关系理论已经做了详细的介绍,在此不再重述。我们要详细介绍的是梅奥从人际关系理论出发表现出来的人本主义思想和工业管理文明的思想。我们前面已经介绍过,欧文是工业文明的首倡者,而梅奥可谓工业文明的发扬光大者。在霍桑实验以后,梅奥出版了他的代表作《工业文明的人类问题》和《工业文明的社会问题》。从企业管理试验出发,梅奥的视野已经不再局限于企业界,而是透视到当时美国文明的社会问题了。我们在此介绍梅奥《工业文明的社会问题》一书的管理思想。在人际关系理论的影响下,随后一大批管理学者探讨人的需求、动机与激励问题,探讨组织与领导问题,并形成了后来的行为科学学派——管理理论中的一个重要分支。

一、梅奥与人际关系理论简介

乔治·埃尔顿·梅奥(George Elton W. Mayo,1880—1949年),原籍澳大利亚,20岁时在澳大利亚阿福雷德大学取得逻辑学和哲学硕士学位,应聘至昆士兰大学讲授逻辑学和哲学。后赴苏格兰爱丁堡研究精神病理学,对精神上的不正常现象进行分析。在洛克菲勒基金会的资助下，梅奥移居美国，至宾夕法尼亚大学沃顿管理学院任教。其间，梅奥曾经运用完形心理学的概念解释产业工人的行为，认为影响因素是多重的，没有一个单独的要素能够起决定性作用。以后这成为他将组织归纳为社会系统的理论基础。1923年，梅奥在费城附近一家纺织厂就车间工作条件对工人的流动率、生产率的影响进行试验研究。1926年，他进入哈佛大学工商管理学院专事工业研究。

1927年冬，梅奥应邀参加了开始于1924年但中途遇到困难的霍桑实验。从1927年至1936年断断续续进行了为时九年的两阶段试验研究。在霍桑实验的基础上，梅奥分别于1933年和1945年出版了《工业文明的人类问题》和《工业文明的社会问题》两部名著。霍桑实验揭示出工业生产中的个体具有社会属性，生产率不仅同物质实体条件有关，而且同工人的心理、态度、动机，同群体中的人际关系以及领导者与被领导集体的关系密切相关。霍桑实验以及梅奥对霍桑实验结果的分析对西方管理理论的发展产生了重大而久远的影响，使西方管理思想在经历过早期管理理论和古典管理理论（包括泰勒的科学管理理论，法约尔的行政管理理论和韦伯的官僚组织理论）阶段之后进入到行为科学管理理论阶段。

早期行为科学学派是以梅奥为主要代表人物，也被称作人际关系学派或梅奥学派。在梅奥以及由他为代表的人际关系学派（早期行为科学学派）以前，各种管理理论主要强调管理的科学性和严密性，轻视人的作用，把工人看作机器的附属品。梅奥学派则注重人的因素，研究人的个体行为和群体行为，强调满足职工的社会需求。梅奥等以霍桑实验的结果为依据，提出了完善企业管理的新原理：①工人是"社会人"，是复杂的社会系统的成员；②企业中除了"正式组织"之外，还存在着"非正式组织"；③新型的领导能力表现在通过提高职工的满足度，激励职工的"士气"，从而达到提高劳动生产率的目的。梅奥等人通过霍桑工厂的实验了解到，工人并不是把金钱当作刺激积极性的唯一动力的"经济人"，而是在物质之外还有社会的和心理的因素的"社会人"。所以，新型的领导能力就是要在"正式组织"的经济需求和工人的"非正式组织"的社会需求之间保持平衡。他们认为，这样才能够弥补古典管理学的不足，解决劳资之间乃至整个"工业文明社会"的矛盾和冲突。

这里要着重介绍的是梅奥关于《工业文明的社会问题》一书的思想内容。在一定意义上说，这本书是作者对《工业文明的人类问题》书中提出的观点的进一步引申和发展，但这时作者视野更加宽广了，经验更加丰富了。他在书中提出的问题不仅仅局限于工业企业的经营管理问题，实际上涉及战后西方资本主义国家的社会治理，涉及现代资本主义的一些根本性问题。梅奥当时关注的美国社会问题，同我们今天和谐社会建设问题有许多相似之处。

二、工业文明的社会问题导言

梅奥为该书所写的导言,实际上是一篇很有分量的论文。梅奥写道,20世纪20年代末期,当他与哈佛同仁进行霍桑实验的时候,当时美国许多人确信,美国已经实现了普遍的繁荣,周期性的经济衰退已被克服。世界在经历了第一次世界大战以后,终于建立起了国际联盟,和平有望。资本主义世界的前途一片光明。在这种普遍乐观情绪影响下,人们对1929年突然爆发的世界性经济大萧条,毫无思想准备。

梅奥指出,现在(1945年),人类在经历了全球性经济危机和有史以来最残酷的第二次世界大战以后,正面对着一个面目全非的世界——在欧洲,城市夷为平地,到处一片废墟,社会秩序混乱不堪;在亚洲和太平洋地区,各国开始觉醒,但前途未卜;在东欧和中国,事情也在发生变化……世界向何处去?有人积极鼓吹"民主",认为某种形式的代议制政府将是解决一切问题的灵丹妙药,可以帮助一个国家或民族(不管这个国家或民族多么落后)求得发展,成功地解决社会问题。梅奥在书中高瞻远瞩地强调指出:殊不知要施行这种主张,至少存在着三个难以逾越的前提性条件。这三个条件是:

第一,社会的技术水平和文化水平普遍较高。梅奥指出,世界正从战前的"固定型(成熟型)社会"向战后的"适应型社会"过渡,而适应型社会需要适应型的人才进行治理,方能获得成功。

第二,一个社会,如果各社会集团之间的物质生活水平差别太大,贫富悬殊,那么,即使是代议制政府也难以正常地进行工作。历史上这样的先例并不少见。18世纪末期的法国,19世纪初期的英国,都是如此。保证全社会享有普遍高水平的物质生活是建立、健全的民主代议制的前提条件。

第三,一个内部分裂、各社会集团之间你争我夺的社会,是无法建立起有效的代议制政府的。梅奥指出,民主国家的政治和工业领袖重视科学技术,忽视社会行政工作的职能,可能导致严重的后果。他在这里引用了斯坦利·卡森在《进步与灾难》一书中的一段话:"在历史上,巨大文明的衰亡和没落都是由于内部分裂,长期陷入仇恨和争斗而不能自拔。"

梅奥继续写道:俄国在短短15年之内改变了国家的落后面貌,提高了各民族的技术水平和文化水平,结果在第二次世界大战中,打败了德国法西斯……但是,俄国对上述"民主"的鼓吹显然感到不安,因为俄国人比别人更清楚地懂得这三个限制性条件的重要。在英国和美国,社会普遍的技术水平和文化水平比较高;而在俄国,已经取得的技术进步和文化普及仅仅是初步的,战后俄国会朝着哪个方向发展?能否继续发挥(像大战中那样)维护世界和平的作用?还有待观察。至于民主国家,20世纪后半期它们普遍面临的重大问题是如何实现有效的社会合作。梅奥强调指出,科技进步必须伴之以社会进步。只有实现全社会的积极参与、支持和合作,民主国家才有前途。梅奥尖锐地指出,西方各国的民主政治制度并不完善,所谓定期选举只不过是一幅勾画出权力转移轨迹的原始而粗糙的素描,政界领袖往往辜负人民的期望。

梅奥在导言的末尾提醒人们:原子弹反映了美国的成就,也说明了美国的失败。美国学会了在一瞬间毁灭成千上万人的生命的本领,但对于如何有效地进行社会协调,团结社会的各种力量共同建设现代文明,却表现得束手无策。原子弹并不能传播文明,但文明社会如果不能同舟共济,实现社会大协作的大目标,确实可能自行毁灭。

三、进步的阴暗面

梅奥在这一章中开宗明义地提出了本书的主题:过去的一个世纪,世界物质进步和技术成就是巨大的。但正是这些进步和成就使社会失去了固有的平衡。国家重视科学技术的发展,却忽视了社会和人的问题。梅奥根据对社会的长期考察研究,得出结论说:如果社会技能和技术技能得到共同发展,本来可以避免希特勒发动的欧洲战争。这个观点,梅奥在书中反复强调,多次论及。

梅奥回顾了资本主义世界的发展史。在19世纪资本主义上升时期的维多利亚时代,人们对社会取得的进步深信不疑。1890年出版的《十九世纪》一书曾自豪地说:一个世纪以来,人类取得了伟大的成就,终于成为命运的主人。但曾几何时,经过50年之后,人类取得的成就却成了毁灭人类的手段,爆发了第一次世界大战。

梅奥指出,19世纪迅速发达的科学和工业改变了人们生活的环境和条件。人们不再固守祖祖辈辈土生土长的生存空间。他们纷纷离开家园,上学,做工,世代相传的固有社会纽带解体了,家庭关系松弛了。但是,由于没有及时地建立起作为替代的新型社会关系,人们失去了心理平衡。法国工程师弗雷德里克·勒布雷曾对当时的欧洲进行了广泛的考察,于1879年和1885年发表了他的考察见闻录。勒布雷非常怀疑迅速发达的工业和技术对欧洲社会到底有什么好处。他写道:"我们时代发展的重要特点是,它成功地一个接一个地摧毁了社会内在的固有联系,但却没有能够建立起任何可以作为替代的新东西。"梅奥认为,现代文明要求工业化的水平越高,社会的组织程度也越高。但实际的情况正好相反,在现代社会里,不断增加的生活不幸的个人人数和十分低下的社会组织水平(不如工业化前)构成了社会不稳定的两大因素,劳资关系对立,社会集团矛盾尖锐,导致大规模的公开对抗。梅奥认为,1929年的世界性经济大萧条,集中暴露了资本主义的致命弱点。在欧洲,人们在普遍绝望之余,希冀寻求新的出路,正是在这种情绪的支配下,德国人选择了希特勒,使人类陷入浩劫。

四、"群氓"假设导致——国家专制

梅奥概述了工业文明的发展历史。他认为,从19世纪初期起资本主义社会发生了很大的变化。在这以前,整个工业社会主要由小型工商企业组成,竞争的理论和实践也是以那个时代的社会为背景。当时,一个企业最多雇用几百人,企业所有权是家传的,一般不超出两代或三代人。因此,少数企业的倒闭不会影响全社会。但是,到了20世纪初期,随着大工业的发展,许多制造业工厂雇用的工人都在三四万人以上。在世界性经济大萧条中,有些工业区几个月内解雇的工人数以万计。而一个大工业城市如果有两三个街区一下子解雇两三万人,势必造成严重的社会问题。在这种形势下,古典经济学的法则失灵了。古典经济学信奉"追求个人利益是一切经济活动的基础"这样一条原则。这种经济思想可以追溯到大卫·李嘉图所著《政治经济学及赋税原理》一书。李嘉图的基本观点可以归结为三条:第一,社会是由一群群处于无组织状态的个人组成的;第二,每个人都从个人生存和个人利益出发,在精确权衡利弊后采取行动;第三,每个人都竭尽全力为实现上述目标而合乎逻辑地进行思维。显然,这种经济思想已不再能够反映当代资本主义社会的现实。虽然还不能说古典经济学的原则已经完全过时,但今天资本主义世界的工业经济和政治活动毕竟依据的是对于人类社会的新认识。霍桑工厂的实验证明了这一点。在现代工业社会里,工人进行社交活动的兴趣和追求个人物质利益的愿望是一致的,紧密结合在一起的。有时候前者还往往超过了后者。那种认为人是追求个人利益的处于无组织状态的"群氓"的假设,显然是站不住脚的。

　　梅奥指出,许多世纪以来,"群氓"假设一直是制定法律、组织政府和经济活动的指导性前提,由此产生出"极权国家"的思想。这种国家凭借至高无上的权威,对"群氓"实施强制性的法治和秩序。那个时代形成的许多理论和教条,同当代希特勒和墨索里尼的言论如出一辙,毫无二致。公众只是"群氓",社会必须实行强制性的独裁统治,这正是希特勒疯狂思想的基础之一。

　　梅奥指出,当巴纳德提出任何组织必须是"有效力的"(指实现组织的目标而言)和"有效率的"(指满足个人动机而言)时,他实际上是提出了现代社会普遍适用的准则。这就是说,任何集团的社会组织必须能在两个方面满足其成员的愿望,一是满足他们的物质要求;二是在完成多种社会职能中实现积极的合作和协调,两者缺一不可。没有组织就没有合作。因为任何工业组织,既是一种工作方式,也是一种生活方式。作为一种工作方式,它必须是"有效力的",运用自如的;作为一种生活方式,它必须是"有效率的",使人满意的。但遗憾的是,现代工业文明尽管在物质和技术方面取得了巨大的成就,作为协作制度,它却是完全失败的。我们的经济学依然没有摆脱"群氓"概念的束缚,我们的政治学依然视社会为极权国家统治下的"一群群处于无组织状态的个人"。在人类历史上这种经济学和政治学的错误理论已经产生了一个希特勒和一个墨索里尼,使民主政治误入歧途。轴心国把这种理论运用于法律和政治实践,并把它们推到了荒谬绝伦的极端。应该说,这个历史教训也许有助于民主国家的觉醒。民主国家现在已经建成了合作协调的公民社会,代议制和定期选举是这种社会发展的保证。但这种保证也仅仅是部分的、不完全的。应该清醒地看到,迄今为止,即使是民主国家,也还没有彻底拔除政治专制主义的危险。正如哈罗德·巴特勒在《失去的和平》一书中所写的:"我们已经推翻了贵族的统治和宗教的统治。现在,我们应该推翻政客的统治。而这必然是一场艰苦的战斗。"仅仅有民主的形式是不够的,只有发展和完善协调的社会技巧,才能赋予形式以生动的内容。

归结起来说,正如《工业文明的社会问题》一书导言中所指出的,第一章"进步的阴暗面"旨在唤起对系统研究中的失衡现象——过分重视技术和物质方面,忽视人文和社会方面——的注意。而第二章对"群氓"假设的分析则揭示了西方社会在政治思想和经济思想领域中的弱点。如果说梅奥在本书第一部分"科学与社会"中提出了问题,那么他在第二部分则是试图探索解决问题的出路。他想通过毕生从事工业研究的实践和经验,总结出一套求得资本主义社会和谐发展的方法与途径。

五、实验调研方法

在该第二部分中,梅奥再次详细介绍和深入分析了他参与从事的两次著名工业心理学试验的结果,在其第一部名著《工业文明的人类问题》的基础上,进一步阐发了一些尔后成为组织行力学经典性基本内容的原理。梅奥一再强调,以往的经济学理论认为人是一群自私自利、为了争夺稀缺资源和生存机会而自相残杀的游牧部落民。由于认识到这一理论假设的虚妄和谬误,梅奥及其同事便开始对某些特定的人类活动进行研究。梅奥认为,为了提出新的假设代替所谓"经济人"的抽象,必须先对实际生活中人际关系的复杂性进行深入探求。这就是他所说的"临床式调研"。只有"临床"研究才能产生出合乎逻辑的治疗方案。

1. 第一次调查

梅奥先后两次参与了这种"临床"式的研究工作。该第三章介绍了他的第一次调查的过程和结果。按照作者本人的说法,这次调查"彻底否定了认为只有私利才是激励和推动人工作的全部动力的假设"。

1923年,梅奥等人应邀到美国费城附近的一家纺织厂调查细纱车间工人流动率过高的原因。这家纺织厂其他车间的工人都没有什么问题,情况相当不错。雇主十分开明和富于人情味,生产和经营管理井井有条,从各方面看都非常成功。但是唯独细纱车间的情形很不妙,其他车间工人流动率大约为每年5%或6%,细纱车间却高达250%。

工厂厂长和人事科长对此十分焦虑。他们请若干家专门研究提高工作效率的公司前来咨询,试验了四种新的物质刺激方法,但一切努力都失败了。周围的几家纺织厂也遇到类似问题,大家都准备接受这样的事实:行车细纱工积极性不高是无法医治的。但这家纺织厂的厂长不愿意认输,于是他请来了梅奥。

在初步巡视和观察中,看不出细纱车间的工作条件与其他车间有什么重大区别。工人们每周工作50小时,每天10小时,一周工作5天;主要工作任务是沿着纺机走来走去,不停地接线。

梅奥调查组里有一名护士,她向工人们提供服务,医治小伤小病;遇到处理不了的病例,她负责将病人或伤员转送至一家费城的医院。这样工人和调查组很亲密,就愿意反映真实情况。

认识到组织工作很重要:哪个企业的人际关系处理得好,哪个企业的生产就搞得好。但在实际上,人际关系还没有得到足够的重视,协调人际关系仍然是工业企业管理方面的薄弱环节。1943年年初,当时第二次世界大战正在激烈地进行之中,美国社会上却出现了普遍的缺勤现象。大批工人随意旷工,脱离劳动生产岗位,给战时生产造成了严重的后果。通过对这一不寻常的社会现象的周密调查,获得了几点极为重要的结论性意见。

第一,在工业企业里,如同在任何其他存在人际关系的组织里,经营管理人员每天与之打交道的不应该是作为"群氓"的个人,而应该是组织紧密的群体(劳动组合)。如果由于内外各种原因,企业内部没有能形成这样的组织,就会出现一系列不正常现象,诸如旷工、工人流动率高,等等。应该认识到,作为"社会人",其本性或特点之一是在劳动中同其他人进行交往,紧密地结合在一起。如果经营管理者忽视人际关系的调整,必然会在生产中造成重大问题。

第二,认为单靠雇用时进行的一系列测验和面试,就能预测一个工人进厂后的工作表现,这种想法如果不是错误的话,至少是片面的、靠不住的。调查表明,一个工人进厂以后,他同班组其他人的关系如何,在很大程度上将决定这个工人的工作表现,并直接影响到他全部才能的正常发挥。

第三,经营管理人员一旦抛弃视工人群众为"群氓"的错误观念,重视企业内部人际关系的不断调整,就能获得惊人的效果。在费城,工人流动率一度高达25%,后来降至5%。生产上升了,浪费减少了,旷工的现象基本上杜绝了。

当然,这些发现并没有消除从"固定型社会"向"适应型社会"过渡的过程中所产生的种种尖锐的社会矛盾和问题。但是,只要敢于面对现实,认真调查研究,不回避矛盾,重视企业人际关系的协调,很多问题都可以迎刃而解。遗憾的是,迄今为止,如何协调好适应性社会中的人际关系仍然是文明世界面临的一项重大问题。

2. 仅仅爱国主义是不够的,不应对任何人抱有怨恨

这一章是全书的核心,也可以说是梅奥思想的核心。这一章的警世醒目的标题及其包含的基本含义充分展现了梅奥管理思想的理想主义精华。他在这里大声疾呼,要求资本主义社会重视社会技能和技术技能的同步发展。换句话说,就是要高度重视生产关系的调整,一味追求生产力的发展,忽视生产关系的调整,将带来难以估量的严重后果。

尽管梅奥并未开出解决资本主义社会各种矛盾的药方,还是应该客观地看到,他对现代资本主义社会的分析不乏精辟之处,至今仍给人以启迪。例如,他在上面提到的社会技能和技术技能同步发展的思想,就很有光彩。梅奥始终认为,现代科学技术是极大

地进步了,但现代社会的人际关系并未改善,反而恶化了。梅奥指出,这两者之间的不协调发展潜伏着巨大的危险。他引用了当时一位澳大利亚著名医生写给他的信中的一段话:"科学的发展使我们能够认识一切,唯一例外的是,人类迄今为止仍不知道如何和谐地相处。"正如英国生理学家希尔博士指出的:"科学成就一旦被政治民族主义利用,将会产生极大的危险……如果政治孤立主义和侵略性的民族主义把科学的成就运用于相互残杀的战争,整个人类可能被毁灭。使用物理的、化学的、生物的方法进行战争,其后果尤为可怕。"这一段话非常精辟,不仅已为第二次世界大战的实践所证明,而且战后两个超级大国进行的核军备竞赛,再次验证了这一论断的正确性。造成这一现象的原因何在呢?正如梅奥在本章中指出的,近两个世纪以来,工业文明在促进社会人际关系方面,几乎是毫无作为。相反,为了保证科学和物质文明的进步,有意无意地阻碍了社会协调和合作的发展。换句话说,西方世界在建立适应型社会——这个社会在为每个公民提供高水平的物质享受的过程中,完全忽视了人际关系的调整——保证每个公民积极地、自发地参与建设这样一个社会的实践。其后果是众所周知的,现代资本主义社会创造了高度的物质文明,同时也造成普遍的愤世嫉俗情绪,相互猜忌,敌对和仇恨。正是这种社会情况为希特勒在德国上台创造了条件。

克里斯托弗·道森曾经指出,现代机械文明越趋向复杂,就越需要有相应的高水平的组织程度。遗憾的是,这种高水平的组织程度还有待于人类去探索。对工业企业家来说,接受科学技术的新成就,把它们应用到生产方面,这是他们很乐于做的;但他们之中很少有人认识到争取工人群众积极参与经营管理的重要性。事实证明,科学技术越是发展,工业组织的规模越大,越是需要强化组织工作,不断调整企业内部的人际关系。罗特利斯伯格认为,当前的工业文明在人际关系方面实际上是在吃老本,它建立在过去几个世纪积累起来的人际关系中的善意和自我牺牲精神的基础之上。罗特利斯伯格指出,在调查现代企业的过程中,经常发现这样一种现象:企业管理完全忽视人际关系的调整。科学技术方面的发明创造能很快获得厂方的承认和嘉奖,而在处理企业内部人际关系方面经验丰富、有才能的人却得不到重视和提拔,他们的劳动得不到承认。现代的大学教育也存在严重的缺陷。工业文明社会不仅仅需要物质上的丰富,还必须有全社会的和谐与协调。这后一点恰恰是我们的问题所在。在特定的历史条件下,往往被忽视的一面正是最重要的一面。这就是我们社会目前面临的现实。我们文明社会的理论根据应该是:要确保技术和物质的进步,社会人际关系的和谐与协调是必不可少的。

梅奥写道,从目前的情况看,文明世界的现状及其发展前景是暗淡的。梅奥这样说,并不是就战争而言。民主国家有幸及时地培育了杰出的军事领导人和接受他们指挥的杰出战士,他们共同战斗,狠狠地教训了德国人和日本人,使他们懂得,民主国家决不会容忍侵略行为、专制主义和没有人性的暴行。梅奥也不是就战后处理德国和日本问题而言。相反,梅奥倒是在想,在第二次世界大战前夕,西方国家怎么会容忍当时的一帮所谓

"领袖人物"——这些人充斥战前的政界、工业界、科技界比比皆是。战时的法国就是一个最坏的例子:一个分裂成为互相敌对集团的国家,领导人贪赃枉法,蔑视人道主义,互相仇视,尔虞我诈,个人声誉的建立靠的是物质财富而不是道德品质。这样一个国家必然是外强中干,一旦遭到外敌入侵,就会四分五裂,顷刻之间土崩瓦解。法国的失败是不足为奇的。而在英吉利海峡的彼岸,我们看到的却是另外一种景象——这对于西方文明来说,真是不幸中之大幸——在当时的英国,无谓的反对派活动停止了,相互仇恨销声匿迹。一位杰出的法国人士曾经说过:三件事情拯救了英国和文明世界。第一件是涌现出驾驶喷气式战斗机与德国人英勇搏斗、保卫英伦三岛的一批青年人,以及制造和维修这些战斗机的许多男男女女;第二件是两个默默无闻的在实验室里工作的科学家发明了雷达;第三件是温斯顿·丘吉尔爵士的领导和一个随时准备响应他的号召的团结一致的英国。

梅奥强调指出,近年来,教育和政府工作的缺陷已构成了对文明世界的威胁。现代文明迫切需要新型的政府领导人,这些人能够超脱于社会的纷争之外,公正而客观。他们充分了解社会人际关系的现状。这样一种素质只有通过系统、严格的训练和教育才能得到。这种训练和教育必须包括三个主要的内容:掌握科技知识、系统化的指挥能力,以及组织社会合作和协调的本领。梅奥在本书中始终强调:就目前和不久的将来而言,这第三点——组织社会合作和协调,是最为重要的。而今天的大学、企业、政府机构,却缺少这一方面的教育和训练。当然,把这些缺陷归咎于一个人或一些人,这是最容易不过的事,而要对形成这种缺陷的社会现实进行认真的考察,求得彻底的了解,就不是那么轻而易举的了。但是,必须做到这后一点,才能使我们摆脱目前的困境,无愧于我们引以自傲的文明。

第二节 马斯洛的人类动机与需求理论

一位智者说过,知道人们如何思考比知道人们如何行事更重要。心理学家正是从这句名言出发,认为研究人们的动机比研究行为更重要。正是人们的需求决定了人们的动机。心理学家们认为,是人们的需求引发了动机,动机引发了行为,行为导致了效果。传统的管理只是关注人们的工作活动和工作效率,动机需求理论则解释了人们积极和不积极工作的原因。

一、关于人们对人性的认识

人性模式一般是建立在人们对人的基本性质的认识基础之上的。心理学家和管理学家经过长期研究,总结出了以下几种典型的关于人性的理论模式。

1. 理性的还是感情型的

理性模式认为，人是理智的实体，人的行为依据于他们的理性意念。人都具有较强的思维能力，当他们面临某种情况时，会首先系统地收集评价各种资料，对各种可供选择的方案进行客观分析，然后在此基础上作决策，确定应如何行动。持有这种观点的管理人员一般在理性的基础上与员工交往，处事严肃认真。

感情型模式认为，人的行为主要是由感情支配的，而且其中的许多感情是不可控制的，是无意识的反应。因此，人常常在周围环境的影响下，无意识地形成自己的行为。这种模式很受弗洛伊德学派的推崇。具有这种观点的管理人员在与员工打交道时，总是力图揭示出支配员工行为的心理因素。

2. 行为主义的还是人本主义的

行为主义认为人只能根据其行为来描述，而其行为的形成主要取决于所处的环境。沃森(John B. Watson)曾提出，在他所指定的环境中，他可以把一个健康的婴儿培养成任何一个行业中的专家，至于这孩子的天资、爱好、性格、能力、倾向和祖先的种族是什么都无所谓。根据行为主义的论点，管理者可以通过改变环境的办法使下属人员做出组织所期望的行为。

人本主义则认为人是复杂的动物，人能通过自觉的思维来克服非理性的冲动，从而控制自己的行为和命运。因此，人的潜力是无穷无尽的，管理者可以通过教育等手段来提高下属的觉悟，并充分发挥其积极性。

3. 追求个人利益还是追求自我实现

根据"经济人"的观点，人的行为受自我利益的支配。每个人都是理性的，都在努力估算着他所采取的行动所能换来的最大收益，努力达到以最小的代价获得最大的满足。经济型的人好争且很自私，他们唯一关心的是自身的生存。持有这种观点的管理人员，常常把金钱作为促使下属努力工作的主要手段，并努力创造一种促使人们只关心个人利益的竞争环境。

自我实现观点则认为，每一个人都渴望个人的成长、发展和自我完善。人们要求提高其能力，并且力求发挥他们的潜在能力。坚持这种观点的管理者一般致力于建立一种使人们能实行自我指导并因而得以充分发挥其才能的环境。

除了上述分类方法外，在经济学、社会学中人性模式还可以分为自然人、经济人、社会人、复杂人等模式。

在上述各种观点中，哪一种是正确的呢？人们可以发现，在各种不同的模式中，有许多是相似的，而且任何一种单独模式都不足以解释清楚个人行为的各个方面。人在不同的情况中有不同的行为，甚至在类似的情况下，其行为也有可能不同。在某些情况下，人们的行为是理性的，而在另一种环境下，他们又感情用事；环境是影响人的重要因素，但个人的才智也不可忽视；金钱刺激是重要的，但人们所期望的不仅仅是金钱；一般情况下，他们也要求能发挥他们的才干和潜力。因此，有效的管理者只能从不同的人性模式中汲取精华而采用一种折中的办法：即人与人是不同的，人是会变的，必须把人作为一个整体来考虑。为了合理使用组织最宝贵的资源——人，在不同的情况下需要采用不同的管理办法，并且随着管理对象的变化而变化。

二、关于人们行为动机的研究

不管人们对于人性有何不同的认识，根据心理学家所揭示的规律，人之所以会采取某种特定的行为是由其动机所决定的。一个人愿不愿意从事某项工作，工作积极性是高还是低，干劲是大还是小，完全取决于他是否具有进行这项工作的动机及动机的强弱。

所谓动机是鼓励和引导一个人为实现某一目标而行动的内在力量。它是一个人产生某种行为的直接原因。了解动机，对于管理者调动员工的积极性是十分重要的。

1. 动机的来源

行为科学认为，动机是驱使人产生某种行为的内在力量，它是由人的内在需要所引起的。需要是使某种结果变得有吸引力的一种心理状态，是指人们对某种目标的渴求。正是这种欲望驱使人去采取某种行为。而人之所以会有某种需要，是因为人自身的某些要求没有得到满足。当一个人要满足这些未满足的需要时，他就会努力追求他所需要的东西。例如，饥饿会使人去寻找食物，孤独会使人去寻求关心。未满足的需求是形成人的行为动机的根本原因。一个人的行为，总是直接或间接、自觉或不自觉地为了实现某种需要的满足。

2. 动机的形成

动机是个体需要和环境相互作用的结果，有的人之所以懒，不是他没有需要，而是因为他的动机没有被激发。人的行为举止，在正常情况下都是有动机的。动机是在需要的基础上产生的，动机的产生必然是因为其有某种未满足的需要。但反过来，并不是有未满足的需要就会产生引发行为的动机，只有当人的需要达到一定的强度时，动机才会形成。

从需要产生动机一般须经历以下过程：当人的需要还处于萌芽状态时，它以不明显的模糊的形式反映在人的意识之中，这时人并不清楚自己到底是需要什么，表现在外在形态上就是当事人的紧张不安；当需要不断增强，当事人比较明确地知道，是什么使其不安时，需要就转化为意向；当人意识到可通过什么手段来满足此种需要时，意向转化为愿望；当人的心理进入到愿望阶段后，在一定的外界条件刺激下就可能形成为满足此种需要而行动的动机。也就是说，有需要，还要有一定的诱因，才能产生现实的动机。可见，形成动机的条件一是内在的需要；二是外部的刺激。其中内在的需要是促使人产生某种动机的根本原因。

3. 动机的功能

根据动机理论,动机有以下几个特点。

(1) 动机是一种内在力量,具有内隐性。我们无法直接了解别人的动机,只能通过观察其行为来判断一个人的动机。

(2) 动机是高度个性化的。同样的行为,可能出自不同的动机。因为不同的需要可以通过同样的行为得到满足。

(3) 动机是受目标控制的。根据动机理论,人之所以愿意做某事,是因为做这件事本身能满足其个人的某种需要,或完成这件事能给他带来某种需要的满足。进一步地,动机在人类活动中具有唤起、维持、强化人的行为的功能。

(4) 动机能唤起人的行动。人的行为总是由一定的动机引起的,动机可驱使一个人产生某种行为。

(5) 动机能维持人的行为趋向一定的目标。动机不仅能唤起行动,而且能使人的行为具有稳固的和完整的内容,沿着一定的方向行进。

(6) 动机能巩固或修正行为。动机会因良好的行为结果,使行为重复出现,从而使行为得到加强;动机也会因不好的行为结果,而使这种行为减少以至不再出现。

三、关于个人需求问题

亚伯拉罕·马斯洛(H. Maslow,1908—1970 年),1934 年在威斯康星大学取得心理学博士学位,并在该校任教五年,然后迁往纽约,在哥伦比亚大学和布鲁克林学院任教。1951 年任布兰代斯大学心理系教授。他是一位著名的心理学家,在心理学方面发表了许多文章。他在管理学上的主要贡献是进一步发展了亨利·默里在 1938 年把人的需要分为 20 种的分析研究,提出了人类的基本需要等级论,即需要层次论。1943 年出版的《人类的动机理论》是他在这方面的代表作。

他把人的各种需要归纳为五大类,这五大类需要是互相作用的,按其重要性和发生的先后次序,可排成一个需要的等级图。

第一级:生理上的需要。包括维持生活和繁衍后代所必需的各种物质上的需要,如衣、食、住、行、性爱等。这些是人类最基本的,因而也是推动力最强大的需要。在这一级需要没有得到满足前,下面提到的各级更高的需要就不会发挥作用。

第二级:安全上的需要。这是有关免除危险和威胁的各种需要,如防止工伤事故和有伤害的威胁、资方的无理解雇、生病或养老、储蓄和各种形式的保险,都是这一级所要考虑的。

第三级:感情和归属上的需要。包括和家属、朋友、同事、上司等保持良好的关系,给予别人并从别人那里得到友爱和帮助。自己有所归属,即成为某个集体公认的成员等。这类需要比上两类需要更精致、更难捉摸,但对大多数人来讲是很强烈的一类需要,如果得不到满足,就会导致精神不健康。

第四级:地位或受人尊敬的需要。包括自尊心、自信心、能力、知识、成就和名誉地位的需要,能够得到别人的承认和尊重等。这类需要很少能得到满足,因为它是无止境的。

第五级:自我实现的需要。这是最高一级的需要,指一个人需要做他最适宜做的工作,发挥他最大的潜力,实现理想,并能不断地自我创造和发展。一个自我实现的人有以下的特点:①自动;②思想集中于问题;③超然;④自治;⑤不死板;⑥同别人打成一片;⑦具有非恶意的幽默感;⑧有创造性;⑨现实主义;⑩无偏见、不盲从、同少数人关系亲密等。

以上五类需要,人们不能都得到满足,一般来说等级越低越容易得到满足,等级越高得到满足的比率就越小。在现代社会中,人们估计,第一级需要得到满足的概率为85%;第二级为70%;第三级为50%;第四级为40%;最高一级得到满足的概率只有10%。

这些需要的层次并不都是一定按这个顺序,有时候人的需要是模糊不清的,对某种需要表现的强度也不一样,每个人都有不同的性格,这种划分只是提供了一个大概的需要层次,在实践过程中应该对所管理的人员依具体情况进行不同的分析与对待。

马斯洛需求层次理论的基本观点如下。

(1) 人的需要是分等分层的,呈阶梯式逐级上升,人最基本的需要是生理需要。一般来说,只有在低层次的需要满足以后,才会进一步追求较高层次的需要。而且低层次需要满足的程度越高,对高层次需要的追求就越强烈。人在不同的发展阶段,其需求结构也是不同的。

(2) 需要的存在是促使人产生某种行为的基础。当一个人无所求时,也就没有什么动力与活力;反之,若一个人有所需求,就必然存在着可以被激励的因素。五个层次的需求是人生来就有的,只不过每个人的需求强度、显露程度可能不同。例如有的人非常注重金钱,而有的人在拥有一定的金钱以后就转而追求更高层次的需求的满足,对金钱看得比较淡。另外,即使是同一个人,在不同的情况下也会有不同的需要、优先考虑的某种需求。

正因为人的需要是不同的,所以要调动人的积极性,就必须针对不同的人,引导其满足不同层次的需求。对大多数人的共同需要,可以采用共同的方法来激励,而对不同的需要则要采取不同的方法,切忌"一刀切"。

(3) 当某种需要得到满足以后,这种需要也就失去了对行为的唤起作用。当某一层次的需要得到满足以后,下一层次尚未满足的需要就会成为人们行动的动机。高层次的需求,不仅内容比低层次需求广泛,实现的难度也大。据马斯洛估计,80%的生理需要和70%的安全需要一般会得到满足,但只有50%的社交需要、40%的尊重需要和10%的自我实现需要能得到满足。

对马斯洛的理论尽管还有不少争议,但由于他对人的需要进行了系统的研究,为以后各种激励理论的提出奠定了基础,因此其理论在各国广为流传。

第三节 巴纳德的领导理论及其管理思想

切斯特·巴纳德,美国著名企业家和管理学家,他长期担任美国新泽西州贝尔电话公司总经理,对企业管理实践和领导科学进行了卓有成效的研究。他于1938年出版了代表作《经理人员的职能》,1948年出版了《组织与管理》,在管理学界产生了巨大的影响。他是社会系统学派的创始人,明确提出企业是一个社会合作系统的思想。

由于巴纳德是一位职业经理人,所以他的成果主要是如何做好经理工作方面的,应属于领导科学范畴。在此我们主要介绍他的领导理论与思想。

一、巴纳德关于经理职能的思想

切斯特·巴纳德(Chester I. Barnard,1886—1961年)是西方现代管理理论中社会系统学派的创始人。1906—1909年,他在哈佛大学读完了全部经济学课程,因缺少实验学科课程学分而未获得学位。但在他的一生中,由于在研究企业组织的性质和理论方面做出了杰出的贡献,得到过七个荣誉博士学位。在美国,巴纳德同他的哈佛同事洛厄尔、亨德森、环特希尔、多纳姆等人都是早在大学时代就率先进行经营管理问题研究的先驱人物。巴纳德于1909年进入美国电话电报公司工作,1927年起担任新泽西贝尔电话公司总经理,一直到退休。在漫长的工作实践中,他积累了丰富的企业组织的经营管理经验,写出了许多重要的著作。其中最有名的是他在1938年出版的《经理人员的职能》一书,被誉为美国现代管理科学的经典性著作。这本书连同他10年后写成的另一部重要著作《组织与管理》,可以说是巴纳德管理学理论的代表作。巴纳德的这些著作为建立和发展现代管理科学作出了重要贡献,也使他独树一帜地成为社会系统学派的创始人。

巴纳德对组织管理工作的巨大热情还使他自愿地参加了许多其他组织的活动。他帮助制定过美国原子能委员会的政策,在新泽西紧急救济局、新泽西感化院、联合劳务组织、新泽西巴赫会社担任过领导职务。1948—1952年,他担任洛克菲勒基金会董事长。

《经理人员的职能》是一本不易读懂但却非常重要的书。这本书成为巴纳德的成名之作绝非偶然,因为这实际上是他毕生从事企业管理工作的经验总结。下面对该书的内容进行简单介绍。

巴纳德非常重视组织的作用。他对组织下的定义是:组织是一个协作的系统。这个定义适用于军事的、宗教的、学术的、企业的等多种类型的组织。巴纳德在这里指的是"正式的组织"。他认为通过对正式组织进行考察,可以达到三个基本目标:①在一个经常变动的环境中,通过对一个组织内部物质、生物、社会等各种因素的复杂性质的平衡来保证组织的生存和发展;②检验必须适应的各种外部力量;③对管理和控制正式组织的各级经理人员的职能予以分析。应当着重指出的是,巴纳德在20世纪30年代末期提出的关于一个组织的生存和发展有赖于组织内部平衡和外部适应的思想是具有独创性的远见卓识。

巴纳德指出,一个协作系统是由许多个人组成的。但个人只有在一定的相互作用的社会关系之下,同其他人协作才能发挥作用。个人对于是否参加某一协作系统(即组织)可以作出选择。他们的这种选择是以个人的目标、愿望、推动力为依据的。这些就是"动机"。而组织则通过其影响和控制的职能来协调和改变个人的行为和动机。但是,这种协调和改变并不总是能够获得成功,组织和个人的目标也不一定总是能够得到实现。

由于个人目标和组织目标的不一致,巴纳德提出了"效力"和"效率"这两条原则。他认为,每一个正式的组织都有一个既定的目标。当这个组织系统协作得很成功时,它的目标就能够实现。这时,这个协作系统是有"效力"的。反之,如果这个组织的目标没有实现,其协作系统一定存在毛病,行将崩溃或瓦解。所以,系统的"效力"是系统存在的必要条件。至于系统的"效率"是指系统成员个人目标的满足程度。协作"效率"则是个人效率综合作用的结果。如果一个系统是无效率的,它就不可能是有效力的,因而也就不可能存在。这样,巴纳德就把正式组织的要求同个人的需要结合起来了。这个理论被西方管理学者誉为管理科学思想上的一个重大突破,至今仍为许多人所信奉。

1. 经理人员的作用

巴纳德认为,经理人员的作用就是在一个正式组织中充任系统运转的中心,并对组织成员的活动进行协调,指导组织的运转,实现组织的目标。据此,他认为经理人员的主要职能有以下三个方面。

(1) 建立和维持一个信息交流畅通的系统。

为此,经理人员必须规定组织的任务,阐明权力和责任的界限,并考虑到信息联络的正式手段和非正式手段两个方面。非正式手段信息交流可以提出和讨论问题,而不必做出决定和加重经理人员的工作,可以使不利影响减低到最小程度并强化符合组织目标的有利影响,所以有助于维持组织的运转。

(2) 从组织成员那里获得必要的服务。

这主要包括:招募和选拔能最好地作出贡献并协调地进行工作的人员,以及采用巴纳德称为"维持"的各种手段,如"士气"的维持,诱因的维持,监督、控制、检查、教育、训练等因素的维持,以此来维护协作系统的生命力。

(3) 规定组织的目标。

除了前面的论述以外,巴纳德把决策和授权的职能也包括了进来。授权是一种决策,这种决策包括所追求的目标和达到这些目标的手段两者在内。其结果是在协作系统内部对各种不同的权力和责任加以安排,以使组织的成员知道他们怎样为所追求的目标作出贡献。至于决策本身则包括两个方面:分析和综合。分析是寻找能使组织目标得以实现的战略因素,而综合则是认识到组织成为一个完整系统的各个要素或部分之间的相互关系。

巴纳德认为,管理的艺术就是把内部平衡和外部适应和谐地综合起来。各级组织都是社会这个大协作系统的某个部分和方面,每一个组织必须符合一定条件才能生存。

巴纳德详细论述了经理人员的权威问题。他强调指出,经理人员作为企业组织的领导核心,必须具有权威。什么是权威?他认为,权威存在于组织之中。换句话说,权威是存在于正式组织内部的一种"秩序",一种信息交流的对话系统。如果经理人员发出的指示得到执行,在执行人的身上就体现了权威的建立,违抗指示则说明他否定这种权威。据此,指示是否具有权威性,检验的标准是接受指示的人,而不是发布指示的经理人员。一些人失败,因为他们不能在组织内部建立起这种体现权威的"秩序"。当多数人感到指示不利于或有悖于他们的个人利益,从而撤回他们的支持时,权威也就不存在了。巴纳德分析了个人承认指示的权威性并乐于接受指示所必须具备的四个条件:第一,他能够并真正理解指示;第二,在他作出接受指示的决定时,他相信该指示与组织的宗旨是一致的;第三,他认为指示同他的个人利益是不矛盾的;第四,他在体力上和精神上是胜任的。

2. 上级指示的效率

巴纳德又对上级指示的效率作了如下阐述。

第一,无法被人理解的指示不可能具有权威性。例如,发布的指示语言晦涩,令人费解,或者只罗列一些空洞的原则,连发布指示的人自身都难以做到。在这种情况下,执行人对待指示的态度是可想而知的:或是不予理睬,或是敷衍塞责,应付差事。许多情况在发布指示时预见不到,作为弥补,就需要在贯彻过程中作出补充和修正。组织行政工作的重要任务在于结合具体实际,保证指示的执行。

第二,如果执行人认为指示同组织的宗旨不相符合,指示也难以得到执行。最常见的例子是许多指示自相矛盾,使人无所适从,难以执行。对这类指示,聪明人就采取阳奉阴违的态度。所有有经验的经理人员都懂得,当实际情况要求发布一项看来同组织宗旨不相符合的指示时,应该采取必要的措施,作出补救性的解释和说明,力求使得这种不相符合的情况显得并不存在。否则,这类指示很可能得不到执行,或执行得不好。

第三,如果一项指示被认为会损害作为组织一员的个人利益,下面就缺乏执行的积极性,而这种积极性正是使任何指示具有权威性的客观基础。在这种情况下,很可能出现不服从指示的现象。在日常生活中,许多人可能采取回避态度,假装生病或敷衍应付。也有人因此而自动辞职,离开组织。

第四,如果勉强一个无法完成指示任务的人去执行指示,结果只能是拒绝执行或敷衍了事。生活中常有这样的例子,要求一个人去从事他力所不能及的事情,即使这种要求同他的能力之间的距离只相差"一点点",但这"一点点"却是决定性的,这将影响他完成任务。有人会问:既然权威的决定因素存在于被领导者之中,怎么可能实现组织内部的协调一致和团结合作呢?回答是可能的。这是因为被领导者通常是在下列情况之下作出个人的决定:一是组织发布的命令符合上述四项条件;二是每个人都存在一个"中性区域",在这个区域的界限之内,乐于接受命令,而不大过问命令的权威性;三是大多数关心组织命运的人的态度会影响少数个人的态度,这有助于维护"中性区域"的稳定性。

3. 组织效率

巴纳德在这里对组织效率作了进一步的阐述。

(1) 对于经理人员来说,建立和维护威信的最重要原则是不要发布无法执行或得不到执行的命令。有经验的经理人员都懂得那样做只能导致权威的削弱,破坏纪律,影响士气。重要的是当你需要发布有可能难以接受的命令时,事先进行必要的说明和教育,采取必要的刺激积极性的措施,以防止出现有损权威的现象,确保命令得到执行。一些缺乏经验的基层经理人员由于不了解这一原则,结果导致他们领导下的组织出现混乱局面。有经验的经理人员有时候由于失去自制力或滥用职权,也会发生类似问题,这就是常说的"滥用权威"。

(2) "中性区域"这个词也可以作如下解释:如果把所有的命令按接受人可能接受的程度排队,可以想象其中有第一部分是明显不能接受的,也就是说,不会被服从的命令;第二部分多少处于中间状态,即可能被接受,也可能不被接受;第三部分则是毫无疑问地会被接受的。这最后一类就是属于所谓的"中性区域"。接受人采取一种无所谓的态度对待这一类命令,而不过问命令的权威性问题。

"中性区域"的范围可大可小,取决于对个人的利诱和物质刺激超过他所做出的努力和牺牲的程度。因此,一味要求个人作出贡献,而不考虑给予相应的报酬,最终会使乐于接受命令的范围越来越小。

(3) 组织的有效性取决于个人接受命令的程度。因此,不服从组织的指示,否定组织的权威,对所有与这个组织休戚相关的其他人来说实际上构成一种威胁,除非他们也认为这种指示是不能接受的。在特定的时间内,多数人对属于"中性区域"范畴的命令乐于接受,以维护组织的权威。这种多数人的意志是无形的,这就是人们常说的"舆论"、"组织意愿"、"群众情绪"、"集体态度",等等。这种多数意志有助于产生一种幻觉,似乎权威是来自上面。这种幻觉又有助于鼓励个人接受上司的命令,而不使他们感到这样做是出于卑躬屈膝,或害怕脱离群众。

巴纳德指出,以上所谈论的仅仅是权威的主观性质方面,这当然是重要的,但经理人员更关心的还是权威的客观性质方面,即他的指示得到执行和被服从的实际情况。"上级"本身并不就等于权威。严格地说,只有当"上级"能代表组织的意志或组织的行动时才具有权威。这就是我们常说的,只有当一个人作为正式组织的(官方)"代表"进行活动的时候,他才具有权威并能发挥相应的作用。这一原则在法律的、特别在世俗的和宗教的实践中是众所周知的。这就是前面所说的"权威存在于组织之中"。一个组织发布的指令只对本组织的成员发生效用,对于组织以外的人毫无作用。就像一个国家的法律只对本国公民具有效力一样。对其他国家的公民来说,这些法律是毫无意义的(特殊情况例外)。

一项由权力中心发布的指令具有权威的性质,反之则无。这种权威与身处权力中心的个人的能力关系不大。一个人可能本身能力有限,但由于处在"上级"的地位,他的意志自然地得到重视和贯彻,这就是"职位权威"。另有一些人很有才能,他们的学识和能力深受人们尊敬,虽然他们在组织内部并不居于高位,但大家乐于听从他们的意见,这就是"领袖权威"。当"职位权威"和"领袖权威"合二为一的时候,就会在组织内部产生巨大的信任感,包括处在"中性区域"以外的群众也乐于接受组织的指示,这样就能建立起真正的权威。

但是,说到底,权威最终决定于个人。如果上述"职位权威"一旦暴露出无能,无视客观条件而滥发指令,或者"领袖权威"忽视群众的意愿,权威就会丧失。所以,要维护这种权威,身处领导地位的人必须随时掌握准确的信息,作出正确的判断。当然,生活中常有这样的情况:一些人具有广博的知识、远见和能力,又能审时度势,作出正确的判断,虽然他们并不处于经理人员的领导岗位上,但他们提出的意见经常被采纳或运用,这些人具有影响力,而不具有权威。在通常的情况下,提出指导组织行动的意见,应该是被赋予领导职位的人的责任。领导者学识和才能化作组织的具体行动,对于建立起组织的权威是至关重要的。也就是说,不担负相应的领导责任,就不可能具有相应的权威。

要建立和维护一种既能树立上级威信,又能争取广大"中性区域"群众的客观权威,关键在于能否在组织的内部建立起上情下达、下情上达的有效的信息交流沟通(对话)系统,这一系统既能保证上级及时掌握情况获得作为决策基础的准确信息,又能保证指令的顺利下达和执行。要做到这一点,各级处于领导岗位的经理人员必须具有相应的能力。身居高位而不具备这种才能,只能导致组织权威的削弱。强而有力的人员被不适当地放在下级的岗位上,同样会导致类似的削弱权威的情况。

由此可见,权威的树立既有赖于组织内部成员的合作态度,更有赖于组织内部能否建立起行之有效的信息交流沟通(对话)系统。没有这样一种系统,组织成员的支持和合作是不可能持久的。如果这样一种系统运转不灵,前后矛盾,错误百出,使组织内部成员无所适从,那么,不要多久,对组织最忠诚的人也会挂冠离去。因此,这样一种信息交流(对话)系统的建立和维护,是一个组织存在与发展的首要条件,其后才谈得上组织的有效性和高效率,这些都是一个组织存在的基本因素。用技术的语言来说,上述这种信息交流(对话)系统,叫做"权威的脉络"。

4. 决定信息交流(对话)系统的主要因素

巴纳德进一步就决定信息交流(对话)系统的主要因素进行了探讨。他认为:

首先，应该明确地宣布这种信息交流沟通（对话）渠道，做到人人知晓。换句话说，应该尽可能明确地建立起"权威的脉络"。做到这一点的办法有：及时公布官方的一切任命；明确个人的岗位责任；明确宣布组织机构的设置和调整；进行说服教育；等等。

其次，客观权威要求把组织内部的每一个人都置于这种信息交流（对话）系统之中，无一例外。换言之，"每个人必须向某个人作出报告"（这是组成信息交流系统的一个方面），"每个人必须在某个人的领导之下"（这是组成信息交流系统的另一个方面），缺一不可。也就是说，在组织内部，必须建立起个人与组织之间的明确关系。

再次，这种信息交流（对话）的路线越直接，层次越少，距离和时间越短就越好。这就是说，所有指令（书面的或口头的）应该见诸文字，内容简明扼要，避免任何误会。为保证指令在传达过程中不走样，应当减少层次。组织内部层次越少，指令下达越直接、越快，差错也就越少。层次问题的重要性是显而易见的，我们看到，一些全国性的复杂组织，其层次并不比一般性组织多多少。一家一两百人的机构，在内部组织上也要分三四个层次。而一支几百万人的军队，它的层次并不超过十一个：即总统（总司令），国防部部长，上将，少将，准将，上校，少校，上尉，少尉，军士，士兵。拥有30万名职工的美国贝尔电话公司，只分八至十个层次。在宗教系统中，天主教以机构精干而层次又少著称于世。

第四，应当注意信息交流（对话）系统的完整性。组织首脑指令要确保做到逐级传达，人人皆知，防止"串线"或越级现象的发生。

第五，组织的首脑机关或总部的工作人员必须胜任。组织越大，首脑机关越集中，对工作人员的要求也越高，特别是要具有应变的广泛能力。这是因为，首脑机关的首要任务是把收到的有关外部条件、业务进度、成功、失败、困难、危机的大量信息，经过综合分析和研究，演变为组织新的业务活动指令和部署。这就要求其工作人员不但熟练地掌握各种现代化的技术手段，而且具有广泛的应变能力，才能做到及时地掌握本组织系统各级单位的业务活动情况，正确分析组织的外部环境和条件，制定出符合组织宗旨的新的活动方针。此外，还要善于及时地发现已经发出的指令，哪些符合客观实际，因而具有权威性，可以执行下去；哪些与实际不相符合，应予撤销。

在现代的条件下，一个人的能力再大，也难以适应大型现代化组织首脑机关的全部工作要求。一个人的时间和精力毕竟是有限的，同时也不可能掌握多种专业知识和复杂的技术手段，所以，首脑机关组成人员至关重要。一般地说，在一个大型组织内，经理（指挥员）之外都配备有副手，或称高级职员、特别助理，这些人组成执行机构。在这个执行机构中，只有经理一人享有职位权威。一些较为技术性的事务则分配给总部的各个职能业务部门去处理，这些业务部门实际上是独当一面的，它们直接参与首脑机关的活动。在多数情况下，它们首先接触从各种渠道汇集起来的信息，提出作为决策依据的建议或报告。从这个意义上说，它们也是经理的顾问和助手。

在许多情况下,首脑机关的经理并不是一个人,而是一个董事会、理事会或委员会。许多大型组织或企业集团(教会或某些特殊职能的政府部门除外)的最高决策层都是由经理人员组成的集体领导机构。

第六,应确保信息交流(对话)系统在组织运行过程中不出现中断或停顿现象。许多组织(工厂、商店)都是间歇性或周期性进行工作,晚间、星期日、节假日中断活动。但军队、警察、铁路、电信等部门,则从不中断活动。一个大型企业集团在进行活动时,应确保其"权威的脉络"畅通无阻,永不间断。世界上许多国家都很重视接班人的顺序安排,多数大型组织和企业集团也都有在主要负责人无法工作或不在职位期间临时选择负责人的明文规定。所有这一切,充分说明组织权威的非个人性质。这里强调的重点是确保首脑机关的不间断运行。这倒不是担心一旦指挥中断,信息无人处理。而是为了防止发生"政出多门"的现象,一个大型组织或企业集团,在主要负责人空缺而又不为人们知悉的情况下,可以在一段时期内照常运转,而不至于发生重大的问题。但是这种状况是不能持久的,一旦知悉,就可能出现"群龙无首"、"政出多门"的现象,甚至导致组织的分崩离析。

第七,最后一点,每一项指令必须具有相应的权威性。也就是说,发布指令的人必须是享有"职位权威"的人,其所发布的指令应该符合他的身份和地位,即在他的职权范围之内。这一点非常重要,必须做到人人皆知。授职仪式、就职典礼、宣誓就职、发布任命书、大会或适当场合公开介绍,等等,都是达到上述目的的普遍做法。有时候,为了达到某种预期的效果,在就职仪式上大事铺张,郑重其事,使人印象深刻。所有这一切都是为了在组织内部明确地树立起权威的形象,加强组织的使命感和团结观念。这种做法在宗教界和政界都有惯例可循,在企业界也是行之有效的。

上述各项原则,对于大型组织(企业集团)建立客观权威至关重要。至于大型组织的下属机构,情况就要简单得多。因为在下属机构里,信息交流(对话)系统直接,"权威的脉络"分明,这里最重要的因素恐怕是本单位经理人员的个人能力,信息交流(对话)系统的重要性相对地小一些。

二、巴纳德关于领导工作的思想

(一) 构成领导行为的四要素

领导者实行领导。领导意味着行动。那么,一个领导者应该怎样去行动呢?巴纳德概括地提出了四条:确定目标;运用手段;控制组织;进行协调。他强调指出,这四条是不可分割的有机整体。

1. 确定组织的任务目标

巴纳德认为,领导者的重要责任是根据组织的宗旨或总的任务确定自己的行动目标,知道该干什么,不该干什么,向哪里求发展。一个好的领导者不应该是一个唱独角戏的演员,而应该是一个乐团的指挥。他在实行领导时,应该表现"大智若愚",善于倾听各方面的意见,从中汲取营养。许多领导者的主意实际上是听来的,而不是他自己想出来的。但是,一旦确定目标,付诸行动,他应该独断专行,坚持到底。这件事说起来容易做起来难,它不但要求领导者有知人之明,相信谁、依靠谁,在听取意见时善于分析,做到去粗取精,去伪存真,而且还要善于在行动中正确选择和把握时机。所以,一个人在某一领域是好的领导者,在另一个领域不一定也是好的领导者。我们不能要求他在任何情况下和在所有领域都是同样好的领导者。

2. 运用手段

巴纳德指出,随着科学技术的发展,要求领导懂技术,具有专业知识,已成为流行的风尚,其重要性与日俱增。但与此同时,这也带来了新的问题:当大家把注意力放在技术和专业知识上面时,往往忽视了为人处世、待人接物、组织领导能力等这样一些领导者所必须具备的基本品质。现在,适合担任综合性全面领导工作的人才越来越缺乏,已成为我们时代的一个突出问题。

3. 协调与控制组织

领导的责任之一在于协调行动。没有领导,很难有协调和合作。领导意味着协调。协调的行动构成组织。对于领导者来说,组织是行动的媒介,而且是不可或缺的媒介。许多人常常因重视技术性问题而忽视组织的重要性。巴纳德认为,一个领导者上台伊始,就应把主要精力放在维护和指导组织上,把它作为自己全部活动的基础。许多人不了解这一点,他们把精力放在设备、机构、技术和抽象的规章制度(制定公司章程)问题方面。迄今,许多领导人只是根据直觉和经验狭义地去理解组织,而对于作为协调行动的媒介的组织及其重要作用、局限性和运动规律,则知之甚少。

4. 进行协同与激励

口头上说该做些什么是一回事,实际上能否做到是另一回事。领导者的责任之一在于把潜在的可能变为实在的行动。换句话说,即如何引导被领导者,把他们的聪明才智变成协调一致的行动,同心同德,完成任务。从广义上说,这实际上是一种说服工作。进行说服的方法是多种多样的:领导以身作则,树立榜样;遇事冷静,激励下级的信任感;关键时刻指挥若定;还有热情鼓动、安抚、夸奖;用名誉、地位、金钱作为工具,实行物质和非物质刺激,乃至进行威胁,运用强迫手段。至于采取什么方式比较有效,答案是:因人因事而异。

(二)关于领导的条件问题

领导人的条件也是因事、因时、因地而异。这里只谈两种情况下领导人应具备的条件:一种是平时,一种是紧急关头(关键时刻)。在平时,对领导人的要求是冷静、审慎、深思熟虑、瞻前顾后,讲究工作的方式方法。但在平时的条件下,领导人应付紧急情况的能力和品质是看不见的,这是一个困难。紧急关头指的是发生重大危机,前途未卜,生命存亡之际,情况瞬息万变,要求当机立断。这不仅要求领导人有极大的勇气,多谋善断,富于独创精神,甚至还需要厚颜无耻,卑躬屈膝。任何组织的行动,总会遇到这种或那种紧急情况,这就要求具有适应不同环境的广泛应变能力。在大海中航行,总会遇到大风大浪。在军事生涯和政治生活中,也不会一帆风顺。领导者必须具有极大的韧性和弹性,刚柔兼备,才能运用自如。

(三)关于领导人的品质问题

巴纳德认为,环境和组织对领导人影响极大,但领导人的个人品质毕竟是第一位的、决定性的。他提出作为领导人应该具备的基本品质是:①活力和忍耐力;②当机立断;③循循善诱;④责任心;⑤智力。

1. 活力和忍耐力

这是领导者应具备的基本品质。活力和忍耐力不应同身体健康混为一谈,许多人身体健康,但缺少活力——充沛的精力,机警的头脑,能动精神——或忍耐力。反之,有的人健康不佳,甚至疾病缠身,却有惊人的活力和忍耐力。活力和忍耐力之所以成为领导人必备的重要品质,其理由是显而易见的:第一,这种品质有助于获得难能可贵的经验和知识。第二,活力是产生个人魅力不可或缺的因素。墨索里尼致法西斯敬礼时表现的巨大热情,希特勒富有煽动性的激烈演说,西奥多·罗斯福总统的艰苦奋斗精神,以及富兰克林·罗斯福总统在竞选活动中所表现出的巨大毅力,都曾对公众产生极大的吸引力和影响。第三,领导人有时需要长时间地连续工作,经历紧张的时刻。缺少活力和忍耐力将意味着领导的中断。

2. 当机立断

做出决定的能力是领导的重要因素。决断有时被看作是不恰当地使用权威,甚至与滥用权威相提并论,这是错误的。领导需要及时作出正确的决断。犹豫不决,丧失时机,一环失灵,会影响更重要的决策过程,会使整个组织的行动归于失败。

3. 循循善诱

要说服人首先要有了解人的本事。这包括理解别人的思想观点,设身处地考虑别人的利益和有关情况。作为领导,如果缺乏这种素质,他身上的其他优点和特点也就很难得到充分的发挥。

4. 责任心

责任心是领导人应具有的基本的、重要的品质。领导人是否具有强烈的责任心,对被领导者的影响极大。马马虎虎、反复无常、不负责任的人很少能取得成功。

5. 智力

巴纳德有意识地把智力放在领导诸因素中的第五位,列在活力和忍耐力、当机立断、循循善诱和责任心之后,这是因为许多重要品质,如精力充沛、当机立断的能力、强烈的责任感和使命感,都属于非智力和下意识的范畴。领导人对自己是否具有这些品质也不很清楚,正如一个人听不见自己说话的声音,看不见自己脸部的表情一样。但是,作为好的领导人,对于自己身上的这种品质又必须要有强烈的自我意识,这样才能充分地发挥这些优点和特点。

但是,这绝不是说智能不重要。当一个人已经具备充任领导的其他条件时,他的智能高低就显得重要了,特别是在现代技术条件下。可以预见,未来的领导人必须是在智能上胜任的人。

尽管如此,智能绝不能代替领导者的其他品质。我们不应该忽视智能的局限性。许多人智能超群,但作为领导人却很不称职。这样的例子在生活中也屡见不鲜。这些人处在领导岗位上时,常常表现不负责任(心不在焉、不遵守时间),优柔寡断(过分小心、面面俱到、下不了决心),不会说服人(脾气古怪、不合群),等等。

目前,社会上存在两种倾向,一种是在决定领导人选时,上级部门过分强调智能;一种是被领导者(特别是知识分子集中的单位)对领导人的智能提出过高的要求。他们(专家教授们)很难追随一些不具有超乎寻常的能力的领导人。上述两种倾向都使选拔领导人的工作困难重重,也使一些人怕做领导工作,影响他们有效地发挥自己的领导才能。知识分子出身的领导人还往往低估工人的智能和重要品质,他们习惯于抱怨下级人员缺乏头脑,而不检查自己指挥失当。凡此种种,只能造成上下隔阂,影响团结,诱发内部矛盾,导致组织涣散。

总之,关于领导人应具有什么样的品质问题,无论是在科学上,还是在实际生活中,都没有人作出过清楚的阐述。举例来说,关于"当机立断"的品质,无论是心理学、逻辑学、社会学或经济学,都很少有这方面的论述。我们在日常生活中评价一个人时,也很少提到他们的决策能力,尽管人人都知道决策的重要性。因为凡事总要作出决定,不是正确的决定,就是错误的决定。有些决定不仅对于我们自己,我们的企业,而且对于我们的国家,关系至为重大。

(四)领导人的培养和训练

巴纳德认为,尽管存在种种困难,还是迫切需要通过现行教育体制和大企业的活动积极培养能担任领导职务的人才。他从以下三方面进行了论述。

1. 培训

可以通过培训增强的领导条件主要是知识方面的条件,包括一般性和专业性的知识。这种知识对在技术领域进行有效的领导是必不可少的;对实行目标控制的大企业的领导也是重要的。但是,单纯的知识训练远远不够。如前所述,智能还有它消极的一面。重视研究和抽象思维的人往往不长于当机立断。一些人习惯"本本主义",墨守成规,不敢想更不敢做前人从未做过的事情,他们缺少开拓精神。

当前社会的倾向是，各行各业（体育和艺术除外）过分重视知识，轻视技能，实际上，许多科学家、教师、律师、医生、建筑师、工程师的杰出成就主要不应归功于他们的知识，而应归功于他们的技能，也就是经验。

单纯智力训练也无法加强社会生活经验和为人处世的能力。领导者除非能吸引众多的被领导者，带领他们前进，否则将一事无成。而要做到这一点，他绝不能把被领导者仅仅看作是技师、职员、工人——一句话——组织的成员，而必须设身处地为他们着想，把他们看作是有七情六欲的普通人，同社会有千丝万缕联系的人。而恰恰在这方面，我们许多领导人一无所知。

2. 平衡感和洞察力

就目前而言，作为领导所需要的平衡感和洞察力，只有从领导工作的实践中才能获得。

3. 经验

经验不是重复。如果什么事也没有发生，那么经验也就无从谈起。重要的经验都是人在适应客观变化的现实中积累起来的。

（五）领导人的选拔

领导人是否胜任，或者说他能否取得成功，关键要看他得到被领导者拥护的程度。从这个意义上说，领导人的选择实际上取决于两种授权机制——官方或正式（上级）的和非官方或非正式（下级）的。代表上级的官方授权称为"任命"（或"免职"）；代表下级的非官方授权称为"接受"（或"拒绝"）。这两者之中，后者是决定性的，它表明了被领导者的态度。

许多人只关心和重视上级的任命或罢免，把维护官方的权威看作是维护组织团结和合作的关键因素，这是荒谬的。事实一再说明，这样看问题是错误的。难道我们在选拔领导人工作中经常遇到的首要问题不就是"他能否领导"和"群众能否接受他的领导"吗？如果我们承认这一点，那么，任命不当难道不会使我们上级机关威信扫地吗？显然，一旦选拔错误，任命不当，被领导者不接受领导者的领导，摆在我们面前的唯一出路是改变任命，而不是撤换所有被领导者。

巴纳德还谈到选拔工作中的一些具体问题。选拔领导人时，必然会涉及一些不符合条件的因素，如健康不佳，缺乏决断力，责任心不强，智力平平，等等。概括而言，就是"实绩不足"。这里指的是"缺乏成功的实绩"。实际上，选择中最重要的条件正是候选人过去的工作表现，这一条应该是全部选拔工作的基础。30多年前，当时担任美国电话电报公司董事长的西奥多·奈尔——他是那个时代的一位杰出的领导者和组织者——曾对巴纳德说过这样一句话，"根据个人的过去，你很难预见他将来会干些什么，但这是你判断这个人的唯一依据"。至今巴纳德仍认为他是正确的。

构成领导的三要素是：①领导者（个人）；②被领导者（追随者）；③客观条件。三者缺一不可。而三者的情况是不断变化的。因此,领导人表现不佳不一定是选拔错误的结果。当然,一旦发现某个领导人不能胜任,不及时撤换就会影响工作和组织的发展,特别是在军队性质的组织里,情况更是如此。但是,撤换领导人有时是一个很敏感的问题,宜十分慎重。

随着社会的发展和技术的进步,未来对领导人提出了更高的要求。作为新时代的领导人,应该是现实主义者,充分认识到行动的重要性,即使是在难以预测结果的情况下,也能坚持不懈。与此同时,领导人又应该是理想主义者,能够在更广阔的视野上,向既定目标顽强地开拓前进,即使这一目标需要几代人的持续努力,也要全力以赴。许多领导人在到达权力顶峰的时候,任期已行将届满,虽然他们不可能亲眼目睹自己为之终生奋斗的事业取得最后的成功,可是他们仍然奋勇前进。

本章小结

梅奥霍桑实验的结论是:①工人是"社会人",是复杂的社会系统的成员;②企业中除了"正式组织"之外,还存在着"非正式组织";③新型的领导能力表现在通过提高职工的满足度激励职工的"士气",从而达到提高劳动生产率的目的。梅奥认为,现代文明要求工业化的水平越高,社会的组织程度也越高。但实际的情况正好相反,在现代社会里,不断增加生活不幸的个人人数和十分低下的社会组织水平(不如工业化前)构成了社会不稳定的两大因素,劳资关系对立,社会集团矛盾尖锐,导致大规模的公开对抗。现代工业文明尽管在物质和技术方面取得了巨大的成就,作为协作制度,它却是完全失败的。我们的经济学依然没有摆脱"群氓"概念的束缚,我们的政治学依然视社会为极权国家统治下的一群群处于无组织状态的个人。仅仅有民主的形式是不够的,只有发展和完善协调的社会技巧,才能赋予形式以生动的内容。要确保技术和物质的进步,社会人际关系的和谐与协调是必不可少的。

马斯洛的人类需求层次理论:生理上的需要、安全上的需要、感情和归属上的需要、地位或受人尊敬的需要、自我实现的需要。

巴纳德对组织下的定义是:组织是一个协作的系统。巴纳德在20世纪30年代末期提出了关于一个组织的生存和发展有赖于组织内部平衡和外部适应的思想。巴纳德提出了"效力"和"效率"这两条原则。他认为经理人员的主要职能有以下:建立和维持一个信息交流畅通的系统,从组织成员那里获得必要的服务,规定组织的目标。巴纳德认为,管理的艺术就是把内部平衡和外部适应和谐地综合起来。巴纳德概括地提出领导工作:确定目标;运用手段;控制组织;进行协调。领导人应该具备的基本品质是:①活力和忍耐力;②当机立断;③循循善诱;④责任心;⑤智力。构成领导的三要素是:①领导者(个人);②被领导者(追随者);③客观条件。

思考讨论题

1. 思考霍桑实验结论的意义是什么。
2. 评价梅奥关于美国当时人际关系的论述。
3. 认识我国现阶段社会上、企业内人际关系的状况。
4. 讨论马斯洛需求层次理论的内容并评价之。
5. 认识巴纳德关于经理职能的工作内容。
6. 思考巴纳德关于领导理论的基本内容。

第十四章 20世纪50年代西方的管理思想

进入20世纪50年代,全世界都在进行战后重建与经济恢复。此时的美国经济,已经在世界上处于强势主导地位,美元炙手可热,美国生产模式、管理思想伴随美元走向世界。在这样一个大背景下,企业管理思想又有了新发展。在此介绍目标管理、人性理论和数学家们的管理思想。

彼得·杜拉克(Peter F. Drucker),又译德鲁克,他是原籍奥地利的美国著名管理学家,是经验主义学派的代表人物。他是现代管理学大师,他在20世纪50年代提出目标管理思想,被认为是管理思想上的一个突出贡献。

麦格雷戈从社会学、心理学的角度出发,归纳总结提出了关于人性假设的"X理论"与"Y理论",洛希进一步发展提出了"超Y理论"。

数学学派,又叫管理科学学派,主要是数学家们将数学工具应用于企业管理中,去解决企业管理中的一系列问题。数学家们的管理思想就是:企业管理的大量问题,都可以转化成数学问题,然后应用数学模型求出最优解。正是数学家们运用数学的方法,使管理学走向定量化、精确化、成熟化。

第一节 杜拉克的目标管理思想

一、目标管理被称为是"管理中的管理"

不知道究竟谁是目标管理的创始人,但彼得·杜拉克被公认为是对目标管理的发展和系统化作出了重大贡献的杰出人士之一。

1954年,杜拉克在《管理实践》一书中首先提出了一个具有划时代意义的概念——目标管理(Management By Objectives, MBO),它是杜拉克所提出的最重要、最有影响的概念之一,并已成为当代管理体系的重要组成部分。

杜拉克认为,任何企业必须形成一个真正的整体。企业每个成员所作的贡献虽然各不相同,但是,他们都必须为着一个共同的目标而奋斗。他们的努力必须全都指向同一方向。他们的贡献都必须融为一体。从而产生一种整体的业绩——没有隔阂、冲突、不必要的重复劳动。

目标管理主要以泰勒的科学管理和行为科学理论（特别是其中的参与管理）为基础，到20世纪80年代已发展为比较成熟的一套管理制度。其基本内容是：让组织的主管人员和员工亲自参加目标的制定，并让他们靠自己的积极性去完成，在工作中实行"自我控制"。目标管理是管理者通过"目标"来管理部下，而不是用"手段"或"控制"来管理部下。

实施这种制度，可以使员工亲自参与工作目标的制定，并努力完成工作目标，从而实现"自我控制"。而对于员工的工作成果，由于有明确的目标作为考核标准，从而对员工的评价和奖励显得更客观、更合理，因此在很大程度上激发了员工为完成组织目标而努力的积极性。

目标管理提出不久，便在美国得到了迅速传播。当时正值"二战"后西方经济逐步由恢复转向迅速发展时期，企业亟须通过采用新的管理方法来提高劳动生产率和产品的竞争能力。目标管理的出现随即得到了广泛应用，继美国之后，日本、西欧国家的企业也陆续采用了这种管理方法，惠普公司便是最早推行这种管理方式并从中受益的跨国公司之一。

由于特别适合于对主管人员的管理，目标管理又被称为"管理中的管理"。如果目标管理运用得当，企业的经营、管理就会一步一个新台阶。

二、目标管理思想是管理史上的重大贡献

目标是在一定时期（通常为一年）内组织活动的预期成果，是组织使命在一定时期内的具体化，也是有效衡量组织活动的一个明确标准。

由于组织活动是个体活动的有机叠加，所以各个员工、各个部门首先对组织目标作出一定的贡献，是组织目标实现的前提。因此，如何使全体员工、各个部门能积极主动，设法为组织的总目标努力工作，是管理活动有效性的关键。

作为一种商业化的营利性组织，企业有着明确的经营理念和经营任务，而经营目标的实现有赖于公司全体成员的共同努力。然而，公司是由各个职能部门和作业单位构成的，员工因分工处在不同的岗位上，各自的努力程度、工作进度等可能会出现不一致。

那么，有什么方法可以保证公司上下各个部门、各个岗位在既定的时间内完成自己应该完成的工作，而这些工作综合起来恰好又是整个公司的经营目标呢？

多年的管理实践表明，有效的管理方式之一就是"目标管理"。

哈佛大学商学院的理查德·巴斯柯克认为，目标管理这一概念具有哥白尼"日心说"般的突破性效应："杜拉克注重管理行为的结果而非对管理行为的监控，这在管理史上是一个重大的贡献。因为它把管理的整个重点从工作努力——即输入，转移到生产率——即输出上来。"同时他认为，并不是有了工作才有目标，恰恰相反，是有了目标才能确定每个人的工作。所以企业的使命和任务，必须转化为目标，企业的各级主管必须通过这些

目标对下级进行领导,以此来达到企业的总目标。

如果一个组织没有特定的目标,则这个组织必定被忽视。如果没有方向一致的分目标来指导各级主管人员的工作,则企业规模越大,人员越多时,发生冲突和浪费的可能性就越大。

管理者应该通过目标对下级进行管理,当组织最高层管理者确定了组织目标后,必须对其进行有效分解,转变成各个部门以及各个员工的分目标。管理者根据分目标的完成情况对下级进行考评和奖惩。企业的运作要求各项工作都必须以整个企业的目标为导向,尤其是每个管理人员必须注重企业整体的成果,每个人的成果是由他对企业目标所作出的贡献来衡量的。管理者必须知道企业要求和期望于他的是些什么,否则,他们可能会迷失方向,徒劳无功。

三、目标管理思想的特点

目标管理的具体形式虽然各种各样,但其基本内容是一样的,即都是一种程序或过程。这种管理方法可以使组织中的上级和下级一起协商,根据组织的发展目标确定一定时期内组织的整体行动计划。由此决定上、下级的责任和分目标,并将这些目标作为组织经营、评估和奖励每个单位和个人的标准。

总体上看,目标管理的指导思想是以 Y 理论为基础的。这种理论认为在目标明确的条件下,人们能够对自己的行为负责。与传统管理方式相比目标管理具有以下鲜明的特点。

1. 目标管理是参与管理的一种形式

目标的实现者同时也是目标的制定者,即由上级与下级在一起共同确定目标。首先确定总目标,然后对总目标进行分解,逐级展开,通过上下协商,制定出企业各部门、各车间,直至每个员工的具体目标。用总目标指导分目标,用分目标保证总目标,形成一个"目标——控制"链。

2. 重视人的因素

目标管理是强调民主的管理方法,同时还是一种把个人需求与组织目标结合起来的管理制度。实施这种方法时,要求上级与下级建立起平等、尊重、依赖、相互支持的新型关系,各级人员在承诺目标或被授权之后是自主、自觉和自治的。

3. 强调"自我控制"

大力倡导目标管理的杜拉克认为,员工是愿意负责的,是愿意在工作中发挥自己的聪明才智和创造性的。如果我们控制的对象是一个社会组织中的"人",则我们应"控制"的必须是他们行为的动机,而不应当是其行为本身,也就是说必须通过对动机的控制来实现对行为的控制。

目标管理的主旨在于,用"自我控制的管理"代替"压制性的管理",它使各级管理人员能够控制自己的行为。这种自我控制可以成为他们更强劲的动力,推动他们尽最大努力把工作做好,而不仅仅是"应付"就行了。当管理目标将客观的需要转化成为个人的目标时,人们可以通过自我控制来达到目标,从而获得一种成就感。

4. 建立目标锁链与目标体系

将组织的整体目标按照目标管理专门设计的过程进行逐级分解,使之形成各单位、各员工的分目标,即从组织目标到经营单位目标、部门目标,直到个人目标。

在目标的分解过程中,首先严格明确各级人员的权、责、利关系,而且要做到相互对称。所有目标要方向一致,环环相扣,相互协调,形成一个有机的目标体系。为了保证整个组织总目标的完成,每个人员必须要完成自己的分目标。

5. 促使权力下放

集权和分权的矛盾是组织的基本矛盾,唯恐失去控制权是阻碍大胆授权的主要原因之一。推行目标管理有助于协调这种矛盾,促使权力下放,也有助于在保持有效控制的前提下,把局面搞得更活一些。

6. 树立成果第一的思想

采用传统的管理方法,往往容易根据印象、本人的思想观念和对某些问题的态度等定性因素来评价员工的表现。实行目标管理后,由于有了一套完善的目标考核体系,从而能够按其实际贡献大小如实地评价每一位员工。

目标管理以制定目标为起点,以对目标完成情况的考核为终点。工作成果是评定目标完成情况的标准,也是人员考核和奖惩的依据,同时还是评价管理工作绩效的唯一标志。至于完成目标的具体步骤、途径和方法,上级则不宜过多干预。因此,在目标管理体系中,监督不占有支配地位,而特别注重对目标实现能力的控制。

四、目标管理的实施

实行目标管理,首先要建立一套完整的目标体系。这项工作总是从企业的最高部门开始,然后由上而下地逐级确定目标。上、下级目标之间通常是一种"目的——控制"的关系,某一级的目标需要就成为对下一级的控制手段,按级顺推下去,直到作业层的作业目标,从而构成一种锁链式的目标控制体系。

建立一套完整的目标体系是目标管理最重要的阶段,它可以细分为四个步骤。

1. 高层管理预定组织的任务目标

这个目标既可以由上级提出,再与下级讨论,也可以由下级提出,由上级审批。无论采用哪种方式,必须经由共同商量决定。同时它还是一个暂时的、可以改变的目标预案。领导必须根据企业的使命和发展战略,正确评价客观环境可能带来的机会和挑战,还要对本企业的优劣势有一个清醒的认识,以便对组织应完成的目标有一个整体的把握。

2. 明确组织结构和职责分工

在目标管理中,要求每一个分目标都要有明确的责任主体。因此设定目标之后,就需要重新认识现有组织结构,并根据目标体系要求进行调整。

3. 明确下级的目标

首先要向下级明确组织的远景规划和发展目标,随后再确定下级的分目标。在讨论中,上级要尊重下级,耐心倾听下级意见,指导他们制定一致性和支持性目标。分目标尽量做到具体化,同时还要分清轻重缓急,防止顾此失彼。制定的分目标既要有挑战性,同时又要有现实可操作性。员工和部门之间的分目标要和其他的分目标之间协调一致,从而更有利于组织整体目标的实现。

4. 上级和下级要达成一致意见

在分目标确定之后,要授予下级相应的一些资源配置权力,从而实现权、责、利的统一。在达成一致意见时,可以由下级写成书面协议,并编制目标记录卡片,由组织汇总所有资料后,绘制成组织的目标图。目标既定,主管人员就应放手把权力交给下级人员,而自己去抓重点的综合性管理。如果在明确了目标之后,作为上级主管人员还像从前那样事必躬亲,便违背了目标管理的宗旨,也就不能获得目标管理的效果。

目标管理强调结果,重视自主、自治和自觉。但这并不等于上级在确定目标后就可以撒手不管了。恰恰相反,由于形成了目标体系,任何一个环节的失误都可能牵动全局,因此管理者在目标实施过程中的管理是必不可少的。首先要通过双方经常接触的机会和信息反馈渠道进行不间断检查;其次要向下级说明进度,加强彼此间的互相协调;最后要积极帮助下级解决工作中出现的困难,当出现严重影响组织目标实现的意外、不可预测等事件时,必须采取一定的方法,修正原定目标。

对各级目标的完成情况,要事先规定期限,定期进行检查。检查的方法包括自检、互检和责成相关部门进行检查三种。达到预定的期限后,下级首先要进行自我评估,并提交书面报告,然后上、下级一起考核目标的完成情况,考核的依据主要是事先确定的目标。对于最终结果,应当根据目标进行评价,并根据评价结果进行奖罚。同时讨论并制定下一阶段的目标。如果目标没有按时完成,应分析其原因,并总结经验教训。

五、目标管理的哲学思想

管理者要想有所成就,除了了解自己的目标以外,还必须了解其他一些情况。同时,他必须能够根据目标来衡量自己的成果。在企业所有重要领域中,应该提出一些明确的衡量标准。这些衡量标准不一定是定量的,也不一定需要十分精确,但必须清楚、简单、合理。它们必须与工作有关,并能把人们的注意力和努力指向正确的方向。它们必须是可靠的——至少其误差界限是大家能接受的。

通用电气公司的实践表明,信息可以有效地用于自我控制。通用电气公司有一种专门的控制机制——流动审计员。这些审计员每年对公司的各个管理部门至少作一次全面的分析。但是,他们的分析报告还要反馈到这些部门,正是源于这种将信息用于自我控制,而不是用于上级对下级控制的做法,使得通用电气公司的经理人对公司产生了信心。与此对应,一家广告公司采取了与通用公司截然不同的做法。在这家公司中,一个审计科负责对公司的每一个管理部门进行审计,但是,审计的结果不是送往被审计的经理人,而是送给总经理。然后,这位总经理将经理人召来,向他们展示最终的审计结果。这种做法对经理人的士气有重要影响,这主要表现在这些管理者给予这个审计部门的绰号——"总经理的盖世太保"。的确,现在越来越多的经理人不是为了使本部门取得最佳的绩效,而是为了在审计部门审计时得到最佳的评价。

目标管理迫使经理人对自己提高要求。如果一个经理人从一开始就假设人们是软弱的、不愿承担责任的、懒惰的,那他就会得到一些软弱的、不愿承担责任的、懒惰的下属;如果一个经理人假设人们是坚强的、愿意承担责任的、愿意做出贡献的,他可能会遇到一些坚强的、愿意承担责任的、愿意做出贡献的人。所以,经理人的职责在于从一开始就假设人们——特别是管理人员和专业人员都是向往有所成就的。

目标管理的最大优点在于它使得一位经理人能控制自己的成就。即他们有一种要做得最好而不是敷衍了事的愿望。目标管理的主要特点之一,就是它使得我们能用自我控制的方法来代替由别人控制的管理,这就是目标管理的"哲学思想"。

六、目标管理的优、缺点

目标管理虽然在全世界产生了很大影响,但是在实施中若操作不当,也会产生许多问题。因此在应用前要能够客观地分析其优、劣势,尽量做到扬长避短。目标管理具有如下几个方面的优势。

(1) 鼓励员工个人制定既具有挑战性,又具可行性的目标。管理者通过目标管理可以提高员工们的工作积极性和效率,而且在目标实现后,能使员工产生成就感。

(2) 目标管理对组织内易于量化和分解的目标可以产生良好的效果。对于那些责、权、利明确,在技术上具有可行性的工作,目标管理常常可以产生明显的效果。

(3) 在目标的指导和限定下,员工能够自觉地承担自己的岗位责任,使工作做到有的放矢,一定程度上还能促使员工有意识地补充自身知识结构的缺陷,为职业发展做好进一步规划。

(4) 作为营利性的组织,企业关心的是具体的实效,因此根据员工个人取得的绩效进行考核是符合公司的总要求和总目标的。在整个公司系统内制定目标和绩效标准,通过经常性的考核,明确公司对每个人的要求,有助于促进计划的实现。

(5) 在许多没有实行目标管理的公司,高层管理者不明白下属在忙些什么,因而无法对公司的运作进行有效的规划,这在很大程度上影响了公司的经营业绩。实行目标管理后,通过层层分解目标,各级管理者特别是高层管理者不但知道自己应该做什么,而且也预先知道了下级要做的事情,从而能够正确地制订工作计划,也比较容易和下级进行沟通,对下级给予明确的指导,并对其上级做具体的汇报。

有了目标管理,部门和岗位的工作任务、完成任务的标准及时限等都实现了透明化,上级能够比较公正、准确地考核其下级的绩效,有利于人才的培养和员工工作积极性的调动,也有利于实现报酬分配的合理性。

虽然目标管理能够产生一定的功效,但是它的缺点也是明显的。管理层在制定政策和实施目标管理的过程中,必须充分认识目标管理的缺点,适时采取适当纠正措施,以保证目标管理的成效。目标管理的主要缺点如下。

(1) 恰当的目标难定。

因为目标是为未来而设,而未来又有许多不确定因素,因此往往很难设定切实可行的具体目标。显然,任何计划应包括预计达成的工作目标。如何设定达成的目标,在实施目标管理的最初阶段是特别困难的。人们往往易于设定过高的目标或长远的目标,但在制定短期工作目标时却很困难。

(2) 目标设定可能增加管理成本。

目标设定需要上下沟通、统一思想,这都是很费时间的。在实现目标的过程中,每个单位、每个人都关注自身目标的完成,往往忽略了相互协作和组织目标的实现,从而滋长了"本位主义"、临时观点,并产生急功近利倾向。因此在许多情况下,目标管理所要求的自主、自觉、自治气氛难以形成。

(3) 有些目标不容易量化。

使目标具有可考核性的最佳方法是使之量化。但是,许多目标是不宜用数量来表示的,硬性地将某些目标数量化和简单化的做法是危险的,其结果有可能将管理工作引入歧途。因此有些不能定量化的目标可以设定为定性化的目标,通过详细说明其特征和完成日期的方法来提高其考核的可操作度。

(4) 奖惩未必都能与目标成果相一致。

公司奖惩很难保证这种奖惩的公正性,这在某种程度上也削弱了目标管理的效果。

(5) 环境条件的变化。

公司外部环境的变化也是导致目标管理困难的一个重要因素。目标管理是一个需要细化的系统工程,它的固有局限性使得人们在实践中往往容易陷入误区。目标管理需要相对稳定的外部市场环境,波动较大的环境将可能使目标管理过程中所付出的种种努力付诸东流。例如,一些行业上演的所谓价格同盟和价格大战,使得公司生产计划、销售计划、库存计划和财务计划都难以适应这些变化。在易变的环境中,目标往往是一个难以琢磨的未知数,因此它的实际内容必须随着环境变化而不断调整。然而,如何进行调整以及调整到什么程度,便是管理的一个难题。

(6) 过分强调短期目标。

几乎在所有实行目标管理的组织中,所确定的目标一般都是短期的,很少超过一年,常常是一季度或更短些。强调短期目标的弊病是显而易见的。因此,为防止短期目标所导致的种种弊端,上级主管人员必须从长期目标的角度提出总目标,并制定实现总目标的指导方针。

(7) 缺乏灵活性。

目标管理要取得成效,就必须保持其明确性和稳定性。如果目标经常改变,就难以说明它是经过深思熟虑和周密计划的,这样的目标是没有意义的。但是,计划是面向未来的,而未来存在许多不确定因素,这就必须根据已经变化了的环境对目标进行修改。然而修订一个目标体系与制定一个目标体系所花费的精力相差无几,结果可能迫使主管人员不得不中途停止目标管理。

掌握目标管理的局限性,对于有效地实施目标管理是相当重要的。目标管理在一些国家的管理发展中还是一种新的方法,各类组织的主管人员还需不断探索,使之不断完善。

尽管如此,目标管理仍然是一种行之有效的管理方法。如果我们根据公司的具体情况,依据科学管理和权变管理等理论方法,在制定目标管理的框架和标准时做到实事求是,并设定纠正偏差的方法,目标管理仍不失为是一种有效的管理方法,它能极大地促进公司经营绩效的改善。

所以,在企业实施目标管理时,除了要掌握具体的方法以外,还要特别注意把握工作的性质,着重从其本身的分解和量化出发,提高员工的分析和解决问题的能力,并培养员工职业道德水平和团队合作精神。要坚持逐步推行、长期坚持、不断完善的原则,从而使目标管理在企业中发挥其应有的作用。

第二节 人性研究的管理思想

有人认为,管理,就是管人。只要把人的问题解决了,其他问题也就迎刃而解了。然而管人,与人打交道,就要研究人,认识人。在中国古代,就有关于人性善与人性恶的争论。在西方经济学里,也有"经济人"的著名假设。麦格雷戈从社会学、心理学的角度出发,归纳总结提出了关于人性假设的"X 理论"与"Y 理论",洛希进一步发展提出了"超 Y 理论",从而使人们对企业里人的认识提高到一个新阶段,对管理思想产生了较大的影响。

道格拉斯·麦格雷戈(Douglas M. McGregor,1906—1964 年)是美国行为科学家。他在 1924 年是一个服务站的服务员,到 1948 年成为美国安第奥克学院院长。他在韦恩大学取得文学学士的学位,于 1935 年取得哈佛大学博士学位;1935—1937 年在哈佛大学任教;1937—1964 年在麻省理工学院任教,但其中有 6 年(1948—1954 年)在安第奥克学院任院长。他教的课程包括心理学和工业管理等,并对组织发展等有所研究。他在担任安第奥克学院院长期间,对当时流行的传统的管理观点和人的本性的看法提出了疑问。其后,他在1957年11月号的美国《管理评论》杂志上发表了《企业中人的方面》一文,提出了有名的"X理论—Y理论",并在以后的著作中进一步加以发挥。他的《职业经理》一书在他去世以后于1967年出版。《企业中人的方面》于1960年以书的形式出版。他的其他著作有:《经理人员在技术爆炸时期的责任》(1961)、《管理的哲学》(1954)、《领导和激励,道格拉斯·麦格雷戈论文集》(1966,沃伦·本尼斯和埃德加·沙因编)等。

下面是他于1957年写的《企业中人的方面》论文的基本观点。

麦格雷戈写道——这句话也许已经成为陈词滥调——即工业已拥有为人类的物质利益而利用自然科学和工艺技术的基本诀窍,我们现在必须学习如何利用社会科学使人的组织真正成为有效。

现在的社会科学在一定程度上处于20世纪30年代自然科学领域人们掌握有关原子能知识的阶段。我们知道,过去关于人的本性的设想是不恰当的,而且在许多方面是不正确的。我们已相当肯定,在恰当的条件下,在组织环境中人的才能可发挥出难以想象的、创造性的人类智慧。

我们还不能告诉工业管理人员如何以简单的、经济的方式应用这种新知识。我们知道,为了发现如何在工业中把这种日益增长的知识应用于人力组织,要求管理人员进行长年的探索、大量的很花钱的研究,以及大量的创造性的想象。

一、管理人员的任务:传统的观点

管理人员把人力用于组织的任务,传统的观点可大致表述为三点,我们把这套观点叫做"X理论"。

(1) 为了经济目的,管理人员要负责把生产性企业的各项要素——金钱、物资、设备、人员——组织起来。

(2) 就员工来讲,这是一个指挥他们的工作、激励他们、控制他们的活动、矫正他们的行为,使之适合于组织需要的过程。

(3) 如果管理人员不这样积极地干预,人们会对组织需要采取消极的甚至对抗的态度。因此,必须对他们进行说服、奖励、惩罚、控制,必须指挥他们的活动。这就是管理人员的任务。我们常常把它概括为这样一句话:管理就是通过别人来把事做成。

在这种传统理论的背后,还有以下一些附加的认识。

(1) 正常人生性懒惰——尽可能地少做工作。

(2) 人们缺乏雄心壮志,不愿承担责任,宁愿被人领导。

(3) 人们天生就以自我为中心,对组织需要漠不关心。

(4) 人们本性反对改革。

（5）人们不太伶俐，易于受骗，易于受到骗子和野心家的蒙蔽。

当今经济组织的"人"的观念就是由这些主张和信念所形成的。传统的组织结构和管理政策、措施和计划就反映了这些假设。管理人员以这些假设为指导，在完成其任务时设想了各种可能性。

一个极端的情况，管理人员可能是"严厉的"或"强硬的"。指挥人们行为的方法包括强迫和胁迫（常常伪装起来），严密监督，对人们的行为严加控制。在另一个极端，管理人员可能是"温和的"或"软弱的"。指挥人们行为的方法包括宽容，满足人们的要求，以求相安无事。那样，人们就会易于控制，接受领导。

这各种可能性，在过去的半个世纪中已被较为彻底地探讨过。管理人员从这些探讨中学到了一些东西。"严厉的"做法存在一些挑战。压力会引起反抗：限制产量，敌对情绪，好斗的工会运动，对管理目标进行巧妙而有效的怠工。在充分就业时期，这种"严厉的"做法尤其难以奏效。

"温和的"做法也有困难。它常常导致放弃管理——可能是为了相安无事，但却导致对绩效的漠不关心。人们钻了温和做法的空子。他们不断地期望得到更多的东西，而给出的却越来越少。

目前流行的主题是"坚定而公正"。这是一种采取软、硬两种态度之长的企图。它使人们想起老罗斯福的名言："言语温和，但手中拿着大棒。"

二、传统的观点是正确的吗

社会科学中开始涌现出来的发现，对这整套有关人和人性及管理人员任务的信念提出了挑战。的确，现有的证据还不是结论性的，但却富于启示。它来自实验室、诊所、课堂、家庭，甚至在一定程度上来自工业本身。社会科学家并不否认当今工业组织中人的行为同管理人员的设想大致相同。事实上，社会科学家已看到了并相当广泛地对它进行了研究。但是，他们相当肯定地认为，这种行为不是人的本性，而是工业组织的性质、管理哲学、政策及其措施的后果。传统的"X理论"的做法是以错误的因果概念为依据的。

传统的需求理论认为，人们一般具有生理生存的需要。但是已经得到满足的需要不再具有激励作用。接下来，安全需要是人们对长远性、稳定性、可预见性的需要。社会需要是人们对交际、归属和友谊的需要。尊严与尊重的需要，这是一种成就感、事业心方面的自我需要。自我实现的需要，是人们对创造性、潜能发挥和自我发展、自我价值实现的需要。对于人们的这些需要，它们是影响人们行动的原因，而不是结果。

1. 管理中激励问题

当一个人严重缺乏食物时，我们会立即认识到那会使他生病。生理的需要得不到满足会在行为上表现出后果。较高层次的需要得不到满足，也会产生同样的后果——虽然较少为人注意到。在安全、交际、独立或地位等方面的需要得不到满足的人，也是一种病人,正像得软骨病的人是病人一样,他的病态也会在行动上表现出后果。如果我们把他由此而形成的消极行为、被动和敌对态度、拒绝承担责任等归结为是他天生的"人的本性",那就错了。这些行为方式是病态——他的社会和自我需要未能得到满足——的症状。

对于较低等层次的需要已得到满足的人,不能再用满足这些需要来加以激励,这些需要已不再有什么实际激励作用。管理人员常常问:"人们为什么不能更努力一些,让生产得更多些呢?我们付给高工资,提供良好的工作条件,优厚的福利待遇和稳定的工作,但人们似乎只想尽可能地少工作一些,而不愿多干一点。"

管理人员提供了满足人们生理的和安全的需要的条件这一事实,使得激励的重点转移到社会的需要和自我的实现方面。除非在工作中存在着满足这些较高层次需要的机会,人们就得不到满足,他们的行为就将反映出这一情况。在这种条件下,如果管理人员继续把注意力集中于生理的需要,其努力必然是无效的。

在这种条件下,人们将不断地要求有更多的金钱,购买那些只能在有限程度上满足需要的物质产品和服务,将比任何时候都更为重要。虽然在满足许多高层次需要方面,金钱只有有限的价值,但是如果它是唯一可用的手段,它就仍可能成为注意的中心。

2. "胡萝卜加大棒"的传统管理方法

"胡萝卜加大棒"的激励理论在一定的环境中能够合理发挥作用。管理人员可以提供或不提供用以满足人的生理需要以及安全需要的各种手段。雇佣与否本身就是这样一种手段,工资、工作条件、福利也是这样的手段,当一个人在为其生存而奋斗的情况下,他人能够通过这些手段对之进行控制。

但是,当人一旦已经达到了相当的生活水平,而主要需由较高层次的需要来激励时,"胡萝卜加大棒"理论就完全不起作用了,管理人员不能给一个人提供自尊、同伴对他的尊重、满足其自我实现的需要。反过来,管理人员只能创造出一些条件来鼓励他并使他便于为自己寻求这些满足;当然,也可以用不提供这些条件来使他不能得到满足。但是,这种条件的创造却并不是"控制",控制不是对行为进行引导的好办法。硬要进行这样的控制,管理人员就会发现自己处于一种奇特的处境。我们现在的专门技术知识所创造的高度生活水平,使得生理的需要和安全的需要得到了较好的满足。唯一的重要例外是,管理措施没有为职工造成一种对"公正机会"的信心——因而使安全的需要未能得到满足。但是,管理人员由于使得职工的较低层次需要得到了满足,就使得自己再也不能应用传统理论所讲的各种方法——报酬、语言、刺激、威胁或其他强迫手段——作为激励因素了。

指挥和控制的管理哲学——不论它是严厉的或温和的——已经不适合于作激励之用。因为管理哲学所依据的人的需要目前已经不是重要的行为激励因素。对那些以社会需要和自我需要为重要需要的人来说,指挥和控制基本上不起激励作用。严厉态度与温和态度目前都不起作用了,因为它们根本不适合于目前的情况。

那些在工作中没有机会满足目前对他们已成为重要需要的人,他们的所作所为正如我们预料的那样——懒惰、消极、反对变革、不负责任、易于受人煽动、对经济利益提出不合理的要求。我们似乎陷入了由我们自己编织的不能解开的罗网之中。

三、一种新的管理理论

（一）Y 理论

由于这些以及其他许多理由,我们需要一种根据更恰当的对人性和人的动机的假设,对人进行管理工作的不同的理论。这种理论的要点,可以把它叫做"Y 理论":

(1) 管理人员要负责为了经济目的而安排生产性企业的各项要素——金钱、物质、设备、人员。

(2) 员工表现出来的消极被动或抵制组织需要并不是人的天性。他们之所以会这样,是由于他们以往在组织中获得的经验。

(3) 激励、发展的潜力、承担责任的能力、愿意把行动指向于组织目标,所有这些全都存在于人的身上,而不是由管理人员加到人们身上的。管理人员的责任在于使得人们有可能自己认识到并发展人的这些特性。

(4) 管理人员的极为重要的任务是对组织条件和作业方法进行安排,使得人们能够通过把他们自己的努力用于组织目标而最好地实现他们自己的目标。

这主要是一个创造机会、发掘潜力、消除障碍、鼓励成长、提供指导的过程,这就是彼得·杜拉克所谓的"目标管理"。它不同于"控制管理"。它并不像"温和的"X 理论通常会发生的那样,具有放弃管理、缺乏领导、降低标准或其他一些特点。

（二）某些困难之处

正像在 1945 年不可能建设一座原子能发电站一样,目前也还不可能创建起一个充分、有效地应用这种理论的组织。存在着许多需要加以克服的重大障碍。传统的组织理论和过去半个世纪的科学管理学派所提出的条件,把人们束缚于有限的工作上,使他们不能利用他们的潜在能力,不愿承担责任,造成被动状态,使工作本身失去意义。在这样的情况下,人的习惯、态度、期望——他对在一个企业中的成员地位的全部概念——都受到他的经验的制约。

人们现在都习惯于在工业组织中被指挥、操纵和控制,而在工作之外去设法满足他们的社会的、自我的以及自我实现的需要。很多管理人员和工人都是这种状况。真正的"工业的公民身份"——又是借用杜拉克的一个术语——还是一个遥远而不现实的想法。工业组织中的绝大多数成员甚至还没有考虑其意义。

另一种说法是,X 理论完全依赖于对人的行为的外部控制,而 Y 理论则很重视依靠人的自我控制和自我指挥。值得注意的是,这种差别就是把人作为孩子来对待,还是作为成年人来对待。在经过好多时代采取前一种态度以后,我们不能期望在一夜之间就改而采取后一种态度。

(三) 朝正确方向前进的一些步骤

在我们被这些障碍压倒以前,让我们记住,一个新理论的应用总是缓慢的。进步通常总是通过微小步骤取得的。目前已较为成功地应用着一些同 Y 理论完全一致的革新思想和措施。

1. 分权化和授权

这些措施使人免予受到传统组织过于严密的控制,使他们有一定程度的自由来指挥自己的活动,承担责任,满足他们的自我需要。而这最后一点是很重要的。与此相关,西尔士—罗贝克公司的扁平形组织提供了一个有趣的范例,它迫使人们实行"目标管理",因为它扩大了向经理人员报告的人的数目,直到经理人员不再能以传统方式来指挥和控制他们。

2. 扩大工作范围

由国际商用机器公司和底特律爱迪生公司首先提出的这一概念,同 Y 理论是十分一致的:它鼓励组织中的人员承担责任,并提供使他们满足他们的社会需要和自我需要的机会。事实上,在工厂一级对工作进行改组,提供了一个更具挑战性的机会,从事与 Y 理论相一致的创新。

3. 参与式及咨询管理

在恰当的条件下,参与式及咨询管理鼓励人们把创造性力量投向组织目标,使人们在涉及他们自身的事务上有某些决策权,为社会需要及自我需要的满足提供了重大机会。"斯坎伦计划"是这些思想应用于实践的杰出典型。

4. 实绩评价

即使简略地考察一下传统管理阶层实绩评价方案也能看出,它们同 X 理论是多么的吻合一致。事实上,绝大多数这类方案倾向于把个人看成是装配线上等待检验的一件产品。有少数公司——其中包括通用铣床公司、安索尔化学公司以及通用电气公司——在试行一些新的办法,其中包括由个人自己确定"指标"或目标,每半年或一年对实绩作出自我评价。上级在这个过程中当然起着重要的领导作用——这事实上比传统方式要求有高得多的能力。可是,对于许多管理人员来说,这种角色比起通常迫使他们担任的"裁制者"或"检验者"角色更要适意得多。尤为重要的是,个人被鼓励着在规划和评价自己对组织目标作出贡献方面承担更大的责任。这对自我需要和自我实现需要所产生的附带影响重大得多。

(四) 新思想的应用

人们把推行和打算推行的这类思想之所以经常未能取得成功,往往归之于管理人员"贩来了这类思想",但却在 X 理论及其假设的范围内来应用。用控制的办法推行授权,就不能成为进行管理的一种有效措施。如果把参与作为一种推销商品的花招或愚弄人们使之自感重要的手段来应用,那就不过是一出滑稽戏。只有那些对人的能力有信心并且自身也致力于组织目标,而不是致力于保持个人权力的管理人员,才能够掌握正在出现的这种理论的含义。在我们朝着充分贯彻Y理论的这一目标缓慢前进的过程中,这种管理人员将会找到并成功地应用其他的创新思想。

四、企业中人的方面

在未来的一二十年中,我们很可能在提高企业的效能方面取得重大进展。社会科学能对这种进展作出很大贡献。我们还只是刚刚开始掌握这些领域中日益增长的全部知识的含义。但是,要使这种信念成为现实而不只是虔诚的愿望,就必须把这一过程看成是好像为了建设性的人类目标而释放原子能的过程一样——缓慢地、昂贵地、有时令人失望地朝着一个在许多人看来似乎很不现实的目标前进。

工业管理人员在追求经济目标过程中的独创性和坚定性,使得科学技术的许多梦想变成了日常的现实。现在已经很清楚,把同样的这些才能应用于企业的人的方面,不仅将大大提高物质上的成就,而且将使我们更接近于"幸福的社会"。

五、洛希"超 Y 理论"的主要观点

在企业人事管理问题的研究方面,杰伊·洛希同样坚持权变管理思想,认为在不同的情况下,要采取不同的方式和方法,不能千篇一律、一成不变。

1957 年,道格拉斯·麦格雷戈首次提出"X 理论—Y 理论"的概念。他把传统的管理观点统称为 X 理论:科学管理是"强硬的"X 理论,人际关系学是"温和的"X 理论,但从根本上讲都是理论。他又把"个人目标和组织目标的结合"归纳为 Y 理论的主要特点,认为它能使组织的成员在努力实现组织目标的同时,最好地实现自己的个人目标。所以,麦格雷戈的结论是,Y 理论较 X 理论更为优越。但以后有人根据麦格雷戈的理论进行了试验,证明 Y 理论不一定到处都比 X 理论优越,采用 X 理论或 Y 理论的单位,有的效率高,有的效率低。那么,到底在什么情况下采取哪一种理论或方式才是好的呢?洛希和莫尔斯 1970 年在《哈佛商业评论》杂志上发表了"超 Y 理论"的论文,试图以"超 Y 理论"回答这个问题。"超 Y 理论"的思想要点是:

(1) 人们是抱着各种各样的愿望和需要加入企业组织的,这种愿望和需要可以分成不同的类型,有的人愿意在正规化的、有严格规章制度的组织中工作,但不想参与决策和承担责任。而有的人却愿意有更多的自治权和充分发挥个人创造性的机会。

(2) 不同的人对管理方式的要求是不一样的。上述第一种人比较欢迎以 X 理论为指导的管理模式;第二种人则更欢迎以 Y 理论为指导的管理模式。

(3) 组织的目标、工作的性质、职工的素质等对于组织结构和管理方式有很大的影

响。凡是组织结构和管理层次的划分、职工的培训和工作的分配、工资报酬和控制程度等适合于工作性质和职工素质的企业,其效率就高;反之,其效率就低。

(4) 当一个目标达到以后,可以激起职工的胜任感和满足感,使之为达到新的、更高的目标而努力工作。

第三节 数学家们的管理思想

管理学,在早期只是一门经验性、定性的学问。直到引入数学工具后,特别是运筹学的应用,管理学才成为一门精确化、定量化的科学。其实数学方法在管理中的使用可以追溯到更早以前,只是到了"二战"后才得到广泛的应用。企业管理中关于资源配置、货物调运、成本管理、质量控制等方面的问题,用数学方法解决起来相当有效,因此数学学派应运而生。后来各种工程学、计算机网络的应用,使数学工具在企业管理中的应用更加得心应手。总之,数学家们的管理思想就是将管理问题转化成数学问题,应用数学模型求解。

一、概述

数量管理学派,也称管理科学学派、数学学派。也有人把"管理科学"与"运筹学"看成是同一语,这是因为该学派正式成立始于 1939 年由美国曼彻斯特大学教授布莱克特领导的运筹学小组。当时运筹学广泛围绕着城市防卫与进攻、雷达网络的优化配置、轰炸敌方潜艇的飞机有效高度及配合等军事问题,战后,运筹学广泛应用于企业管理方面。

管理科学学派的理论渊源,可以追溯到 20 世纪初泰勒的"科学管理"。"科学管理"的实质,是反对凭经验、直觉、主观判断进行管理,主张用最好的方法、最少的时间和支出,达到最高的工作效率和最大的效果,这一点与管理科学所要求的"最优化"不谋而合。但作为科学管理学派的进一步发展,它的研究范围已经远远不是泰勒时代的"操作方法"和"作业研究",管理科学学派运用了更多的现代自然科学和工程科学的成就,研究的问题也比"科学管理"更为广泛。

第二次世界大战时期,为解决国防需要产生了"运筹学"(Operational Research, OR),发展了新的数学分析和计算技术,例如:统计判断、线性规划、排队论、博弈论、统筹法、模拟法、系统分析等。这些成果应用于管理工作就产生了"管理科学理论",其主要内容是一系列的现代管理方法和技术。提出这一理论的代表人物是美国研究管理学和现代生产管理方法的著名学者伯法等人。他们开拓了管理学的另一个广阔的研究领域,使管理从以往定性的描述走向了定量的预测阶段。到 20 世纪 40 年代后期,由于战后恢复和经济建设的需要,英美对管理科学(运筹学)的研究逐步从军事转入民用企业的应用,并成立了各种组织从事管理运筹科学的研究和推广。1953 年,美国成立管理科学学会 (Institute of Management Science),并发行《管理科学》(*Management Science*)杂志,宣称其宗旨就是"发现、扩展和统一有助于了解管理实践的科学知识"。

数量管理科学学派的管理思想,注重定量模型的研究和应用,以求得管理的程序化和最优化。他们认为,管理就是利用数学模型和程序系统来表示管理的计划、组织、控制、决策等职能活动的合乎逻辑的过程,对此做出最优的解答,以达到企业的目标。数量管理科学就是制定用于管理决策的数学或统计模式,并把这种模式通过电子计算机应用于企业管理理论和方法的体系中,这种方法通常就是运筹学。所以该学派的狭义解释就是作为"运筹学"的同义语。其广义解释是,古典管理理论、行为科学理论及当代的各种管理理论都可称作为管理科学。

因为这个学派是新理论、新方法与科学管理理论相结合,而逐渐形成的一种以定量分析为主要方法的学派,因此它是泰勒科学管理理论的拓展。随着计算机技术的发展,这个学派的数量特点得到进一步的发挥,因而被广泛应用于研究城市的交通管理、能源分配和利用、国民经济计划编制以及世界范围经济发展的模型等一些更大和更复杂的经济与管理领域。

20世纪70年代后运筹学日趋成熟,在工商界得到更广泛的应用。目前在美国、日本、欧洲等国都有相当完善的运筹学机构。但是有些学者对数量学派持批判态度,认为数量并不能真正地解决管理中的重大问题。而且有些管理学家侧重于定量的技术方面而不了解管理中存在的问题,尤其是对管理对象中的人的因素往往无法进行定量计算,这样数量学派的特长就得不到很好的发挥。

二、主要代表人物和著作

1. 兰彻斯特和黑尔

第一次世界大战期间,英国的兰彻斯特(F. W. Lanchester)在1915年就把数学定量分析法应用于军事,发表过关于人力和火力的优势与军事胜利之间的理论关系的文章。当时英国军需部成立了防空试验组,由生理学家黑尔(A. V. Hill)上尉(以后成为教授)领导,将数理分析方法运用于防空武器。在这个防空试验组中还有一些当时参军的科学家,其中有4人以后成为英国皇家学会会员。黑尔被人称为运筹学研究的创始人之一。

2. 埃尔伍德·斯潘赛·伯法

埃尔伍德·斯潘赛·伯法(Elwood S. Buffa)是西方管理科学学派的代表人物之一,曾任教于美国加利福尼亚大学管理研究院及哈佛大学工商管理学院,代表作是《现代生产管理》(1975年)。《生产管理基础》是伯法根据《现代生产管理》改写的,简明易懂,曾被《哈佛商业评论》推荐为经理必读书目。在这本书里可以看到大量的图表和数学公式,正是这些科学的计量方法,使得管理问题的研究由定性走向定量。

3. 霍勒斯·利文森

霍勒斯·利文森(Horace C. Levencon)于20世纪30年代把复杂的数学模型应用于

传统办法难以解决的大量数据处理工作上。他最有名的研究工作之一是对一个小型邮购商店的顾客拒收邮购包裹的情况进行研究。他的研究表明,拒收率大约占总销售额的30％。最常被顾客拒收的货物有两类:一类是较贵重的定货;另一类是发货迟于定货后五天的货物。平均说来,定货迟付五天就无利可图。用这些数据,邮购公司很容易地对拒付费用和较高的快发费用进行比较,从而确定最佳发货日期和发货数量。

从20世纪50年代开始,出现了一批管理科学(运筹学)方面的教科书,如韦斯特·丘奇曼(C. West Churchman)、拉塞尔·阿考夫(Russell L. Ackoff)、伦纳德·阿诺夫(Leonard E. Arnoff)合著的《运筹学入门》,爱德华·鲍曼(Edward H. Bowman)和罗伯特·费特(Robert B. Fetter)合著的《生产管理分析》,塞缪尔·里奇蒙(Samuel B. Richmond)的《用于管理决策的运筹学》,以及许多关于线性规划、决策模型、培欣决策法、对策论等方面的著作。

三、管理科学学派的管理思想及特点

管理科学学派的管理思想是建立在系统思维的基础上的,系统的观点是要求从系统的整体效果出发进行理论考察、分析与解决问题,其目的是使整个系统的总效果达到最优。系统管理学派认为,组织中的任何部分或任何功能的活动必然会影响其他部分或功能,所以评价一个组织中任何决策或行动都必须考虑到它对整个组织的影响和相关问题。正确的决策必须从整个系统出发,考虑到各个部门和各个因素,对整个组织最有利才是最优化。如果只考虑其中的一个部门和部分因素则不是最优的。如何求出最优化所采取的方法就是运筹学的方法。该学派的特点是:

(1) 从系统观点出发研究各种功能关系。对企业组织中的任何一个部分或功能关系的研究,都是从系统观点出发的。认为组织中任何部分或任何功能的活动必然会影响其他部分或功能,所以评价一个组织中的任何决策或行动都必须考虑到它对整个组织的影响和所有的重要关系。

(2) 应用多种学科交叉配合的方法。该学派在创立的时候就采用了多学科交叉的方法。他们认为尽管各个学科对问题的描述各不相同,但如果把各个方面综合起来看,会对问题有更全面的理解,更有助于问题的解决。除了计算机和数学以外,随着研究对象的不同,需要应用经济学、管理学、心理学、行为学、会计学、物理学、化学等各种自然科学和工程技术。

(3) 应用模型化和定量化来解决问题。数量学派的重要特点就是模型化和定量化。把一个要研究的问题按预期的目标和约束条件,将其主要因素和因果关系变为各种符号来建立模型以便求解。

(4) 随着情况的变化而修改模型,求出新的最优解,通过模型来解决问题通常要求对问题有着较为深入的了解。随着对问题由简单到复杂的深入了解,其模型也逐渐变得复

杂，以前的最优后来或许就不是最优了，这时就要不断地对模型进行优化。

管理科学学派认为，管理就是制定和运用数学模型与程序的系统，就是用数学符号和公式来表示计划、组织、控制、决策等合乎逻辑的程度，求出最优的解答，以达到企业的目标。有人认为，从管理科学的名称来看，似乎它是有关管理的科学；其实，它主要不是探索有关管理的科学，而是设法把科学的原理、方法和工具应用于管理。管理科学的主要特点是：从系统观点研究各种功能关系；应用多种学科交叉配合的方法；应用模型化和定量化来解决问题；随着情况的变化而修改模型，求出新的最优解。

本章小结

目标管理的基本内容是：让组织的主管人员和员工亲自参加目标的制订，并让他们靠自己的积极性去完成，在工作中实行"自我控制"。目标管理是管理者通过"目标"来管理部下，而不是用"手段"或"控制"来管理部下。目标是在一定时期内组织活动的预期成果，是组织使命在一定时期内的具体化，也是有效衡量组织活动的一个明确标准。目标管理强调结果，重视自主、自治和自觉。目标实施过程中的管理是首先要通过双方经常接触的机会和信息反馈渠道进行不间断检查；其次要向下级说明进度，加强彼此间的互相协调；最后要积极帮助下级解决工作中出现的困难，当出现严重影响组织目标实现的意外、不可预测等事件时，必须采取一定的方法，修正原定目标。

麦格雷戈归纳总结提出了关于人性假设的"X理论"与"Y理论"，洛希进一步发展提出了"超Y理论"。X理论假设：正常人生性懒惰——尽可能地少做工作；人们缺乏雄心壮志，不愿承担责任，宁愿被人领导；人们天生就以自我为中心，对组织需要漠不关心；人们本性反对改革；人们不太伶俐，易于受骗，易于受到骗子和野心家的蒙蔽。Y理论认为，管理人员要负责为了经济目的而安排生产性企业的各项要素。消极被动或抵制组织需要并不是人的天性，激励、发展的潜力、承担责任的能力、愿意把行动指向于组织目标，所有这些全都是存在于人的身上，而不是由管理人员加到人们身上的。管理人员的极为重要的任务是对组织条件和作业方法进行安排，使得人们能够通过把他们自己的努力用于组织目标从而最好地实现他们自己的目标。

超Y理论认为，人们是抱着各种各样的愿望和需要加入企业组织的，不同的人对管理方式的要求是不一样的。组织的目标、工作的性质、职工的素质等对于组织结构和管理方式有很大的影响，当一个目标达到以后，可以激起职工的胜任感和满足感，使之为达到新的、更高的目标而努力工作。

数量管理科学学派的管理思想，注重定量模型的研究和应用，以求得管理的程序化和最优化。他们认为，管理就是利用数学模型和程序系统来表示管理的计划、组织、控制、决策等职能活动的合乎逻辑的过程，对此做出最优的解答，以达到企业的目标。数量管理科学就是制定用于管理决策的数学或统计模式，并把这种模式通过电子计算机应用于企业管理理论和方法的体系中,这种方法通常就是运筹学。管理科学的主要特点是:从系统观点研究各种功能关系;应用多种学科交叉配合的方法;应用模型化和定量化来解决问题;随着情况的变化而修改模型,求出新的最优解。

思考讨论题
1. 认识目标管理的作用与实施步骤。
2. 讨论目标管理的优点与缺点。
3. "X 理论"与"Y 理论"的要点是什么?
4. 讨论"超 Y 理论"的科学合理性。
5. 数量学派的基本管理思想是什么?
6. 认识数量管理科学方法的局限性。

第十五章 20世纪60年代西方的管理思想

20世纪60年代,西方管理思想进入现代管理阶段,各种管理学派建立起自己的理论体系,孔茨称之为现代"管理理论丛林"。在此我们介绍赫伯特·西蒙和决策学派的管理思想;弗鲁姆和斯金纳的激励理论;戴尔的组织管理思想;彼得的人事管理思想。

20世纪60年代,正是西方发达国家经济进入黄金时代的新时期,西方世界经济一片繁荣,科技发展,企业兴旺,普遍就业。在经济学上西方国家都奉行凯恩斯主义的政府调节经济的政策,政府对企业经营进行干预,法律、法规健全,这样就要求企业管理理论的提升和管理思想的转变。由于产生了现代管理理论,从而促使西方企业全球化和国际化,对于大企业、大财团的形成与发展起到巨大的推动作用。

第一节 西蒙和决策理论学派的管理思想

进入20世纪60年代,由于经济的国际化浪潮和企业经营的全球化趋势,大企业面临市场竞争加剧,经营风险增大。因此,企业经营决策成为举足轻重的管理问题。为了帮助大公司避免决策失误,降低经营风险,决策理论应运而生。以美国管理大师西蒙为代表的决策学派,提出了管理决策新科学,从而为企业经营决策提供了科学的方法和工具。

决策理论学派是以社会系统论为基础,吸收了行为科学、系统论的观点,运用电子计算机技术和运筹学的方法而发展起来的一种理论。美国的管理学家西蒙和马奇发展了巴纳德的管理理论,特别是决策理论。西蒙的决策理论学派是从社会系统学派中独立出来的。

一、主要代表人物

赫伯特·西蒙(Herbert Alexander Simon,1916—2001)是决策理论学派的主要代表人物。他是美国的经济学家和社会科学家,在管理学、组织行为学、经济学、心理学、政治学、社会学、计算机科学等方面都有很高的造诣。他早年就读于美国芝加哥大学,并于1943年获得博士学位。1949年以前在芝加哥、伯克利大学任教,1949年以后一直在卡耐基—梅隆大学任教。他长期讲授计算机科学和心理学等课程,并曾从事过经济计量学的研究。由于他在决策理论的研究方面做出贡献,被授予1978年度的诺贝尔经济学奖。西蒙主要研究的是生产者的行为,特别是当代公司中决策的组织基础和心理依据。他于

20世纪50年代开始对经营管理科学产生兴趣,并在对公司行为理论的研究中起了重要作用。这种公司行为理论对简单的利润最大化假设提出挑战,强调了大公司复杂的内部结构及其目标的多重性以及必须建立令人满意的而不是最优的决策模型的理论框架。然后,西蒙又研究了大型组织的信息处理问题,认为信息本身及人们处理信息的能力都是有一定限度的。他为大公司的决策人员提供了决策的辅助系统。

詹姆斯·马奇(James G. March,1916—),1953年在美国耶鲁大学获得博士学位,以后在卡耐基工艺学院任教。1964年成为加利福尼亚大学的社会科学学院的首任院长,1970年成为斯坦福大学的管理学教授,同时还讲授政治学、社会学和教育学,还在胡佛研究所担任研究员。他的主要成就是关于组织理论的研究。他写过许多这方面的著作。

决策理论学派的代表著作主要是:西蒙:《管理行为》(1945);西蒙(和史密斯伯格等合写):《公共管理》(1950);西蒙:《人的模型》(1957);西蒙和马奇:《组织》(1958);西蒙:《管理决策的新科学》(1960);马奇和赛尔特:《公司行为的一种理论》(1963)。

二、决策理论学派的管理思想

西蒙等人的决策理论是以社会系统理论为基础的。第二次世界大战以后,他们吸收了行为科学、系统理论、运筹学和计算机科学等学科的内容而发展起这一理论,是西方有较大影响的管理学派。他们对管理决策问题特别重视并有独到见解。

决策过程可以划分为四个阶段:收集情报,拟订计划,选定计划,评价计划。他们特别强调信息联系在决策过程中的作用。与巴纳德不同的是,他们更重视非正式渠道的信息联系,认为非正式渠道应在信息联系中起重要作用。

关于决策的准则问题是他们对管理学的重要贡献之一。他们提出应该以"令人满意的准则"代替传统的"最优化准则"作为决策的标准,受到许多人的肯定,认为是较为实际可行的理论。关于程序化决策和非程序化决策的技术以及决策中的思维过程,也是他们对管理学的重要贡献。

西蒙等人把社会系统理论同心理学、行为科学、系统理论、计算机技术、运筹学结合起来考察人们在决策中的思维过程,并分析了程序化决策和非程序化决策及其使用的传统技术和现代技术,提出了目标—手段分析法等决策的辅助工具,被人们认为对经理人员的决策确有帮助,并为今后对人工智能等问题的深入研究提供了基础。他们的理论得到了人们的较高评价,西蒙因提出决策理论新科学而获得了诺贝尔经济学奖。

决策理论学派主要的管理思想由以下几个方面组成。

1. 关于组织的理论

西蒙认为,组织就是作为决策的个人所组成的系统。决策贯彻于管理的全过程,管理就是决策。他认为,组织的任何一个成员的第一个决策,是参加或不参加这个组织。在他做出这个决策的过程中,他就要对他为组织所做的贡献(劳动或资本)和从组织得到的诱因进行比较。如果诱因大于贡献,他就参加。以这个满足函数中的零点(即盈亏平衡点)决定参加这一组织的机会成本。一个人在做出决定,参加某一组织以后,虽然他的个人目标依然存在,但退居从属的地位。西蒙在《管理行为》中指出,所谓同组织一体化,就是指个人在决定时采用组织决策的价值标准,即用组织目标(组织服务目的或组织存续目的)代替个人目标的过程。因此要了解一个组织的结构和职能,就必须分析其成员的决策和行为及其受组织的影响,就必须研究影响人群行为的复杂的决策网状结构。西蒙在研究复杂的决策网状结构时很重视权威问题。西蒙的中心思想是:管理人员应该有效地利用各种形式的外部影响力来塑造职工的性格。他认为,使职工变得自动,而不是由上级指示或按组织的需要来决策和行为。他认为经营中组织的最理想状态是:它的所有成员由于把个人目标和组织的共同目标结合起来,因而都愿意为提高组织效率而做出贡献。这样,组织只需要在做必要调节时使用权威,使制裁方式的应用不占重要地位。西蒙提出了另一个意义深远的结论:认为在当代社会中职能地位的重要性愈来愈大,而等级地位的重要性愈来愈小。

2. 关于决策过程中的信息问题

西蒙等人认为,信息联系在决策过程中具有重要作用。他们把信息联系定为决策的前提,而决策则是以命令、情报或建议的形式出现的。

西蒙等人对非正式渠道更加重视。把权力机构放到次要的地位。他指出在信息联系的三个阶段(发出信息、传递信息、接受信息)都可能发生阻塞现象和歪曲现象,在系统中造成信息联系混乱的障碍可能是多种多样的。由于信息联系这一问题的复杂性,在绝大多数的组织中有必要成立一个特别的信息联系服务中心和良好的信息系统,这主要应该借助于计算机。

西蒙等人认为,当代是信息爆炸时代。重要的不是获得信息,而是在于对信息的加工和分析,使之对决策有用。决策者需要的是对决策有意义的新信息,决策者的注意力是最宝贵的资源,不能无谓地消耗在大量无关的信息上。对信息的提供,应当有一定条件的限制,不符合这些条件的信息,不应该输送给决策者。

所以,信息系统应该包括一个筛选系统,以保证提供与决策有关的有用信息。

3. 关于决策的准则和标准

西蒙对决策的准则和标准有独到见解,他认为应当用令人满意的准则代替最优化的准则。因为做出决策的准则,并不是像有人主张的那样绝对理性即最优化准则。以往的经济学家和管理学家往往把人看成是以绝对理性为指导,按最优化准则行事的"经济人"或"理性人",事实上是找不到的。"最好是'好'的敌人",如果企图找那个最好的,不但最好的找不到,也许连好的也找不到。反之,如果能满足于找一个好的,也许在找好的过程中会碰到一个最好的。人们之所以不能用绝对理性作为决策的准则,是由于要实现绝对理性必须有以下三个前提。

(1) 决策者对可供选择的方案及其未来的后果要无所不知。
(2) 决策者要具有无限的估量能力。
(3) 决策者头脑中对各种可能的后果有一个完全而一贯的优先顺序。

但是决策者在认识能力上和受时间、经费、情报来源等方面的限制,不可能完全具备这些前提。所以,事实上人们不可能做出完全合理的决策。人类实际上的理性既不是完美无缺的绝对理性,也不是非理性。人们在决策时,不能坚持要求最理想的解答,常常只能满足于足够好或令人满意的决策。因为人们没有求得最优化的才智和能力,所以只能满足于令人满意的这一准则。

西蒙用管理人来代替以最高准则行事的"经济人"。这种管理人要求:①用满意的准则代替最优化准则;②不考虑一切可能的复杂情况,只考虑与问题有关的特定情况。对工商企业来说,这种令人满意的准则就是适当的市场份额、适度利润、公平价格等。一个组织存在的意义和目的也就在这里。因为组织的主要职能之一就是弥补个人有限的理性从而能做出满意的决策。

4. 关于程序化决策和非程序化决策

西蒙把人的符合目的的行动分为两种类型:踌躇选择型和刺激反应型。踌躇选择型的意思是,为了实现决策的合理性,对替换手段将会产生的后果,以及对这种结果进行选择等,都需要花费时间加以考虑,这就是踌躇后再进行选择。刺激反应型的特点是,只注意情况的某些方面,而排除了其他方面,毫不犹豫地做出反应。

西蒙把组织的全部活动分为两类:一类是例行活动。这是些重复出现的例行公事,如订货、材料的出入等。有关这类活动的决策是经常反复的,而且有一定的结构。因此,这类决策可以建立一定的程序,当这类活动重复出现时加以应用,不必每次都做新的决策,这类决策叫做程序化决策。另一类是非例行活动。这类活动不是重复出现的,也不能用对待例行公事的办法来处理,这类活动往往是比较重要的活动。如新产品的研究和开发,企业经营的多样化,新工厂的扩建等。有关这类活动的决策是新出现的,不能程序化地处理。这类决策叫做非程序化决策。但是程序化决策和非程序化决策并非截然分开,而是一个像光谱一样的连续体,其一端为高度程序化的决策;另一端则为高度非程序化的决策。我们沿着这个光谱式的统一体可以找到不同灰色程度的各种决策。所谓的程序化决策和非程序化决策只是用来作为光谱黑色和白色的标志,决策可以使非程序化呈现出重复和例行状态,能够制定出一套处理这些决策的固定程序,以致每当碰到这种情况就不需要重复处理它们。

西蒙还对程序化和非程序化决策的一些技术问题进行详细的论述,并对决策者的要求进行详细的分析,提出了一些必须具备的品质和条件。

(1) 不是靠强迫命令而是靠以身作则来树立权威。
(2) 全局观念。组织这个系统是社会大系统的一个组成部分,所以组织的目标不能背离社会的目标。

(3) 信赖和培养下级。社会发展主要不是靠设备而是靠人运用才能和知识取得的。

(4) 主动承担责任,敢于担当风险。

(5) 有广博的知识和丰富的经验。作一项决策,特别是重大的决策,涉及许多方面和领域。因此,决策者必须有广博的知识,才能触类旁通,权衡利弊,做出恰当的决策。

(6) 有敏锐的预测能力和机智的判断力。

决策理论学派的管理定义是:管理就是决策。

三、决策理论学派的决策方法

西蒙等人认为,决策绝不只限于从几个备选方案中选定一种行动,而是包括几个阶段和涉及许多方面的整个过程。决策过程包含以下四个阶段。

(1) 收集情报阶段。收集企业所处环境中有关经济、技术、社会等方面的情报并加以分析,以便为拟订和选择计划提供依据。在这一阶段的任务是研究环境,寻求决策的条件,可以称为情报活动。

(2) 拟订计划阶段。以企业所需解决的问题为目标,依据第一阶段所收集到的情报,拟定出各种可能的备选方案。第二阶段的任务是设计制订和分析可能采取的行动方案,可以称为设计活动。

(3) 选定计划阶段。根据对当时的情况分析和对未来发展的预测,从各个备选方案中选定一个。第三阶段的任务是从可供选择的各种方案中选出一个适用的行动方案,可以称为抉择活动。

(4) 对已定的方案进行评价。第四阶段的任务是对已作出的抉择进行评价,可以称为审查活动。

上述四个阶段中的每一个阶段本身都是一个复杂的决策过程。例如在第一阶段,面对大量的情报,就要加以分析,决定取舍,其中就有决策。第二阶段,决策的性质更为明显,所以不可以认为只有第三阶段才有决策。事实上,如前所述,经理在前两个阶段做好了决策,才能在第三阶段作出正确的抉择。至于第四阶段的审查和评价的阶段也是离不开决策的。

解决问题的步骤是:问题是什么?备选方案是什么?哪一个备选方案最佳?

决策理论学派的方法已成为现代管理理论中占据重要地位的思想方法。

第二节　心理学者们的管理思想

激励员工与下属是组织、领导工作的重要内容。一般人在正常情况下所表现出来的工作热情和聪明才智同特殊激励情况下是大不一样的。这正如化学反应中的催化剂一样。

一、弗鲁姆的期望激励理论

1. 激励就是一个选择的过程

弗鲁姆认为,如果某个人有了有价值的目标,他采取某种行动之前,就会对所期望目标的各种不同的实现可能性予以权衡。若此目标被认为具有成功的可能性,人们就会受到激励,很可能选择并采取行动。

这一理论可用下面公式来表示:

$$M = f(E \cdot V)$$

M 为激发潜力的指标,即激励力量的大小;E 为预期概率,指根据一个人的经验判断一定行为能导致某种结果和满足的概率,即被激励者对实现目标可能性的估计;V 为价值指数,指达到目标对于满足个人和组织需要的价值,即对目标意义的估价。

按上述公式,若被激励者的 E 值高,即预期概率高。而且 V 值也高,即目标的价值高,意义大,有吸引力,则激励的力量就大;反之就小。例如,一个职工对提拔的 V 值很高(即价值大、有吸引力),而且对自己能得到提拔的可能性估计也很高(即 E 值大),那么该职工为得到提拔而工作的动力就很高。反之,提拔对他没什么吸引力,或者自己被提拔的可能性很小,那么提拔对他工作的促进力就很小。

E 与 V 结合有以下激励形式:

$$E_{高} \cdot V_{高} = M_{高}$$
$$E_{中} \cdot V_{中} = M_{中}$$
$$E_{低} \cdot V_{低} = M_{低}$$
$$E_{高} \cdot V_{低} = M_{低}$$
$$E_{低} \cdot V_{高} = M_{低}$$

这种理论用在企业和组织管理中,在使用奖金时,不同的预期概率和价值指数会产生不同的激励力量(如表 15-1 所示)。

表 15-1 期望激励关系表

预期概率 E		价值指数	
		高	低
高	相信通过努力能够达到优秀标准	(对奖金很渴望) $E_{高} \cdot V_{高} = M_{高}$ (激励力强)	(对奖金不很渴望) $E_{高} \cdot V_{低} = M_{低}$ (更换激励方法)
低	认为自己不能控制工作质量	$E_{低} \cdot V_{高} = M_{低}$ (增强能力与信心)	$E_{低} \cdot V_{低} = M_{低}$ (激励力弱、改善工作条件)

以上从影响激励的预期概率和价值指数两个因素作了分析,从中可以看出,激励力促使行动,行动取得成果(目标达成),通过成果,职工感到满意或不满意,又反馈到激励

力的形成,影响到下一次的激励力和行动。

活动成果的吸引力×期望几率＝激励力量→行动→成果→满意(不满意)

2. 激励职工需要处理好的几个问题

(1) 管理当局应使职工了解某项活动成果的吸引力,并尽可能加大这种吸引力。

(2) 应指导和帮助职工树立经过努力完成工作、达到目标的信心和决心。如果职工认为目标高不可攀,可望而不可即,会失去信心。

(3) 奖励必须随个人的工作绩效而定,只贡献不奖励会降低人的积极性;奖赏不当,无工作绩效而受奖会使人产生不公平感。

(4) 人的需要各有差异,某种奖励对不同的人的价值也不一样。应根据人的需要不同,采取多种不同的奖励方式,才能收到较大的激励效果。

二、斯金纳的强化激励理论

强化理论是美国心理学家斯金纳(B. F. Skinner)于20世纪50年代提出来的,它也属于心理学研究成果在管理中的应用。斯金纳生于1904年,于1931年获得哈佛大学的心理学博士学位,并于1948年回到哈佛大学任教,直到1975年退休。1968年曾获得美国全国科学奖章,他的代表作有《有机体的行为》(1938)、《言语行为》(1957)等。

1. 强化

所谓强化,从其最基本的形式来讲,指的是给一种行为的肯定或否定的后果(报酬或惩罚)。它至少在一定程度上会决定这种行为在今后是否会重复发生。斯金纳进行了类似于巴甫洛夫建立条件反射理论的实验,取得了与巴甫洛夫相同的结果。

斯金纳通过这些试验研究得出结论,认为人的行为可分为三类:第一类是本能行为,这是人生来就有的行为,例如婴儿生来就会吃奶;第二类是反应性行为,这是环境作用于人而引起的反应,例如医生轻轻叩击病人膝关节,病人小腿就会跳动;第三类是操作性行为,它的产生来自环境刺激的反复作用。人在为了某种目的而进行活动的过程中,由于某一偶然行为使需要得到了满足,这时,人们为了再次满足需要,便会根据经验重复此种行为,使这种行为的频率增加,这种状况即称作强化刺激。能增强这种行为发生频率的刺激物即称作强化物。这种操作性行为会随着强化刺激的增强而增强,也会随着强化刺激的减弱而减弱。这样,人们就可以通过控制强化物来控制行为,造成行为的改变。由于这一理论的中心思想在于通过强化刺激来改变人的行为方向,故又称作行为修正理论。

2. 强化理论具体应用的原则

(1) 经过正强化的行为趋向于重复发生。如果要使人们按这种方式行为,就可以采用加薪、提拔、赞美等强化物对此种行为进行刺激,人们就会因为向往这种行为结果而趋向于此种行为。

(2) 要刺激人们特定方式行为时,要尽量运用正强化方式。所谓正强化,是指通过给予被强化者适当报酬的方式,借以肯定某种行为。负强化是指以某种强制性和威胁性的后果来表示对某种行为的否定,借以消除此种行为重复发生的可能性。斯金纳发现正强化比负强化往往更有效,认为惩罚不能完全地改变一个人按想法去做的念头,至多只能教会他们如何避免惩罚。而且惩罚往往使人形成种种消极心理。因此,要以正面的报酬为主,针对不同的情况给予相应的报酬。同时,在必要时,对违反要求的行为给予一定的惩罚,使其改正行为。而一旦有所改正,立即给予正强化,做到正负结合,以正为主。

(3) 明确行为方向和工作目标,及时给予强化。对于受到奖励的行为和工作成绩应给予明确具体的肯定,并对工作效果给予相应的报酬,使人易于理解和接受,从而激发人们的工作热情。对一个企业来讲,可把总的企业目标分成几个阶段性目标,每达到一个目标,即给予强化,使人们的行为持续地向实现总目标的方面发展。

(4) 确定合适的强化物。人们在需要上有不同的要求,有的人注重精神奖励,有的人注重物质奖励。对于不同情况,应当有所区分,确定不同的强化物,只有如此,才能激起其行为动机,达到强化的目的。可以说,选准强化物是使组织目标同个人目标统一起来,以实现强化预期要求的中心环节。

(5) 要重视对成绩的反馈。只有通过及时的反馈,才能使强化者认识到自己的行为结果,刺激下一次行为。一个人在做了某种行为以后,即使是管理者表示已注意到这种行为这样简单的反馈,也能起到正强化的作用;反之,如果管理者对下属人员的行为漠然置之,或者对事前的许诺不予兑现,便起不到预期的强化作用,甚至会起相反的作用。

第三节 戴尔的组织管理思想

对于一个企业家来说,他的使命就是把社会的各种资源纳入自己的企业体系,加以排列组合和有效利用,从而获得巨大成功。戴尔正是从一些企业获得成功的事例出发,认识到了工业组织的重大作用与经济意义,写成了名著《伟大的组织者》一书。该书考察了美国杜邦化学公司的系统化组织体系。正是由于杜邦化学公司组织的科学化与合理化,才使它成为20世纪初世界最优秀的工业帝国之一。再就是艾尔弗雷德·斯隆在美国通用汽车公司进行的组织创新——分权的事业部制获得的巨大成功,成为日后全世界大公司仿效的榜样。正是事业部制的提出,才为大公司找到了有效的组织模式。另一位组织创新者是美国国民钢铁公司的欧内斯特·特纳·韦尔,他一反传统的企业管理理念,开始为他的公司制订长期规划和整体计划,并组建组织核心,使组织核心能够随同公司的成长而发展。第四个组织成功的案例是美国威斯汀—豪斯电气公司在20世纪30年代的大改组,通过建立中央控制系统,在公司高层设立参谋部门,下放生产计划权限,获得了成功。该公司是很好地把集权—分权结合起来的早期工业组织之一。

欧内斯特·戴尔从企业案例研究出发,总结后提出了一系列的管理思想。关于企业组织模式的研究,是他对管理思想的一个显著贡献。

欧内斯特·戴尔(Ernest Dale)是美国著名管理学家,欧内斯特·戴尔协会主席,在美国和其他一些国家的公司中任管理顾问,并在一些全国性的和国际性的公司中任董事。他的主要著作有:《公司组织结构的计划和发展》(1952)、《伟大的组织者》(1960)、《组织中的参谋工作》(1960,与林戴尔·厄威克合写)、《企业管理的理论与实践》等。

欧内斯特·戴尔是西方管理学中经验主义学派的重要代表人物之一。经验主义学派又被称为经理主义,以向大企业的经理提供管理企业的成功经验和科学方法为目标。可以划归这一学派的人很多,其中有管理学家、经济学家、社会学家、统计学家、心理学家、大企业的董事长、总经理及管理顾问等。经验主义学派认为,古典管理理论和行为科学理论都不能充分适应企业发展的实际需要。有关企业管理的科学应该从企业管理的实际出发,以大企业的管理经验为主要研究对象,以便在一定的情况下,只是为了把这些经验传授给企业管理实际工作者和研究者,提出些实际的建议。经验主义学派一般都主张用比较方法对企业管理进行研究,而不应从一般原则出发。欧内斯特·戴尔是这一主张的主要代表人物。

他在近年的一些著作中故意不用"原则"这个词。该书就是他用比较方法对企业管理进行研究的一本代表作。他在该书中断然反对存在着任何有关组织和管理的"普遍原则",他用比较方法研究了美国杜邦公司、美国通用汽车公司、国民钢铁公司和威斯汀—豪斯电气公司等大公司的一些"伟大的组织者"(皮埃尔·杜邦、艾尔弗雷德·斯隆等人)成功的管理经验。戴尔认为,迄今为止,还没有人掌握企业管理上的"通用准则",至多只能讲各种不同组织的"基本类似点"。管理知识的真正源泉就是大公司中"伟大的组织者"的经验。

组织理论的基本思想认为,对企业管理经验最好用比较方法进行研究。但是,要使组织的比较研究有用,必须满足一些要求。其中比较重要而又易于忽略的有以下一些。

(1)一个概念的框架。研究者必须选择在不同情境中要考察的各种变数,而这些变数可以有多种类型。例如,可以从管理职能对组织进行研究。需要完成一些什么职能以及为了完成这些职能需要有些什么权力和责任。或者,我们也可以按其他类型进行分类,如切斯特·巴纳德提出的经理工作的过程:①做工作的地点;②做工作的时间;③做工作的人;④做工作的对象;⑤做工作的方法和程序。例如,苏纳·卡尔森(Sune Carlson)教授就对不同公司中的12个主要经理人员的工作条件和方法进行了这样一种分析,作了定量计算并从工作效率的角度分析了其后果。

可以用类型学的方法对主要经理人员的不同的类型进行比较。如埃里克·弗鲁姆(Erich Fromm)把他们分成以下几种类型:容纳型,储藏型,利用型,推销型,生产型。如果用这种分类法对一些主要经理人员进行研究,就可能推论出他们领导的组织结构的不同类型。例如,利用型经理可能趋向于把组织塑造成为能使他获得最大个人权力的一种工具,储藏型经理则可能使组织有着严格的纪律,最后人们也可以对一项或一系列假设进行检验。例如,在管理层次中的"级别越高则控制幅度越狭窄"这一假设就可以在不同的情境中用比较的方法进行检验。

(2) 可比较性。不同系统的相似性的描述和分析还必须考虑到它们之间的差异性。因为其差异性可能很大,以致进行比较毫无意义。

除非进行比较的两件事物有着基本的相似性,否则比较是没有价值的。这可以用下面这个有名的例子来说明。一个工会领袖要求公司对怀孕女工增加工资,因为其他可比较的公司已经这样做了。劳资双方互不相让,谈判几乎破裂,直到有人对本公司的劳动力做了分析。结果发现,本公司只有5名女工,而且都已60岁以上。因此,我们必须仔细地确定差异的各种因素及其对后果的可能影响。

(3) 目标。如果不用所研究组织的目的或目标,我们就无法对比较工作的结果进行评价。这种目标可能是利润最大化、权力、士气、组织成员的幸福,或这些的结合。那些知道其组织工作的目标的人可能比不知道的人更为成功。

但有时那些在实现其目标方面取得明显成就的人却受到其他一些人的攻击,而并未讲明攻击的理由。

有些组织"工程师"易于认为好看的组织图本身就是目的,他们的任务就是使得组织图看来对称,呈"金字塔形"或"扁平形"等,而对其"对称图形"的偏离则认为是旁门左道。另有些从"人际关系(组织对人的影响)"的观点研究组织的人则认为正式组织结构和理论对正式组织中工作的个人起着压抑、不幸、困惑的作用,因而不负责任地进行批评"。

如果组织的目标在于所谓"满足"组织中的个人,那就应该明确讲出来,其标准不应该是主观的,而应尽可能的客观。

但是,这种探讨方式对那些持有不同于上述研究人员评价标准的组织来说是帮助不大或毫无帮助的。许多有组织的活动必须使一段时间内的投入和产出平衡,至少大体上平衡。追求这种目标的组织结构可能不会使其所有成员充分幸福。

有些人天生就厌恶正式组织。他们可能本来就有无政府主义倾向,在任何有组织的社会中都感到不愉快。有些人即使没有任何组织也会因自己内心的冲突而感到不快。

正式组织中个人的挫折至少有一些不是由于组织结构而是由于他们自己的原因而造成的。例如,个人可能把上司看成是父亲的代替者,认为自己能够成为父亲期望他们成为的那个样子,尽管事实上他们必然会失败。职工同他们双亲的历史关系可能在他们同组织的关系中起破坏作用。一个职工对他父亲取得明显成就、安全和创造性工作机会的信念——这是从青年时代就有的——可能促使他反对上司并经常为实现这个憧憬的目标而战斗。职工在孩童时代同家中发号施令者的关系也可能会使他们认为企业组织有专制主义和虐待成性,并有一种在极权权力面前受迫害和无能为力的猜疑感。

有关组织和个人的"人际关系"分析无疑揭示了很多有关个人在正式组织中的感觉

和行为的事物。但是他们常常未能表明评价和批评的依据和标准,因而无助于组织理论和组织本身。试图把个人"调节"得适应于组织或把组织"调节"得适应于个人,可能既无好处,也不可能。他们的批评至少部分地忽视了冲突和挫折的促进因素。

如果我们不是采取组织人通常的神经质态度和隐瞒或无视工作环境的现实,或者采取与他人无意识地认同的人际关系逃避现实的态度,而是考察工作环境中的现实、组织的"顽强需要"和个人的内心自我,会更好一些。把我们生活中不如意和痛苦的部分汇集起来,只不过是一个巨大的逃避出口,而并不是真正的解决办法。

(4) 恰当性。所做的比较和得出的结论必须是恰当的,即应该是在既定的条件下能够适用于提出的假设。但是,如果由于资料不恰当以致其适用范围有限或最初得出的结果缺乏说服力,只要明确地讲出,那也没有什么不对。因为,随着资料的丰富和改进,描述和分析也会进一步精确和深入,其包含的意义和显示的倾向也会有更广的适用范围,或者所需作出的修正也会更为明显。

一些伟大的组织者提出了他们自己的一些"原则"或指导准则。这些准则是由于具体问题的挑战而提出的,可能不适用于其他问题。的确,有些准则,如有限的控制幅度,同组织理论家提出的准则类似(虽然是独立提出的)。但他们只是一般地限定,固定数量的管理人员的效率会递减,而并不过于严格地应用这一准则。从他们的工作中可能得出的准则包括以下这些。

(1) 通过责任会计制可以达到有盈利的控制。这就是把组织结构同有计划的投资报酬率和可控制的成本结合起来。这就会使努力同成果之间有着高度的相关性。

(2) 使作业分权化,并在控制上进行协调——把各种不同的活动组织成为独立的作业团体,使之冲突尽可能的少而又朝向一个共同的目标(如杜邦公司、通用汽车公司)——也许可能提供一种利用大企业和小企业两者长处的手段。

(3) 由集团控制代替个人控制,在集团成员见解相同、能力异质、地位平等时能取得最好的效果(如杜邦公司和通用汽车公司)。

(4) 由拥有相当大数量的股东组成的"抗辩力"可以作为绝对权力和企业内部成长的管理当局的制衡力量,并有助于自由表述意见,从而做出更好的决策(如通用汽车公司)。

(5) 可以用长期的经常而有利的扩张的形式为企业制订一个"终身计划"(韦尔在国民钢铁公司)。

当一个公司从集权制转向分权制组织结构时,其眼前结果、短期结果和长期结果可能是不同的(威斯汀—豪斯电气公司):

(1) 其眼前结果趋向于使利润率增长。

(2) 其短期结果可能使管理费用较收益增长更快。

(3) 而其长期结果则趋向于使收益较成本增长更多。

当然,如果能发现可以像公式一样应用于所有组织,或至少应用于所有工商业组织的普遍适用的组织原则，那就极为方便了。但这种希望是极为渺茫的。因为，如果有一种原则能适用于所有的情况，那它就必然谈不出很多我们以前不知道的东西。如果它表述得很明确——如控制幅度原则——那么其有效性就大可怀疑。因为，可以发现许多成功的组织者完全不顾该原则。我们无法知道成功的组织者之所以成功是由于遵守该原则还是由于不顾该原则，我们也无法知道该原则是否根本没有什么用处，或至少在一定程序上没有用处。

因此，对那些必须解决当前面临的组织问题的人来说，比较法似乎是最有用的。概括地讲，我们可以得出这样的结论：在各种组织中，"尽管存在着一般模式，却有着差异，尽管环境有差异，却存在着类似性"。运用比较法，我们可能不会立即建立起一种普遍适用的理论，但也许可以建立起当前有用而最终普遍适用的理论的某些部分。

第四节　彼得的人事管理思想

劳伦斯·丁·彼得（Laurence J. Peter），1917年生于加拿大，1957年获美国华盛顿州立大学学士学位，6年后又获得教育哲学博士学位。

劳伦斯·彼得发现：在一个组织中，每个人都有可能被晋升到其"不能胜任"的职位。他又进一步推理：当员工到达其"不能胜任"的职位时，便会产生惰性。

他通过很多的例子来说明那些"不能胜任"的人所干的都是一些蠢事，如：美国公路的维护人员将被撞死的狗漆成黄色，以此作为交通警告标志；美国新泽西州丹维尔的法令规定，所有的消防栓必须在火警发生前一小时得到全面检查——天知道火警何时发生！

彼得深入探究那些人干的蠢事和一再失误的原因。到底是那些"不能胜任者们"努力的结果，还是"低着头看天"的小丑精心导演的闹剧？最初，他一直想不明白，更无法确定：这个世界是由一群"无能但有诚意"的人在推动运转，还是始终有一群"聪明绝顶"的人在玩"积木"？

经过多次实验和坚持不懈的努力之后，他终于得到了两大发现。

其一，创意性的不胜任。个人经由这项创意性的不胜任的行为，得以在他胜任的职位上愉快地工作。彼得本人就善于发挥这种"创意性的不胜任"，将自己成功地留在他胜任的职位上。

其二，个人在晋升之前往往是胜任的，然后被晋升到不能胜任的职位。今天，我们可以看到社会上发生的许多蠢事和一再的失误，都是这样造成的。

为了避免本人被晋升到不能胜任的职位，我们只能巧妙地运用创意性的不胜任，将自己留在原来胜任的职位上。这不但有益于个人，同时也有益于组织和社会。当然，从另一个角度上来说，也就放弃了晋升，同时也放弃了因晋升而带来的更多的福利和利益。

由以上两点,可以很容易地得出下面的结论:在层级组织里,每位员工都将晋升到自己不能胜任的阶层;层级组织的工作任务多半是由尚未到达胜任阶层的员工所完成的。

一、彼得人事思想的提出与冷遇

任何一种伟大的科学在诞生之时都会经历无数的波折,同样,彼得提出他的人事思想也经历了一个不平凡的过程。

1960年9月,在美国联邦的一次演讲会上,"彼得思想"首次亮相,听众是一群负责教育研究计划并刚获晋升的项目主管。

他的演讲招来了众人的批评与嘲笑,但是彼得仍然决定以独特的讽刺手法向大众呈现"彼得思想"——开始出版他的图书。

尽管所有案例都经过精心选择和加工,且引用的资料也都符合事实,并于1965年确定完成。但遗憾的是,先后有16家出版社无情地拒绝出版该书。直到1966年,才在报纸上零星地出现了一些论述"彼得思想"的文章。文章一经登出,读者反应空前热烈,引得各个出版社蜂拥而至。

"彼得思想"被人们称为原理,一时间得到了各界的广泛关注与宣传,因此,他的名字被收入了《美国名人榜》、《美国科学界名人录》和《国际名人传记辞典》等辞书中,他的层级组织学理论也开始长时间影响着各行各业。

曾有西方人评价,"彼得原理"是20世纪最深刻的社会和心理学发现,就科学史上的地位来说,劳伦斯·丁·彼得甚至可以与牛顿、哥白尼相媲美。

二、"彼得原理"与帕金森定律

"彼得原理"可以分为三个层次:首先,在一个等级制度中,每个职工总趋向于晋升到他所不能胜任的地位;其次,由于每个职工在原有职位上工作成绩很好,将被提升到更高一级职位;最后,如果他们继续胜任则将进一步得到提升,直至到达他所不能胜任的职位。

"彼得原理"不是在任何情况下都成立的,这种成立是有其假设条件的,即:时间足够长,层级组织里有足够的阶层。因此,"彼得原理"被认为是与帕金森定律有一定联系的。帕金森(C. N. Parkinson)是著名的社会理论家,他通过观察注意到并有趣地描述了层级组织中冗员累积的现象,创造性地提出了著名的"爬升金字塔"之说。这个理论的假设条件是:组织中的高级主管采用分化和征服的策略,故意使组织效率降低,借以提升自己的权势。

但彼得认为帕金森的理论设计有明显的缺陷,他对组织中出现冗员累积现象的解释是:层级组织的高级主管真诚追求效率。这和帕金森定律的前提是完全不同的。

三、员工快速提升诀窍

彼得认为,"提拔"即是在层级组织里,除了靠有血缘、婚姻或熟识等直接人际关系外,还潜藏着一些不成规矩的晋升"制度",促使一部分人能得到迅速晋升,而这部分人往往没有特殊背景。

对此,彼得提出了有关快速晋升的建议。

1. 找寻你的贵人

人们形容一个人受到他人在工作或生活上的帮助时,往往称帮自己的人为"贵人"。所谓"贵人",是指在层级组织中职位比较高且能帮助他人晋升的人。有时需要人们去认真分辨谁才是具有这种能力的贵人。

有些人以为,他们的晋升几率取决于顶头上司对其的评价高低,这种观点或许是正确的。但是更高的管理阶层可能觉得他们的顶头上司已到达不胜任阶层,因而可能不在乎他的推荐和好恶。所以,不要太肤浅,仔细深入观察,你将能找到帮助你晋升的贵人。

2. 贵人也需要激励

值得注意的是,要认清在层级组织里,贵人帮助你向上升后他能得到什么好处。如果他不帮助你晋升,他会有什么损失。如果你能找到"贵人"在你晋升上的得失,将会最大程度地帮助你在"激励贵人"方面取得最大的成功。中国人的拉关系、请客送礼是也。

3. 还要有灵活性

在层级组织中,如果你的上司就是某个不胜任者,那么你花再多力气或你的贵人再怎么提拔你,也将徒劳无功。这种困窘的情况,可以称为"瓶颈式制约",或者用彼得在他的书中说的"彼得瓶颈"来形容。

彼得认为,在层级组织中,你必须离开挡路人的那条升迁管道,然后从另一个没有阻碍的管道往上晋升。这种策略,可以称为"彼得迂回法"。可是,在投入时间和精力于采用"彼得迂回法"以前,你得确定你的情况是否真的符合"彼得瓶颈"。换句话说,职位高于你的人确实是你的挡路人。

如果那人仍有资格获得晋升,即他称不上是你的挡路人,你也不必躲开他,只要稍加忍耐一些时日即可,到时就可能"拨开云雾见青天"了。至于如何正确判断你的上司是不是挡路人,这就需要你的实际经验积累以及日常工作中的观察了。

4. 还要有弹性

每个贵人所能帮助你的,是有一定限度的。例如,经验老到的登山者固然能够帮助较弱的登山者和他爬得一样高,但是这名带头人必须再往上爬才能再提拔那名后进的登山者。然而,假使第一位贵人未能爬得更高,那么被提拔者势必会再找另一个能爬上高位的贵人。

因此,请随时做好准备,在时机来临时便转而效忠另一个职位更高的贵人。俗话说

"当断不断,反受其乱"。因此,如果你想爬到更高的职位,在寻找贵人时就必须有足够的弹性,否则只会自食苦果。

5. 争取多位贵人的帮助

俗话说:"韩信用兵,多多益善。"在贵人的数量方面,当然也是越多越好。因为贵人与贵人之间是有交流的,而他们的谈话会起到不断强化你的优点的效果,因而使他们有信心提拔你。假使你只有一个贵人,你便得不到这种强化的效果。所以,贵人越多,晋升的机会就会越大。

综上所述,我们可以看到这种晋升既没有得益于血缘、婚姻或熟识等直接人际关系,也没有沾半点儿"乱点鸳鸯定律"的光。这一切都是个人"努力"的结果,只要遵循上述的几点建议去做,就将会使你更早地到达不胜任的阶层——晋升。

四、人事管理的理论

"彼得原理"可以说是解开所有阶层制度之谜的钥匙,因此也是了解当今整个文明架构和未来发展的关键所在。而就"层级组织学"的应用而言,在企业的人事管理应用上的发展显然更具前瞻性。在企业人力资源分配上,将"彼得原理"作为人力资源合理利用的参考,有其不可忽视的意义。

"彼得原理"认为:每一个职位最终都将被一个不能胜任其工作的职工所占据;层级组织的工作任务多半是由尚未到达不胜任阶层的员工完成的……每一个职工最终都将达到"彼得高地",在该处他的提升商数(PQ)为零。

至于如何加速才能提升到这个高地,有两种方法:其一,依靠上面的"拉动",即依靠裙带关系和熟人等从上面拉;其二,靠自我的"推动",即自我训练和进步等。前者是被普遍采用的一种方法。

上面这一点可以用来解释:政府为什么效率不高?国有企业为什么办不好?为什么官僚在每一个社会中都存在?诸如此类的问题都可以由"彼得原理"逐一得出答案。

有人认为:如今现代企业已经不再花费大力气去培养属于自己的人才了,重用外来人才、重用现成人才是企业应取之道。但重用这样的人才的弊端也非常多,如某个私营企业,很多领导职位都由某国有企业过来的人员担任,他们不但带来了经验和客户关系,同时也带来了复杂的官僚作风,以及国有企业明争暗斗的习气。更重要的是:他们现在的职位与原来在国有企业的职位相当,或许是可以胜任的职位,但他们的上升能力和潜力已非常有限。大多数人靠从前的关系或经验,沉浸于繁忙的工作和应酬中,对于自身能力的提高已经很少关注,因此如果这些人再向前提升一步,那么正应了"彼得原理"的推导:下一个更高的职位将是他所不能胜任的职位。

在企业内部逐层提升职位,其结果便是:最终有一个职位是他所不能胜任的。

我们可以将企业的人员简单地分成三类:第一类是"胜任停滞型",即能胜任现在的工作,但基本已"定型",不具备自我提升的素质,永远只能做好现职工作,再向上升一级就是错误。第二类是"胜任成长型",不但能胜任现在的工作,也具备自我学习、自我总结、自我提高的素质和能力,能不断提高自己的综合能力指标,从而可以胜任其他的一些职位。第三类,这种人现在已经不称职,或者说他们是由于某种自然或非自然的条件导致了其存在"不胜任"危机的一类人,可以简单地将之称为"胜任退化型"。

综合"彼得原理",可以将企业用人之道简单概括为:充分利用第一类人,发现并培养第二类人,警惕第三类人。由此推导的结论是:必须充分认识到人事管理部门的重要性,成立人力资源部并有效运作,发现(包括招聘和在企业内部发展)并培养企业每一职位的接班人,在人力资源上形成可持续发展的潜力。

总之,无论是就企业的效率运作,还是从未来发展而言,"彼得原理"的潜在告诫是:不要轻易地进行选拔和提拔,因为提升将很可能导致最终的不胜任。

五、"彼得原理"在教育管理中的应用

"彼得原理"是个操作性很强的理论,在这里以学校为例来讨论这个原理。学校是个典型的组织,通过研究一个学校的制度,人们很容易就明白了"彼得原理"在教育行业里运作的情形,同时也能推知层级组织理论如何运作于其他各行各业。

当我们开始讨论授课教师时,为了便于分析,可以将他们分成三级:胜任、适度胜任以及不胜任。根据分配理论预测和针对实际操作结果的测试,教师在这三个等级里的分布往往不是均匀的:大部分教师属于适度胜任级,只有少部分教师属于胜任级和不胜任级。如果多个学校横向比较,情况或许会有偏差,但大致的情形会趋于一致。也就是说,教育也是遵循"彼得原理"发展的。

在教育业,一个不能胜任的教师是没有资格获得晋升的,这些老师往往被学生们形容为"抱残守缺"或是"不知变通的老顽固"。而大多数新任教师都属于适度胜任级或胜任级,这些教师都有资格获得晋升。

这里有一个案例:Y先生以前身为学生时就非常优秀,他爱好写作,擅长书法,也喜欢音乐,弹得一手好钢琴,他唯一的缺点就是不善于组织。但他作为学生的作文老师,对学生的写作指导极具启发性,有时还带领学生们去风景优美的地方做"情景作文"的实地体验,学生们非常愿意和他合作,这也使他的工作进行得非常顺利。因此他很快被提升到年级主任的职位。可是身为年级主任,学校要求他充分组织好本年级的各位老师,使人尽其才。但是此时Y先生不善于组织和调节人际关系的缺点暴露出来了。经过一段时间之后,整个年级非但没取得大的进步,还因为几位老师私下里存在矛盾,使整个年级一直处在压抑的氛围当中,甚至老师不去上课的事情也时有发生。

可以想象,由于Y先生在这份工作上的表现,他将不可能再次获得晋升。于是,由"彼得原理"推理出这样一个结果:每个职位终将由不能尽责的、不胜任的员工所占据。

不过,在实际生活中,一个组织的员工不可能都已经到达其不能胜任的阶层。一般的情形是:员工基本上还能做出他的贡献,还能保持最基本的工作效率,因此,组织还能继续存活下去。

本章小结

西蒙认为,组织就是由作为决策的个人所组成的系统。决策贯彻于管理的全过程,管理就是决策。决策过程可以划分为四个阶段:收集情报,拟订计划,选定计划,评价计划。他特别强调信息联系在决策过程中的作用。他更重视非正式渠道的信息联系,认为非正式渠道应在信息联系中起重要作用。关于决策的准则问题他提出应该以"令人满意的准则"代替传统的"最优化准则"作为决策的标准。提出程序化决策和非程序化决策的技术以及决策中的思维过程。他认为经营中组织的最理想状态是:它的所有成员由于把个人目标和组织的共同目标结合起来,因而都愿意为提高组织效率而做出贡献。这样,组织只需要在做必要调节时使用权威,使制裁方式的应用不占重要地位。西蒙提出了另一个结论:认为在当代社会中职能地位的重要性愈来愈大,而等级地位的重要性愈来愈小。西蒙把人的符合目的的行动分为两种类型:踌躇选择型和刺激反应型。

弗鲁姆认为,如果某个人有了有价值的目标,他采取某种行动之前,就会对所期望目标的各种不同的实现可能性予以权衡。若此目标被认为具有成功的可能性,人们就会受到激励,很可能选择它并采取行动。这可用下面公式来表示:

$$M = f(E \cdot V)$$

斯金纳通过试验研究得出结论,人的行为可分为三类:第一类是本能行为,这是人生来就有的行为;第二类是反应性行为,这是环境作用于人而引起的反应;第三类是操作性行为,它的产生来自环境刺激的反复作用。

戴尔是西方管理学中经验主义学派的重要代表人物之一。经验主义学派又被称为经理主义,以向大企业的经理提供管理企业的成功经验和科学方法为目标。经验主义学派认为,古典管理理论和行为科学理论都不能充分适应企业发展的实际需要。有关企业管理的科学应该从企业管理的实际出发,以大企业的管理经验为主要研究对象,把这些经验传授给企业管理实际工作者和研究者,提出些实际的建议。《伟大的组织者》一书考察了美国杜邦化学公司的系统化组织体系。正是由于杜邦化学公司组织的科学化与合理化,才使它成为20世纪初世界最优秀的工业帝国之一。艾尔弗雷德·斯隆在美国通用汽车公司进行的组织创新——分权的事业部制获得的巨大成功,成为日后全世界大公司仿效的榜样。美国国民钢铁公司的欧内斯特·特纳·韦尔,他一反传统的企业管理理念,开始为他的公司制订长期规划和整体计划,并组建组织核心,使组织核心能够随同公司的成长而发展。美国威斯汀—豪斯电气公司在20世纪30年代的大改组,通过建立中央控制系统,在公司高层设立参谋部门,下放生产计划权限,获得了成功。该公司是很好地把集权—分权结合起来的早期工业组织之一。

彼得发现：在一个组织中，每个人都有可能被晋升到其"不能胜任"的职位。因此，当员工到达其"不能胜任"的职位时，便会产生惰性。他的两大发现：创意性的不胜任；个人在晋升之前往往是胜任的，然后被晋升到不能胜任的职位。"彼得原理"分为三个层次：首先，在一个等级制度中，每个职工总趋向于晋升到他所不能胜任的地位；其次，由于每个职工在原有职位上工作成绩很好，将被提升到更高一级职位；最后，如果他们继续胜任则将进一步得到提升，直至到达他所不能胜任的职位。"彼得原理"认为：每一个职位最终都将被一个不能胜任其工作的职工所占据；层级组织的工作任务多半是由尚未到达不胜任阶层的员工完成的。每一个职工最终都将达到"彼得高地"，在该处他的提升商数（PQ）为零。

思考讨论题
1. 讨论决策的标准是"最优"还是"满意"适合实际。
2. 决策理论的基本内容是什么？
3. 认识弗鲁姆期望激励理论的实际意义。
4. 讨论斯金纳强化理论的应用。
5. 认识戴尔对企业组织的评价，讨论经验主义学派的观点。
6. 讨论"彼得原理"的科学性，他的理论符合企业实际情况吗？

第十六章 20世纪70年代西方的管理思想

进入20世纪70年代,持续增长与繁荣的世界经济由于中东的石油危机而进入动荡与困境之中。在新的世界经济形势下,战略管理理论应运而生。杜拉克先生认为,"企业战略理论是使企业在动荡年代里保持生存与发展的重要工具"。正是该理论的提出,使传统企业管理从着重优化企业内部经营行为转向对企业外部环境的分析与重视。

1974年,美国著名的管理学大师彼得·杜拉克在20世纪50年代提出著名的目标管理理论之后,又出版了他的管理学名著《管理:任务、责任、实践》一书。该书系统阐述了杜拉克的管理思想,特别是他经验主义学派的管理思想。

当企业规模增大,特别是对于一个全球化经营的跨国公司来说,其组织控制的重要性与难度都大大增加了。杰伊·洛希,企业组织理论专家,在1970年与保尔·劳伦斯合著了《组织结构与设计》一书,系统提出了他组织管理的思想。

第一节 战略学派的管理思想

在20世纪60年代西蒙提出决策理论新学科之后,人们开始关心企业战略决策问题;70年代提出战略管理思想。1976年,美国战略问题专家安索夫(H. I. Ansoff)出版了《从战略计划走向战略管理》一书,把他在1965年出版的《公司战略》一书的战略思想提升到战略管理阶段。安德鲁斯(K. R. Andrews)在1971年出版了《公司战略概念》一书。后来波特(M. E. Porter)教授在20世纪80年代先后出版了《竞争战略》和《竞争优势》两本书,从而形成完整的企业战略决策理论。传统的企业管理理论着眼于企业内部的经营活动,主要强调企业自身的管理与效率的提高。但从20世纪60年代末到70年代初,由于全球化经济过剩与中东石油危机的发生,企业的经营环境发生了巨大变化,企业的成功并不仅仅决定于自身的管理水平,而且越来越受制于外部市场大环境。战略决策理论的管理思想:一是更加关注企业外部大环境的变化及其对企业经营的决定作用;二是重视竞争对手的经营行为;三是强调企业应扬长避短、发挥优势、打造核心竞争力;四是强调资源优化配置,具有长远眼光和全局意识。

20世纪70年代以后,由于竞争的进一步激烈,企业形态呈现出新的形式,国际经济形势的变化更加促进了企业向国际化、大型化方向发展。同时社会的进一步分化又提供了许多新的市场机会,小型企业得到了快速发展。于是每一个企业为了生存和发展,都在寻找自己的发展道路,都在寻求一个适合于自己的发展战略,制定战略成了企业发展首要考虑的问题。在这种背景下,美国哈佛的管理学家迈克尔·波特(Michael E. Porter,1947—)提出了他的战略三部曲,其中对企业发展的战略思想影响比较大的是《竞争战略》和《竞争优势》,这两本书已成为企业发展战略的理论方面的经典著作。下面主要介绍有关战略管理的思想。

一、行业结构分析

决定企业盈利能力的重要因素和根本因素是行业的吸引力。任何行业的竞争规律都体现了如下五种竞争力的作用,正是这些因素决定行业的盈利能力,如图16-1所示。

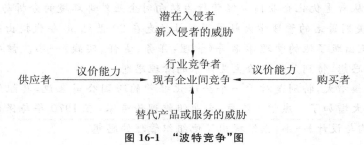

图 16-1 "波特竞争"图

这五种竞争的作用力的总和决定某行业中企业的获取超出资本成本和平均投资收益率的能力。在波特看来,行业的这五种作用力决定了行业结构,也决定了行业的盈利能力。它们影响价格、成本和企业所需的投资——即影响投资收益的诸多因素。

因此,波特对上面的五种结构作用力进行了较为详细的分析。

1. 新入侵者

任何一个企业在进入一个新的行业的时候,首先必须要攻破这个行业给企业设置的入侵壁垒,这些壁垒主要是由下列因素所构成的:在产品方面,主要有规模经济、专卖产品的差别、商标专有性;在经营方面,主要由转换成本、资本需求、分销渠道、绝对成本优势、政府的政策、预期的反击等方面所构成。企业是否决定要进入某一个行业,决定于企业攻破这些壁垒的实力。在预测攻破这些壁垒以后,多花成本还能否达到企业预期的利润,是企业考虑的主要问题。如果对此没有深入的考虑,企业就有可能犯战略性的错误。

2. 决定供方力量的因素

在企业进入某一行业以后,它必须要在市场获取资源,这种获取是要花成本的。对供方来说,是提供投入产品的差异,而对于进入某个行业的企业来说,就要考虑行业中供方和企业的转换成本。除了这个因素以外,还必须考虑替代品投入的现状和供方的集中程度,而批量大小对供方的重要性与产业总成本和特色也影响产业中企业的前向整合和后向整合。

3. 决定替代品威胁的因素

替代品是一个企业产品生存的主要威胁之一,这种威胁主要来自于替代品相对价格表现,这种价格竞争一直是企业竞争的主要手段。对于消费者来说,转换成本是其考虑的主要因素之一。如何增加消费者对于使用替代品的转换成本是企业考虑的战略因素。同时,还必须把客户对替代品的使用倾向考虑在内。

4. 行业竞争的决定因素

决定某一行业竞争激烈程度的直接影响因素主要包括以下几个方面,第一是该行业的增长性。是夕阳行业还是朝阳行业,行业的快速增长在很大程度上缓和了该行业竞争的激烈程度。第二是固定(存储)成本或附加价格。产品构成的固定成本是行业竞争的因素之一,因为它直接决定企业获利能力。第三是周期性生产过剩。产品的生命周期严重地影响着该行业中的竞争企业,如果同类产品的生命周期相同,该行业的竞争激烈程度就高。第四是产品差异。独特的产品始终是制胜的法宝和无形的壁垒,而商标专有是企业经营者利用法律所设置的一个障碍,从而造成其转换成本加大,有利于提高企业的竞争力。在竞争激烈的行业,其信息也呈现相当的复杂性:一方面是真实的信息获取的困难性提高;另一方面是市场本身同样也不断产生出虚假信息。这是由于在竞争激烈的行业内竞争者的多样性所造成的。在众多的竞争者中,企业的风险精神和行业的退出壁垒有关。退出的壁垒低,企业所冒的风险相对较小;而退出的壁垒高,则企业的战略必须要冒较大的风险。所以,退出壁垒是直接影响行业竞争激烈程度的因素。

5. 决定买方力量的因素

对于进入的企业来说,购买企业产品的买方是决定企业生存的主要力量。他们主要从两个方面影响企业:①议价能力。首先是双方地理上集中度的比较,即买方的集中程度相对企业的集中程度,如果集中程度高,对企业有利,反之则不利;其次是买方数量,包括买方组成的数量和买方购买的数量,无论是哪个方面的数量对企业的竞争都构成影响;再次是买方转换成本相对企业转换成本,就是说,这两个成本的比较也对企业的竞争有重要影响;最后是买方信息获取的成本和替代品对企业的影响,这些又会影响企业的前向和后向一体化的战略,这也是克服危机的一种能力。以上都是构成买方议价的主要因素,形成买方砍价杠杆。所以企业对以上的各种要素都必须认真考虑。②价格敏感性。一般来说,买方对价格是非常敏感的。除了价格外,其购买的总量也是一个重要的方面。产品差异和品牌专有也是买方所关注的重点之一,还有产品质量及性能的影响,这两个方面直接影响买方对价格敏感性的强度。最后要考虑的是买方购买后所能形成的利润。这是买方对购买价格的决定相关联的力量。所以买方对价格敏感是行业获利能力的关键因素之一。

这样五种作用力构成了行业分析的框架。波特指出,并非所有五种作用力都同等重要,这些因素是否重要,与其依据结构不同而不同,每一个行业都是独特的,都有其独特的结构。

在对行业结构的五种作用力进行深入的分析以后,波特提出了企业的三种基本竞争战略。

二、基本竞争战略

波特认为企业的其他战略都是在这基本战略的基础上制定的,因此有必要对基本战略进行较为深入的分析。基本战略就是成本领先战略、标新立异战略和目标集聚战略。波特认为这三种基本战略概念的深层含意是竞争优势为任何战略的核心所在,而创造竞争优势要求企业做出选择——如果企业要获得竞争优势,它必须要选择它所要获得的竞争优势的类型以及活动于其中的环境。波特对这三种基本的战略进行了分析。

1. 成本领先战略

这是三种战略中最明确的一种,主要包括追求规模经济、专有技术、优惠的原材料供应以及其他一些因素,使企业的产品成本处于行业的平均水平以下,以获得较大的利润和市场份额。成本领先战略在很大程度上依赖于企业的技术水平和管理水平。即使这样,也不能放弃企业的特异追求。

2. 标新立异战略(特异优势战略)

这种战略是企业力求使自己在行业内独树一帜,在行业内有一种或多种特质,以其特质获得溢价报酬。这种战略主要依赖于建立的基础产品本身、销售交货体系、营销渠道及一系列其他因素。但是追求这种优势的企业也不能放弃追求成本领先地位。

3. 目标集聚战略

波特认为,这种战略是在着眼于行业内的一个狭小的空间内做出选择。这一战略,与其他战略相比是不同的,集聚战略的企业选择行业内一种或一组细分市场,并量体裁衣使其战略为它们服务而不是为其他细分市场服务。集聚战略有两种形式:成本集聚战略和特异集聚战略。成本集聚战略是在一些细分市场的成本行为中发掘特异,而特异集聚战略则是开发特异细分市场上顾客的特殊的需求。这些差别意味着多目标竞争者不能很好地服务于这些细分市场。这样就取得了竞争的优势。

然而如何分析和实施这些战略呢?波特提出了一种独特的分析工具,即价值链。

三、价值链

波特的观点是:一个企业的盈利能力关键是企业是否能搜取其为买方创造的价值,或是否确保这种价值不落入他人手中。价值是买方愿意为企业提供给他们的产品所支付的价格。价值用总收入来衡量。总收入则是企业产品得到的价格与所销售的数量的反映。如果企业所得的价值超出了创造产品所花费的各种成本,那么企业就有盈利。因此分析竞争地位时必须使用价值,而不是成本,所以应该采取价值链的方法。

波特认为每一个企业都是用来进行设计、生产、营销、交货以及对产品起辅助作用的各种活动的集合。所有这些活动都可以用价值链表示出来。而这个价值链中的各种活动反映了企业的历史、战略、推行战略的途径和这些活动本身根本的经济利益。

波特认为一定水平的价值链是企业在特定的行业内活动的组合,且竞争者价值链之间的差异是竞争优势的一个关键来源。

他把企业的整个活动分为两大类,基本活动和辅助活动。基本活动是涉及产品的物质创造及其销售,转移给买方和售后服务的各种活动,任何企业的基本活动都可以分内部后勤、生产经营、外部后勤、市场营销、服务五个方面内容。辅助活动是辅助基本活动并通过提供外购投入、技术开发、人力资源、采购等以及各种公司范围的职能以相互支持,整个活动是有机地联系在一起的。价值活动是由竞争优势的各种相互分离活动组成的。每一种价值活动与经济效果结合是如何进行的,决定一个企业在成本方面相对竞争能力的高低。每一种价值活动的进行也将决定它对买方需要以及特异方面的贡献,与竞争对手的价值链的比较揭示了决定竞争优势的差异所在。

波特用价值链的分析方法揭示了企业内部活动的秘密,把企业竞争的内涵通过价值链反映出来。他通过价值链深入地分析了每一个活动的价值和对其他活动的影响,在此基础上提出了一些战略的概念。这些战略相对于竞争对手来说主要是防御性战略和进攻性战略。波特的竞争战略的理论体系是非常完整的,从企业竞争的最基本因素即行业结构开始,到提出具体的战略构想都作了全面的分析,并且在美国企业得到了广泛应用。波特的竞争战略思想对西方在进入20世纪70年代的企业竞争方面提供了有力的思想武器,现在成为竞争战略方面经典的管理理论。

然而对波特提出的三种竞争优势战略:成本最低、产品特异和重点进攻的理论,有些管理学者提出异议。其主要观点是:

(1) 波特的竞争战略思想主要是来自战争和体育运动方面,在这里,无论是战争还是体育运动,有一个和企业竞争十分不同的地方是,战争和体育运动其敌方或对手是非常清楚的,而在正常的经营中并不是只有一个很容易识别的竞争对手,所以用竞争对手的思想来分析问题,实际操作时往往无从下手。

(2) 企业的经营和战争及体育运动不同的另一个方面是它的和为正值,有一个竞争对手在那里大获全胜,并不意味着你一定是大败而归。因为经营可能有多个胜利者,有时多个竞争对手在一个地方能引起相互激化效应,使大家都获利。

(3) 对竞争对手的分析方面,往往是从远处看待竞争对手的。由于晕轮效应的作用,常常把竞争对手理想化,这种错觉对企业的经营是十分有害的。只有进行目标集中的竞争分析才能消除这种错觉。

总之,尽管波特的竞争战略理论是一个指导企业竞争的有效武器,但是在运用时也要注意到它局限性的一面。

第二节 杜拉克的企业管理思想

彼得·杜拉克是美国著名的管理专家,他才思敏捷,著作颇丰,影响广泛,特别是他的名著《管理:任务、责任、实践》对于管理学界的影响非常深远。我们在此介绍一下该书的主要内容与管理思想。

管理大师——彼得·杜拉克

彼得·杜拉克(Peter F. Drucker,1909—2005年)是原籍奥地利的美国管理学家和管理咨询人员。他早年受的教育是法律,1929年成为英国伦敦一家国际性银行的报纸通讯员和经济学家。为了躲避德国纳粹的迫害,1937年他移居美国。在美国,他开始时作为一个由若干家美国银行和保险公司组成的集团的经济学者,以后担任美国通用汽车公司、克莱斯勒公司、国际商用机器公司等大企业及一些外国公司的顾问。他在1942—1949年间任本宁顿学院政治和哲学教授,1950—1972年间任纽约大学工商研究院的管理学教授,1972年以后成为纽约大学的高级教授。他从1971年起同时任克拉蒙研究院的社会科学克拉克讲座教授。他于1954年创办了杜拉克咨询公司,自任董事长。

杜拉克被认为是当代西方影响最大的管理学家之一,经验主义学派的代表人物。他在管理哲学、管理原理、管理组织、高层管理等方面都有较深的研究和独到的见解。他写有许多著作,广泛论述了工业社会的本质、企业管理的一般概念和基础知识及管理方法、技术革命对未来的冲击等。他的主要著作有:《经济人的目的》(1939)、《工业人的未来》(1942)、《公司的概念》(1946)、《新社会》(1950)、《管理的实践》(1964)、《有效的管理者》(1966)、《不连续的年代》(1969)、《今天为明天培养企业领导者》(1969,编纂)、《管理:任务、责任、实践》(1974)、《动乱时代的管理》(1980)、《管理新潮》(1986)以及论文集《技术、管理与社会》、《人、思想和政策》等。

《管理:任务、责任、实践》是杜拉克最主要的代表作,全面地论述了他的管理思想和他对管理的任务、责任和实践等方面的看法。该书在1974年出版时就以英、德、日三种文字同时发行,以后又被译成多种文字,深受各国管理界人士的欢迎和重视,有人将此书誉为经营管理的经典著作和百科全书。下面我们介绍该书的基本内容。

杜拉克讲,在难以置信的短短50年内,我们的社会已成为一个充满各种机构的社会。它已成为一个多元的社会,其中每一项主要的社会任务都已交给各种大的组织来承担——从商品和服务的提供到卫生保健,从社会安全到文化教育,从新知识的探求到自然环境的保护,都是这样。而使各种机构有所成就的是管理者和管理。

该书将对管理进行探讨,但探讨的重点不在管理的技巧、工具和方法,而在管理的任务。该书从管理的任务出发,首先从外部来考察管理并研究管理任务的范围及其各方面的必要条件(第一部),然后才在第二部中转而讨论组织的工作和管理的技巧,并在第三部中讨论高层管理及其任务、结构和战略。

该书也是以管理人员为中心。它的出发点是这样一个问题:管理人员为了圆满地实现其任务,必须知道些什么?

管理既是一门学科,又是一种"文化"。它受到文化的影响,又影响文化和社会的形成。归根到底,管理是一种实践。其本质不在于"知",而在于"行";其验证不在于逻辑,而在于成果;其唯一权威就是成就。因此,该书探讨的是一些基本原理,并不是一部哲学著作;它产生于实践,又以实践为归宿。

为了使机构能执行其职能并作出贡献,管理必须完成以下三项同等重要而又极不相同的任务:

(1) 机构的特殊目的和使命(不论机构是一个工商企业还是一所医院或大学)。一个机构是为了某种特殊目的和使命、某种特殊的社会职能而存在的。在工商企业中,这就意味着经济上的成就。工商企业的管理必须始终把经济上的成就放在首位,在每一项决策和行动中都这样。

(2) 使工作富有活力,并使职工有成就。工商企业(或其他任何机构)只有一项真正的资源:人。它必须使职工有成就以便激励他们完成工作,并通过完成工作来使企业富有活力。

(3) 处理本机构对社会的影响和对社会的责任。每一个机构都是社会的一个器官,而且是为社会而存在的。工商企业也不例外。企业不能由其本身来评定其好坏,只能由它对社会的影响来评定。这三项任务常常是在同一时间和同一管理行为中去执行的,甚至不能讲某项任务占有更优先的地位或要求更高的技巧或能力。

一、企业的成就

企业的目的和职能。企业的目的必须在企业本身之外。事实上,企业的目的必须在社会之中,因为企业是社会的一个器官。企业的目的是:创造顾客。因此,企业有两项——而且只有两项——基本职能:市场销售和创新。只有市场销售和创新才产生出经济成果,其余的一切都是"成本"。

美国经济从 1900 年以来的经济革命在很大程度上是一种市场销售的革命。50 年以前,美国工商界人士对市场销售的典型态度是:"销售部门所出售的是工厂所生产的任何东西。"而目前,他们所日益采取的态度是:"我们的任务是生产出市场所需要的东西。"这种方针虽然执行得还很不够,但它对我们的经济变革所产生的影响绝不亚于我们国家中的任何一项技术革新。

单有市场销售还不能成为一个工商企业。在一个静态经济中,并不存在着什么工商企业。工商企业只存在于一种扩展的经济中,或至少把变革看成既是自然的又是可以接受的经济之中。企业是成长、扩展和变革的一种特殊器官。因此,一个企业的第二项基本职能就是创新——提供出与以前不同的经济满足。一个企业不一定要变得更大,但必须经常地变得更好。创新可以解释为使人力和物质资源拥有新的、更大的物质生产能力。创新对于发展中国家特别重要。它们之所以贫穷,是由于它们缺少使这些资源成为物质生产能力的本事。它们可以引进工艺技术。但是它们必须自己进行社会创新,以便使引进的工艺技术发挥作用。

企业的宗旨和使命。在规定企业的宗旨和企业的使命时,"谁是顾客"是首要而关键的问题。这不是一个容易回答的问题,更不是显而易见的。如何回答这个问题,在很大程度上决定于企业如何规定它自己。下一个问题就是"顾客买些什么?"最后一个问题是"顾客考虑的价值是什么?"这可能是最重要的一个问题,但也是最少被提出的一个问题。原因之一是,管理人员确信他们知道这个问题的答案:价值就是他们在企业中所规定的质量。但是,这几乎永远是一个错误的答案。同一种质量的产品,对于不同的顾客有着不同的价值。制造业者认为是价值的东西,对于顾客来讲可能是不相干的东西,而只是一种浪费和无益的支出。

绝大多数企业都是在处于困境时才提出"我们的企业是什么"这一问题。但这是一种不负责任的管理行为。应该在一个企业的初创时期就提出这一问题。此外,还必须提出"我们的企业将会变成什么样子"以及"我们的企业应该是什么的问题"。

英国的马克斯—斯宾塞公司经营得很成功。在1963—1972年英国经济处于滞胀的10年困难时期,该公司的销售额和利润都增加了一倍以上。它的经历再一次肯定了深入思考"我们的企业是什么以及它应该是什么"的极端重要性。但它同时也表明,这一点从它本身来讲是不够的。有关企业及其宗旨和使命的基本定义必须转化成各种目标。否则,它们仍旧是永远不会产生成果的构想、良好的愿望和漂亮的警句。它的经历表明:①各种目标必须从"我们的企业是什么,它将会是什么,它应该是什么"引导出来。它们不是一种抽象,而是行动的承诺,借以实现企业的使命;它们也是用以衡量工作成绩的标准。②目标必须是作业性的,即必须能够转化为具体的小目标和具体的工作安排。③自称必须使各种资源和努力能够集中起来。④必须有多种目标而不是一个唯一的目标。⑤在有关企业生存的各个领域都需要有目标。最后,还要有利润,否则,没有一项目标可以达到。

战略规划。对于管理人员很重要的是要了解战略规划不是什么。①它不是一个魔术箱,不是一堆技术。它是分析的思想并把资源应用于行动所承担的义务。②战略规划不是预测。③战略规划并不涉及未来的决策。它涉及的是目前决策的未来性。④战略规划并不是一种消除风险的企图,它甚至也不是一种使风险最小化的企图。

战略规划是从事下列各项工作的一个持续的过程:系统地进行目前的企业的(承担风险的)决策,并尽可能地了解这些决策的未来性;系统地组织执行这些决策所需的努力;通过有组织的、系统的反馈,对照着期望来衡量这些决策的成果。

战略规划最重要的是:第一,为了实现目标,要系统地、有目的地进行工作;第二,规划开始于摆脱不再富有活力的、陈旧的、失效的事物;第三,要寻找实现目标新的、不同的方式,而不是认为多做一些同样的事就足够了。最后,要深入思考时间因素并提出这样的问题:"我们应该在什么时候开始工作以便我们在需要的时候可以得到成果。"但最重要的是,一切都要转化为工作。它的目标是目前的行动。

二、服务机构中的工作成绩

现代社会中除了工商企业以外,还存在着各种公共服务机构——政府机构、医院、大中学校、军队和专业协会等,而且这些服务机构发展得比工商企业要快得多。而在工商企业中,服务部门的发展比作业部门要快得多。但是服务机构和服务部门的工作成绩却差得多。对于服务机构普遍地未能取得好成绩,有三种流行的解释:①它们的管理人员不是企业经营式的;②它们需要更好的人员;③它们的目标和成果是无形的。这三者都是借口而不是解释。真正的原因在于服务机构获得收入的方式不同于工商企业。工商企业只有当它们提供出了顾客需要并愿意用购买力交换的东西,才能得到收益。因此,顾客的满足是保证一个企业获得成绩和成果的基础。而服务机构一般是由预算拨款的。这意味着,它们并不是由于纳税人或顾客认为它们提供了成果或成绩才获得其收入。这个收入来源与它们所做的事无关,是通过税捐等获得的。

一个以预算为收入基础的机构的重要性基本上是以它的预算的大小和人员的多少来衡量的。因此,以较小的预算和较少的人员来获得成果就不算是成绩,反而会危及服务机构。因为,如果不把预算花光,那就只是向制定预算的人表明,可以放心地削减下一个会计期间的预算。其结果是,服务机构的主管人员被微妙地鼓励着不要以低成本和高效率去工作,而要去"争取预算"。服务机构由于依赖于预算拨款,无法确定优先顺序和集中精力。但是,如果不把稀缺的资源集中于少数的优先项目,就不可能取得任何成绩。最后,由于服务机构是以预算为收入基础的,就使得它更难于抛弃错误的、老的、陈旧的事物,更缺乏活力。

但是,也有少数例外,如贝尔电话公司、19世纪的美国大学、田纳西流域管理局等。它们取得成绩的共同经验是:①必须确定"我们的机构是什么以及应该是什么",必须把各种不同的定义公开出来并深入思考和进行权衡;②必须从有关职能和使命的定义中得出一些明确的目标;③然后它们必须深入思考什么是它们应该集中力量来从事的重点;

④必须规定衡量成绩的标准；⑤必须用这些衡量对它们的努力进行反馈，即在它们的系统中建立起对成果的自我控制；⑥最后，必须对目标和成果进行审核，以便确定有哪些目标已不起作用或不能实现，并摆脱这些陈旧或没有活力的活动。

三、富于生产性的工作和有成就的职工

目前正在出现新的一代，特别是有高等教育的年轻一代的工作者。在发达国家中，他们正在向工作和职工的传统管理方式、传统的组织以及传统的经济和权力关系提出挑战。最突出的现象是人们的欲望日益增长。这意味着使工作富有活力比以往任何时候都更为重要。同时，体力劳动者由于在心理上感到深深的不安全，而知识工作者则由于其新的和没有明确规定的地位，都希望工作能提供某些非物质的心理和社会的满足。他们不一定期望工作成为一种愉快的事，但期望工作成为一种有成就的事。

工作和做工作是根本不同的现象。工作是一项任务，是一项"事物"，是客观的、不具人格的。做工作则指职工从事工作，是同人密切有关的。使工作富有活力和使职工有成就的因素是大不相同的。因此，必须既按工作的逻辑，又按做工作的动态来对职工进行管理。如果职工有个人满足而工作没有活力是一个失败，如果工作有活力而职工的成就感受到破坏也是一种失败。实际上这两种情况都不能长久维持。

做工作有六个方面。工作者必须在这六个方面中的每一个方面都有所成就，工作才能富有活力。①首先是生理的方面。人不是机器，也不能像机器那样地工作。人最适宜做一组综合的操作而不是单一的操作。人完全不适宜于以不变的速度和节奏来工作。②心理的方面。工作既是一种负担又是一种需要；既受到咒骂，又受到歌颂。工作是一个人个性的扩展。它是一个人用来确定他自己、衡量他自己的价值和人性的一种方法。③工作是一种社会联结和团体联结。④经济方面。工作是一种"生计"。⑤工作中权力指挥的方面。⑥工作中经济收益分配的方面。这六个方面是结合在一起的，不能认为有一个方面占统治地位。

使工作富于生产性。使工作富于生产性要求有四种不同的活动，每种活动有它自己的特点和要求。①分析，必须了解工作所需的各项特殊操作、程序和要求；②综合，必须把各项操作结合成为一个生产程序；③必须在生产程序中建立起有关方向、数量和质量、标准、例外情况的控制；④必须提供合适的工具。

存在着四种生产系统和生产原则：单一产品的生产；固定的成批生产；弹性的成批生产；程序或"流程"生产。在单一产品生产中，基本组织是按同一性质的阶段来划分的，按每一阶段的特殊要求来系统地组织工作小组，对大量的人员进行系统的训练，使之能担任一个阶段内要做的全部工作。这样就能排出一个工作流程进度表，从而使工作时间大大节省。它对技术的要求较高，而对判断的要求很低。

固定成批生产和弹性成批生产的共同之点，在于其最终产品是由标准化零件装配而

成的。换句话说,成批生产是装配而不是制造。在固定成批生产中,除了工具、材料和零件以外,最终产品也是标准化和统一的。固定成批生产是劳动密集型的。在生产程序的设计和维持上要求有较高的技术,但在实际操作上则不要求有什么技术。而弹性成批生产却可能应用标准化零件装配出多样化的最终产品。它在系统的设计和维持上也要求有较高的技术,在实际操作上一般不要求有什么高技术,但要求有相当的判断力。

流程生产是一个整体系统,其中没有分成各个阶段和部分,生产流程和产品是统一的。它要求有很高的资本投资。

为了使工作富于生产性,要在工作过程中建立恰当的控制,特别在以下一些方面:工作的方向;工作的质量;产出的数量;工作的标准;工作的经济等。

人是我们最大的资产。日本的许多公司、德国的蔡斯公司和美国的国际商用机器公司等对劳动和劳动者的管理都取得了成功。它们的经验不是实行"放任管理"和"参与式民主",而是在责任组织的基础上来管理工作和劳动。

为了使职工能够取得成就,首先必须使他们能够承担起工作上的责任。而这就要求有以下三个必要条件。

(1) 富于生产性的工作。中心在于工作本身。必须使工作有取得成就的可能。如果工作本身不能使人取得成就,那么任何事物都不能使人取得成就。因为,每一个职工(从清洁工到执行副总经理)的基本事实是,他每天在工作上要花费八小时左右的时间。在我们这种组织的社会中,绝大多数人正是通过自己的工作才能取得成就、满足,并与其他人交往。这似乎是小孩子都能明白的道理。

但是,有史以来有关对职工进行管理的各种主要方法,都重点放在工作以外的各项因素上。为了使工作本身能够取得成就,必须对工作进行研究,对生产程序加以综合,对工作标准和控制深入思考,对传递信息的工具予以设计。

(2) 要有用于自我控制的信息反馈。承担责任要求自我控制。自我控制又要求不断地获得与原定标准对比的成绩反馈。只要信息反馈给人们,即使他们以及信息的提供者并不真正知道应该做些什么以及如何做,他们也能控制和矫正自己的工作。

(3) 持续学习。职工,无论是非熟练工人、熟练工人或知识工作者,都必须接受新技术的训练。持续学习并不是代替培训,它有着不同的目标并满足不同的需要。它特别有助于职工把已学到的东西用于提高自己的成绩、提高自己同事的成绩,并找到一种更好、更有效、更合理的工作方法。它也是用来解决两个基本问题的一个途径。这两个基本问题是:职工对创新的抵制,以及职工有落伍的危险。

这三项必要条件可以说是使职工对工作、工作团体和产出负起责任来的计划。因此,它们是管理当局的责任和任务,但并不是其"管理特权",即使只有管理当局才做的事,职工也应参与。

为了使职工愿意承担责任还必须有一个条件:必须保证有明确的职权。他必须知道哪些领域和决策超出了他的权力和范围,因而必须由其他人或上级去处理。管理当局必须确定这是些什么工作、什么目标、什么标准。

分权化就是职工负起责任来,工作团体负起责任来,工作集体宜行自治。必须使从上到下的劳动者都负起责任来,尤其是为了扭转管理职权受到侵蚀的情况。那种情况已威胁到管理当局和我们的各种机构发挥作用。现在,各个地方的管理人员都知道,分权化加强了高层管理,使得高层管理更有效并更能从事它自己的工作。最后,要使职工"有成就",管理人员就要把劳动力看成是一种资源,而不是一种待解决的问题、一种成本还是一种要对付的敌人;要使人力发挥作用,要从人事管理尽快转变为对人员的领导。

四、社会影响和社会责任

所有各种机构的管理当局都要对它们的合法活动给予人们和物质环境及社会环境的影响负责。他们应该就社会影响和社会责任这些领域深入思考其作用、树立目标并取得成果。

无论是一个企业、一家医院还是一所大学,它对社会所要承担的责任都可能在两个领域中产生:一个领域是机构对社会的影响;另一个领域是社会本身的问题。第一个领域所讨论的是一个机构对社会做了些什么事;第二个领域所讨论的是一个机构能够为社会做些什么事。

管理当局的首要责任是冷静而实际地确定和预测有些什么影响。所提的问题不应是"我们所做的事对不对",而应是"我们所做的事是不是社会和顾客要我们做的事"。如果有某些活动不属于本机构的目标和使命之内,那就应该考虑是一种对社会的影响和冲击,应使之维持在尽可能低的程度,最好能予以消除。最理想的办法是把这些影响转化成为对企业有利的机会,如把有毒的废水、废气转化成为可以出售的产品。

企业等机构的管理人员在承担社会责任时,必须了解其限度。管理人员是仆人,而他所服务的机构是主人。所以他的首要职责是对他的机构负责,使他的机构执行其职能并作出贡献。他的机构正是为了这种职能和贡献才存在的。如果一个大机构的负责人利用其地位成为一个社会知名人士并在处理社会问题方面处于领导地位,但却忽略了他所负责的公司或大学以致使之衰落下去。那么,这个人不能算作一个社会活动家,而是不负责任,有负于对他的信托。

机构完成其特殊的使命,也是社会的第一位需要和利益之所在。如果机构完成其特殊任务的能力减弱或受到损害,社会就不能得到收益而会遭到损失。一家破产的企业不会是一个令人满意的雇主,不大可能成为社区中的一个好邻居,也不能为未来的工人创造出未来的就业职位和机会所需的资本。企业管理当局必须知道为了弥补风险和承担起未来的责任而需要的最低限度利润率。现在有一句流行的话:对于一个企业来讲,单只"做得好"是不够的,还必须"做好事"。但是,为了"做好事",一个企业首先必须"做得好",而且要"做得非常好"。任何时候,只要一个企业忽略了在经济上取得成就的限制并承担了它在经济上无力支持的社会责任,它很快就会陷入困境。一个机构承担自己缺乏能力的工作是不负责任的行为,也是一种残酷的行为。它使人抱有希望,以后却又陷入失望。

特别是,一个机构最好不要去从事那些同它的价值系统不适应的工作。如果一个企业或其他机构由于社会需要而在这样的领域中进行工作,它不大可能把能干的人放在该项工作上,也不会给予足够的支持。它不大可能理解该项工作的含义。几乎可以肯定,它会做些错事。其结果是,它只会造成损失而不会带来好处。

在社会责任上最重要的限度是职权的限度。任何人要求职权就要承担责任,而任何人承担责任也就是要求职权。任何时候,当人们要求企业承担某项责任时,应该问一下:"企业有这种职权吗?它应该有这项职权吗?"如果企业没有而且不应该有这项职权,那么由企业来承担这项职权那就大可怀疑了。那不是承担责任,而是贪求权力。但是,当的确存在着一种现实问题时,它最好仔细考虑并提出另一种代替的方法。

五、管理人员的工作和职务

什么是管理人员?以前,管理人员被定义为"对其他人的工作负有责任的人"或"以个人方式作出贡献的专业人员"。其实,较为恰当的是强调指出其首要标志不是对人员的指挥,而是对贡献的责任。明确的标志和组织的原则应该是职能而不是权力。

管理人员有两项特殊的任务:第一项任务是创造出一个大于其各个组成部分的总和的真正的整体,一个富有活力的整体。它投入于其中的各项资源转化为较各项资源的总和更多的东西。可以把它比拟为一个乐队的指挥。通过乐队指挥的努力、理解和指挥,各种个别的乐器演奏形成了有生命力的音乐演出的整体。但乐队指挥有作曲家的乐谱为蓝本,他只是一个解释者,而管理人员则既是作曲家,又是乐队指挥。管理人员的第二项特殊任务是,在其每一项决定和行动中协调当前和长期要求。他如果牺牲了当前要求和长期要求中的任何一项,就会使企业受到危害。

管理人员的工作中有五项基本作业,它们合起来就把各种资源综合成为一个活生生的、成长中的有机体。这五项基本作业是:①制定目标,他决定目标应该是什么,为了实现这些目标应该做些什么,这些目标在每一领域中的具体目标是什么;②从事组织工作,把工作分成各项可以管理的活动和作业,把这些作业和单位组合成为一个组织机构,选择人员来管理这些单位并执行这些作业;③从事激励和信息交流工作;④对工作成就进行衡量、分析、评价和解释,为每一个人确定一种衡量标准,使之集中注意整个组织的成就,同时又注意他本人的工作并帮助他做好工作;⑤培养人,包括他自己。

管理人员的职务可以用四种方式来下定义:①首先是特殊的职能,即职务本身,如市场研究经理或制造经理等;②当时当地具体的目标、完成期限以及由后果反馈的衡量;

③由各种关系——向上的关系、向下的关系、横向的关系——来对职务下定义;④由该项职务所需的信息及一个管理人员在信息流程中的地位来下定义。从上述四个方面来仔细考虑自己的职务是每个管理人员的责任。

管理人员应该通过目标管理来自我控制。每一个管理人员,上至"大老板"、下至生产工长或主管办事员,都必须明确规定其目标。这些目标必须规定该人所管理的单位应达到的成就,必须规定他和他的单位在帮助其他单位实现目标时应做出什么贡献,还应规定他在实现自己的目标时能期望其他单位给予什么贡献。换句话说,从一开始就应把重点放在集体配合和集体成果上。这些目标始终应该是以公司的总目标为依据。每一个管理人员的目标应该规定自己对实现公司在各个领域的总目标做出的贡献。目标管理的最大优点,也许是它使得每一位管理人员能控制自己的成就。自我控制意味着更强的激励:一种要做得最好而不是敷衍了事的愿望。它意味着更高的成就目标和更广阔的眼界。目标管理即使不一定能使企业的管理集团在方向和努力上获得一致,但一定能做到通过自我控制来管理。

杜拉克说他并不轻易应用"哲学"这个词,事实上他宁愿完全不用它。这个词太大了。但目标管理和自我控制却可以恰当地叫做一种管理哲学。它把客观的需要转化成为个人的目标,从而保证能取得成就。

六、管理的技能

管理是特殊的工作,因而要求特殊的技能。其中包括以下四项。

(1) 作出有效的决策。日本人的协商一致的决策方式是独具一格的,如果没有日本人独一无二的社会组织和机构是无法采用的,但他们在决策过程中采用的各项原则却是可以普遍采用的。这些原则是有效决策的实质。它们是:首先,注意的中心是确定问题而不是提供答案;其次,把各种不同的看法都提出来,在达到协商一致以前不对答案进行讨论,而是探讨各种不同的看法和方法;最后,注意的中心放在各种可供选择的方案上,而不是放在"正确的答案"上。决策不是一种机械的工作,而是一种冒风险的事情,并且是对判断力的一种挑战。"正确的答案"不是问题的中心,而且通常也找不到正确的答案。中心在于对问题的理解。还有,决策不单纯是一种智慧的运用,还需要动员整个组织的见识、力量和各种资源以便采取有效的行动。

(2) 在组织内部和组织外部进行信息交流。信息交流有四项基本原则:①信息交流是知觉,必须在信息接受者的知觉范围以内。"知觉范围"既指生理上的范围,也指文化和感情上的范围。②信息交流是期待。人们知觉到的是他们期待着的事物,而对不期望的事物会视而不见、听而不闻。所以,在进行信息交流以前,必须知道信息接受者的期望是什么,才能知道是否可以利用他的期望来进行信息交流,或者是否需要有一个"震动"来打破他的期望,并迫使他承认已发生了他所不期望的事情。③信息交流提出要求,要信息接受者成为某样的人、做某种事、相信某种事。因此,一般讲来,除非信息能适应于(至少在一定程度上)信息接受者自己的愿望、价值观和目的,否则,他就会抵制或不接受信息。④信息交流和信息是不同的。信息交流是知觉,是人与人之间的交流;而信息则是逻辑,是非人称的。信息愈是摆脱人的因素,即摆脱感情和价值观、期望和知觉等,则愈确实可靠,愈具有信息的作用。

(3) 正确运用核查、控制与衡量。工商企业中的核查有三个主要特点:①核查可能不是客观的或中性的,而是主观的、有倾向性的。②核查必须把重点放在成果上。而企业的成果只存在于外部,存在于经济、社会、顾客之中。企业内部的所有事物——制造、销售、研究等——只形成成本,只是一种"成本中心"。③对可衡量的事件和不可衡量的事件都需要核查,否则会给人以错误的信息。核查必须符合以下基本规范:符合经济性原则;必须是有意义的;核查必须适合于被衡量对象的特点和性质;衡量的尺度必须同被衡量的事件相称;核查必须适时;必须简单;必须是能被使用的;最后,核查制度必须同组织的最终控制(表现于其有关人的决策中)相一致。

(4) 正确运用管理科学这种分析工具。迄今为止,管理科学取得的成就不大。这是由于管理科学中大部分的重点不在于这样一些重要的问题,如:"工商企业是什么?""管理是什么?""企业和管理做的是什么?它们需要的是什么?"等等。而把重点放在"什么地方我可以应用我这套漂亮的小玩意儿呢?"强调的是钉锤,而不是把钉子敲进去,当然更不是造房子了。

要使管理科学产生良好的效果,管理人员应对管理科学承担起责任来,对这些工具进行管理。应该在管理科学家的密切配合下对管理科学提出以下四项要求和期望:管理科学家要对各种假设进行检验;他们要确定应提出一些什么样的正确的问题;他们要提出各种可供选择的方案而不是提出答案;他们要把注意力集中在理解上,而不是集中在公式上。这四项要求和期望依据的都是下述假设:管理科学不是计算的方法而是分析的工具,它的目的是帮助管理人员深入认识和进行诊断,不是开处方,更不是开出灵丹妙药。

七、管理的组织

组织结构是管理中最早并最彻底地予以研究的一个领域。但是,目前我们在组织方面遇到了一些新的需要,如要有创新的组织等。这些需要不能用人们早已熟悉并久经考验的"职能"组织结构或"分权的"组织结构来满足。于是出现了一些新的组织设计:"任务小组"、"模拟的分权制"和"系统结构"。这样,目前就有着五种组织结构可供选择。其中职能制结构和任务小组结构是以工作和任务为中心的;联邦分权制和模拟分权制是以成果为中心的;系统结构是以关系为中心的。

任何一种组织结构都应满足以下一些必要条件:①明确性。组织中的每一个管理部门,每一个人,特别是每一个管理人员,都应了解他属于哪里,处于什么地位,应该到哪里去取得所需的信息、协作或决定,如何才能取得。明确性同简单不是一回事。有些看来简单的组织结构却缺乏明确性,而有些似乎复杂的组织结构却有高度的明确性。②经济性。用于控制、监督、引导人们取得成绩的力量应该保持在最低限度。组织结构应该使人们能够自我控制和自我激励。③远景方向。组织结构应该把个人和各个管理部门的远景引向取得成绩而不只是作出努力。④使人们能理解本身的任务和共同的任务。⑤决策。组织结构必须有助于在正确的课题上由恰当的组织层次来作出决策。⑥稳定性和适应性。⑦永存性和自我更新。

并不存在着一种唯一正确或普遍适用的组织结构。每一个企业必须依据它的使命和战略来进行组织设计。日常的经营管理、创新和高层管理这三种不同的工作必须组合在同一个组织结构之中。组织结构必须一方面以任务为中心,另一方面以人为中心。并且既有一条权力的轴线,又有一条责任的轴线。它只适用于作业工作,不适用于高层管理和创新工作。

第三节 洛希的组织管理思想

企业组织理论,是企业管理的一个重要组成部分。但是对于不少厂长经理人来说,他们较多的是模仿别人,并不会去设计建立自己的公司组织体系。洛希从组织设计优化、变革的角度,系统提出了组织设计理论,为大公司的复杂组织体系建设提供了理论指导。

杰伊·洛希(Jay W. Lorsch)是美国哈佛大学人际关系学教授。他曾获安蒂奥赫大学学士学位、哥伦比亚大学硕士学位和哈佛大学工商管理博士学位。洛希教授是现代管理理论的一个分支——权变理论学派的著名代表人物,他的贡献集中在企业组织结构的设计和研究方面。他先后发表过十余本专著和大量论文,最著名的是他与保尔·劳伦斯合写的《组织结构与设计》(1970)和《组织与环境》(1976)。另外,他对企业的人事管理问题也有独创性见解,1970年,他与约翰·莫尔斯合作,在《哈佛商业评论》杂志上发表了著名的《超Y理论》专文,发展并丰富了权变理论在人事管理领域的学术思想。

我们在此介绍的是洛希与劳伦斯合著的《组织结构与设计》一书导言的基本内容。在这篇导言里,洛希比较了各种组织结构理论,高度概括地阐述了他和劳伦斯以权变理论为基础的组织结构理论。通过这篇导言,可以窥见《组织结构与设计》一书的全貌,了解洛希的组织结构理论的思想观点。

洛希明确指出一个企业的组织结构绝不是什么一成不变的东西。相反,它是一个复杂的变量。在这方面,经营管理人员的作用和影响是举足轻重的。他强调,本书的目的是想在组织结构的设计问题上提供一些有益的启示。

什么是组织结构的定义？洛希认为首先要正确地区别"基本结构"和"运行机制"。一个企业的基本结构必须考虑这样一些主要问题：诸如组织内部如何进行分工？怎样按不同的职位、小组、部门、科室分配工作任务？以及如何实现必要的协调以保证总目标的实现，等等。对于这些问题的答案，各企业通常是用图表的形式（如组织系统图）列出。如果我们认识到可变因素（技术的、个人的、社会的，以及组织内部的）对企业行为有着直接的影响，那么应当承认，这种通过列图表向职工说明企业对每个人的期望和要求的做法只是许多办法中的一种办法。尽管迄今为止许多经理仍在广泛地使用各种图表。但是，只有基本结构是远远不够的。必须通过运行机制来强化基本结构，来保证基本结构意图的表现。所谓运行机制，指的是控制程序、信息系统、奖惩制度，以及各种规范化的规章制度等。运行机制的建立和强化有助于更清楚地向职工表明：企业对他们的要求和期望是什么？好的运行机制激励职工同心协力，为实现企业的目标而努力。也就是说，运行机制赋予企业基本结构以内容和活力。

洛希详细地介绍了西方的古典管理理论和现代管理理论关于企业组织结构问题的不同观点，并进行了分析和比较。然后，他博采众家之长，提出关于组织结构设计的一种新理论。

洛希指出，古典管理理论的著名学者如亨利·法约尔、卢瑟·古利克、林德尔·厄威克、詹姆士·穆尼以及他们的同事、追随者，其经验主要来源于20世纪初期工业企业的实践，来自弗里德里克·泰勒的管理工程理论。泰勒（美国）的科学管理理论，法约尔（法国）的欧洲古典管理理论和马克斯·韦伯（德国）的官僚行政组织理论构成了西方"古典"管理理论或传统管理理论的三大派别。他们关于企业"组织原则"的主要观点是：主张按不同的职能（如销售、生产、工程设计等）确定企业的内部分工。只有古利克一人是个例外，他主张也可以根据其他的内容或标准进行分工，既可以按职能分工，也可以按产品、部门、时间、地区进行分工。但这些人无一例外地强调企业的经济效益和技术效率。他们的一个共同点是不重视人的因素。虽然他们也提到发挥个人才能，提倡劳动分工，但他们都把职工局限在简单的劳动岗位上，从事可以熟练地完成定额的简单工作。在这些学者看来，职工是受金钱支配的，上级怎样指挥他们，他们就怎么干。因此，这些学者的组织结构设计思想处处反映出这种根深蒂固的传统的机械管理模式。例如，科学管理理论的创始人泰勒倡导的管理理论，其核心内容是提高劳动生产效率。泰勒的科学管理理论曾在西方广泛流行。列宁当年也号召苏维埃国家要"研究和传授泰勒制，有系统地试行这种制度，并且使它适应下来"。

但是，古典的管理理论不重视协调问题，在古典管理理论学家看来，企业内部协调并不是什么重要问题。他们简单地认为，企业内部进行分工后，各基层劳动组合的小目标汇总起来就是企业的大目标。如果有什么工作需要协调，完全可以由高层经营管理人员来解决。他们的理论是，职工听从经理的指挥，所以，唯一有效的协调机制只能是企业的经理层。但是,经验表明,他们的这种理论存在许多缺陷和不足。首先,它难以激励职工参与企业经营管理的积极性;其次,在分工层次复杂的大型企业中,这种理论的局限性是显而易见的;最后,经理们在实践中日益认识到,单单依靠企业高层领导难以实现内部的有效协调,基层劳动组合的小目标不可能自动地汇合而成为企业的大目标。

正是由于存在上述明显的缺陷,伴随着人际关系学派管理思想的兴起和非熟练工人工会组织的发展,科学管理运动逐渐趋向衰落。一些组织结构理论学者——他们中间许多人是心理学家或社会心理学家——对这些问题进行了许多探索和研究,提出了新的理论,这就是以美国的伦西斯·利克特为代表的西方行为科学管理理论。

利克特是一位心理学家,担任美国密执安大学研究中心主任达20年之久。他在1961年出版的《管理的新模式》和1967年出版的《人群组织:其管理和价值》两本书中,概括了自己及同事们的研究成果,提出了著名的"支持关系"理论。利克特认为,在所有的管理工作中,对人的领导是最重要的中心工作,因为其他的工作都取决于它。即使在同一行业的企业里,既有生产效率高的部门,也有生产效率低的部门,关键原因是各企业领导人采用的领导方式不同。生产效率高的企业采用的是以职工为中心的领导模式,监督者强调的是工作中的人及其相互关系,监督只是"一般性的",而不是"严密的"。其结果是企业内部凝聚力强,劳动积极性高,工人跳槽的少。相反,生产效率低的企业是采用以工作为中心的领导模式,监督者注意的是生产任务,只对生产技术问题感兴趣,对职工的监督过于严格,甚至施加不必要的压力。结果企业内部凝聚力弱,劳动积极性不高,跳槽的工人也多。利克特把企业管理的领导模式分为四种:第一种是专权的命令型;第二种是温和的命令型;第三种是协商型;第四种是参与型。这四种领导模式中,第一种是传统的领导方式,第二种、第三种同第一种只有程度的差别,并无本质的不同,总的都属于权力主义的命令型,可以统称为权力主义型管理模式。唯有第四种参与型管理模式才是效率高的领导模式。他的这一思想是从人的社会性发展而来的。

虽然利克特的这个理论并没有就解决企业组织的分工问题提出明确的建议,但它确实提出了如何实现企业内部协作和协调的问题。他的理论的主要缺点在于,它简单地认为所有职工都有同样的需要,要用同样的方式去激励和推动他们。

洛希接着介绍了现代管理理论关于企业组织结构设计问题的主张。现代管理理论中的系统管理学派认为,组织结构的设计决定于企业的生产任务和职工素质。在这方面,伯恩斯和斯托克共同提出的一项研究报告,以及美国女管理学者琼·伍德沃德(Joan Woodward)提出的一项研究报告都指出了这一理论的有效性。伯恩斯和斯托克在《创新的管理》一书中指出,各个工业领域里的成功企业在组织结构的设计上都存在重大的差别。在稳定性较高的工业领域,那些成功的企业都使用所谓的机械式组织结构。这类企业更多的是依靠正式的规章制度,一切决定都由高层领导作出,企业的监督系统薄弱。而在富有活力的工业领域,那些成功的企业则采用称为"有机的"组织结构。在这类企里,监督系统职能广泛并享有权力,不那么重视和强调规章制度,生产决定多由企业的中下层作出。伍德沃德在1965年发表的《工业组织:理论和实践》一书中,提出了另一种分类方法。她发现,每一种有着类似目的和类似工艺技术的生产系统都有其独特的组织模式和管理原则。一个企业的产品和市场是目的,这些目的决定着企业将具有的生产工艺技术。伍德沃德的研究表明了工艺技术对组织结构设计的影响,凡是成功的企业都是组织结构适合于工艺技术的。

伯恩斯、斯托克和伍德沃德都认识到企业的组织结构是关系到企业成败的重要问题,他们也从不同角度论证了成功企业的组织结构的主要组成要素。但是,他们都没有能够提出一套完整的解决企业组织结构问题的系统而有效的构想。洛希和劳伦斯在他们的研究基础上,继续探索,写出了《组织结构与设计》一书,形成了一套比较完整的关于组织结构设计的思想理论。

洛希和劳伦斯提出的关于组织结构设计的构想包含两个基本概念:一是"差异"或"差别化";二是"综合"或"整体化"。这里所说的"差异",指的是企业内部不同部门的经理人员具有不同的认识水平和思想情绪,以及这些部门在正式组织结构方面的差别。洛希和劳伦斯不像古典管理理论学者那样,把分工看作是决定企业效率和经济效益的唯一因素。他们认为,企业的每一个生产部门实际上都是自成体系的小单位,这些部门的成员从他们的生产任务和人员素质出发,会很自然地形成本单位的发展方向和组织结构。由于不同部门处在企业内部不同的环境中(如销售、制造等),这些部门很自然地出现不同程度的差别。另一个基本概念是"综合",这指的是面对外部环境的压力、挑战和要求,企业内部不同部门进行合作和协调的能力和水平。一般地说,企业在组织结构上的差别程度取决于外部环境的稳定性或不稳定性,以及这种环境的差异性或同一性。

洛希接着详细分析了如何把"差别化"和"整体化"(即"差异"和"综合")的概念具体运用于组织结构设计的实践。先谈基本结构问题,后谈运行机制问题。

(1)按任务划分单位,这是基本结构设计的第一步。在这方面,根据"差异"和"综合"概念的原理,首先是要把任务类同的那些单位合并在一起,这既有助于消除"差异",又可以简化协调和"综合"的任务。其次是要把那些经常需要进行协调的单位合并在一起,这样在一个统一的领导之下,易于通过经理层协调企业日常生产活动。因此,差异程度较小、综合程度较高的单位应该合并在一起。但是,如果有些单位差异程度较小,相互依赖程度较低,或者相反,差异程度较高,相互依赖程度也高,则划分这些单位的任务就会趋于复杂化。在这类情况下,我们必须做出抉择,即在划分单位时,是强调差异程度的准则呢,还是强调综合程度的准则。

(2)设计综合(整体化)的手段,这是基本结构设计的第二步。如上所述,按任务划分单位本身对于设计综合或整体化的手段和方式有着直接的影响。任何企业,其首要和主要的综合手段就是它的经营管理机构,按任务划分单位是通过经营管理机构进行的。但是,洛希和劳伦斯的研究结果表明,除了企业的经营管理机构之外,还需要拥有一些其他的综合手段,才能有效地组织企业的生产活动。例如,在企业内部设专职的综合部门或跨部门的综合机构。

(3) 设计好各个下属单位,这是基本结构设计的第三步。在这方面,重点是建立好运行机制。处理好部门的任务与成员的需求之间的关系,对人的激励问题有着特殊的意义。要设计好工作标准和奖惩制度,严格企业的规章制度。重要的是,部门领导及监督机制应有利于协调各部门之间的关系,而不是相反。

关于运行机制问题,不仅要考虑各单位内部的运行机制,还要考虑服务于整个企业的大运行机制。既需要建立鼓励"差别化"的运行机制,也需要建立促进综合和协调即"整体化"的运行机制。必须懂得,为了使企业能适应外部环境的挑战,应该设计出一种既有利于鼓励差异,又有利于促进综合和协调的奖励制度和工作标准。

最后,还必须考虑到企业基本结构和运行机制的设计对于解决企业内部矛盾和冲突可能发挥的作用和影响。基本结构设计应该包括这样的内容,即把跨部门的联络和协调任务落实到能胜任此任务的具体人员身上,如果任命了这样的人员参与企业的决策,就有可能在企业内部形成一种能有效地解决矛盾和冲突的机制。

本章小结

战略决策理论的管理思想,一是更加关注企业外部大环境的变化及其对企业经营的决定作用;二是重视竞争对手的经营行为;三是强调企业应扬长避短、发挥优势、打造核心竞争力;四是强调资源优化配置,具有长远眼光和全局意识。波特行业结构分析的五个方面:新入侵者;决定供方力量的因素;决定替代品威胁的因素;行业竞争的决定因素;决定买方力量的因素。基本战略就是成本领先战略、标新立异战略和目标集聚战略。波特认为每一个企业都是用来进行设计、生产、营销、交货以及对产品起辅助作用的各种活动的集合。所有这些活动都可以用价值链表示出来。他把企业的整个活动分为两大类:基本活动和辅助活动。基本活动是涉及产品的物质创造及其销售,转移给买方和售后服务的各种活动,任何企业的基本活动都可以分内部后勤、生产经营、外部后勤、市场营销、服务五个方面内容。辅助活动是辅助基本活动并提供外购投入、技术开发、人力资源、采购等。

杜拉克是当代西方影响最大的管理学家之一,经验主义学派的代表人物。他在管理哲学、管理原理、管理组织、高层管理等方面都有较深的研究和独到的见解。杜拉克认为管理的任务是:确定机构的特殊目的和使命;使工作富有活力,并使职工有成就;处理本机构对社会的影响和对社会的责任。企业的目的是:创造顾客。企业有两项基本职能:市场销售和创新。管理人员有两项特殊的任务:第一项任务是创造出一个大于其各个组成部分的总和的真正的整体,一个富有活力的整体;第二项特殊任务是在其每一项决定和行动中协调当前与长期要求。管理技能是：作出有效的决策；在组织内部和组织外部进行信息交流；正确运用核查、控制与衡量；正确运用管理科学这种分析工具。新的组织设计："任务小组"、"模拟的分权制"和"系统结构"。其中职能制结构和任务小组结构是以工作和任务为中心的，联邦分权制和模拟分权制是以成果为中心的；系统结构是以关系为中心的。

洛希认为要正确地区别"基本结构"和"运行机制"。一个企业的基本结构必须考虑这样一些主要问题：诸如组织内部如何进行分工，怎样按不同的职位、小组、部门、科室分配工作任务，以及如何实现必要的协调以保证总目标的实现。运行机制赋予企业基本结构以内容和活力。洛希和劳伦斯提出的关于组织结构设计的构想包含两个基本概念：一是"差异"或"差别化"；二是"综合"或"整体化"。可以分为三步：按任务划分单位，这是基本结构设计的第一步；设计综合（整体化）的手段，这是基本结构设计的第二步；设计好各个下属单位，这是基本结构设计的第三步。最后，还必须考虑到企业基本结构和运行机制的设计对于解决企业内部矛盾和冲突可能发挥的作用和影响。

思考讨论题
1. 认识战略决策管理对于企业经营的重要性。
2. 思考波特行业结构分析的五个方面是什么。
3. 认识杜拉克提出的管理任务是什么。
4. 讨论企业的任务与使命到底是什么。
5. 认识"基本结构"和"运行机制"的含义。
6. 讨论如何设计建立一个组织结构。

第十七章　20世纪80年代西方的管理思想

20世纪80年代,产生了一些新的管理思想,例如组织文化理论,从非理性主义角度探讨企业柔性管理问题。以威廉·大内的《Z理论》和艾得加·沙因的《组织文化和领导》为代表,系统比较了不同文化习惯背景下的企业管理成效。这也是在经济全球化、企业经营国际化大背景条件下比较管理研究的新思想。

20世纪80年代管理思想上的另一个亮点就是关于领导理论的研究。亨利·明茨伯格出版了著作《经理工作的性质》,从而建立起经理角色学派,比较系统地探讨了领导工作的任务与责任。

第一节　非理性管理思想与企业文化

进入20世纪80年代,在企业管理理论系统化、成熟化之后,在西方掀起了一股非理性主义管理,或称为柔性管理的新思潮,以弥补正规化、理性化管理的不足。这个理论是以研究企业文化和比较管理为中心展开的,因此我们在此以企业文化为主介绍之。

20世纪80年代,国际形势发生了巨大变化,西方管理学者对传统管理理论进行深入思考。一个非常重要的背景是,日本仅用20多年时间就由一个战败国一跃成为世界第二经济强国,成为美国的主要市场竞争对手。这就促使人们对这一现象进行深刻的反思。深入研究发现,在企业竞争发展过程中,企业文化这个软力量发挥着重要而独特的作用。有些学者认为,日本之所以能够在短时间内崛起,一个重要的原因,是日本的文化对日本的经济发展起着主要作用。因此,在进入20世纪80年代后,西方企业界掀起了一股企业文化研究热潮。其实,任何一个企业,任何一个国家,其生存和发展,都与它自身的文化条件以及所处的文化环境密不可分,只是人们常常忽视罢了。

一、企业文化概念

企业文化是指一定历史条件下,企业在生产经营和管理活动中所创造的具有本企业特色的精神财富及其物质形态。它通常由三个不同的部分组成。

1. 企业精神

企业精神是企业文化的核心层,呈观念形态,如价值观、信仰及行为准则等,体现了企业经营哲学、宗旨、方针、理念等方面。

2. 企业作风

企业作风是企业文化的中间层,呈行为形态,如员工工作方式、行为方式、应付事变的方式,等等。

3. 企业形象

企业形象是企业文化的外围层,呈物质形态,如产品设计、产品质量、厂容厂貌、员工服饰等。它是企业文化外在形象的具体体现。

企业文化的功能主要体现在:其价值观和行为准则对企业员工的思想和行为起到导向作用和约束作用,企业形象对企业员工有激励作用和凝聚作用。此外,企业文化对企业所在社区、企业产品所覆盖的地区具有辐射作用。

二、企业文化产生的历史背景

20 世纪 70 年代,世界经济形势发生了巨大变化。"二战"后长期在世界经济中占主导地位的美国,经济衰退,通货膨胀,对外贸易逆差激增,许多工业部门陷入困境,失业率上升。而资源贫乏的日本作为一个战败国,却在变幻莫测的世界经济中,不仅安然度过了触动全球的石油危机,并连续高速增长。日本短短 20 多年便跻身于发达资本主义经济大国之列,大有取代美国、西欧之势。

日本的经济成就极大地震动了美国。美国企业界和理论界纷纷对日本的企业进行研究,并与美国企业的管理思想进行对比,终于认识到:没有强势的企业文化,即价值观和信仰等,再高明的经营战略也无法获得成功。形成日本企业巨大生产力、优异产品质量和强劲竞争力的,不仅是发达的科学技术、先进的机器设备等物质经济因素,而且还包括社会历史、文化系统、心理状态等文化背景因素。正是这诸多因素融合而成的日本企业独具的特色,造就了日本人与众不同的企业精神。企业文化是企业生存的基础,发展的动力,行为的准则,成功的核心。结果,从 20 世纪 70 年代末开始,企业文化理论成为发源于美国、风靡于世界的一种新的企业管理思潮。

三、企业文化研究代表人物和著作

1. 威廉·大内的《Z 理论》

威廉·大内(William G. Ouchi),日裔美国管理学家,加利福尼亚大学教授。他是美国斯坦福大学企业管理硕士,芝加哥大学企业管理博士。他从 1973 年开始专门研究日本企业管理,经过调查比较日、美两国管理的经验,他提出的"Z 理论"是一种有关企业学习与变革的理论。

2. 迪尔和肯尼迪的《企业文化:现代企业的精神支柱》

阿伦·肯尼迪(Allan Kennedy)和特伦斯·E. 迪尔(Terence Deal),他们研究各种文献,进一步了解了构成一种文化的要素。决定一个公司的文化类型的首要因素是什么?而一种文化又如何在公司的日常生活中起作用?他们把文化分为四种类型:硬汉、胆识型文化;努力工作与尽情玩乐型文化;孤注一掷型文化;按部就班型文化。他们还阐明了文化的要素。两人合作写出著作《美国的企业文化》。

3. 沙因的《组织文化和领导》

艾得加·沙因(Edgar H. Schein)是美国麻省理工斯隆学院教授,1947年毕业于芝加哥大学教育系,1949年在斯坦福大学取得社会心理学硕士学位,1952年在哈佛大学取得博士学位,此后一直任职于斯隆学院。在组织文化领域中,他率先提出了关于文化本质的概念,对于文化的构成因素进行了分析,并对文化的形成、文化的演化过程提出了独创的见解,在组织发展领域中针对组织系统所面临的变革课题开发出了组织咨询的概念和方法。他的主要研究著作包括《组织文化和领导》(*Organizational Culture and Leadership*)、《组织心理》(*Organization Psychology*)、《重新思考咨询过程》(*Process consultation Revisited*)等。

4. 拉尔夫·基尔曼的《摆脱救急观念》

拉尔夫·基尔曼(Ralph H. Kilmann)在《摆脱救急观念》一书中指出:人类创造的组织系统所衍生出来的复杂问题,无法用简单的救急方法来解决。唯一的方法是发展一套解决现代管理组织的整体规划问题的综合措施。这套整体规划包含文化、管理技术、团队建设、战略结构、报酬系统五个部分。证明这个理论的例子在为企业提供管理咨询服务的时候经常遇到,比如导入企业形象识别系统时多数企业重视视角识别而忽视行为和理念识别,业务流程重组项目中一部分企业只关注流程设计而忽视了组织文化的影响,等等。

5. 约翰·科特与詹姆斯·赫斯克特的《企业文化与经营业绩》

从1988年开始,哈佛商学院就把"当代影响企业发展业绩的重要因素"作为重点研究课题。1992年,约翰·科特教授和同事詹姆斯·赫斯克特教授(John Kotter & James Heskitt)出版了专著《企业文化与经营业绩》。该书总结了他们在1987—1991年期间对美国22个行业72家公司的企业文化和经营状况的深入研究,证明企业文化对企业长期经营业绩有重要的影响。他们认为:"一个企业本身特定的管理文化,即企业文化,是当代社会影响企业本身业绩的深层重要原因。"即:企业文化对企业长远经营业绩有重大的作用,在下一个10年内企业文化很可能成为决定企业兴衰的关键因素。企业兴衰、企业发展当然是由多种因素形成的,但企业文化肯定对企业兴衰是一个十分重要的因素。这个观点对经济的发展和企业的行为产生了深远的影响。

四、企业文化研究的基本思想观点

(一)沙因的组织文化思想

1. 组织文化的定义

组织文化综合起来主要有以下内容。

(1) 人们进行相互作用时所被观察到的行为准则。包括使用的语言,或者为了表达敬意和态度时类似一些仪式的做法等。

(2) 群体规范。如霍桑实验中所揭示的工作群体的规范。

(3) 主导性价值观。包括类似于产品质量、价格领导者等组织中所信奉的核心价值观。

(4) 正式的哲学。包括处理组织和其利益相关者如股东、员工、顾客的关系时应该信奉的意识形态,以及给予组织中各种政策指导的一种哲学,例如惠普之道。

(5) 游戏规则。为了在组织中生存而学习的游戏规则,例如一个新成员必须学会这种规则才能被接受。

(6) 组织气候。组织成员在与外部人员进行接触过程中所传达的组织内部的风气和感情。

(7) 牢固树立的技巧。包括组织成员在完成任务时的特殊能力,不凭借文字和其他艺术品就能由一代向另一代传递的处理主要问题的能力等。

(8) 思维习惯、心智模式(Mental Models)、语言模式。包括组织成员共享的思维框架。

(9) 共享的意识。组织成员在相互作用过程中所创造的自然发生的一种理解。

(10) 一致性符号。包括创意、感觉和想象等组织发展的特性,这些可能不被完全认同,但是它们会体现在组织的建筑物、文件以及组织其他的物质层面上。

沙因认为对这些内容的讨论都没有涉及文化的本质。他认为文化是一个特定组织在处理外部适应和内部融和问题中所学习到的、由组织自身所发明和创造并且发展起来的一些基本的假定类型,这些基本假定类型能够发挥很好的作用,并被认为是有效的,由此被新的成员所接受。以上所列举的文化不过是更加深层的文化的表象,真正的文化则是隐含在组织成员的潜意识中,而且文化和领导者是同一硬币的两面,当一个领导者创造了一个组织或群体的同时就创造了文化。

沙因认为文化由以下三个相互作用的层次组成:

(1) 物质层,可以观察到的组织结构和组织过程等。

(2) 支持性价值观,包括战略、目标、质量意识、指导哲学等。

(3) 基本的潜意识假定,一些潜意识的信仰、知觉、思想、感觉等。

目前的文化研究大多停止在物质层和支持性价值观的层面,对于更加深层的事物挖掘不够。

2. 组织文化的细分

沙因综合前人对文化比较的研究成果,对于深层的处于组织根底的文化分成以下五个维度:

(1) 自然和人的关系,指组织的中心人物如何看待组织和环境之间的关系。包括认为是可支配的关系还是从属关系,或者是协调关系等。组织持有什么样的假定毫无疑问会影响到组织的战略方向,而且组织的健全性要求组织对于当初的组织和环境假定具有能够随着环境的变化进行检查的能力。

(2) 现实和真实的本质。组织中对于什么是真实的,什么是现实的,判断它们的标准是什么,如何论证真实和现实,以及真实是否可以被发现等一系列假定。同时包括行动上的规律、时间和空间上的基本概念。他指出在现实层面上包括客观的现实、社会的现实和个人的现实,在判断真实时可以采用道德主义或现实主义的尺度。

(3) 人性的本质。包含哪些行为是属于人性的,而哪些行为是非人性的。这一关于人的本质假定和个人与组织之间的关系应该是怎样的等假定。

(4) 人类活动的本质。包含哪些人类行为是正确的,人的行为是主动或被动的,人是由自由意志所支配的还是被命运所支配的,什么是工作、什么是娱乐等一系列假定。

(5) 人际关系的本质。包含什么是权威的基础、权力的正确分配方法是什么、人与人之间关系的应有态势(例如是竞争的或互助的)等假定。

沙因认为,组织文化决定了组织价值观以及在此价值观下的组织行为。而且,深刻地隐含在组织深层的东西,要了解它是非常困难的。通过对组织构造、信息系统、管理系统、组织发展的目标、典章以及组织中的传说等物质层面的分析,能够推论得到的文化信息是有限的。在论证中他举出两个组织结构完全相同的企业,它们的文化可能是完全不相同的。为了更好地解释一个组织的文化,沙因建议利用群体面谈和群体讨论的方法,而且对于以上所列举的五个文化维度分别列举了一些应该讨论的内容。

3. 文化的生成和领导的作用

具有同样背景和经历的两个领导者所领导的企业组织,在相同的社会环境中进行生存竞争,在经过了5年或10年以后,这两个企业组织的文化为什么会完全不同呢?某种文化要素在新环境中已经没有任何意义,为什么还能存在?尤其是组织领导者包括组织成员已经认识到这种文化要素必须要改革,但是它却还是能够存在下去,原因何在?在解释文化形成过程之前,沙因首先提出了以上这些疑问。

沙因认为,解释组织文化的生成过程要综合使用群体力学理论、领导理论和学习理论。利用群体力学理论——通过观察组织中的各种群体,说明在群体根底中潜在的个人之间的情绪过程。这个过程可以帮助我们解决诸如"对于某个问题多数人所共有的思考方法和在此之上的共同的解决方案中共有的意思"。因为所有对文化的定义都包含着诸如被共有的解决方案、被共有的理解、被共有的共识等概念,可是人们的共有是如何发生的却没有被解释清楚。利用群体力学理论可以解释这个共有过程。

领导理论中关于领导者的个性、类型对于集团形成的影响的研究结果,对于理解文化进化会有许多帮助。学习理论是组织关于如何学习认知、感情、行为方式等的说明,而文化也是被学习到的行为。利用学习理论可以对文化的学习过程进行解释。

沙因在提出以上的理论思想后,分别应用这些理论对小群体中文化的出现、组织的创始者如何创造文化、领导者如何根植和传达文化等进行了论述。其著作《组织文化和领导》还专门探讨了组织的成长阶段和文化变革机制。

如何适应组织内部和外部环境的变化是企业组织经营过程中永远重要的课题,特别是近年来环境变化的速度越来越快,适应环境变化的重要性也越来越高。为了适应变化,企业需要具有新的思考方式和行为方式,可是这种新的方式却很难产生或很难生存。沙因对组织文化的研究为我们认识自己文化的深层本质提供了工具。我们需要从根本上进行改革才能适应新的变化,而不仅仅是简单地改革战略、组织结构、管理系统。

(二)威廉·大内的《Z理论》

《Z理论》研究的内容主要是人与企业、人与工作的关系,该书于1981年出版。

在《Z理论》的研究过程中,大内选择了日、美两国的一些典型企业进行研究。这些企业都在本国及对方国家中设有子公司或工厂,采取不同类型的管理方式。大内的研究表明,日本的经营管理方式一般较美国的效率更高,这与始于20世纪70年代后期的日本经济咄咄逼人的气势是吻合的。作者因此提出,美国的企业应该结合本国的特点,向日本企业管理方式学习,形成自己新的管理方式。他把这种管理方式归结为Z型管理方式,并对这种方式进行了理论上的概括,称为"Z理论"。该书在出版后立即得到广泛重视,成为20世纪80年代初研究比较管理问题的名著之一。

《Z理论》认为,一切企业的成功都离不开信任、敏感与亲密的关系,因此主张以坦白、开放、沟通作为基本原则实行"民主管理"。大内把由领导者个人决策、员工处于被动服从地位的企业称为A型组织。他认为当时研究的大部分美国企业都是A型组织。A型组织的特点为:①短期雇佣;②迅速的评价和升级,即绩效考核期短,员工得到回报快;③专业化的经历道路,造成员工过分局限于自己的专业,但对整个企业了解不多;④明确的控制;⑤个人决策过程,不利于诱发员工的聪明才智和创造精神;⑥个人负责,任何事情都有明确的负责人;⑦局部关系。

相反,他认为日本企业具有不同的特点:①实行长期或终身雇佣制度,使员工与企业同甘苦、共命运;②对员工实行长期考核和逐步提升制度;③非专业化的经历,培养适应各种工作环境的多职能人才;④管理过程既要运用统计报表、数字信息等清晰鲜明的控制手段,又注重对人的经验和潜能进行细致而积极的启发诱导;⑤采取集体研究的决策过程;⑥对一件工作集体负责;⑦人们树立牢固的整体观念,员工之间平等相待。每个人对事物均可做出判断,并能独立工作,以自我指挥代替等级指挥。他把这种组织称为J型组织。

大内不仅指出了A型组织和J型组织的各种特点,还分析了美国和日本各自不同的文化传统,明确了日本的管理经验不能简单地照搬到美国去。为此,他提出了"Z型组织"的观念,认为美国公司借鉴日本经验就要向Z型组织转化。Z型组织符合美国文化,又可学习日本管理方式的长处。比如"在 Z 型公司里,决策可能是集体做出的,但是最终要由一个人对这个决定负责"。而这与典型的日本公司(即 J 型组织)做法是不同的,"在日本,没有一个单独的个人对某种特殊事情担负责任,而是一组雇员对一组任务负有共同责任"。他认为"与市场和官僚机构相比,Z 型组织与氏族更为相似",并详细剖析了 Z 型组织的特点。

考虑到由 A 型组织到 Z 型组织转化的困难,大内明确给出了十三个步骤:①参与变革的人员学习领会"Z 理论"的基本原理,挖掘每个人正直的品质,发挥每个人良好的作用;②分析企业原有的管理指导思想和经营方针,关注企业宗旨;③企业的领导者和各级管理人员共同研讨制定新的管理战略,明确大家所期望的管理宗旨;④通过创立高效合作、协调的组织结构和激励措施,来贯彻宗旨;⑤培养管理人员掌握弹性的人际关系技巧;⑥检查每个人对将要执行的 Z 型管理思想是否完全理解;⑦把工会包含在计划之内,取得工会的参与和支持;⑧确立稳定的雇佣制度;⑨制定一种合理的长期考核和提升的制度;⑩经常轮换工作,以培养人的多种才能,扩大雇员的职业发展道路;⑪认真做好基层一线雇员的发动工作,使变革在基层顺利进行;⑫找出可以让基层雇员参与的领域,实行参与管理;⑬建立员工个人和组织的全面整体关系。

第二节 经理角色学派的管理思想

管理理论中的一个重要部分是企业领导理论的研究。现代管理学派的一个分支就是经理角色学派。早在 1938 年,巴纳德就出版了他的代表作《经理人员的职能》一书,开创了对经理人员工作的专门研究。1980 年,亨利·明茨伯格出版了《经理工作的性质》一书,该书成为经理角色学派的重要著作。在该书中他系统阐述了企业领导理论的管理思想。

亨利·明茨伯格(Henry Mintzberg)是加拿大管理学家,西方管理学界经理角色学派的主要代表人物。他于 1961 年在加拿大麦吉尔大学获机械工程学士学位,1962 年获乔治·威廉士大学文学学士学位,1965 年获美国麻省理工学院管理学硕士学位,1968 年获该院斯隆管理学院博士学位。他长期在加拿大蒙特利尔的麦吉尔大学任教,为该校管理学教授,并担任《战略管理》、《管理研究》、《一般管理、经济和工业民主》、《行政管理》、《商业战略》等杂志的编委,又是加拿大皇家学会会员。

明茨伯格以他的博士论文《工作中的经理——由有结构的观察确定的经理的活动、角色和程序》为基础,于 1972 年完成了《经理工作的性质》一书。这是他撰写的《管理政策理论丛书》中的第一本。该丛书中的其他著作有:《组织的结构:研究的综合》、《组织内外的权力》、《战略决策的制定》、《组织战略的形成》等。他还发表了数十篇论文,其中《经理的工作:传说和事实》及《一手计划、一手管理》两文获《哈佛商业评论》杂志最佳论文奖,即麦金西奖。

《经理工作的性质》是明茨伯格的主要代表作,也是经理角色学派的经典著作。它全面地阐述了经理工作的特点、经理所担任的角色、经理工作中的变化及经理职务的类型、提高经理工作效率的要点、经理工作的未来等,并评介了其他管理学派有关经理职务的各种观点。明茨伯格等人之所以被叫做经理角色学派,是由于他们以对经理所担任的角色为中心来分析经理的职务和工作,以求提高管理效率。他们所讲的"经理",是指一个正式组织或组织单位的主要负责人,拥有正式的权力和职位。至于"角色",则如明茨伯格在书中所解释的:"角色这一概念是行为科学从舞台术语中借用到管理学里来的。角色就是属于一定职责或地位的一套有条理的行为……演员、经理和其他人的角色都是事先规定好的,虽然各人可能以不同的方式来解释这些角色。"

一、关于经理职务的各种观点

主要管理学派有关经理职务的各种观点:①古典学派。他们把经理的工作用一套综合的职能来加以描述。这些职能有:计划、组织、人事、指挥、协调、报告、预算等。②伟人学派。他们侧重于把各种经理分组并加以分析——他们的家庭、教育、社会交往、事业、个性等。③企业家学派。他们强调经理最重要的作用是在开办企业时的创新。④决策理论学派。他们强调经理的决策作用。⑤领导者效率学派。他们侧重于研究经理的领导方式——专权式、参与式等。⑥领导者权力学派。他们关心的是经理的权力和影响——领导者进行操纵的权力。⑦领导者行为学派。他们对经理的某些行为和感觉进行研究和分析。⑧工作活动学派。他们应用归纳的研究方法对经理的工作活动进行分析。这八个学派虽然在某些方面得出了一些有用的东西,但并未全面而确切地描述出经理的工作和职务。

二、经理工作的显著特点

不论是哪种类型的经理,其工作都有以下六个特点。

1. 工作量大,步调紧张

经理由于全面负责一个组织或组织中的一个单位(如车间)的工作,并要同外界联系,所以总有大量的工作要做。因而必须毫不松懈,保持紧张的步调,很少有休息的时间。高级经理尤其是这样。

怀特在他的《经理的工作有多么艰苦?》一书中指出,他所访问的总经理都说,他们在每周五个工作日中的四个晚上都在继续工作;一个晚上在办公室,一个晚上在款待客人,两个晚上把工作带回家中去处理。高级经理人员的这种过重的工作负担使他们与家庭和朋友在一起的时间减少,无暇阅读书刊和去剧院和音乐厅,造成某种程度的智力隔离。

怀特的调查也表明总经理工作的紧张程度。每天有大量的邮件、电话和会晤,占据了全部工作时间,几乎没有一次真正的休息。喝咖啡时也在进行谈话,午餐是在正式和非正式的会晤中进行的。好不容易有一点空闲时间,马上就有下级来侵占,根本无法放松紧张的步调。

中层经理和基层经理延长工作时间的情况较少,但在办公时间的工作量却很多,步调很紧张。调查表明,车间主任每天要应付237件事。他们几乎没有一点空闲时间。他们必须迅速处理许多急迫的事务,在脑子里同时保持着许多问题,并考虑它们的轻重缓急。

经理之所以会工作量大而步调紧张,是由于经理职务本身的广泛性以及工作没有一个明确的结束标志。工程师的设计或律师的案件都有个终结,而经理必须永远前进,永远不能肯定何时已获得成功或何时可能失败,必须永远以紧张的步调工作。

2. 活动短暂、多样性和琐碎

社会上大多数人的工作是专业化和专一化的。机械工人学会做一种零件的工艺以后,在几个星期或更长的时间内都做这种零件;工程师和程序编制员往往花费几个月时间设计一座桥梁或一个计算机程序;推销员往往推销同类产品。但经理却不同,他的活动短暂、多样而琐碎。有的调查发现,某个车间主任每天平均得应付583件事。他的活动的特点是中断性、多样性、不连续性。这与一般工人的工作不同。他们的工作重复而不常中断,并从属于传送带稳定而无变化的节奏。

调查表明,总经理每天平均有36个书面联系和16个口头联系,而每项联系往往涉及不同的事。他们工作活动的短暂性也是十分令人吃惊的。他们的活动中有半数不到9分钟便完成了,电话都很简明扼要,平均只有6分钟。他们的活动中只有1/10花了一个小时以上的时间。至于中层和基层的经理,这种短暂性更为突出。有个调查表明,车间主任在每个问题上所花费的时间为48秒到2分钟。经理工作活动中的中断性也是很明显的。有项对160位经理的调查表明,他们平均只有9次能在半小时内不受干扰。另一项对一位总经理35天工作活动的调查表明,他只有12次能在办公室中连续工作23分钟而不受干扰。

经理往往不愿采取措施改变工作中的这种短暂、多样而琐碎的情况。这是由于,他的工作量太多,而他又意识到自己对组织的价值,因而对自己时间的机会成本(由于做某件事而不做另一件事所造成的损失)特别敏感,于是就用这种短暂、多样而琐碎的方式来工作。这样,必然造成经理工作中的肤浅性。这是必须努力加以克服的。

3. 把现实的活动放在优先的地位

经理趋向于把注意和精力放在现场的、具体的、非常规的活动。他对现实的、涉及具体问题和当前大家关心的问题做出积极的反应,而对例行表报及定期报告则不那么关心。他们强烈地希望获得最新信息。因此,他们经常通过闲谈、传闻、推测等来收集非正式的、及时的信息。从总经理们对时间的安排也可以看出这点。有项调查表明,在总经理的14次口头联系中,只有一次是事先计划的,其余13次都是有关现实问题的非常规活动。

在经理的活动中,几乎都涉及具体问题而不是全面问题。一位总经理在工作时间参与讨论抽象问题或进行全面计划是极为罕见的。显然,通常把经理看作是一个计划拟订者的观点是与实际情况不符合的。如果经理确实在做计划工作,他也不是独自抽着烟斗在思考什么创见,而是把收集信息、计划和决策等结合起来进行的。具体工作的压力迫使经理不是深思熟虑地进行计划,而是在现场解决各种问题。

4. 爱用口头交谈方式工作

经理使用的工作联系方式主要有五种:邮件(书面通信),电话,未经安排的会晤(非正式的面谈)和经过安排的会晤(正式的面谈),以及视察(直观的)。这几种联系方式有很大的差别。书面通信要使用一套正式的语言,并要过很长时间才能得到答复。口头交谈(包括电话交谈)则除了话语中所包含的信息以外,还能通过音调的变化和反应的快慢来传递信息。当面交谈则还可借助于表情传递信息。

调查材料表明,经理们都爱用口头交谈方式。他们用在口头交谈上的时间占很大比重。车间主任与人面谈的时间约占57%,一家制造公司的中层经理花在口头交谈上的时间约占89%。怀特对总经理的调查表明,其口头交谈的时间占78%,按活动次数计算则为67%。

经理似乎不喜欢使用书面信件,主要在正式联系和冗长的文件中才用书面形式。非正式的信息联系方法(打电话和非预先安排的会晤)用来传递紧迫的信息和非正式的请求。预先安排的会晤则被用来传递正式的信息和正式的请求,以及处理涉及许多人并且要花费许多时间的事件,尤其是有关礼仪、制定战略和谈判等事件。

还有一点要加以说明的是,经理并不需要从事具体的作业性工作,通过口头联系等方式来指导和安排别人的工作就是他的职责。所以,经理的生产性输出基本上能够用他们口头传递的信息量来衡量。

5. 重视同外部和下属的信息联系

经理同三个方面维持信息联系。这三个方面是:①上级(总经理的上级是董事会);②外界(指经理所管理单位以外的人);③下属。经理实际上处于其下属和其他人之间,用各种方式把他们联系起来。调查材料表明,经理与下属进行联系所花费的时间占相当大的比重,通常占他们全部口头联系时间的1/3到1/2,而他们与上级联系的时间一般只占1/10。他们与外界联系的时间通常比同下属联系所占的时间还要多,约占全部联系时间的1/3到1/2。

6. 权力和责任相结合

经理的责任很重大,经常有紧急事务要处理,似乎很难控制环境和他自己的时间。但他也有很大的权力。他可以采取一些措施,在解决问题的过程中想出一些新的主意,把问题变成机会,为企业的发展服务。

三、经理所担任的角色

经理一般都担任十种角色,即:①挂名首脑;②领导者;③联络者;④信息接受者;⑤信息传播者;⑥发言人;⑦企业家;⑧故障排除者;⑨资源分配者;⑩谈判者。这十种角色可归纳为三类,即人际关系方面的角色,信息联系方面的角色,决策方面的角色。而其分析的起点则为经理的职位,如图17-1所示。

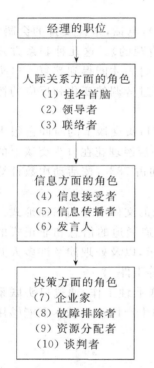

图 17-1 经理担任的角色图

经理所担任的十种角色说明如下。

1. 挂名首脑角色

这是经理所担任的最基本和最简单的角色。经理由于其正式权威,是一个组织的象征,必须履行许多这类性质的职责。这些职责中有些是例行公事,有些带有鼓舞人心的性质,但全都涉及人际关系的活动,而没有一项涉及重大的信息处理或决策。在某些情况下,经理的参与是法律所要求的,如签署某些文件;在另一些情况下,经理的参与被认为是一种社会的需要,如主持某些事件或仪式,以便增加其意义和分量。挂名首脑这一角色在其他管理理论中较少被提到。

2. 领导者角色

经理作为一个组织的正式领导者,要负责对下属进行激励和引导,包括对下属中的雇用、训练、评价、报酬、提升、表扬、批评、干预以至开除。组织的调整通常是由经理来确定的,而企业的是否成功则决定于经理向企业注入的是力量和远见,还是由于他的无能或疏忽而使组织处于停滞状态。领导者角色的重要目的是把组织成员的个人需要同组织目标结合起来,以便促进有效的作业。

3. 联络者角色

联络者角色涉及的是经理同他所领导的组织以外的无数个人和团体维持关系的重要网络。经理通过各种正式的和非正式的渠道来建立和维持本组织同外界的联系。这些渠道有:参加外部的各种会议,参加各种社会活动和公共事务,与其他组织的经理互相访问或互通信息,同政府和其他机构的人员进行各种正式和非正式的交往等。这样,经理为其组织和本人获得各种信息和好处。例如,有一家咨询公司的总经理由于在国会的听证会中作证,在一个星期中几次在电视节目中"亮相",在本国和外国的首都以证人的身份同政府高层人员在一起,因而为其公司揽得了大笔生意。

联络者角色代表着经理职务中一个关键部分的开始。经理通过联络者角色同外界联系。然后,通过发言人、信息传播者和谈判者这些角色进一步发展这种联系,并获得这种联系所提供的好处和信息。

4. 信息接受者角色

经理得到的信息大致有以下五类:①内部业务的信息。通过标准的业务报告、下属的特别报告、对组织的视察等获得。②外部事件的信息。如顾客、人事联系、竞争者、同行、供货者、市场变化、政治变动、工艺技术的发展等,他通过下属、同业组织、报刊等获得。③分析报告。他从各种不同的来源(下属、同业组织或外界人员)得到各种不同事件的分析报告。④各种意见和倾向。经理通过许多途径来更好地了解他的环境和获得各种新思想。他参加各种会议,注意阅读顾客的来信,浏览同业组织的报告,并从各种联系和下属那里获取各种意见和建议。⑤压力。各种压力也是信息的来源,如下属的申请和外界人士的要求,董事的意见和社会机构的质问等。

5. 信息传播者角色

这指的是经理把外部信息传播给他的组织,把内部信息从一位下属传播给另一位下属。信息可分为两种:①有关事实的信息。这类信息可以用某种公认的衡量标准来判断是否正确。经理由于代表着正式的权威,收到许多有关事实的信息,并把其中的很大部分转给有关的下属。②有关价值标准的信息。这类信息涉及一个人的选择和有关"应该"是什么的主观信念。经理作为信息传播者的角色的一项重要作用就是在组织中传递有关价值标准的陈述,以便指导下属正确决策。每当组织中对重要的问题进行讨论时,都可由经理提出有关价值标准的信息。

经理向下属传播有关事实的信息或有关价值的信息,使下属了解情况,便于对他们的日常工作和决策的制定进行引导。信息传播者角色同授权问题有密切关系。因为,要把处理某些事务的职务委托给下属,就必须把处理该事务的有关信息传播给下属。

6. 发言人角色

经理的信息传播者角色所面向的是组织内部,而其发言人角色则面向外部,把本组织的信息向组织周围的环境传播。经理作为正式的权威,被外界要求代表其组织来讲话;他作为组织的神经中枢,也拥有信息来这样做。

经理的发言人角色要求他把信息传递给两个集团:第一个是对组织有着重要影响的那一批人,对总经理来说是董事会,对中层经理来说是他的上级;第二个集团是组织之外的公众,对总经理来说包括:供货者、同业组织、其他组织的总经理、政府机构、顾客以及新闻界。经理必须向这两个集团传递有关本组织的计划、政策和成果的信息。此外,他只有把自己的信息同他所联系的人共享,才能维持他的联系网络。由于这两种理由,经理的信息必须是即时的。经理为了有效地代表组织说话,并获得组织以外的人的尊重,必须表明他所掌握的有关本组织和周围环境的信息是直至最近一分钟的最新情况。

在发言人的角色中,经理被要求在他所从事的行业中是一位专家。由于他的地位和所掌握的信息,经理的确也拥有他那行业中的许多知识,够得上是一位专家。因此,组织以外的各种人(有时也有他的下属)往往就他那行业中的一些问题征求他的意见。传播专业方面的信息显然只是总经理工作中的一小部分,可以看成是他那发言人角色的一个部分。但是,也有人把发言人角色中经理作为本行业专家而出现的那一部分角色单独列为专家角色。

7. 企业家角色

经理的企业家角色指的是经理在其职权范围内充当本组织许多变革的发起者和设计者。"企业家"这个术语是从经济学家那里借用来的,但对企业家的职能赋以更为广阔的含义。经济学家所谓的企业家强调的是开创一个新的组织的工作;而在这里强调的是同现有的(以及新的)组织中有组织的变革有关的全部管理工作。

企业家角色的活动开始于视察工作,寻找各种机会和问题。当发现了一个问题或机会以后,如果经理认为有必要采取行动来改进他的组织的目前状况,就开始了决策的设计阶段。

"改进性方案"指的是改进某一特别的组织情况的一系列活动(利用一次机会,解决一个问题)。经理可以在下列三个层次中选择一个来参与一项改进性方案的设计阶段和选择阶段。这三个层次是:①授权。对于某些不重要的事项,经理授权下属去设计和选择改进性方案。②批准。另一些事项,经理授权某个下属设计其改进性方案,而在设计完成后的行动路线"请求批准书"上保留批准与否的权力。这往往适用于包含更多的风险或会成为重要先例的事项。③监督。经理对某些改进性方案在其设计阶段就加以监督。这或者是由于同一个有势力的组织集团的利益有关,或者是由于经理个人对这个问题有强烈的兴趣,或者由于一个直接由经理负责的部门会发生重大的变化,或者由于涉及重要的资源问题或敏感的价值标准问题。

8. 故障排除者角色

经理的企业家角色把注意力集中于导致组织变革的自愿行动,而经理的故障排除者角色则处理非自愿的情况以及其中含有不能控制的因素的变革。这两种角色代表着决策连续统一体中的两个极端,但在其间存在着一个不太明确的领域,而且同个人的判断和看法也有关系。经理在"解决问题"时,可能是对一种不太严重的故障做出反应,但他也可能认为是他自愿地采取行动来避免一次严重故障。这在很大程度上取决于个人的看法和判断。同样的一件事,对一个人来说,可能认为是必须做出的被动反应,而另一个人则可能认为是他主动采取的变革行动。

故障有三种类型:①下属之间的冲突,这是由于争夺资源的分配、个性之间的冲突或专业的重叠;②组织之间的冲突;③资源的损失或有损失的危险。在故障的排除中,时机是极为重要的。故障很少在例行的信息流程（如报告）中被发觉,而通常采取"紧急情报"的形式由发现故障的人上报给经理。经理则一般把排除故障置于较其他绝大多数活动都优先的地位。他重新安排自己的工作日程,全力投入故障排除工作,以期早日解决,并争取有较充裕的时间拟订出一项改进性方案。经理在排除故障的危机时期一般较平时有更大的影响力。经理的故障排除者角色有重大的意义：因为,排除故障的决策会树立一个先例,因而对组织今后的战略可能产生或大或小的影响。

9. 资源分配者角色

经理的资源分配者角色由以下三个组成部分：

(1) 安排自己的时间。经理的时间本身就是组织中最宝贵的资源之一。更重要的是,经理的时间安排决定着他的组织的利益,并把组织的优先顺序付诸实施。经理通过他的时间安排来宣布某些问题对组织来讲是重要的,因为他在其上花了较多的时间;而另一些问题则是不重要的,因为他在其上只花了很少的时间或根本没有花时间,因而也不会分配给它什么资源。

(2) 安排工作。经理的职责是为其组织建立工作制度——要做些什么事,谁去做,通过什么机构去做,等等。这类决策涉及基本的资源分配,一般是同改进性方案相联系而做出的。这些实质上就是安排他的下属的工作。这是一种重要的资源分配形式。

(3) 对重要决定的实施进行事先批准。这样他就可以对资源的分配维持连续的控制。要由经理来批准的事项有：由下属拟订的改进性方案,对较为次要的故障的排除措施,现有程序和政策的例外情况,由下属谈判的合同,业务预算的要求等。经理保留批准所有重要决定的权力,就保证他能够把这些决定互相联系起来,使它们互相补充而防止冲突,并在资源有限的情况下选用最好的方案。假如他把这些权力分散了,就可能导致不连贯的决策和不一致的战略。

10. 谈判者角色

组织不时地要同其他组织或个人进行重大的、非程式化的谈判。这种谈判通常是由经理带队进行的。这就是经理的谈判者角色。经理之所以参加这些重大的谈判是由于他是挂名首脑,他的参加能增加谈判的可信性;作为发言人,他对外代表着他那组织的信息和价值标准;而最重要的是,作为资源分配者,他有权支配组织的资源。谈判就是当场的资源交易,要求参加谈判的各种人有足够的权力来支配各种资源并迅速做出决定。

经理的上述十种角色是一个互相联结的整体,不能割裂开来。经理的十项角色表明,经理有以下六项基本的目标：①保证他的组织实现其基本目标——有效率地生产出某些产品或服务。②设计和维持他的组织的业务稳定性。经理必须在有偏差时予以纠正,有新资源时予以分配,以保证业务的顺利进行。③负责他的组织的战略决策系统,并使他的组织以一种可控制的方式适应于变动的环境。在稳定性和变动性之间维持平衡,是经理的最困难的工作之一。④保证组织为那些对组织有影响的人服务。对组织有影响的人对经理施加压力,以便组织为他们的目的服务。经理必须作为组织的各种价值标准的焦点来行事。⑤在他的组织同环境之间建立起关键的信息联系。由于经理具有正式权威,只有他才能在某些特殊的信息来源同他的组织之间建立起重要的联系,作为这种信息的神经中枢。⑥负责他那组织的等级制度的运行。这项工作虽然通常是例行的和程序化的,但经理仍必须履行一些职责。这些活动特别同他的挂名首脑角色有关,但在某种程度上也同发言人角色有关。

本章小结

企业文化是指在一定的历史条件下,企业在生产经营和管理活动中所创造的具有本企业特色的精神财富及其物质形态。它通常由三个不同的部分组成:企业精神。企业精神是企业文化的核心层,呈观念形态,如价值观、信仰及行为准则等。企业作风。企业作风是企业文化的中间层,呈行为形态。企业形象。企业形象是企业文化的外围层,呈物质形态。

沙因认为,解释组织文化的生成过程要综合使用群体力学理论、领导理论和学习理论。利用群体力学理论——通过观察组织中的各种群体,说明在群体根底中潜在的个人之间的情绪过程。领导理论中关于领导者的个性、类型对于集团形成的影响的研究结果,对于理解文化进化会有许多帮助。学习理论是组织关于如何学习认知、感情、行为方式等的说明,而文化也是被学习到的行为。利用学习理论可以对文化的学习过程进行解释。

Z理论认为,一切企业的成功都离不开信任、敏感与亲密的关系。因此主张以坦白、开放、沟通作为基本原则实行"民主管理"。大内把由领导者个人决策、员工处于被动服从地位的企业称为 A 型组织。他认为当时大部分美国企业都是 A 型组织。他把日本企业组织称为 J 型组织。他提出了"Z 型组织"的观念,认为美国公司借鉴日本经验就要向 Z 型组织转化。Z 型组织符合美国文化,又可学习日本管理方式的长处。比如"在 Z 型公司里,决策可能是集体做出的,但是最终要由一个人对这个决定负责"。

《经理工作的性质》全面地阐述了经理工作的特点、经理所担任的角色、经理工作中的变化及经理职务的类型、提高经理工作效率的要点、经理工作的未来等,并评介了其他管理学派有关经理职务的各种观点。角色就是属于一定职责或地位的一套有条理的行为。经理工作的显著特点:工作量大,步调紧张;活动短暂、多样性和琐碎;把现实的活动放在优先的地位;爱用口头交谈方式工作;重视同外部和下属的信息联系;权力和责任相结合。经理一般都担任十种角色,即:①挂名首脑;②领导者;③联络者;④信息接受者;⑤信息传播者;⑥发言人;⑦企业家;⑧故障排除者;⑨资源分配者;⑩谈判者。这十种角色可归纳为三类,即人际关系方面的角色,信息联系方面的角色,决策方面的角色。

思考讨论题

1. 认识企业文化的作用与重要性。

2. 讨论企业文化的内容与如何建设优秀的企业文化。
3. 认识沙因关于企业文化理论的基本观点。
4. 思考 A 型组织、J 型组织、Z 型组织的特点。
5. 认识经理工作的特点与复杂性。
6. 讨论经理人员担任的主要角色。

第十八章 20世纪90年代西方的管理新思潮

20世纪90年代,世界发生了巨大变化。以苏联为首的东欧集团解体了,世界由第二次世界大战后长期的"冷战"转向和解与合作;地缘政治转向了地缘经济。经济的全球化和企业的国际化空前加强。同时伴随着信息技术革命和因特网的普及,IT时代对经济生活和企业经营都产生了极大的影响。在此背景下管理思想上产生了一些新思潮,如企业核心竞争力理论,学习型组织理论,6σ管理理论等,我们在此简要介绍它们的基本思想观点。

第一节 20世纪90年代企业面临的挑战

20世纪90年代以来,随着全球经济的不断发展和科学技术的突飞猛进,企业面临日益复杂多变的内外部环境和来自多方面的挑战,这些变化和挑战不断对企业管理提出新问题、新要求,这些新问题、新要求推动了企业管理理论、管理思想的不断变革与创新。

一、技术创新和升级的挑战

在当今科学技术迅猛发展、市场竞争日益激烈的环境下,企业要实现长期生存和发展就必须不断地进行技术创新。技术创新在企业发展中的重要性主要表现为:①技术创新是实现企业技术进步的根本出路;②技术创新是企业获取竞争力的决定性因素;③技术创新是提高产品附加值和企业经济效益的根本途径。

技术创新的重要性对企业管理提出了一系列新问题,譬如,如何预测和把握技术的发展方向?如何提高企业的技术创新能力?采用何种方式进行技术创新?如何防范创新风险?等等。此外,科学技术的进步,尤其是计算机技术和网络技术的不断发展,不仅为企业更快地进行信息处理和信息传递提供了可能,而且为企业管理方式、方法和手段的变革提供了广阔空间。问题的关键就是如何将这些新技术运用到企业经营管理当中。

二、知识经济的挑战

经济合作与发展组织(OECD)1996年发表的《以知识为基础的经济》报告中认为,越来越多的迹象表明,西方社会正在由工业化时代向知识经济时代迈进。知识经济是一个以知识为经济和社会发展的基础,以信息、网络技术为标志,以高新技术产业为支柱,以人的智慧、技能为动力,以知识管理为保证的新的经济发展阶段。从企业管理的角度看,在知识经济时代:①知识型员工数量将不断增加,他们在企业发展中的作用变得举足轻重;②以知识、技能为主要表现形态的无形资产成为企业长期竞争优势的主要源泉,无形资产管理将成为企业管理的重要内容;③企业管理层次减少,组织结构趋于扁平化、网络化、柔性化。

以上这些变化无疑对企业管理提出了新的要求,譬如,如何激励知识型员工,以发掘、利用和发展知识型员工的创造力和潜能?如何保护企业知识产权?如何加快信息的传递速度和实现信息在企业内部的有效共享?如何在多元化、信息化基础上构建企业文化?等等。

三、经济全球化的挑战

第二次世界大战以来,世界经济得到了突飞猛进的发展,世界范围内的市场环境开始向多样化的买方市场转变;特别是在20世纪80年代以来,世界经济一体化的趋势日益明显,全球范围内的市场竞争越来越激烈,资金、技术、人员在全球范围内更加自由、更加大规模地流动,全球范围内的产业结构调整一浪接着一浪。经济全球化正在对全球经济、政治、文化产生着广泛而深刻的影响。

经济环境的巨大变化要求企业管理必须重视如下的问题:面对全球产业结构调整,企业应建立什么样的公司业务结构?如何更好地满足顾客多样化、个性化的需要,并在此基础上获取更多的经济效益?如何培育企业核心能力,提高在国际市场上的竞争力?如何重构企业组织结构,以提高对环境的适应能力和应变能力?如何管理全球性企业?等等。

四、无形资产或知识资本管理成为现代企业管理的重要内容

在泰勒的科学管理时代,甚至直到20世纪六七十年代的"管理理论丛林"时期,无形资产及无形资产管理并未引起管理学的重视。随着科学技术的进步和经济的发展、企业规模的增长和企业制度的演变,企业间的竞争日益激烈,人们逐步认识到以知识和技能形态存在的无形资产是企业获取长期竞争优势的主要源泉。因此,重视无形资产管理成为必然的趋势,无形资产管理成为现代企业管理的重要内容。

第二节 6σ管理的管理思想

6σ管理作为一种持续改进产品和服务质量的管理思想,最早起源于美国摩托罗拉公司。20世纪70年代后期,在日本企业的强大攻势下,许多美国产业都面临着巨大的竞争

压力。在这种形势下,摩托罗拉公司从1980年开始了其"质量振兴计划",内容包括加快产品开发、大幅度提高产品质量以及通过调整生产过程降低成本等,希望以此提升企业的竞争力,从而能够同竞争对手抗衡。这一计划的核心构成便是所谓的6σ管理活动,这一活动成为了摩托罗拉在全公司范围内实施的质量改进活动。6σ管理在摩托罗拉的实践成果显著,该公司在1988年荣获美国马尔科姆·波多里奇国家质量奖。

摩托罗拉的成功引起了许多其他公司的注意,后来,许多著名公司,如通用电气、爱立信、IBM、ABB、索尼、柯达等,也纷纷开展了这一活动,并取得了很大的成绩。其中尤以通用电气公司的成果最为显著。

6σ管理活动的广泛开展对于当代的企业管理思想也产生了很大的影响。到目前为止,全世界掀起了6σ热潮,很多管理者学会了6σ的术语,很多公司开始尝试实施6σ管理,很多咨询公司和人员正在将6σ当作一种管理新思想。

一、6σ管理的测量指标

6σ管理活动体现了"只有能够衡量,才可以实施改进"的思想。管理意味着通过有组织的努力去实现目标的活动或过程。没有测量,就不能认识事物,就谈不上确立目标。正是基于这种认识,摩托罗拉公司在开发6σ管理方法时,首先确定了用以衡量企业各方面质量的一种通用的、可横向比较的测量尺度,在此基础上设定了企业质量改进的奋斗目标。进而又提出了实现质量目标的一套系统化的步骤或程序。为了能够实现改进,摩托罗拉公司创造性地引入了一个衡量质量的通用指标,称为"百万机会缺陷数"(Defects Per Million Opportunity,DPMO)。该指标的计算公式为:

百万机会缺陷数(DPMO)=单位缺陷数(DPU)/百万个出错机会

这里的缺陷是指所有导致顾客不满的情况。单位缺陷数是指所衡量的每个单位对象(如一个产品、一个过程)出现的缺陷数。人们习惯上使用的衡量质量的指标通常是缺陷率、合格率等,但这些指标无法在不同产品、不同部门之间进行横向比较。不同产品、不同种类的工作其复杂程度不同,在同样的工作质量下,对象越复杂,出错的机会也就越多,其缺陷率也就会提高;反之,出错的机会少,缺陷率也就会低一些。为了开发出可以横向比较的测量指标,摩托罗拉公司引入了一个"出错机会"的概念,用这一概念来表示每个单位对象出错的可能性。通过将缺陷平均到每个出错机会上,就可以实现不同复杂程度的产品以及过程的比较,从而使得DPMO成为了一个通用的衡量质量的尺度。依据这一尺度,摩托罗拉公司确定了其质量改进的目标,这就是要将百万机会缺陷数(DPMO)降至3.4。这个数字的意义可以理解为,如果面对着100万次出错的可能的话,实际出错只允许有3.4次。

由于DPMO是一个比率,从而可以将之与正态曲线上的一定σ(西格玛)范围内所包括的面积相对应。每一个DPMO的取值都可以用一个相应的σ值来表示,反之也一样

(注:在将 DPMO 与 σ 值进行对应时,正态曲线设定为离中心值有 0.5 个 σ 的偏移)。DPMO 的值越小,则其相对应的 σ 值就越大,意味着质量水平就越高。因此,从这个角度来说,σ 值可以用于度量质量水平。4 个西格玛的质量水平对应着的 DPMO 为 6210,5 个 σ 的质量水平对应着的 DPMO 为 233,而 6 个 σ 的质量水平便对应着 DPMO 为 3.4 这一目标。这也便是"6σ 管理"这一名称的由来。

二、实现 6σ 目标的方法

现代质量管理是通过对过程进行改进来实现高质量、低成本和高效率生产的。实现 6σ 质量目标便是要对过程进行持续不断的改进。持续改进是通过六个步骤的循环来实现的。这六个步骤分别为:

(1) 明确企业所提供的产品或服务是什么?

这里的"企业"代表组织的过程链条上的任意一个环节。可以是一个部门、一道工序或一个团队等。这里的"产品或服务"指的便是这一特定环节的输出。通过这个步骤的活动,要明确企业所提供的产品和服务是什么,同时也要确定测量企业的产品或服务的单位。

(2) 明确企业的顾客是谁,他们的需要是什么?

这里的顾客是指过程链上的"企业"的下一个环节,企业的产品或服务质量的优劣是由企业的顾客来判定的。在这一步骤中,要明确企业的顾客,明确顾客的关键需要,并要同顾客就这些关键需要达成共识。

(3) 为了向顾客提供使他们满意的产品和服务,企业需要什么?

这是要明确为了满足企业的顾客的需要,企业需要什么?谁来满足企业的需要?从过程链的角度来看,这是要明确企业的上一个环节,以及为了使企业能够满足顾客的需要,他们应当为企业提供什么条件。

(4) 明确企业的过程?

在这一步骤中,通常要借助于流程图将过程的现状描绘出来。

(5) 纠正过程中的错误,杜绝无用功。

在上一步对过程的现状充分认识的基础上,分析过程中的错误和冗余,制订纠错后的理想流程图。

(6) 对过程进行测量、分析、改进和控制,确保改进的持续进行。

制订并实施用新过程取代旧过程的改进计划,将取得的成果与他人分享。通过周而复始地实施这六个步骤,企业就可以实现持续改进,逐步实现 6σ 质量水平。

三、成功实施 6σ 的关键

1. 高层管理者的承诺

摩托罗拉前 CEO 鲍勃·高尔文充满热情地领导全体员工通过实施 6σ 来实现其进

攻性目标：质量水平每两年提高10倍。同样，通用电气公司的CEO杰克·韦尔奇也亲自倡导和推动6σ。在他的支持下，通用电气公司的其他高层经理也亲身参与到6σ活动中来。

2. 与公司当前的工作重点、战略以及绩效测评体系进行整合

在通用电气公司1998年的年度报告中，杰克·韦尔奇提出了三个工作重点：全球化、服务和6σ。他认为这三者能够"强有力地推动公司的成长，并能转变公司的文化和灵魂"。在这一指导思想之下，6σ被应用到公司所有的领域，包括产品开发和金融服务。因此，能否与公司的战略结合起来，是6σ活动成败的关键。

3. 过程思维

过程思维是全面质量管理的最基本的原则之一，因此关注过程是6σ必要的先决条件就是很自然的。描绘出所有的业务过程是6σ的一项关键性的活动。甚至在信息收集、数据分析以及问题解决过程中也要建立规范的工作过程。

4. 确保收益

无论是长期还是短期，6σ项目必须能够产生实际的收益。因此，在开展6σ活动时需要掌握这一基本原则。为了确保项目的收益性，项目时间不宜过长，大多数的6σ项目都被设计为在3～6个月内结束。

5. 多层次的、深入现场的领导

在通用电气公司，6σ活动调动了来自关键业务领域的各个层次的人员，包括技术人员、非技术人员以及管理者等。其中倡导者是受过全面训练的业务领导，主要的责任是推动和领导6σ活动在关键业务领域的开展。"大黑带"是受过全面训练的质量领导，负责6σ战略、培训、指导、部署以及结果。"黑带"是受过全面训练的6σ专家，主要责任是领导跨职能的改进团队和工作项目，并且指导"绿带"。"绿带"是受过全面训练的质量活动领导者，具备数量分析的技能以及培训和领导的能力，负责项目的培训、指导、部署以及结果。项目成员是在各自领域里支持特定项目的个人。

6. 培训

6σ需要将大量的资源投入到培训中。很多开展全面质量管理的企业只是为员工提供了基本质量意识的培训，然而6σ的公司培训则要对几乎每个人进行严格的统计和解决问题工具方面的培训。通用电气公司将其"绿带"的培训紧缩为10天。这种培训针对通用电气公司所有的员工。实际的"绿带"培训一般要延续4个月，不仅要学习到知识，而且要到实践中进行实际项目的操作。

7. 不断强化和奖励

在通用电气公司中，杰克·韦尔奇让员工非常清晰地认识到6σ没有自由选择的余地，而是在全公司开展的、每个人都必须做的工作。而且，所有的员工，包括管理者，如果要得到升迁必须要通过6σ培训并完成一个项目。通过这种方式，通用电气公司在公司

中确立了 6σ 的地位,并且将奖励和升迁与员工在 6σ 中取得的成绩紧密地联系在一起。

四、实施 6σ 的支持性工具

在实施 6σ 活动中,需要使用很多工具。但是这些工具基本上都不是新的。6σ 的独特之处在于它将这些工具和方法整合到整个组织的管理体系当中。在 6σ 活动中可能用到的工具和方法主要有以下几类：

(1) 基础统计工具。包括基础统计、统计思想、假设检验、相关分析和简单回归。
(2) 高级统计工具。包括实验设计、方差分析、多重回归。
(3) 产品设计和可靠性。包括质量技能展开、故障模式与影响分析。
(4) 测量。包括过程能力、测量系统分析。
(5) 过程控制。包括控制计划、统计过程控制。
(6) 过程改进。包括过程改进计划、绘制流程图、防御措施。
(7) 实施和团队。包括组织效能、团队评估、协调工具和团队发展。

总之,6σ 管理是一种精确化、无缺陷管理方法,是与宇航工程、因特网技术相适宜的质量管理思想。

第三节 企业核心能力的管理思想

20 世纪的最后 10 年,全球经济与世界市场都发生了巨大变化。一是全球性经济过剩和传统产业的生存危机,全球性企业兼并浪潮兴起;二是 IT 网的普及应用,企业纷纷建立起信息管理系统。因此提出企业核心竞争力理论,认为企业只有打造出自己的核心竞争力,才能在全球化竞争中处于有利地位。

一、核心竞争力的内涵

1. 核心竞争力的含义

核心竞争力(Core Competences)的英文原意是核心能力或核心技能,由于这一概念往往是一个企业与其竞争对手相比较而言的,因此用核心竞争力更为贴切。根据普拉哈拉德和汉默的定义,核心竞争力是组织中的积累性学识,特别是关于如何协调不同的生产技能和知识的组合,这种组合可以使企业的业务具有独特的竞争优势。说它是组合,是指它既包括科学技术,又包括管理、组织和营销方面的技能。这些技术和知识的结合方式决定着核心竞争力的强弱,决定着企业开发新产品、服务市场、挖掘新的市场机会的潜力,体现着竞争优势。

核心竞争力既可能以某种先进技术的形式表现出来,如英特尔公司的计算机微处理技术、佳能公司的影像技术等,也可能以其他形式表现出来,如麦当劳公司快捷的服务体系、美孚公司遍布全球的销售服务机构等。但无论形式如何,核心竞争力都是多种先进技术和能力的协调集合。如微型化是索尼公司的核心竞争力,它不仅包括产品市场和生产上的微型化,还包括对未来市场需求微型化选择模式的引导等。为了形成这一核心竞争力,公司的技术人员、工程师以及营销人员必须对未来顾客需求的微型化发展方向和自身技术能力的微型化延展方向形成共识,以便于协调各方面的活动。

2. 核心竞争力、核心产品与最终产品

要正确认识核心竞争力的内涵,还必须理解核心竞争力与核心产品和最终产品的关系。核心产品是核心竞争力的载体,是联系核心竞争力与最终产品的纽带。同时核心产品又是最终产品的重要组成部分,它构筑了企业最终产品组合的平台。有的学者以形象的比喻来说明核心竞争力、核心产品和最终产品的关系:如果把一个公司比喻成一棵大树,树干和大树枝是核心产品,小树枝是业务单位,叶、花和果实是最终产品,那么提供水分、营养和保持稳定的根系就是核心竞争力。

企业为了维持核心竞争力领域的领导地位,就必须在核心产品的生产上维持尽可能大的制造份额。因为企业竞争的目标实际上应是在某种核心竞争力领域建立垄断或尽可能接近垄断地位。但建立最终产品的垄断地位会受到法律或分散销售渠道的约束,而一个公司核心产品的市场份额的增长就不存在这种限制,通过借用下游合作伙伴的销售渠道和品牌,在核心产品市场份额迅速增长的过程中,企业的核心竞争力可以得到最大限度的发挥。所以,企业以原始设备或核心零部件供应商的身份向竞争对手或下游企业出售其核心产品,是迅速占领市场份额的一种有效途径。目前,越来越多的公司认识到出售核心产品的价值,例如,近年来 IBM 公司一改过去的销售政策,自愿把其核心产品出售给顾客,无论敌友,一视同仁。在 1990—1993 年,IBM 对外技术销售额从 3 亿美元暴涨到 30 亿美元。

二、核心竞争力的特征

1. 独特性

从竞争的角度,一项能力要成为核心竞争力必须有一定的独特性。如果某种能力为整个行业普遍掌握,就不能成为核心竞争力,除非这家企业的能力水平远远高出其他企业。核心竞争力的独特性还表现在不易被人轻易占有、转移或模仿。任何企业都不能靠简单模仿其他企业而建立自己的核心竞争力,而应靠自身的不断学习、创造乃至在市场竞争中的磨炼,建立和强化自己独特的能力,这是建立企业核心竞争力的唯一正确途径。

2. 扩散性

企业的核心竞争力应该能够为企业带来多方面的竞争优势。企业的核心竞争力就如同一个"技能源",通过其发散作用,将能量不断地扩展到最终产品上,可以通过一定的方式向外衍生出一系列的产品或服务。如佳能公司利用其在光学镜片、成像技术和微处控制技术方面的核心竞争力,使其成功地进入了复印机、激光打印机、照相机、成像扫描仪、传真机等二十多个市场领域;夏普公司利用其在平面屏幕相关能力上的领先地位,使其成功地进入笔记本电脑、便携式电脑、微型电视、液晶投影电视等多个市场领域。

3. 增值性

核心竞争力必须以实现用户看重的价值为最终目标。只有那些能够真正为用户提供根本性好处、帮助企业为用户创造更多价值的能力,才能成为企业的核心竞争力。用户是决定某项能力是否是核心竞争力的最终裁判。本田公司在发动机方面的技能称为核心竞争力,而其处理与经销商关系的能力就不是核心竞争力。因为本田在生产世界一流的发动机和传动系统方面的能力的确为用户提供了很有价值的好处:省油、易发动、易加速、噪音低、震动小。但很少有用户是因为本田的经销人员的独特能力,才在众多的品牌中选择了本田汽车。

4. 可变性

企业的核心竞争力不是一成不变的,某个企业的核心竞争力可能最终被竞争对手成功模仿,并随着时间的推移,逐渐成为行业内的一种基本技能。例如,在20世纪80年代,快捷优质的上门服务无疑是某家电企业的核心竞争力。但是时至今日,各个家电企业之间售后服务水平的差距已经大大缩小了,此时售后服务水平已经不是这家企业的核心竞争力。这种变化在许多行业中都到处可见。因此,企业应该以动态的观点看待企业的核心竞争力,随时对自身的能力与外界(如竞争对手和行业水平)进行比较和评估,并不断对优势进行加强,以保持持久的核心竞争力。

三、核心竞争力的建立

要在一个企业里牢固建立核心竞争力观念,需要全体管理人员充分理解并积极参与以下四项关键的核心竞争力管理工作。

1. 找出现有的核心竞争力

管理人员如果对本企业核心竞争力的构成没有达成共识,就无法积极管理这些核心竞争力。所以,衡量一家企业对核心竞争力的管理水平,首先应该看这家企业对其核心竞争力的定义是否明确,以及大家对这个定义的认同程度。因此,实施核心竞争力管理的第一步就是核心竞争力的识别。可以采取以下三个步骤,通过这些步骤,企业可以初步确定其拥有的竞争力状况及大致的竞争力策略方向。

(1) 列出企业竞争力清单。管理者必须从产品焦点中转移出来,把注意力集中在产品隐含的技术、技能、知识及其人力资本与组织载体上。

(2) 结合外部环境分析,决定这些竞争力现在和未来3~5年内的顾客价值。

(3) 判别竞争力的相对强度。竞争力相对强度既包括竞争力区别于对手的程度,也包括其难于模仿和替代的程度。

2. 培养新的核心竞争力

建立领先的核心竞争力的关键在于持之以恒。而做到这一点,首先,企业内部对建立与支持哪些能力应该意见一致。其次,负责建立能力的管理班子应保持相对稳定。除非高层管理人员对建立哪些能力达成一致意见,否则就不可能有长期一贯的努力。如果上层没有一致的意见,而各个业务单位又只顾建立自己的能力,那么整个企业在能力建立方面就不能集中力量,甚至根本无法建立新能力。培养新核心竞争力的方法主要有以下五种。

(1) 集中法。通过统一目标,将注意力集中在科研与产品开发等少量关键目标上,加大对核心技术的资金投入与人才配置,以及组建竞争力开发团队等方法提高内部资源配置的效率。

(2) 借用法。通过与其他厂商、研究机构、主要客户形成联盟,如合资、合营、授权等,从中获得并消化吸收合作伙伴的技术和技能。

(3) 收购法。通过收购具有相关核心技术或竞争力的企业或组织(并确保其在收购后技术不流失),而快速强化目标专长或竞争力。

(4) 融合法。通过系统性思维将若干相关生产技术、各功能领域技术(研究与开发、生产、营销和服务等)、自己拥有的和借用或收购的技术等加以有效整合。

(5) 重复法。通过在不同领域或活动中多次使用某些技术、技能、知识,并不断总结、学习与创新,以提高和加强竞争力。

3. 核心竞争力的部署

将核心竞争力在企业内部进行扩散和重新部署,可以使一项核心竞争力在多种业务或者新市场上发挥作用。善于部署自身的能力可以使企业能够更有效地运用自己的核心能力。

(1) 将注意力集中在能发挥核心竞争力作用和增强核心竞争力上来。可以对与企业核心竞争力无关或关系不大的业务采取收缩或撤退策略;或在存在合格供应商的情况下,对企业价值链上与核心竞争力关系不大的活动采取外包策略。

(2) 在可以充分利用企业已有核心竞争力的新领域或新产品范围,根据具体情况,可以分别采取收购、合资、内部开发等不同方式增加相应的产品和服务。

(3) 核心竞争力的内部扩散。下列措施有助于使企业的核心竞争力在内部调配和扩散:

①让战略经营单位参与制定公司战略,使公司各业务部门的经理对公司范围的优先商机达成共识;②建立明确的核心竞争力的分配部署机制,如对"空白领域"采用诸如"紧急项目小组"等高优先度的组织安排,并吸引公司各部门核心竞争力载体的人员参加;③建立促进核心竞争力内部扩散和调配的人事安排与激励制度,如"紧急项目小组"有权将公司内若干关键人才加以调用,用于开发新商机或提升公司范围的业绩,并根据团队

业绩对其进行考核与激励;④对于那些已被充分理解并显性化的技能采用明确程序进行培训的扩散方式,对于具有隐秘性质的技能则采用"学徒式"方式进行内部扩散;⑤在组织内部进行"最优的实践交流活动",以促进若干关键技能的内部扩散与交流;⑥在公司内培养一批自视为公司核心竞争力"携带者"的人员,使他们自成团体,进而促进技术与技能的交流与协调;⑦促进非正式沟通网络在竞争力扩散方面的作用,具体形式包括定期或不定期的内部讨论会、频繁的个人面谈等。

4. 保持核心竞争力

由于核心竞争力可以使企业在竞争中获得超额收益,竞争对手总是千方百计地对企业的核心竞争力进行研究和模仿。核心竞争力是通过长期的发展和强化建立起来的,核心竞争力的丧失会带来无法估量的损失。所以,企业在加强核心竞争力培育的同时,一定要重视企业核心竞争力的保护工作。为此,要针对核心竞争力丧失的主要原因,努力构筑核心竞争力的模仿障碍,尽量防止核心竞争力的丧失,延缓核心竞争力的扩散。

(1) 核心竞争力丧失的原因:①核心竞争力携带者的流失。核心竞争力携带者是指体现和掌握核心竞争力的技术人员或管理人员,他们在企业核心竞争力的建立过程中曾起过中流砥柱的作用,一旦他们离开企业去为竞争者效力,可能会导致企业关键技术的泄密,使核心竞争力的优势大大削弱。②与其他企业的合作。企业在与其他企业合作时,常常会扩散自己的核心竞争力。例如,日本一些企业通过战略联盟从西方合作伙伴中获得大量的技术能力,从而使得西方企业的核心技术能力不再独享,它们的核心竞争力也就不复存在了。③放弃某些经营业务。例如,通用电气、摩托罗拉等公司从1970年至1980年先后退出彩电行业,从而失去了各自在影视成像技术方面的优势。④核心竞争力逐渐被竞争对手所模仿,成为行业中必备的能力。

(2) 保护核心竞争力的措施:①加强对核心竞争力携带者的管理和控制。核心竞争力的携带者是企业的宝贵财富,企业高层管理人员必须清楚地识别他们,制定相关政策,防止这些人的流失。例如,可以通过股权激励给他们戴上"金手铐",使他们的利益与公司的利益保持一致,以及培养其忠诚度等。②自行设计和生产核心产品。核心产品是一种或几种核心竞争力的物质体现,企业通过自行生产核心产品,可以防止秘密技术和独特技能的扩散,从而将核心竞争力保持在企业内部。可口可乐公司自行配制糖浆就是一个很好的例子。③谨慎处理某些经营不善的业务。在那些因短期市场前景暗淡而即将被企业放弃的业务中,可能含有某些具有潜在价值的核心竞争力或其组成部分。企业在处理这些业务时必须谨慎,要充分考虑到业务的放弃或转让所造成的影响,看看是否会对企业和竞争对手的核心竞争力带来什么影响。④加强对企业核心技术的保密措施与管理制度。⑤在现有核心技术或技能融合模式基础上,利用全面质量管理或"小决策"不断对其进行改良与改进。

企业核心竞争力管理思想是体现了发挥优势、扬长避短、"形成拳头"的战略思想。

第四节 企业再造的管理思想

企业再造理论,就是以顾客为导向,以企业生产流程为中心,以计算机信息技术为手段,对企业生产经营系统进行重新设计、重新组合的管理思想。

企业再造,又称"企业流程再造"(Reengineering),是20世纪90年代初兴起于西方的一种新的企业管理思想。其划时代的意义在于:对亚当·斯密提出的一直主宰着管理理论和实践的"分工理论"提出了质疑,主张对企业流程进行"再设计",并彻底变革企业的组织方式和组织形态,从各种活动流程出发,对企业进行全方位地改造,以求经营管理业绩的根本改善。企业再造也是当代产业升级换代条件下不少企业面临的问题。例如传统电子企业、汽车公司、机械行业如今都面临企业再造,否则就难以走出经营困境。

一、企业再造理论的产生与发展

流程再造(Business Process Reengineering,BPR)又称企业再造(Corporation Reengineering)。简单地说,流程再造就是以工作流程为中心,重新设计企业的经营、管理以及运作方式。按照迈克尔·哈默的定义,流程再造是指:"根本地重新思考,彻底翻新作业流程,以便在现今衡量表现的关键问题上,如成本、品质、服务和速度等获得戏剧性的改善。"这一定义包括四个关键词:一是"根本",是指企业必须就公司的运营方式提出一些根本性的问题,如:"为什么要做我们所做的事情?""为什么我们要用现在的工作方式做事情?"通过对这些根本性问题的提出,引发人们认识到过去所遵循的规则与假设不但过时,甚至是错误的,必须重新改造过去的流程,这就需要跳出原有的思维定式进行创造性思维。二是"彻底",就是要抛弃一切过时的陈规陋习,创造出全新的工作方式,对原有的工作流程进行重新彻底的改造,而不是肤浅地改变或修修补补。三是"戏剧性",即企业要通过流程再造取得显著的业绩的提高,获得突变性的"飞跃"。四是"流程",流程是企业实现某一目标而进行的一系列相关活动的有序组合,它强调的是工作如何进行,这是流程再造关注的焦点。

二、流程再造的目标和原则

1. 流程再造的目标

(1) 核心目标。流程再造的目的固然是使企业更能适应环境的变化,令顾客满意,但再造的核心目标并不是流程本身,而是为了再造企业的核心竞争力。按照企业能力理论的观点,企业在本质上是一个能力的集合体,其中核心能力是企业拥有的最主要的资源和资产,是企业获得长期竞争优势的源泉。所谓核心竞争力是指企业独有的优越于其他竞争对手的技术、经营诀窍、管理模式等方面的能力,这种能力使得企业在市场竞争中享有特别的优势,能够为顾客提供更加满意的产品和服务。企业核心竞争力的塑造和形成是关系到竞争的成败、企业生存和发展的关键问题,因此,流程再造应当为培育企业的核心竞争力服务。

(2)最终目标。流程再造涉及方方面面的变革措施,如组织结构的调整、减员增效、设计流程等,这些变革措施都要渗透到企业流程再造的最终目标——将企业由过去的职能导向型转变为流程导向型。企业再造的这一目标意味着,不仅企业的流程设计、组织结构、人事制度等都会在再造中发生根本的变革。更为重要的是,一个经过了真正意义上再造过程的企业,其组织的出发点、管理者和员工的思维方式、企业的日常运营方式,乃至企业文化、价值理念等,都应得到再造。为此,企业流程再造的最根本的目标是把企业转变为以流程为中心的新型企业。

2. 流程再造的原则

如前所述,流程再造可以在企业核心竞争力的塑造,适应当前日益变化的环境等方面起重要作用。因此,很多企业都对流程再造寄予厚望,希望通过流程再造的实施,使得企业在各个方面都有所改善。但据调查表明,超过70%的实施了所谓流程再造的企业并没有达到预期的目标。究其原因,很大程度上是由于这些企业没有真正把握流程再造实施的基本核心原则——坚持以流程为中心原则、坚持以人为本的团队式管理的原则和坚持顾客导向的原则。流程再造原则与传统企业原则的比较如表18-1所示。

表18-1 流程再造原则与传统企业原则的比较

流程再造的原则	传统企业原则
以流程为中心	以职能为中心
以人为本的团队式管理	以工序为基础的部门式管理
以顾客为导向	以成本为导向

(1)坚持以流程为中心原则。一个以流程为中心的企业与一个以职能为中心的企业的根本区别不是企业运营流程的不同,而在于其基本结构的不同。

在传统的企业中,组成企业的基本单元是职能相对单一的工序和部门,由这些工序和部门分别完成不同的工作任务,流程片段有若干个单一的任务组成。而在一个以流程为中心的企业中,企业的基本组成单元是不同的流程,这样就使得企业的部门乃至流程本身都富有弹性,并可以随着市场环境的变化随时增减改变。以流程为中心的企业还意味着企业的形态也富有弹性,流程是直接面对顾客的,即随着市场需求的变化而变化。所以,以流程为中心的变革是一场持续的革命,仅仅一次改进,哪怕效果多么显著,都是微不足道的。一个企业必须持续地关注流程,才能与不断变化的企业环境相协调。

（2）坚持以人为本的团队式管理的原则。目前，以人为本的管理理念已经深入人心，没有哪一个企业可以忽视人的问题。然而，以流程为中心的企业所关心的并不仅仅是人本身，还关心以人为本的团队管理。在传统企业里，由于相对静止的市场环境决定了以分工为基础的职能导向型管理是有效率的，传统企业中除了领导者之外，其他人思考问题的出发点是如何完成本职工作，而对自己工作流程的进展却往往关注不够。而在以流程为中心的企业里，要扮演好企业领导者的角色就必须学会像球队教练一样思考和统筹安排。他们要将主要的流程编织在一起，要合理地分配资源，还要制定战略。在以流程为中心的企业里，一个以完成任务为基础的组织正逐渐被以团队为基础完成大部分任务，甚至是全部任务的组织所取代。团队是完成每一个流程的基本单位，基于团队而工作的员工，其工作积极性和主观能动性得以充分发挥，让员工变"要我做"为"我要做"，是流程再造的最高境界，也是坚持团队式管理的精髓所在。

（3）坚持顾客导向的原则。从根本上说，流程再造就是站在顾客的立场上重建企业，再造的出发点就是顾客需求。以顾客为导向，就要使得企业的各级人员都明确，全心全意为顾客服务才是企业得以生存和发展的根本。在实施流程再造的企业里，员工的绩效由流程运作结果来衡量，顾客的满意度的高低是评价员工绩效的唯一标准。这是因为，企业存在的理由是为顾客提供价值，而价值是由流程创造的，只有改进为顾客创造价值的流程，企业的改革才有意义。坚持顾客导向的原则是流程再造成功的保证。

总而言之，流程再造的三个原则是相辅相成的，顾客导向决定了流程再造的流程导向，而流程导向又要求企业进行以人为本的团队式管理，三个原则相互依存，环环相扣。

三、企业流程再造的实施

在对企业原有流程进行了分析、诊断，重新设计了新的流程体系，以及相关的配套作业完成之后，就进入了流程再造的实施阶段，这一阶段的工作是企业流程再造工程的最为重要的一环。因为前面的工作都是为这一工作铺平道路，前面的工作做得再好，如果这一阶段出现了问题，一切就前功尽弃。此外，前面工作不完善的地方或在实施过程中出现了问题，也将在这一阶段进行改进。

1. 制订实施计划

在实施新的流程之前，制订一个具体全面的实施计划是非常必要的。如果没有计划就贸然行动的话，其结果往往是既浪费了时间和精力，又损失惨重。制订实施计划一般采取以下步骤。

（1）将总任务进行细分。要将总任务细分为具体的任务，任务从高到低大致可分为四个等级，其中一级为流程再造的总任务；二级为按流程划分的任务，如财务、技术开发、市场营销等;三级为每个流程内部的总体任务,如筹备市场营销支持和计划、沟通市场营销计划等;四级为支持三级中每一个任务的具体任务。

(2) 计算第四级每一项任务的劳动强度。劳动强度可以用员工完成该项任务的工作时间来表示(一般以日为单位)。

(3) 为每一项任务做资源预算。主要是按照每一项任务确定适当的人选,计算完成任务所需要的时间等。

(4) 制定联系和逻辑流程。这一步骤要求将全部任务按逻辑顺序加以整理和安排,进而理解任务与任务之间的相互关系。

(5) 制订出包含开始和截止日期的时间表和工作表。明确流程再造工程进行的时间安排是非常必要的,你必须知道这项工作何时开始,到何时结束。另外,在任务细分并且人员安排到位之后,制作一张由谁来做、在何时做、做什么事情、进展如何的工作表也尤为必要。

2. 试点与切换

新设计的流程如果直接大规模地投入运作,企业将冒非常大的风险,因此是不可取的。积极稳妥的办法是先选择某一个流程作为试点,在一定时期内进行小规模的试验后,再分阶段地逐步实施并且换到其他部分的流程。对流程再造进行试点和切换可按以下步骤实施。

(1) 选择试点流程。选择合适的试点流程对流程再造的成功实施及其以后的改进非常重要。一个好的试点流程应该具有这样的特点:一是能够迅速显现新流程的显著效果。效果显著的试点流程能够激发员工对流程再造的热情,提高他们对流程再造成功的信心并取得他们的支持;否则会引起员工对流程再造的怀疑,为以后流程再造的全面实施增加阻力。二是成功的把握性要大。被选为试点的流程在设计的变革上不应过于复杂,参与人员的素质应尽可能高,以确保试点工作的成功。三是试点流程应尽可能多地包括整体实施时可能涉及的因素,也就是说所选择的试点应尽可能具有普遍性。

(2) 组建实施流程团队。团队成员应具有能力强、经验丰富、积极性高等特点,团队的组成应包括执行和支持部门中的最优秀人员。

(3) 约定参加试点流程的顾客、经销商和供应商。顾客、经销商和供应商在流程再造中具有极其重要的地位和作用,企业对他们的选择应当具有代表性。特别是顾客,他们应当充分了解流程再造所追求的目标和为此所设计的流程。

(4) 启动试点,对试点进行监督并提供支持。在做好前面的几项工作之后,就可以启动试点工作了。试点团队应当严密监控试点的运行情况,并及时搜集反馈的信息。高层管理者应当赋予试点团队负责人调动必要资源的权力,以保证实验的顺利进行和成功。

(5) 试点得到反馈的评审。流程试点应当在保证取得预期成果的前提下尽快完成,如果时间过长会导致其他部门失去对改进的热情和动力。流程试点团队的工作人员应当对试点反馈的信息进行整理、总结,获得的经验和教训应及时通报给以后实施新流程的团队。

(6) 在整个组织范围内分阶段实施。完成试点以后,根据实验的情况对流程的实施计划进行修改或补充,然后就可以在整个组织范围内分阶段实施流程再造工程。

四、面向流程的人员组织、领导和团队建设

以往的按照劳动分工理论建立起来的传统企业组织的运营,是按照职能将组织划分为一系列相对独立的部门,组织结构逐渐趋于科层化,每个部门的员工都负责非常具体的工作。职责范围的狭窄使得他们大多只关注自己的职能、部门、任务或专业化技能的提高,其追求和实现的是局部效率的最大化,而不是企业整体效益的最大化。而在面向流程的企业组织中,组织的运营是围绕着企业的核心流程来进行的。在这样的组织中,人们关心和解决问题的焦点是整个企业的运营流程,这些运营流程与企业的顾客需求是紧密相关的,企业的组织结构趋于扁平化。在这样的组织中,不仅讲求分工,更讲求协作。员工的工作目标更为一致,工作内容也更加丰富。这就要求员工不仅要具备必要的专业知识,而且要求他们置身于工作团队之中,通过工作团队全体员工的密切协作,使自身的创造性得以充分发挥,以此改善流程的绩效。这种工作流程不可能由个人来完成,更主要的是依赖于工作团队分工协作的特点,对组织的人员配备、领导能力和团队建设也必将提出新的要求。

1. 流程再造领导的选择

流程再造本身是一项系统工程,其成功实施要求企业彻底改变旧的观念和运营机制,对大多数企业来说,这个历程是痛苦且艰难的。因此,在这一过程中,必须有一个有着超凡魅力的领导人来带领和推动整个组织的变革。

一般来说,这一职责应当至少由企业的常务副总裁担任。如果企业的再造主要是针对某一局部流程的,也可以由职位较低的部门经理来担任再造的领导。无论如何,再造必须得到企业高层领导的强力支持,应当保证再造的领导者具有足够的权力来支配再造过程中所需要的资源。对领导者本身的素质要求则主要有以下几点。

第一,要充满激情。再造的领导者要对所从事的事业饱含激情,对再造始终满怀必胜的信念并愿意承担可能发生的一切风险。这样的领导才能够激发和保持员工变革的热情。员工的支持、与领导者同心同德,是再造成功的必要条件。

第二,要富有勇气。如前所述,流程再造是对旧有的观念和机制的巨大挑战,将会触动许多人的既得利益,因此也必将遭到部分人员的抵触和反对。作为领导者,一定要对将要面对的问题有清醒的认识,并且要有极大的勇气去应对可能的挑战。

第三,要具有必要的流程再造的知识。要想领导再造取得成功,光有激情和勇气是不够的,还需要领导者全面了解流程再造的相关知识,这样才能对再造过程中的每一个

环节有一个全面的规划,把握好每一个阶段的工作重点。

因此,在流程再造的团队的组建过程中,对再造领导的选择至关重要,因此一定要慎之又慎。

2. 任命流程负责人

流程负责人是指负责某一特定流程的管理者,由再造领导人选拔任命。流程负责人是特定流程的发动者和推动者,要能够胜任工作,必须具备相应的观念和技能。其一,要有流程观念和全局观念。流程负责人不仅要关注特有的流程,而且要对整个流程再造有全面的认识和把握,要注意自己负责的流程与其他流程之间的关系,保证自己的流程与总体流程的协调与配合。其二,要对所负责的流程具有影响力。他要具有对所负责流程资源的一定控制权,并且要具有多方面的才能。他要在本流程范围内做好设计,并在设计的基础上组织操作;他要具备流程相关的知识,向别人提供咨询与帮助;要有一定的沟通能力去获得资源,协调关系,激励下属等。其三,要有高昂的热情和坚韧不拔的毅力。流程负责人直接对团队成员进行指导,因此无论在再造过程中遇到什么困难,都应当身先士卒,鼓舞和带动团队成员共渡难关。否则,团队就会是一盘散沙,形不成合力。

3. 组建流程再造小组

流程再造小组是企业流程再造的实际承担者,负责对现有流程的分析,并设计和执行新的流程。企业再造的实施状况与它们的工作完成情况有着直接的关系,因此,企业实施流程再造前要慎重组建流程再造小组。再造小组由流程负责人组建。

流程再造小组一般由4~12人组成,不仅包括原有流程的优秀人员,而且应当包括流程所涉及的每一个部门的代表。这样的人员安排,既保证了能够及时发现现有流程所存在的问题及其根源,又有利于突破原有的模式以及保证特定流程与总体流程的协调。团队意识、对流程识别与诊断的必要知识以及良好的人际交往能力是对流程小组成员的基本素质要求。

4. 组建流程再造顾问团

再造工程顾问团是流程再造过程中介于企业高层领导与流程负责人之间的一个组织,是由高层管理者组成的工作小组,成员包括流程负责人以及各领域的专家。顾问团的主席一般由再造工程的领导人担任。其主要职责包括:制定再造工程的总体目标和实施进度;企业内部资源的合理分配;协调各流程之间的关系、解决冲突;与外部环境的沟通等。为此,要求顾问团成员必须首先从全局出发,从战略角度思考问题,具有开阔的视野和全局观念;其次,不仅要有对内部改革流程的关系进行协调能力,还要有与组织外部进行沟通的能力;最后,既然顾问团成员是以团队的形式参与工作,就必须具有与全体成员同心协力,朝着共同的目标奋进的团队精神。

第五节　学习型组织与虚拟组织的管理思想

学习型组织理论是20世纪90年代以来,在管理理论与实践中发展起来的新的管理理论。1990年,麻省理工学院斯隆管理学院彼得·圣吉出版了《第五项修炼——学习型组织的艺术与实务》一书,创立了学习型组织理论。在该书中,圣吉在系统地分析了学习型组织的内部结构和运作规律后认为,学习型组织是21世纪全球企业组织和管理方式的新趋势。《财富》杂志也曾明确指出:"90年代最成功的公司,将是那些建基于学习型组织的公司。"从此,无论在理论界还是实业界,对学习型组织的探索不断增多,进而丰富了学习型组织理论的内容。

一、学习型组织的概念

关于学习型组织并没有一致的定义。一种观点认为,学习型组织就是把学习者与工作系统地、持续地结合起来,以支持在个人、工作团队及整个组织系统三个不同层次上发展的组织。另一种观点认为,学习型组织是一个精于知识的创造、吸收和转化的组织,是一个精于根据新的知识和远景目标而调整自己行为的组织。彼得·圣吉认为,学习型组织是指具有如下特征的组织:组织结构扁平化,组织交流信息化,组织开放化,员工与管理者关系由从属关系转为伙伴关系,组织能够不断调整内部结构关系等特征。

实际上,所谓学习型组织是指通过培养弥漫于整个组织的学习气氛、充分发挥员工的创造性思维能力而建立起来的一种有机的、高度柔性的、扁平的、符合人性的、能持续发展的组织。这种组织具有持续学习的能力,是可持续发展的组织。

二、学习型组织的特点

1. 组织成员拥有一个共同愿景

共同愿景是大家共同愿望的景象,是在客观分析现实情况的基础上勾画出来的远景规划,它来源于员工个人的远景而又高于个人远景。共同愿景使具有不同个性的人凝聚在一起,朝着共同的目标前进。

2. 善于不断地学习

这是学习型组织的本质特征。善于不断学习,主要有四层含义:①"终身学习",即组织成员均能养成终身学习的习惯;②"团体学习",即组织不但重视个人学习和个人智力的开发,更强调组织成员的合作学习和群体智力的开发;③"全员学习",也就是决策层、管理层、操作层都要全身心投入学习,尤其是决策层,更应积极学习,以便掌握新知识、新理论、新方法,因为他们是决定一个组织发展方向和命运的重要阶层;④"全程学习",即学习必须贯穿于组织系统运行的整个过程中。

通过学习,可以提高自我,提高员工的思想素质、道德素质、科学文化素质、业务素质,提高领导层的管理和决策能力,提高生产技术人员的科研和开发能力,提高生产者的操作和劳动能力,以及扩展创造未来的能量。所以学习贯穿于组织系统运行的整个过程中,这种学习使团体成员在工作中悟出生命的意义。学习型组织正是通过学习能力的保持,及时铲除发展道路上的障碍,不断突破组织成长极限,进而实现可持续发展,不断地自我创造未来。

3. 组织结构扁平化

许多组织的体制结构图是长条矩形的,从最上面的决策层到最下面的操作层,中间隔着许多层。这样的体制,机构重叠,人员关系复杂,效率不高,且容易产生官僚主义,决策层与操作层不能直接互通信息,不能互相学习,不利于建立"整体互动思考模式"。减少中间环节,加快指令流与信息流的传递速度,是一个组织高效率的关键之一。学习型组织尽最大可能将决策权下放到离最高管理层或公司总部最远的地方,即将决策权向组织机构的下层移动,让下层单位拥有充分的自决权,并对所产生的结果负责。这样,其体制画出来的结构图是扁平形的,这样的体制,上下才能不断沟通,下层能直接体会到上层的决策思想和智慧光辉,上层能亲自了解下层的动态,汲取第一线营养。这样才能形成互相理解、互相学习、整体互动思考、协调合作的群体。这样的群体才能产生巨大的、持久的创造力。

4. 组织拥有创造型团队

传统的直线型组织结构是以自上而下的指挥取代了人们寻求合作的自然能力,这是不能够适应时代挑战的。目前国内外可行的管理创新几乎都在一定程度上依赖于团队的力量。在学习型组织中,团队是最基本的学习单位,也是最具创造力的单位,组织的所有目标都是直接或间接地通过团队作战来达到的。

5. 自主管理

通过自主管理,能够使组织成员自己发现工作中的问题,自己选择伙伴组成团队,自己选定改革进取的目标,自己进行现状调查,自己分析要素,自己制定对策,自己组织实施,自己检查效果,自己评定总结。所以自主管理是使组织成员边工作边学习,使工作与学习紧密结合起来的好方法。在这样一个自主管理的过程中,团队成员能形成共同的愿望,能以开放求真的心态互相切磋,不断学习新知识,不断创造新知识,从而增加组织快速应变取胜、创造未来的能量。

三、创建学习型组织的基本原则

任何一国的企业在发展背景、历史、文化、传统等方面与别国的企业都有所不同。因而只靠学习和照搬别人的管理经验和管理方法是不合适的,必须创新。创新可以使组织在学习的基础上博采众长,洋为中用,结合自己企业的经营特点,创造出适合自身企业特点的学习型组织管理模式。

彼德·圣吉提出创建学习型组织要注意遵循五项原则：

（1）承诺的原则。没有承诺，什么也不会发生。最初的承诺，往往仅限于一小群人。

（2）起步稳健的原则。启动步子要稳健，它常常是小心翼翼的巨大步伐的第一步，它会将你带到前所未有的众所向往的地方。

（3）目标明确、行动一致的原则。组织内各成员应做到方向明确、行动一致及共同拥有，这比有关动机的演讲或详尽的计划更有力。

（4）集中精力的原则。要集中精力把握创建学习型组织中的主要问题。遇到干扰就把它作为学习的机会，学会把问题变成好事。

（5）灵活机警的原则。在创建组织、克服障碍过程中需要机警、反思和创造，而不是硬拼、蛮干。

四、创建学习型组织的基本途径

1. 转变观念，在组织中营造学习的氛围

企业要转变为学习型组织，推进知识创新，须从转变观念开始，从转变思维模式开始，特别是从转变管理层的思维模式开始。要求人们抛弃因循守旧、夜郎自大的思想。改善企业的思维模式是改善行为模式的第一步。创建学习型组织，绝不能靠行政命令来推行，观念不更新，就没有发展，就没有创新。只有通过宣传、学习与推进，使广大员工尤其是领导干部从中悟到学习型组织的真谛，认识到不改变旧观念已不能适应时代变革与发展，只有从观念上彻底更新，才可能满腔热情，全身心投入，与其他员工同心协力共创学习型企业，使企业走向更加辉煌。

2. 对企业的高级管理人员进行专门的培养和训练

以领导班子集体或中层干部群体学习为突破口，让他们首先掌握建立学习型组织的精髓并带领员工迅速应用于企业生产、经营和管理实践，全面推进学习型组织建设。通过强化学习，转变观念，改革现有的组织结构，形成扁平化组织。在整个学习链条之中，如果同时推进，理论上是可行的；但在实践中，最好是选择其中的一个环节作为突破口，待取得成绩后，继而推广之。

3. 成立学习小组或类似的组织，制订规划

由浅入深，循序渐进，坚持做到学习经常化、制度化。为此就要有全面详细的计划，远期与近期、重点与一般等内容一定要作出明确的安排，并认真地落实，以保持连续性和稳定性，这是保证创建坚持不懈、持之以恒的有效方式和载体。还有学者建议成立网上业务学校，也是一种可尝试运作的组织形式。总之，这个组织是牢固的，但又有别于行政机构，可以因人、因地、因学习内容、因需要设立和调整，目的是保障学习有序进行。

4. 实施"工作、生活、学习"一体化战略

学习型组织不是一个孤立体,而是家庭和组织共享。学习型组织就是充分认识员工的价值、关心其家庭、重视与社会的长期性的相互学习和联系、讲求和谐的人际关系的组织。在这样的组织中能够寻找工作和家庭的平衡点,使员工投入再学习的热潮。信息时代,计算机等技术极大地改变了人们工作、生活、学习的方式,带来了全新的观念:①工作、生活学习化,将每一项工作看作一次学习的机会,在工作、生活中学习新的知识、技能;②学习、工作生活化,将学习视为工作、生活的一部分,每天不断地学习,贯穿工作、生活的全过程;③工作、生活、学习一体化,三者之间互相影响,齐头并进。所以,企业应积极创造条件实施一体化战略,促进员工工作、学习、生活一体化。

5. 保障措施

学习重在激励,因此可采取相应的激励措施,以调动参与者的积极性。如给予一定的物质奖励、精神奖励,成效显著者还应与任用挂钩,让人们看到刻苦学习对自己和事业实实在在的益处,其激励作用将难以估量。

五、创建学习型组织应注意的主要问题

要把企业创建为真正的学习型组织,绝不是一朝一夕、一蹴而就的事,它除了所应具备的理念和行动之外,还应注重把握以下几个问题。

1. 创建学习型组织是"一把手"工程

不少成功的企业充分证明,能否把一个企业、一个单位创建成学习型组织,关键在于"一把手"的创造力、能动性和组织才能。一个优秀的企业家,首先要当好培训师,培训好高级主管和员工的培训者队伍,让他们带领员工团体把整个工作的过程变为学习的过程,并在学习中实现"换水"、"充电",不断升华。这是企业的希望所在,实力所在。

2. 创建学习型组织,要做好基础性工作

必须从本企业的实际出发,着眼其特色,不能照搬照抄,图省事、走捷径。学习型组织的创建,是需要具备一定的基础和条件的。一是企业应具备较好的基础管理工作,如培训、计量、规章制度、激励机制等;二是员工应具备较高的素质,如技术业务水平、世界观、思想觉悟、职业道德和观念更新等。

3. 要树立学习是一种能力的理念

如果把公司视为一系列知识、资源的结合体,不断地获取知识、资源、更新知识、使用知识、创造知识就成为组织的基本职能,也是企业生存、发展的必要前提。而学习就是组织天生的而且是最重要的职能。学习不是一项事务或活动,也不是一种思维方式,它是一种能力。必须将其融入企业的活动中,把它看作一个系统。一方面,可以增强人们对企业的归属感和忠诚感;另一方面,它是经营的一部分。

4. 学习型组织创建要与企业文化、流程再造相结合

三者本质上是相通的,都是围绕着人的全面发展而进行的。学习型组织强调员工从过去的经验中学习,从他人最好的实践中学习,在组织中迅速有效地传递知识,最终建立扁平化组织;企业文化管理中,员工通过学习,形成较高的职业道德、企业信念和企业精神,最终建立灵活高效的组织;流程再造是通过学习掌握信息技术,对企业管理进行重新思考,以作业过程为中心,摆脱传统组织分工理论的束缚,建立新的组织结构,适应快速变化的环境。

5. 要看到创建学习型组织是一个长期的积淀的过程

学习型组织是以学习为前提的,以转变思维方式为目的的企业管理思想,它通过企业中每个人自觉的学习和自我修炼来进行,是一个长期积淀、持续转换的过程。因此,学习型组织建设不是一蹴而就的,需要经过长期艰苦努力。成功来自各种因素,如努力培养员工的学习态度、责任感,精心设计管理过程,所有这些都是逐步形成的,是一个渐进的过程。要破除"运动式"组建的错误方法,靠一种长期的、深层次的、相互联系的、由个人的转变而带来企业管理革命的修炼。

六、组织网络化、虚拟化理论

直线制或科层制的组织结构,曾是现代社会的一个重要标志,是划分传统社会与现代社会的重要的组织创新。在现代社会中,无论是企业内部,还是政府架构,一个共同的特点都是科层制。19世纪后期,当科层制组织在西方社会开始扩散时,马克斯·韦伯对它进行了系统的研究,发现它是有效率的系统。他还预言,科层制必将因其更高的效率而成功;科层制组织结构就其运作的准确性、坚定性、严格性和可靠性而言,超过了所有其他的管理组织形式。韦伯地下有知,他会为他的这一预言感到欣慰。在过去的一百年里,科层制组织结构几乎在所有的行业领域中占据了统治地位。可以说,科层制创造了一种制度,这种制度能够有效地管理大量投资、劳动分工和大规模机械化生产。在科层制的支撑下,实现了钢铁、化工和汽车工业初期的快速成长。

虚拟企业的出现,为经济发展提供了全新的拓展空间。因此有人称之为"正酝酿着的一次新的企业组织革命"。这场革命的一个突出特征就是"公司的疆界向一个无形空间拓展"。虚拟企业的实质就是发挥自身优势,对外部资源和力量进行有效整合,以期达到降低成本、提高竞争力的目的。目前,美国、日本等经济发达国家,正以年增35%的速度组建跨行业、跨地区的虚拟企业。这些虚拟企业已形成2 500亿美元的生产规模。

虚拟企业能够有效配置资源,避免重复建设。同时,它实现了跨地区、跨行业的联合,促使企业间资金、设备、技术、人才等要素合理运作,从而适应多变且不确定的市场需求,具有很强的市场应变能力。所以一经出现就显示了强劲的生命力,成为网络时代的骄子。

当代管理思想方面最大的变化莫过于计算机在企业管理中的广泛运用。计算机的运用使企业经营管理发生了革命性的变革。在20世纪60年代，企业利用计算机进行物资管理，于是出现了物资需求计划管理系统；在70年代，这种系统又将生产过程的一些环节包括进去，使该系统得到了发展；到了80年代，又把服务、供销、技术等环节包括进去，于是，形成了以物流为主干，包括了若干子系统的制造资源计划系统。与此同时，计算机进入企业产品设计环节，形成了计算机辅助设计系统（CAD）；进入企业制造环节，形成了计算机辅助制造系统；进入信息处理环节，形成了管理信息系统。同样是计算机与因特网的应用，正在改变企业的组织结构与边界，形成虚拟企业与网络化公司。

计算机在各项专业管理中的运用，大大减少了工作量，提高了工作效率。但是，在相当长的时期内，计算机在企业管理中的运用存在相互分割、各自为政的局面。进入20世纪80年代后，出现了将这些系统联合起来的呼声和需要，于是出现了计算机集成制造系统（CIMS）。该系统将一些成熟的管理方法和技术转变为数学模型和软件包，形成了四大系统：计算机信息管理系统、计算机设计和开发系统、生产自动化信息系统和质量控制系统。CIMS将这四个系统实现一体化，从而大大提高了工作效率和产品质量。

管理思想的变革还包括信息网络化。为了充分发挥计算机在企业经营管理中的作用，除了集成化外，还应向网络化方向发展，而网络技术的日益成熟也为该需要创造了条件。信息网络化，不仅要求在企业内部形成网络，还要与外部形成网络。企业网络化不仅使企业与顾客、供应商的交流更容易、更直接，帮助企业更快地获取所需要的信息和提高效率，而且推动企业组织结构向网络化、柔性化、虚拟化方向发展。

本章小结

6σ管理活动体现了"只有能够衡量，才可以实施改进"的思想。实施6σ管理的关键因素：高层管理者的承诺；与公司当前的工作重点、战略以及绩效测评体系进行整合；过程性的思维方式；确保收益；多层次的、深入现场的领导；进行员工培训；不断强化和奖励。

核心竞争力是组织中的积累性学识，特别是关于如何协调不同的生产技能和知识的组合，这种组合可以使企业的业务具有独特的竞争优势。说它是组合，是指它既包括科学技术，又包括管理、组织和营销方面的技能。企业为了维持核心竞争力领域的领导地位，就必须在核心产品的生产上维持尽可能大的制造份额。核心竞争力的特征：独特性；扩散性；增值性；可变性。四项关键的核心竞争力建设工作：找出现有的核心竞争力；培养新的核心竞争力；核心竞争力的部署；保持核心竞争力。

企业再造理论，就是以顾客为导向，以企业生产流程为中心，以计算机信息技术为手段，对企业生产经营系统进行重新设计、重新组合的管理思想。企业流程再造的基本原则：坚持以流程为中心原则；坚持以人为本的团队式管理的原则；坚持顾客导向的原则。

企业流程再造的人员组织、领导和团队建设:选择好再造领导;任命流程负责人;组建好流程再造小组;组建流程再造顾问团。

彼得·圣吉认为,学习型组织是指具有如下特征的组织:组织结构扁平化;组织交流信息化;组织开放化;员工与管理者关系由从属关系转为伙伴关系;组织能够不断调整内部结构关系等。学习型组织的特点:组织成员拥有一个共同愿景;善于不断学习;组织结构扁平化;组织拥有创造性团队;自主管理。创建学习型组织要注意遵循五项原则:承诺的原则;起步稳健的原则;目标明确、行动一致的原则;集中精力的原则;灵活机警的原则。虚拟企业的实质就是发挥自身优势,对外部资源和力量进行有效整合,以期达到降低成本、提高竞争力的目的。

思考讨论题

1. 实施 6σ 管理活动的基本步骤是什么?
2. 认识核心竞争力的含义和特征。
3. 讨论一个企业如何建立自己的核心竞争力。
4. 思考企业再造的含义与作用。
5. 讨论企业应该如何进行流程再造。
6. 认识学习型组织的含义与特征。

后　记

　　本书作者从事管理学教学十余年，近几年从事管理思想史教学。在管理思想史教学过程中，发现目前的管理思想史教材多为西方思想史教材，且与管理学的内容重复较多。因此造成教材不好选择，上课难讲的情况。为了讲好管理思想史这门课，提高学生们的学习兴趣，我们查阅了大量古今中外的管理思想信息资料，从 2002 年开始整理讲义，积累材料，2005 年年初开始东西方管理思想史教材编写工作，到 2006 年年底基本完成编写工作。现在由清华大学出版社出版这本书，我们甚感欣慰。同时也十分感谢出版社编辑的辛勤劳动和大力支持。本书考虑到教师讲课和学生自学的方便，从浩如烟海的管理思想中精选内容，分为十八章，每章后面有小结与思考讨论题，可以满足管理思想史教学 36～54 课时的需要。本书是为经济管理类本科学生编写的管理思想史教科书，也可以作为相近专业研究生的教学参考书和企业高层管理人员、企业家们的案头参考书。

作　者

2007 年 6 月于泉城济南

参 考 文 献

1. 孙耀君主编:《西方管理学名著提要》,南昌,江西人民出版社,1995。
2. 胡寄窗:《中国经济思想史简编》,北京,中国社会科学出版社,1981。
3. 郭咸纲:《西方管理思想史》,北京,经济管理出版社,2004。
4. 张文昌主编:《现代管理学》(原理卷),济南,山东人民出版社,2004。
5. 张文昌等主编:《现代管理学》(案例卷),济南,山东人民出版社,2004。
6. 帕累托等:《管理书》,陈书凯编译,北京,当代中国出版社,2003。
7. (美)STUART CRAINER:《管理百年》,邱琼等译,海口,海南出版社,2003。
8. 徐国华等编著:《管理学》,北京,清华大学出版社,1998。
9. 邢依群:《管理学》,杭州,浙江大学出版社,2005。
10. 张红凤:《西方规制经济学的变迁》,北京,经济科学出版社,2005。
11. 桑玉成主编:《管理思想史》,上海,上海教育出版社,2002。
12. (法)阿尔德伯特等:《欧洲史》,蔡鸿滨等译,海口,海南出版社,2002。
13. (法)德比奇等:《西方艺术史》,徐庆平译,海口,海南出版社,2002。
14. (美)托马斯·麦克劳:《资本主义世纪》,韩冰译,呼和浩特,内蒙古文化出版社,1998。
15. 章石主编:《松下管理全书》,北京,中国社会出版社,2000。
16. 张兰霞:《新管理理论丛林》,沈阳,辽宁人民出版社,2001。
17. 宋则行、樊亢:《世界经济史》,北京,经济科学出版社,1988。
18. 鲁友章、李宗正主编:《经济学说史》,北京,人民出版社,1979。
19. 侯建新主编:《经济—社会史》,北京,商务印书馆,2002。
20. 彼得·杜拉克:《创新与企业家精神》,彭志华译,海口,海南出版社,2000。
21. 陈莞等主编:《管理理念》,北京,经济科学出版社,2003。
22. 魏江编著:《管理沟通》,北京,科学出版社,2001。
23. 杨文士主编:《管理学原理》,北京,中国人民大学出版社,1998。
24. 冯友兰:《中国哲学史简编》,北京,新世界出版社,2004。
25. Daniel A. Wren. The Evolution of Management Thought. New York:John Wiley & Sons,1979.
26. P. M. Senge. The Fifth Discipline:The Art and Practice of the Learning Organization. New York:Doubleday,1990.
27. E. H. Sehein. Organization Culture and Leadership. San Francisco:Jossey Bass,1997.
28. J. P. Kotter. The New Rules:How to Succeed in Today's Post-corporate World. New York:The Free Press,1995.
29. J. P. Kotter. A Force for Change:How Leadership Differs from Managemen. New York:The Free Press,1990.

30. Charles D. Wrege and Ronald C. Greenwood. Frederick W. Taylor: The Father of Scientific Management, Myth and Reality. Homewood'lll:Business One Irwin, 1991.

31. Lyndall F. Urwick. The Golden Book of Management, An Historical Record of the Life and Work of Seventy Pioneers. London:Newman Neame, ltd. , 1956.

32. Frederick W. Taylor. The Principles of Scientific Management. New York: Harper-Row Publishing House,1911.